Le retour à meilleure fortune

Collection
Le droit aujourd'hui

La collection « Le droit aujourd'hui » regroupe des études juridiques concernant des problèmes d'actualité nationale et internationale, dans divers domaines (éthique, politique, questions de société…).

Déjà parus

Mariem Aydi Ghozzi, *Les principes généraux dans la jurisprudence de l'organe de règlement des différends de l'OMC,* 2017.
Boris Barraud, *Le droit postmoderne. Une introduction*, 2017.
Boris Barraud, *La jurisprudence et la doctrine*, 2017.
Geneviève Iacono, *Voyages au cœur des propriétés publiques*, 2016.
Nitish Monebhurrun, *La fonction du développement dans le droit international des investissements,* 2016.
Djiby Sow, *La légalité de l'intervention militaire française au Mali. Contribution à l'étude du cadre juridique de la lutte armée contre le terrorisme international*, 2016.
Emmanuel Tessier, *Le stade en droit public. Recherche sur le régime juridique des enceintes sportives*, 2015.
Sophie Huvé, *La Russie et l'ONU. L'Organisation des Nations unies, cadre et instrument de la politique extérieure russe (1999-2015)*, 2015.
Claudine Pérez-Diaz, Marie-Sylvie Huré, *Violence conjugale, missions et finalités concrètes de l'intervention pénale*, 2015
Jean-Grégoire Mahinga, *Le statut du tribunal international du droit de la mer, Commentaire article par article*, 2015
Peggy Larrieu, *Neurosciences et Droit pénal, Le cerveau dans le prétoire*, 2015.
Anthony Falgas, *La Voie de fait administrative. Recherche sur la justification d'une notion prétorienne*, 2015.
Jean-Gregoire Mahinga, *La pêche maritime et le droit international*, 2014.
Christophe Houry, *La piraterie maritime au regard du droit international, incertitudes et évolutions contemporaines*, 2014.
Laura Baudin, *Les cyber-attaques dans les conflits armés, qualification juridique, imputabilité et moyens de réponse envisagés en droit international humanitaire,* 2014.

David Defrance

Le retour à meilleure fortune

Étude en droit des difficultés économiques

L'Harmattan

5-7, rue de l'Ecole-Polytechnique, 75005 Paris

http://www.harmattan.fr

ISBN : 978-2-343-12393-6
EAN : 9782343123936

Dédicace

Pour Lucie, ma fille, et Delphine, ma compagne

A l'ensemble de ma famille

Remerciements

Je remercie, tout particulièrement, Monsieur le Professeur Marcel BAYLE pour sa disponibilité, ses encouragements et son soutien indéfectible au cours de ces années de recherche.

Préface

Résilience et droit des affaires. Tel était le thème qui occupait l'esprit du directeur de thèse en recherche de sujet à proposer à un bon étudiant. L'évolution du droit des procédures collectives valorisa le rebond, la purge des dettes, voire le droit de ne pas payer ses dettes. La formulation du sujet à proposer devint évidente : ce serait le retour à meilleure fortune.

Restait à trouver le candidat capable de mener à bien cette recherche novatrice. Il fallait un doctorant courageux, ambitieux, expérimenté en droit des dettes, réaliste mais capable d'aller vers l'idéal. Ce fut David Defrance. Audiencier pour l'URSSAF, bon connaisseur des voies d'exécution comme des procédures collectives, il attaqua ce travail avec enthousiasme. Une longue durée s'est pourtant écoulée depuis sa première inscription à l'Ecole Doctorale. A son crédit, si l'on ose dire, il faut remarquer que sa thèse n'a pas été financée, que son travail d'audiencier a été très prenant, et qu'il est devenu père de famille entre-temps. Ces choses de la vie, parfois délicieuses mais souvent chronophages, invitèrent le directeur de thèse à « tarabuster» le doctorant, dans l'intérêt de son retour … à meilleure fortune universitaire. Son épouse et sa famille firent de même. Enfin vint le temps de soutenir le fruit de ce travail mené parallèlement à des évolutions législatives galopantes.

David Defrance s'est concentré sur les procédures collectives, sur le droit du surendettement et notamment sur la purge des dettes. Il résume ainsi l'apport de son travail : la purge des dettes est la priorité du législateur, lequel ne peut pourtant pas négliger la protection des intérêts des créanciers. Il en résulte une oscillation, sorte de va-et-vient qui produit un flou juridique assez critiquable. Tout dépend des intérêts protégés : leur désignation est la seule issue pour clarifier la situation.

Toujours est-il que le candidat a su collecter les fruits de ses recherches. La thèse est actualisée dans chaque paragraphe et l'intérêt du lecteur est entretenu par un suspens bienvenu : retour au profit de qui ? Le débiteur, finalement, a-t-il intérêt à revenir à meilleure fortune ? Le thème de la forclusion des créanciers, qui a été traité ici à juste titre, reste dérangeant par les équivoques liées à certaines imprécisions de la loi. Qui a intérêt à déclarer, ou non, sa créance ? Le candidat insiste : la forclusion n'éteint plus la créance. Parfois, des créanciers, sciemment, ne déclarent pas ce qui leur est dû ; il existe des créances hors plan.

Ces créanciers prennent pourtant un risque important, sans doute déraisonnable, s'ils pensent pouvoir surveiller le débiteur pendant la longue période d'exécution du plan et, surtout, après la clôture de la procédure collective. D'ailleurs les directives européennes invitent les Etats membres à favoriser le rebond du débiteur.

Le jury a su gré au candidat d'écrire pour dire quelque chose et non pour faire perdre son temps au lecteur. David Defrance est très pédagogue dans ce qu'il écrit. La thèse est actualisée, au point qu'on y trouve un développement sur la « loi travail » de 2016 et des remarques concernant la réforme du droit des obligations qui entra en vigueur au lendemain de la soutenance de thèse : le 1er octobre 2016.

Le lecteur comprend vite que le contenu de la thèse correspond au pain quotidien de l'auteur, professionnel de l'URSSAF. Il appréciera aussi la bibliographie, très complète, le style élégant, l'accessibilité des techniques juridiques étudiées, et bien sûr le sujet de thèse, « beau et intemporel » dira un membre du jury.

Marcel Bayle

PREX 01 - CREOP EA 4332- Université de Limoges

Sommaire

Liste des principales abréviations

A.J.D.A : Actualité Juridique, Droit admnistratif
A.J. Famille : Actualité Juridique, Famille
A.J. Pénal : Actualité Juridique, Pénal
Art. : Article
Ass. nat. : Assemblée nationale
Bull. civ. : Bulletin des arrêts de la Cour de cassation, Chambres civiles et commerciale
Bull. crim. : Bulletin des arrêts de la Cour de cassation, Chambre criminelle
Bull. Joly Entr. Diff. : Bulletin Joly Entreprises en difficulté
Bull. Joly soc. : Bulletin Joly Sociétés
C. act. soc. fam. : Code de l'action sociale et des familles
C.civ. : Code civil
C.com. : Code de commerce
C.cons. : Code de la consommation
C.E. : Conseil d'Etat
C.E.D.H. : Cour européenne des droits de l'Homme
Cf. : Se reporter
Civ.1re : Première Chambre civile de la Cour de cassation
Civ. 2e : Deuxième Chambre civile de la Cour de cassation
C.J.A.S. : Cahiers de jurisprudence de l'aide sociale
C.J.U.E : Cour de justice de l'Union européenne
Com. : Chambre commerciale de la Cour de cassation
Com. centr. aid. soc. : Commission centrale d'aide sociale
Cons. Constit. : Conseil Constitutionnel
Cont. conc. cons. : Contrats, concurrence, consommation
Crim. : Chambre criminelle de la Cour de cassation
C.S.S. : Code de la sécurité sociale
D. : Recueil Dalloz
D.H. : Dalloz Hebdomadaire
D.P. : Dalloz périodique
Dr. et patr. : Droit et patrimoine
Dr. soc. : Droit des sociétés
éd. : édition
et al. : et (les) autres
Gaz. pal. : Gazette du Palais
Ibid. : au même endroit

In : dans
Infra : ci-dessous
JCP éd. G : La Semaine juridique, édition générale
JCP éd. E : La Semaine juridique, édition entreprise et affaires
JCP éd. N : La Semaine juridique, édition notoriale
J.O.R.F : Journal officiel de la République française
J.O.U.E : Journal Officiel de l'Union européenne
L.P.A : Les Petites Affiches
n° : numéro
obs. : observations
op. cit. : référence déjà citée
p. : page
préc. : précité
R.D.C. : Revue des contrats
R.D.S.S. : Revue de droit sanitaire et social
Recomm. : Recommandation
Rép. Def. : Répertoire de droit notarial Defrénois
Rép. min. : Réponse ministérielle
Rev. proc. coll. : Revue des procédures collectives
Rev. dr. prosp. : Revue pour la recherche juridique, Droit prospectif
Rev. soc. : Revue des sociétés
R.J.Com. : Revue de jurisprudence commerciale
R.J.P.F. : Revue juridique Personnes et famille
R.L.D.A. : Revue Lamy, Droit des affaires
R.T.D.Civ. : Revue trimestrielle de droit civil
R.T.D.Com. : Revue trimestrielle de droit commercial
supra : ci-dessus
spéc. : spécialement
T.com. : Tribunal de commerce

Introduction

1. « Je sais ce qui distingue l'homme de la bête : ce sont les ennuis d'argent », écrivait Jules Renard[1]. De tels ennuis poussent parfois l'individu jusqu'à attenter à sa propre vie : l'on songe au sort funeste d'Emma Bovary. La destinée de ce personnage romanesque aurait pu être différente si, d'aventure, un riche parent avait été sur le point de décéder. L'usurier aurait-il patienté jusqu'à son regain de prospérité, venant s'enquérir régulièrement de l'évolution de la situation ? Véritable aubaine pour le créancier, l'amélioration soudaine de la situation financière d'un débiteur, que ce soit par un gain inattendu à la loterie, le bénéfice inespéré d'un héritage ou de la découverte fortuite d'un trésor, caractérise une situation de retour à meilleure fortune, fait juridique permettant au débiteur de payer ses créanciers.

2. La place accordée à cet événement dans la relation juridique entre un débiteur et ses créanciers a varié au cours de l'histoire. Les premières références au retour à meilleure fortune apparaissent sous l'Antiquité avec la « cessio bonorom », ou cession judiciaire de biens, à laquelle le débiteur de bonne foi pouvait avoir recours pour échapper à la prison pour dettes[2]. La « cessio bonorum » était une version adoucie d'une forme, plus rigoureuse, d'exécution sur les biens : la « venditio bonorum ». Forme antique d'une procédure collective, cette procédure permettait de substituer à l'exécution sur la personne du débiteur, au moyen d'une contrainte par corps, une exécution sur l'ensemble de ses biens : après un envoi en possession des créanciers, une vente en bloc des biens du débiteur était réalisée aux enchères. Le débiteur subissait, en outre, l'infamie : sorte de mort civile qui portait atteinte aux droits civils du débiteur insolvable et, partant de là, à sa réputation. Organisée par la « lex iulia iudiciorum privatorum » prise probablement sous Auguste, la « cessio bonorum » permettait au juge de venir au secours du débiteur malheureux et de bonne foi qui offrait

---

[1] J. RENARD, Journal, Gallimard, 1904

[2] R. SZRAMKIEWICZ O.DESCAMPS, Histoire du droit des affaires, 2e éd., L.G.D.J. Lextenso éditions, n°475 ; J.-P. LEVY A. CASTALDO, Histoire du droit civil, 2e éd., Précis Dalloz, n°674 ; C. GAU-CABEE, « Enchainé, affranchi, protégé, triomphant », Endettement des particuliers et contrat sur fond de crise : étude diachronique, R.T.D.Civ. 2012, p.33

volontairement l'intégralité de ses biens aux créanciers, et ce sans encourir l'infamie. Le débiteur jurait, par un serment de « bona copia », qu'il n'avait pas de quoi payer ses créanciers et leur abandonnait tous ses biens. Il pouvait alors obtenir un « bénéfice de compétence » qui lui permettait, s'il revenait à meilleure fortune, de n'être condamné à payer le reliquat de ses dettes que dans la mesure de ses nouveaux moyens. Redécouverte au Moyen-âge, la cession de biens réapparait en droit coutumier. Après l'abandon de ses biens, le débiteur jurait de payer le surplus de ses dettes en cas de retour à meilleure fortune. A défaut de paiement spontané, les créanciers pouvaient saisir les biens acquis postérieurement en ayant recours, au besoin, à la contrainte par corps. Sous l'Ancien régime, les ordonnances royales d'août 1669 et de mars 1673 permettaient au débiteur d'opposer à ses créanciers le bénéfice d'une lettre de répit ou d'une cession de ses biens à la manière de l'antique « cessio bonorum ». Après la vente des biens abandonnés, le débiteur obtenait seulement un répit sous la condition qu'il s'engage à payer le reliquat de ses dettes s'il revenait à meilleure fortune, ce qui ne le dispensait pas du port d'un bonnet vert pour informer les tiers de ne lui accorder crédit qu'avec prudence[3]. Depuis l'abolition de la contrainte par corps en matière civile et commerciale par la loi du 22 juillet 1867, la cession de biens était tombée en désuétude même si elle figurait encore dans le Code civil aux articles 1265 à 1270 jusqu'à son abrogation par l'article 94 de la loi n°91-650 du 9 juillet 1991 portant réforme des procédures civiles d'exécution. L'ancien article 1265 du Code civil définissait alors la cession de biens comme « l'abandon qu'un débiteur fait de tous ses biens à ses créanciers, lorsqu'il se trouve hors d'état de payer ses dettes ». Elle pouvait être volontaire, c'est-à-dire résulter d'un contrat conclu entre le débiteur et ses créanciers, ou judiciaire. Dans le premier cas, elle prenait la forme d'un concordat amiable librement ouvert au jeu de la négociation contractuelle. Dans le second, la cession était ordonnée par le juge à la demande du débiteur qui offrait à ses créanciers l'abandon de tous ses biens. Il restait obligé au reliquat de sa dette s'il revenait à meilleure fortune.

[3] Dictionnaire de droit et de pratique, par De Ferrière, 1769

3. Le droit contemporain évoque rarement les conséquences juridiques d'une telle situation. Les dispositions spécifiques sont éparpillées dans différents codes ou textes. Tout d'abord, l'article L 132-9 du Code de l'action sociale et des familles permet la récupération de toute aide sociale accordée à un bénéficiaire revenant, par la suite, à meilleure fortune. Dans la même logique, l'article 50 de la loi n°91-647 du 10 juillet 1991 relative à l'aide juridique organise un retrait, en tout ou partie, de l'aide juridictionnelle si, au cours de l'instance, le bénéficiaire obtient des ressources telles que si elles avaient existé au jour de la demande d'aide juridictionnelle, celle-ci n'aurait pas été accordée. Dans ce cas, l'article 37 de cette loi reconnaît à l'avocat désigné la faculté de percevoir des honoraires de son client pourvu qu'une convention ait été conclue à cette fin avant le retrait de l'aide juridictionnelle[4]. Dans un tout autre domaine, le droit du cautionnement prend également en compte le retour à meilleure fortune de la caution. L'article L 332-1 du Code de la consommation interdit au créancier professionnel de se prévaloir du cautionnement consenti par une personne physique lorsque son engagement est manifestement disproportionné, lors de sa conclusion, à ses biens et revenus, « à moins que le patrimoine de cette caution, au moment où celle-ci est appelée, ne lui permette de faire face à son obligation. » Le créancier professionnel retrouve ainsi la faculté d'agir contre la caution dont l'engagement était initialement disproportionné si sa situation patrimoniale s'est depuis améliorée[5]. Toutefois, lors de la mise en œuvre de ce texte, la jurisprudence estime qu'il appartient au créancier professionnel de rapporter la preuve de l'amélioration de la situation patrimoniale de la caution[6]. La charge de la preuve du retour à meilleure fortune de la caution repose donc sur le créancier professionnel, ce qui l'astreint à une minutieuse enquête de solvabilité[7]. Bien qu'elle fasse produire un effet juridique à une situation de retour à meilleure fortune, nous écarterons cette

---

[4] H. ADER et H. DAMIEN, Règles de la profession d'avocat, Dalloz action, 2016 - 2017, 15e éd. n°751.61 et 751.112

[5] P.SIMLER, Cautionnement Garanties autonomes Garanties indemnitaires, Traités, 5e éd., Lexis-Nexis, spéc. n°889

[6] Com. 1er avr. 2014, pourvoi n° 13-11.313 : Bull. civ. IV, n° 63 ; D. 2014. Actu. 868, obs. Avena-Robardet ; JCP E 2014, n° 1292, note D.Legeais ; Gaz. Pal. 2014. 1774, obs. C.Albiges ; RJ com. 2014. 194, obs. F.Macorig-Venier

[7] Pour cela, le créancier professionnel peut missionner un cabinet de recouvrement de créances à l'instar de « filaction », filiale du groupe Crédit Mutuel-CIC, dont les

disposition du champ de notre propos que nous entendons circonscrire aux seuls textes régissant les rapports entre un débiteur principal et ses créanciers. Enfin, des mécanismes légaux[8] ou conventionnels[9] permettent, en droit des affaires, d'obtenir la revalorisation du prix initialement convenu. Certes, un effet juridique est alors attaché à l'amélioration d'une situation. Mais, il n'y a pas, pour autant, retour à meilleure fortune car le débiteur n'est pas nécessairement mis en mesure de payer ses créanciers. Or, pour parvenir à cela, l'ampleur de la variation de prix doit être telle que le cocontractant, supposé ici défaillant, puisse surmonter ses difficultés économiques par le seul effet de l'augmentation du prix. Cet enchaînement d'hypothèses apparaît suffisamment insolite pour ne pas le retenir dans le champ de notre étude.

4. En droit commun, chacun connaît la règle de l'article 2284 du Code civil[10] laquelle intégre, dans l'assiette du droit de gage général des créanciers, tous les biens présents et à venir du débiteur. Ainsi, le gage des créanciers n'est pas limité aux seuls biens appartenant au débiteur au jour de la naissance de l'obligation mais comporte également tous les biens qu'il est susceptible d'acquérir dans l'avenir. Il en résulte que les créanciers subissent les aléas de fortune de leur débiteur : ceux-ci bénéficient tout autant de sa prospérité qu'ils doivent supporter son insolvabilité. Les créanciers ont donc une vocation générale à profiter du retour à meilleure fortune de leur débiteur en vertu du droit de gage général. La seule limite à l'exercice, par les créanciers, de leurs droits est alors temporelle puisque la dette s'éteint de plein droit par le jeu de la prescription de son recouvrement. L'article L 111-4 du Code des procédures civiles d'exécution retient une prescription décennale de l'exécution forcée

---

prestations intégrent généralement la recherche des situations de retour à meilleure fortune : https://www.filaction.fr/fr/nos-prestations/retour-a-meilleure-fortune/

[8] art. L 441-8 C.com., sur ce texte : M. Thioye, Focus sur les aspects de droit rural de la loi n° 2014-344 du 17 mars 2014 relative à la consommation Droit rural n° 425, Août 2014, étude 13

[9] Concernant la revalorisation du prix de cession des droits sociaux : S. Kande de Beaupuy, Les clauses d'earn out : Dr. et patrimoine janv. 1994, p. 26 ; F.-D. Poitrinal, Cessions d'entreprises : les conventions de "earn out" : JCP E 1999, p. 19 ; J. Salès et D. Lacaze, Clauses de earn out : un avenir prometteur : Dr. sociétés juin 2000, p. 1

[10] « Quiconque s'est obligé personnellement, est tenu de remplir son engagement sur tous ses biens mobiliers et immobiliers, présents et à venir. »

d'un titre exécutoire. Au cours de ce délai, les créanciers peuvent profiter du retour à meilleure fortune de leur débiteur. Passé celui-ci, la dette est éteinte et les créanciers ne sont plus en droit d'exiger quoi que ce soit. Le débiteur conserve le bénéfice de son retour à meilleure fortune. Tout au plus, un éventuel paiement spontané par le débiteur resterait valable[11]. La situation est similaire lorsque les dettes sont purgées avant même qu'elles ne soient prescrites. Les créanciers n'ont alors plus grand-chose à espérer du retour à meilleure fortune de leur débiteur. Pour cette raison, notre étude se concentrera sur cet important aspect du droit des entreprises en difficulté et du surendettement des particuliers.

5. Soucieux de ne pas laisser le débiteur de bonne foi traîner, sa vie durant, un fardeau de dettes dont il n'aura pas les moyens de s'acquitter, le législateur a, au fil du temps, multiplié les entorses à la rigueur du rapport de droit pour permettre au débiteur de bonne foi d'être libéré de ses dettes. Ce changement profond dans la conception du lien obligatoire repose sur une vision humaniste des rapports juridiques entre un débiteur et ses créanciers. Il n'est pas ici question de reprendre les débats, déjà consacrés par des travaux antérieurs[12], relatifs aux atteintes à la force obligatoire du contrat mais plutôt d'en expliciter l'impact sur les situations de retour à meilleure fortune. Il ne s'agit pas de revenir sur « le traitement juridique de l'endettement[13] » mais d'aborder ses conséquences dans les rapports entre un débiteur et ses créanciers. La présente étude s'attachera donc à déterminer dans quelle mesure ces situations sont encore susceptibles de profiter aux créanciers ou si le débiteur en conserve, seul, le bénéfice. Avant de répondre à cette question, il convient de revenir sur les circonstances ayant conduit à la consécration de la purge des dettes puis à la promotion, par les institutions européennes, du rebond du débiteur.

---

[11] J.-J. TAISNE, Le paiement des créances éteintes, Droit et pat. déc. 2014, p. 51 : actes du colloque « Réforme des procédures collectives : nouveau rebond pour le débiteur ? » organisé par le Centre René Demogue, Université de Lille II, le 23 mai 2014

[12] Madame Sophie Gjidira-Decaix a ainsi démontré une évolution du droit vers une nouvelle conception, empreinte d'influence anglo-saxonne, de la force obligatoire du contrat qui serait moins fondée sur la force de l'engagement du débiteur que sur l'attente raisonnable du créancier qui doit accepter un certain aléa contractuel (L'endettement et le droit privé, LGDJ Bibliothèque de droit privé T.316, 1999).

[13] Fabrice RIZZO, Le traitement juridique de l'endettement, Presse Universitaire Aix-Marseille, 1996

6. La purge des dettes est un processus juridique, inspiré de celui du droit des sûretés, qui consiste à libérer le débiteur de son passif résiduel lorsque son actif ne lui permet pas de régler l'intégralité de ses créanciers[14]. Apparue au cours du XXième siècle, elle a d'abord pris la forme d'un droit « de ne pas payer ses dettes » reconnu au débiteur de bonne foi qui n'était plus en mesure de faire face à ses engagements. Cette formule, titre d'une chronique publiée par Ripert en 1936[15], concernait à l'origine certaines mesures du gouvernement du Front populaire destinées à protéger les débiteurs en difficulté. Ripert fustigeait alors l'émergence de ce droit qu'il dénonçait en ces termes : « c'est tuer le contrat que de libérer le débiteur chaque fois qu'il éprouve une difficulté de paiement ». L'article 1244 du Code civil permettait au juge « en considération de la position du débiteur, et usant de ce pouvoir avec grande réserve, (à) accorder des délais modérés pour le payement… » La crise économique de 1929 avait alors contraint le législateur, dans deux lois des 25 mars et 20 août 1936, à étendre ce pouvoir au juge des référés en cas d'urgence, à ajouter une référence à la situation du débiteur tout en limitant ces délais à un an. En dérogeant de la sorte au respect de la parole donnée, le législateur entendait prendre en compte une certaine réalité sociale en accordant au débiteur la protection rendue nécessaire par les effets de la « grande dépression ». Et, depuis lors, ce mouvement s'est poursuivi et amplifié. La période contemporaine de difficultés économiques ayant succédé aux « trente glorieuses » a amené le législateur à retenir une solution plus radicale : la purge des dettes, unique moyen de remédier à l'excès d'endettement aussi bien du professionnel que du consommateur. Pour y parvenir, le législateur a cessé d'appréhender l'endettement comme un engagement juridique irrémédiable. Il en a fait une valeur patrimoniale négative que l'on peut, au besoin, sortir du patrimoine en remettant « les compteurs à zéro ». Il témoigne d'un changement profond dans la relation à l'endettement qui s'est traduit dans un mouvement continu, au cours des trente dernières années, d'adoucissement de la condition juridique de l'endetté.

---

[14] Fabrice RIZZO, ibid., n°376

[15] G.RIPERT Le droit de ne pas payer ses dettes D.H 1936 chronique p. 57

7. Sous l'empire de la loi du 13 juillet 1967, l'alinéa deux de l'article 91 de cette loi autorisait encore la reprise des poursuites individuelles par les créanciers de la masse, après la clôture pour insuffisance d'actif de la liquidation de biens. Le créancier, demeuré impayé après cette procédure, pouvait alors saisir et vendre les nouveaux actifs acquis ou recueillis par le débiteur ou, encore, pratiquer une saisie de ses salaires[16]. Sous l'empire de cette loi, les créanciers conservaient ainsi le droit d'exiger un paiement et l'espoir d'être, un jour, désintéressés en cas de retour à meilleure fortune du débiteur. Rompant avec cette tradition juridique, la loi du 25 janvier 1985 a renversé ce principe en énonçant, en son article 169 : « le jugement de clôture de liquidation judiciaire pour insuffisance d'actif ne fait pas recouvrer aux créanciers l'exercice individuel de leurs actions contre le débiteur. » Cette interdiction de la reprise des poursuites individuelles, figurant aujourd'hui à l'article L 643-11 paragraphe I du Code de commerce, permettait au débiteur de ne plus faire l'objet de poursuites de la part des créanciers après la clôture de la procédure de liquidation judiciaire. Pour l'initiateur de la loi du 25 janvier 1985[17], l'objectif était alors double. En premier lieu, il s'agissait d'offrir au débiteur ayant échoué de bonne foi, une nouvelle chance en lui permettant de ne pas traîner, sa vie durant, le fardeau de ses dettes. L'inspiration était anglo-saxonne : l'« order of discharge » reconnu par le droit anglais dès 1705 en faveur du débiteur de bonne foi, repris par le droit américain des faillites dans le Bankrupcy Reform Act de 1978, sous la forme d'un « fresh start[18] », c'est-à-dire d'un droit à prendre un nouveau départ. Il s'agissait également d'assurer une égalité de traitement entre le débiteur, personne physique, et le dirigeant social qui échappait déjà à la reprise des poursuites en raison de la disparition de la personne morale. Ce principe avait été vivement critiqué lors de son adoption : selon que l'on se plaçait du point de vue de l'entrepreneur ou des créanciers, il était tantôt considéré comme « une expropriation sans nécessité publique[19]» des créanciers et « une mesure anticonstitutionnelle[20] » ; tantôt comme une nécessaire mesure de faveur[21] tout en mettant en

---

[16] B.SOINNE, Traité théorique et pratique des procédures collectives, Litec, 2ième ed, n°2508

[17] Intervention BADINTER, J.O débats Ass. nat. 10 avril 1984, p. 1375

[18] M.TANGER, La faillite en droit fédéral des Etats Unis, préf. Larrieu, Economica, 2002, p. 448

[19] C.MOULY, Les créanciers antérieurs, R.J.Com. 1987, p. 172

garde contre ses dérives possibles[22]. Ces critiques ont peu à peu disparu même si certains auteurs ont continué de soutenir que « l'affirmation légale d'un droit de ne pas payer (ses) dettes (...) n'en est pas moins regrettable du point de vue de la moralité commerciale », et « n'est pas de nature à inciter les commerçants en situation difficile à respecter leurs engagements.[23] » Aujourd'hui, l'interdiction de la reprise des poursuites individuelles n'est plus réellement contestée, davantage en raison d'une « généralisation[24] » de ce droit, y compris dans les autres Etats membres de l'Union européenne[25], que des exceptions aménagées par le législateur[26].

---

[20] F.DERRIDA, P.GODE, J.-P. SORTAIS, Redressement et liquidation judiciaires des entreprises : Cinq années d'application de la loi du 25 janvier 1985, 3ième éd., Dalloz, n°567

[21] Ainsi, le Professeur Soinne relève : « il est indispensable que puissent être remises « les pendules à l'heure ». Le débiteur est souvent en charge de dettes considérables qui n'ont qu'un lointain rapport avec le préjudice qu'il a pu effectivement provoquer. Dans la plupart des cas, il est impossible qu'il puisse raisonnablement apurer toutes ses créances. Il n'a alors d'autre issue que de végéter ou de se réfugier dans la marginalisation. Le risque de nos sociétés est précisément que ne se développe un nombre de plus en plus important de personnes qui ne vivent plus dans le cadre légal et qui ne peuvent plus y pénétrer. Il faut leur permettre d'accéder à nouveau à la vie normale. » ; et en déduit : « L'article L 169 est sur le plan économique et social une bonne mesure. Pourvu qu'elle s'accompagne de l'application précise des textes, elle n'est pas injustifiée ni condamnable sur le plan moral. La rémission est une idée qui doit demeurer éternelle dans nos civilisations. Celles-ci, au niveau du droit pénal, de siècle en siècle, s'humanisent. Il n'y a aucune raison qu'il en soit différemment dans notre domaine. » - B.SOINNE, op. cit, n°2518

[22] Le même auteur constate : « Il reste, en effet, la constatation d'évidence que les juridictions ne font pas l'usage qu'il convient des dispositions relatives à l'action en comblement et à la faillite personnelle. Cette faillite, ou mieux la déchéance du droit de gérer, doit faire l'objet d'un examen minutieux par chaque juridiction lors de chaque clôture. Cela se fait dans trop peu de tribunaux. » - Ibid.

[23] RIPERT et ROBLOT par Ph.DELEBECQUE et M.GERMAIN, Traité de droit commercial, Tome 2, 17ième éd., n°3275

[24] F.PEROCHON, Entreprises en difficulté, 10ième éd., L.D.G.J., n°1262

[25] L'article 82 de la loi belge du 8 août 1997 sur les faillites a subordonné la libération du débiteur à une déclaration judiciaire d'excusabilité. En revanche, la loi allemande du 18 octobre 1994 sur l'insolvabilité imposait au débiteur de bonne foi, avant qu'il ne soit libéré de ses dettes, un purgatoire de sept ans durant lequel la part saisissable de ses revenus est affecté au paiement de ses créanciers (J.L. VALLENS, L'effacement des dettes du débiteur en liquidation judiciaire, L.P.A. 19 sept. 1997, p.5 – F.TROCKELS, Endettement des particuliers et libération des dettes résiduelles dans la loi sur l'insolvabilité, Rev. Proc. Coll. 1999, p.91). En Italie, la mesure de « Esdebitazione », directement inspirée de la « discharge » nord américaine, a

Privés de la faculté de reprendre les poursuites, les créanciers ne peuvent plus exiger le moindre paiement de leur débiteur revenu à meilleure fortune, excepté dans les quelques situations qui étaient encore soumises à la rigueur de la loi du 13 juillet 1967[27]. Assuré de retrouver une « virginité patrimoniale[28] », le débiteur est alors libre de prendre un nouveau départ. Du reste, quel serait l'intérêt de continuer à poursuivre une personne durablement insolvable et dont la situation a peu de chance de s'améliorer ? Pourquoi refuser au débiteur la « grâce absolutoire[29] » nécessaire à « sa réinsertion[30] » ? Le législateur n'a pas seulement humanisé les rapports juridiques entre un débiteur et ses créanciers ; il a également tenu compte d'une réalité économique que Carbonnier[31] décrivait en ces termes : « Sous les oscillations du droit entre la rigueur et la mansuétude, on devine une vieille lutte des classes, qui ne coïncide que partiellement avec celle que décrit le marxisme : l'antagonisme entre créanciers et débiteurs ; prêteurs d'argent, usuriers d'un côté ; de l'autre, bien souvent, déclassés plutôt que prolétaires de naissance. (...) Comme de toute loi faite en faveur des débiteurs malheureux, les effets cliniques de celle-ci, qui peuvent être bons, ne doivent pas masquer à l'échelle de la société des effets pervers (dans les immeubles en copropriété, les solvables paient pour les insolvables ; les banques, préventivement, stoppent leurs prêts, etc...) ». Carbonnier ajoutait : « Il est vrai que, si

---

permis au débiteur d'effacer toutes ses dettes pour rebondir plus vite après un échec (M.FABRINNI, Le droit italien de la faillite et sa réforme : un petit aperçu, R.L.D.A. 09/2008, p.87).

[26] Madame le Professeur Macorig-Venier considérait, sous l'état du droit antérieur à la loi de sauvegarde, que les exceptions étaient suffisamment nombreuses pour que « le miracle » de la purge des dettes ne soit qu'« un mirage » et la rédemption espérée, un leurre : F.MACORIG-VENIER, Le devenir du chef d'entreprise – Le poids du passé : le poids du passif impayé après la clôture de la procédure, Rev. proc. coll. juin 2003, p. 186

[27] Des parlementaires s'étaient d'ailleurs émus à ce sujet et une réponse ministérielle avait annoncé l'extension de l'interdiction des poursuites à ces débiteurs (Rép. min. 2001, JOAN 6 oct. 2003, p.7382 ; D.2003, 2491). Celle-ci a pris place dans l'article 191 de loi de sauvegarde du 26 juillet 2005 qui a étendu l'interdiction de la reprise des poursuites individuelles aux débiteurs soumis à une procédure de liquidation de biens sous réserve des sommes déjà versées aux créanciers.

[28] J.MESTRE, R.T.D.Civ. 1989, p. 145

[29] E.PUTMANN, Retour sur le droit de ne pas payer ses dettes, Rev. dr. prosp. 1994 p.115

[30] F.RIZZO, thèse précitée, PUAM, p 441, n°379

[31] J.CARBONNIER, Droit civil, Les biens Les obligations, PUF, n°1287

le législateur moderne penche plutôt en faveur des débiteurs, c'est par préoccupation d'économie nationale autant que par humanité : il lui paraît moins urgent de les faire payer que de les renflouer, pour peu qu'ils soient entrepreneurs, donc créateurs d'emplois. (...) Une autre évolution se dessine, la socialisation de l'insolvabilité : le risque de tomber sur un débiteur insolvable est reporté sur la collectivité, soit par un mécanisme d'assurance, soit par une intervention de l'Etat. » Il est vrai que les opérateurs économiques intègrent bien souvent le risque d'insolvabilité à leurs prévisions soit en le reportant sur d'autres encore par le biais de l'assurance-crédit, soit en l'intégrant dans la marge bénéficiaire par une majoration du prix ou du taux pratiqué s'il s'agit d'un établissement bancaire. Et, pour ce qui le concerne, l'Etat préfère bien souvent soutenir l'emploi et l'activité économique, quitte à minorer ses ressources fiscales et sociales. Permettre une libération du débiteur qui a échoué dans son entreprise, c'est aussi limiter la prise de risque et inciter la création d'entreprise[32]. Comme le souligne Madame le Professeur Pérochon[33], « en éliminant à l'avance et à coup sûr le risque pour l'entrepreneur – c'est-à-dire en reportant sur ses partenaires économiques et sur le contribuable (car le législateur est impuissant à abolir le risque inhérent à toute entreprise : il se borne à en déplacer la charge de façon plus ou moins aléatoire...) -, le législateur incite à l'aventure économique (économique... pour le débiteur !). » Et, pour les particuliers exposés à la spirale du surendettement résultant de la perte d'un emploi et des revenus qu'il procure, les libérer de leurs dettes est apparu comme un moyen de lutter contre leur exclusion sociale. Partant de là, le législateur a progressivement étendu l'emprise du droit « de ne pas payer ses dettes » du professionnel au consommateur[34]. Il faut dire que, sensible à « l'influence du nombre[35]», le législateur a été contraint d'étendre la

---

[32] Lors du vote de la loi du 26 juillet 2005, Monsieur Xavier de ROUX avait ainsi considéré que le but de la liquidation judiciaire est de « permettre au débiteur d'exercer son droit à un nouveau départ et, par conséquent, favoriser l'initiative entrepreneuriale en France. » Rapp. Xavier de Roux, n°2095, p.397

[33] F.PEROCHON, Entreprises en difficulté, Manuel LDGJ, 10ième éd., n°1262

[34] Le Professeur MESTRE voyait dans la loi du 25 janvier 1985 : « un texte (...) dont l'importance ne devrait aller qu'en s'accroissant, au fur et à mesure que les particuliers entrent dans le giron des procédures collectives : artisan hier, agriculteurs aujourd'hui et sans doute demain membres des professions libérales et consommateurs. » J.Mestre, R.T.D.Civ. 1989, p. 145

[35] G.RIPERT, Les forces créatrices du droit, LGDJ, 2ième ed., 1955, p.103 : « La règle la plus abstraite n'échappe pas à l'influence du nombre. Le Code civil dit «le

purge des dettes aux particuliers surendettés qui, de bonne foi, ne parvenaient plus à faire face à leur endettement constitué, pour l'essentiel, de dettes non professionnelles.

8. La loi dite « Neiertz » du 31 décembre 1989 avait ainsi institué une procédure de traitement des situations de surendettement des particuliers. Cette procédure, organisée de manière bicéphale autour d'une commission administrative, la commission de surendettement[36], et d'un juge[37], privilégiait à l'origine la voie du dialogue avec les créanciers dans une tentative d'élaboration conventionnelle d'un plan de redressement qui, seulement en cas d'échec, pouvait être imposé par le juge. Cette organisation subsiste encore aujourd'hui. Cependant, à cette époque, seul le juge pouvait imposer des sacrifices aux créanciers par des mesures de réaménagement de l'endettement. Mais, l'impossibilité fréquente de parvenir à un accord avait rapidement conduit à un engorgement des tribunaux du fait de la multiplication des demandes d'accès aux faveurs du surendettement. Une loi du 8 février 1995 avait donc tenté d'y mettre fin en transférant le traitement de ces demandes aux commissions dotées, pour ce faire, du pouvoir de recommander des mesures de redressement. Cela étant, les situations

---

créancier» et «le débiteur». Le législateur moderne compte les uns et les autres. Les débiteurs sont plus nombreux que les créanciers parce que les capitaux sont détenus par quelques-uns et que les débiteurs sont multiples. Aussi se porte-t-il tout naturellement au secours des débiteurs. »

[36] La Commission de surendettement constitue encore aujourd'hui le point de passage obligé de tout candidat au surendettement. Celle-ci est composée de représentants de l'Etat, des établissements de crédits ainsi que d'associations familiales et de consommateurs ; son secrétariat est confié à la Banque de France (anc. art. L 331-1 devenu art. L 712-4 C.cons.). Elle statue sur la recevabilité de la demande du débiteur, est en charge d'une mission de conciliation avec les créanciers et, en cas d'échec, oriente le traitement du surendettement en adoptant les mesures appropriées à sa situation.

[37] Depuis la loi n°2010-1609 du 22 décembre 2010, le juge d'instance est en charge des procédures de traitement du surendettement des particuliers. Jusqu'à cette loi, la compétence était dévolue au juge de l'exécution dont les fonctions étaient, en pratique, déléguées à un juge d'instance (art. L 330-1 C.cons., art. L 221-8-1 C.O.J.). Ce juge connaît des contestations élevées à l'encontre tant des décisions de recevabilité (anc. art. L 331-3 IV C.cons.) que des mesures recommandées ou imposées par la Commission (anc .art. L 332-1, 332-2 C.cons.). Il connaît également de la procédure de rétablissement personnel avec ou sans liquidation judiciaire (anc. art. L 332-5 et L 332-6 devenu L 741-1 et L 742-1 C.cons.). L'ordonnance du 14 mars 2016 n°2016-301 relative à la partie législative du Code de la consommation a reconduit la compétence du juge d'instance au nouvel article L 713-1 de ce Code.

de surendettement se sont parallèlement aggravées. D'actif, le surendettement est devenu passif, c'est-à-dire provoqué par la perte de revenus du débiteur confronté au chômage ou à la maladie. Les plans établis sous l'égide des commissions se sont alors avérés insuffisants pour apurer le passif de candidats aux faveurs du surendettement, par ailleurs de plus en plus nombreux.

9. A partir de là, l'unique solution aux situations financières les plus obérées ne pouvait consister que dans un effacement des dettes calqué sur le modèle de la faillite civile applicable en droit local mosellan. Ainsi, dans les situations de surendettement « aggravé » résultant de l'état d'insolvabilité du débiteur, la loi du 29 juillet 1998 relative à la lutte contre les exclusions a ouvert, pour la première fois, la possibilité aux commissions de recommander un effacement, total ou partiel, des dettes après un moratoire de trois ans. Le législateur n'étant pas allé jusqu'à la création d'une faillite civile, certains auteurs l'ont exhorté à le faire, dans une logique de solidarité envers les plus faibles[38]. Un colloque posa d'ailleurs cette question : « est-il légitime de traiter distinctement les particuliers surendettés et les entreprises en difficulté ? [39]». Confronté à l'augmentation constante du nombre de candidats au surendettement[40], le législateur s'est de nouveau saisi de cette question. Dans les situations pour lesquelles il n'y avait « aucune possibilité prévisible de retour à meilleure fortune dans un avenir proche[41] », il a ainsi institué, par une loi n°2003-170 du 1er août 2003 d'orientation et de programmation pour la ville et la rénovation urbaine[42], une procédure de rétablissement personnel calquée sur le

---

[38] B.SOINNE, Surendettement et faillite : unité ou dualité de régime Rev. Proc. Coll. 1998 1

[39] « Est-il légitime de traiter distinctement les particuliers surendettés et les entreprises en difficulté ? », Journée du Centre de droit civil des affaires et du contentieux économique dédiée à Monique Contamine-Raynaud, Nanterre 2 fév. 2002, Colloque organisé avec le concours de l'Université de Paris X –Nanterre, Gaz. Pal. 26-27 fév. 2003

[40] Les commissions de surendettement avaient traité 150.000 dossiers en 2000 et 170.000 en 2003 ; statistiques avancées par S.PIEDELIEVRE Le droit à l'effacement des dettes, Rép. Def. 2004 art. 37852

[41] formule employée par le Conseil économique et social dans un avis du 11 juin 2003, citée par V.VIGNEAU, La réforme du surendettement, Droit et procédures mars 2004 p.67 n°20

[42] A propos de ce texte : G.PAISANT, La réforme de la procédure de traitement du surendettement par la loi du 1er août 2003 sur la ville et la rénovation urbaine, R.T.D.Com. 2003, p.671, G.RAYMOND, Quatrième étape pour le surendettement :

modèle de la liquidation judiciaire, dont la clôture entraîne l'effacement de toutes les dettes non professionnelles du débiteur, personne physique. C'est dans ce contexte qu'est apparue une procédure d'effacement des dettes du consommateur impécunieux.

10. Inspirée de la faillite civile[43], cette procédure était ouverte aux particuliers surendettés placés dans une situation irrémédiablement compromise. Il s'agissait alors d'offrir une seconde chance aux ménages les plus démunis pour remédier à leur exclusion sociale[44]. Dans un premier temps, une liquidation judiciaire du patrimoine du consommateur surendetté, calquée sur celle du professionnel, était associée au rétablissement personnel. La doctrine notait alors « une évidente parenté entre, d'une part, les procédures de sauvegarde, de redressement et de liquidation judiciaires des entreprises et, d'autre part, la procédure de rétablissement personnel » ; même si « cette parenté n'exclut pas quelques différences qui s'expliquent par des logiques opposées[45] ». En effet, la liquidation judiciaire s'inscrit dans une logique de préservation de l'initiative économique en favorisant le rebond de l'entrepreneur individuel qui a échoué. Le rétablissement personnel poursuit, pour sa part, un objectif de réinsertion financière du débiteur, inspiré par « des préoccupations relevant plutôt (...) de la

---

le rétablissement personnel, Cont. conc. cons. 2003, chron. 9, N.COTE, Le nouveau dispositif de traitement du surendettement des particuliers, JCP G 2003, I, 175 ; A.GOURIO, La procédure de rétablissement personnel applicable aux particuliers, JCP 2003, I, 242 ; C.RONDEY, La réforme du surendettement par la loi Borloo du 1er août 2003, D.2003, p.2162 ; P.BOUTILLER, La procédure de rétablissement personnel de la loi du 1er août 2003, Dr et Patr. nov. 2003, p.34 ; F.VAUVILLE, Les praticiens du droit face à la réforme du surendettement, Droit et pat. mai 2004, p.38

[43] Cependant, la terminologie de faillite civile étant jugée trop infamante, une formule plus « positive avec une forte connotation psychologique » a été retenue : le rétablissement personnel. Il est vrai que cette dénomination évoquait davantage une amélioration de la situation financière du débiteur qu'une procédure d'apurement du passif accompagnée d'une réalisation de l'actif ; chose qu'elle était pourtant bien au lendemain de la loi du 1er août 2003. (en ce sens : C.ALBIGES, Rapport introductif, Actes du colloque organisé le 10 juin 2005 à la Faculté de droit de Montpellier, « La procédure de rétablissement personnel : premières applications », Cont. Conc. Cons., oct. 2005 p.7, n°15)

[44] J-L BORLOO, Une seconde chance pour les ménages surendettés, AJ famille 2003, 328

[45] P.PETEL, « La procédure de rétablissement personnel et les procédures collectives du Code de commerce », Actes du colloque organisé le 10 juin 2005 à la Faculté de droit de Montpellier, Cont. Conc. Cons. oct. 2005, p.29

charité chrétienne[46] ». « Dans un cas, il s'agit de remettre en selle un agent du monde économique qui, par exemple, pourra éventuellement se retrouver à la tête d'une fortune moins de trois ans après, sans pour autant que l'on permette à ses créanciers de le poursuivre. (...) Dans l'autre cas, il s'agit d'un impératif de cohésion sociale, de lutte contre l'exclusion et la pauvreté. [47] » Le rétablissement personnel s'inscrit ainsi dans une logique sociale, la dignité du débiteur, « quand aucune autre solution que la misère se profile comme mode de vie[48] ». Impuissant à assurer le retour à l'emploi du surendetté, le législateur en a été réduit à lui reconnaître un droit à reconstituer sa virginité patrimoniale.

11. Dans l'état originel de cette procédure, l'effacement des dettes intervenait après une liquidation judiciaire du patrimoine du débiteur clôturée pour insuffisance d'actif. Il est apparu, dès le lendemain de la loi du 1er août 2003, que la précarité des candidats au rétablissement personnel avait été sous-estimée car ils ne possédaient généralement aucun actif susceptible d'être réalisé. Partant de là, bon nombre de juridictions du fond ont considéré inutile de procéder à une liquidation d'un patrimoine dont la consistance ne permettrait pas de régler les créanciers. Aussi, celles-ci prononçaient l'ouverture puis, immédiatement, la clôture pour insuffisance d'actif du rétablissement personnel lorsque l'insolvabilité du débiteur était patente. Cette pratique prétorienne permettait d'écourter la procédure en faisant l'économie d'une inutile vérification des créances et d'alléger la charge de travail des greffes. Cela étant, saisie pour avis, la Cour de cassation condamna cette pratique qui n'avait pas été autorisée par les textes. C'est pourquoi, le Comité de suivi de la loi du 1er août 2003, instaurée après le vote de cette loi, avait préconisé de revenir sur cette solution en reconnaissant expressément au juge le pouvoir de clôturer la procédure pour insuffisance d'actif, dès lors que le débiteur ne disposait d'aucune capacité de remboursement ni d'aucun bien réalisable. Suivant cette recommandation, la loi du 20 décembre 2007 portant simplification du droit a inséré un article L 332-6-1 dans le

46 P.PETEL, art. précité, spéc.n°3

47 M.J CAMPANA, L'effacement des dettes, in « Est-il légitime de traiter distinctement les particuliers surendettés et les entreprises en difficulté ? », Gaz. Pal. 26 fév. 2003 p.44

48 M.J. CAMPANA, op. cit.

Code de la consommation[49], consacrant l'ouverture avec clôture immédiate de la procédure de rétablissement personnel par un même jugement. Les réformes ultérieures ont poursuivi dans cette voie. Outre ses nombreuses autres innovations[50], la loi du 1er juillet 2010 portant réforme du crédit à la consommation a parachevé cette œuvre de simplification du traitement des procédures impécunieuses en créant une subdivision au sein du rétablissement personnel selon que l'actif est, ou non, réalisable. Une procédure sans liquidation judiciaire est donc apparue aux côtés du rétablissement personnel avec liquidation lorsque le débiteur ne dispose d'aucun actif à réaliser. Par cette simplification procédurale, l'objectif était de réduire le délai moyen d'effacement des dettes de seize à six mois[51].

12. Déclinant cette purge des dettes accélérée au professionnel, l'ordonnance du 12 mars 2014 portant réforme des procédures collectives[52] a institué en faveur de l'entrepreneur individuel, personne physique, une procédure de rétablissement professionnel[53]. Calquée sur le modèle du rétablissement personnel sans liquidation

---

[49] A propos de cette disposition : G.Paisant, ouverture et clôture du rétablissement personnel par le même jugement, R.T.D.com. 2008, p.635 ; G.Raymond, concomitance des jugements d'ouverture et de clôture, Contr. conc. cons. 2008 n°56

[50] La loi du 1er juillet 2010 portant réforme du crédit à la consommation a renforcé les prérogatives de la Commission conférant à la décision de recevabilité un effet suspensif des mesures d'exécution forcée diligentée à l'encontre du débiteur, en lui reconnaissant la faculté d'imposer aux créanciers des mesures de réaménagement de l'endettement et en recentrant la mission du juge sur l'homologation des mesures recommandées, à l'instar de l'effacement partiel des dettes. Cette loi a également créé deux procédures distinctes de rétablissement personnel : avec ou sans liquidation judiciaire. Sur les apports de cette loi : S.GJIDARA-DECAIX, Le nouveau visage des procédures de surendettement des particuliers, Présentation de la loi du 1er juillet 2010 portant réforme du crédit à la consommation, rev. proc. coll. juil. août 2010, étude 20,

[51] Rapport de Philippe Dominati, au nom de la commission spéciale, n°447 (2008-229), p.445

[52] Ordonnance n°2014-236 du 12 mars 2014 portant réforme de la prévention des difficultés des entreprises et des procédures collectives, J.O.R.F. 14 mars 2014

[53] Intitulé « rétablissement personnel sans liquidation après enquête » dans le projet d'ordonnance, la version finale lui a préféré la dénomination de rétablissement professionnel, plus proche de celle proposée par deux auteurs. (F.-X. LUCAS et M. SENECHAL, La procédure d'enquête pour le rétablissement professionnel : D.2013, p.1852) Cette procédure a pris place dans un nouveau chapitre V, inséré dans le titre IV du livre VI du Code de commerce, comprenant une série de nouvelles dispositions codifiées aux articles L 645-1 à L 645-12.

judiciaire, cette procédure, « distincte des procédures collectives », est destinée au traitement « de la situation des personnes physiques dont l'actif est d'une valeur telle que l'ouverture d'une procédure de liquidation judiciaire, même simplifiée, serait une mesure disproportionnée (…). Cette procédure peut être clôturée par un jugement constatant que les conditions d'ouverture en étaient effectivement respectées et prononçant l'effacement des dettes signalées par le débiteur lui-même, au terme d'une enquête confiée à un juge commis, assisté d'un mandataire de justice.[54] » Le « petit professionnel[55] » peut ainsi prétendre à un effacement de ses dettes, prononcé dans un délai très réduit. La création du rétablissement professionnel achève un mouvement de généralisation de la purge des dettes qui, par contagion, est allé du professionnel vers le consommateur pour, in fine, y revenir et brouiller la distinction entre l'interdiction de la reprise des poursuites individuelles et l'effacement des dettes.

13. Ce faisant, au fur et à mesure que la purge des dettes a été étendue du professionnel au consommateur, le droit « du non-paiement de ses dettes » s'est progressivement transformé en un droit « à » ne pas payer ses dettes. Ce glissement d'un droit « de » vers un droit « à » marque alors l'émergence d'un droit subjectif du débiteur de bonne foi et durablement insolvable à ne plus être poursuivi[56]. Il faut dire que l'objectif de ces procédures accélérées de purge des dettes n'est aucunement le paiement des créanciers, ceux-ci n'ayant rien à espérer le patrimoine étant exsangue, mais une remise en selle rapide du débiteur, et ce afin qu'il puisse, aussitôt la purge prononcée, prendre un nouveau départ et retenter sa chance : il s'agit davantage de favoriser le rebond du débiteur que de se préoccuper du sort des créanciers.

---

[54] Rapport au Président de la République relatif à l'ordonnance n°2014-326 du 12 mars 2014, J.O. 14 mars 2014

[55] D.VOINOT, « Les petits professionnels », in Mélanges en l'honneur de la Professeure Dekeuwer-Défossez, Liber amicorum, Montchestien, 2013, p.565

[56] E.PUTMAN Retour sur le « droit de ne pas payer ses dettes » in memoriam Georges Ripert, Rev. Dr. Prosp. 1994, p. 109 – C.HUGON, L'approche théorique de la procédure de rétablissement personnel, Cont. Conc. Cons. Oct. 2005, p.13

14. Souvent associée à l'échec[57], l'idée de rebondir désigne l'action de reprendre force et vigueur. Le « rebond du débiteur » est une formule imagée qui n'apparaît, pour l'heure, dans aucun dictionnaire juridique ce qui conduit Monsieur le Professeur Pétel à la qualifier de « formule journalistique » prêtant « à sourire[58] ». Il est vrai qu'aucun texte légalistatif ou réglementaire n'emploie une telle formulation. Une simple recherche dans les codes en vigueur suffit à s'en convaincre[59]. Le rebond du débiteur est, en réalité, un objectif assigné par la Commission européenne aux Etats membres dans une logique de convergence des réglementations nationales. En guise de réponse à cette impulsion européenne, le législateur français le fait figurer, en bonne place, dans l'architecture de certaines lois. La loi n°2008-776 du 4 août 2008 de modernisation de l'économie regroupait ainsi dans un chapitre V intitulé « Favoriser le rebond » des mesures aussi diverses que la refonte du régime des incapacités commerciales[60], une habilitation législative à intervenir par voie d'ordonnance dans le domaine du droit des entreprises en difficulté[61] ou l'aménagement de la cotation « Banque de France » du chef d'entreprise[62]. L'exposé des motifs de la loi n°2010-737 du 1er juillet 2010 portant réforme du crédit à la consommation justifiait, par les nécessités du rebond, l'adoption du rétablissement personnel sans liquidation judiciaire[63].

---

[57] A. Bricard et alii, Accompagner le chef d'entreprise en difficulté, de la prévention au rebond, Litec coll. « Affaires Finances », 2007 ; Ronald Cohen, Le second rebond de la balle, Entreprendre : Transformez vos risques en opportunité Ed. Saint-Simon ; Yves Boulvin, Rebondir après l'échec : un chemin psychologique et spirituel, Ed. L'aire de famille ; Hervé Bommalaer, Rebondir en temps de crise : 50 bons réflexes au quotidien, Ed. Eyrolles.

[58] Ph. PETEL, Entreprises en difficulté : réalisme, ouverture et mouvement perpétuel, Gaz. Pal. 26 30 août 2015, p. 55

[59] L'unique réponse donnée pour ce critère de recherche, dans le portail « Légifrance », renvoie à l'article R 5121-48 du Code de la santé publique.

[60] art. 70 à 73 de la loi n°2008-776 du 4 août 2008 de modernisation de l'économie : Cf infra n°352 abordant la sanction pénale d'interdiction d'exercer le commerce.

[61] art.74 de la loi de modernisation de l'économie : il s'agit de l'habilitation législative ayant conduit à l'ordonnance n°2008-1345 du 18 décembre 2008 portant réforme du droit des entreprises en difficulté.

[62] art. 75 de la loi n°2008-776 du 4 août 2008 de modernisation de l'économie : Cf infra n°363 abordant le fichier bancaire des entreprises, plus souvent désigné sous son acronyme : le FIBEN.

De même, le rebond est souvent associé à la procédure de rétablissement professionnel instituée par l'ordonnance n°2014-326 du 12 mars 2014 portant réforme de la prévention des difficultés des entreprises et des procédures collectives. Mais ni ce texte, ni le rapport au Président de la République relatif à cette ordonnance n'emploie ce terme. En revanche, il apparaît dans le communiqué de presse du Conseil des ministres au cours duquel cette ordonnance avait été présentée[64]. Plus récemment, l'article 146 de la loi n° 2016-1691 du 9 décembre 2016 relative à la transparence à la lutte contre la corruption et à la modernisation de la vie économique[65] a, pour « favoriser le rebond des entrepreneurs », mis à l'écart de la responsabilité pour insuffisance d'actif le dirigeant, de droit ou de fait, simplement négligent par une modification de l'article L 651-2 du Code de commerce[66].

15. Cette promotion du « rebond » dans la législation française est avant tout une réponse aux impulsions de la Commission européenne sous la forme de communications et recommandations non contraignantes à destination des Etats membres de l'Union[67]. Ceux-ci ont ainsi été invités à retenir, dans leurs législations nationales, une politique de la seconde chance en faveur de l'entrepreneur ayant échoué de bonne foi. Faisant l'éloge de l'apprentissage par l'échec[68], la Commission européenne publiait ainsi, le 5 octobre 2007, une communication dans laquelle elle appelait les États membres de l'Union à promouvoir « une politique de la deuxième chance » en luttant « contre les stigmates liés à la faillite d'entreprise » par une

---

[63] L'exposé des motifs de ce projet de loi justifiait certaines mesures par le fait qu'il convenait de « faciliter le rebond des personnes qui ont connu des difficultés d'endettement ».

[64] Compte-rendu du Conseil des ministres du 12 mars 2014 : www.elysee.fr

[65] J.O.R.F. du 10 déc. 2016

[66] Cette mesure supprimée à deux reprises par le Sénat, d'abord en première lecture le 8 juillet 2016 (http://www.senat.fr/petite-loi-ameli/2015-2016/713.html) puis en nouvelle lecture le 3 novembre 2016 (http://www.senat.fr/petite-loi-ameli/2016-2017/80.html), a finalement été réintroduite en dernière lecture par l'Assemblée nationale.

[67] A la différence des directives, les recommandations ne sont pas contraignantes et permettent à la Commission européenne d'organiser une convergence des réglementations nationales, sans obligation pour les Etats membres de l'Union de s'y conformer.

[68] citant en exemple l'échec de la première société automobile d'Henry Ford

distinction du traitement juridique des faillites frauduleuses et non frauduleuses[69], et ce afin d'encourager davantage de personnes à s'installer[70]. Puis, dans le « Small Business Act » pour l'Europe[71], la Commission demandait aux Etats membres de « faire en sorte que les entrepreneurs honnêtes qui ont dû déposer le bilan bénéficient rapidement d'une seconde chance » en limitant à un an la durée totale des procédures de liquidation judiciaire lors d'une faillite non frauduleuse. L'un des axes de ce « Small Business Act » était le « Think Small First », c'est-à-dire une priorité d'action en direction des petites et moyennes entreprises en allégeant les contraintes administratives pesant sur ces dernières pour instaurer un contexte favorable à la création d'entreprise[72]. Dans ce même document, la Commission invitait également les Etats membres « à encourager une attitude positive de la société à l'égard des entrepreneurs qui veulent prendre un nouveau départ, par exemple grâce à des campagnes d'information du public et à veiller à ce que ceux qui retentent leur chance soient placés sur un pied d'égalité avec les entreprises nouvellement constituées ». Et, dans une communication du 12 décembre 2012[73], la Commission faisait encore de la seconde chance « un élément clé » de la nouvelle approche européenne en matière de

---

69 Communication de la Commission au Conseil, au Parlement européen, au Comité économique et social européen et au Comité des régions, « Surmonter les stigmates de la faillite d'entreprises- Pour une politique de la deuxième chance : Mise en œuvre du partenariat de Lisbonne pour la croissance et l'emploi », Com. (2007)584 final du 5.10.2007

70 Marko CURAVIC, Le regard de la Commission européenne, in « Quelles convergences pour améliorer le traitement des difficultés des entreprises dans l'Union européenne ? » LPA 27 nov. 2009 n°237 p. 79

71 Communication de la Commission au Parlement européen, au Conseil et au Comité économique et social, Un « Small Business Act » pour l'Europe – « Think Small First »: Priorité aux PME, 25 juin 2008, Com(2008) 394 final

72 L'Union européenne s'était ainsi fixée un objectif de réduction de 25% des charges administratives pesant sur celles-ci, d'ici 2012. Dans son rapport sur la mise en oeuvre du Small Business Act, la Commission souligne d'ailleurs avoir proposé en février 2009, sur la base d'un test, de donner la possibilité aux Etats membres d'exempter les micro-entreprises de l'obligation de respecter les règles comptables. La Commission estimait qu'ainsi près de 5,4 millions de micro-entreprises pourraient bénéficier d'une économie de coût de près de 6,3 milliards d'euros.

73 Communication de la Commission au Parlement européen, au Conseil et au Comité économique et social, Nouvelle approche européenne en matière de défaillances et d'insolvabilité des entreprises Com(2012) 742 final

défaillances et d'insolvabilité des entreprises en incitant les Etats membres à séparer les procédures de liquidation des entrepreneurs honnêtes et malhonnêtes, à accélérer celles-ci lorsqu'elles concernent des faillites honnêtes et à réduire les délais de réhabilitation pour favoriser le nouveau départ. Moins de deux ans plus tard, dans une recommandation du 12 mars 2014 relative à une nouvelle approche en matière de défaillances et d'insolvabilité des entreprises[74], la Commission européenne exhortait de nouveau les Etats-membres à prendre des mesures, avant le 14 mars 2015, destinées à augmenter le nombre d'entreprises viables sauvées ; à « limiter les effets négatifs des faillites » ; ou encore à « donner une seconde chance » aux entrepreneurs de bonne foi ayant échoué[75].

16. Dans notre droit interne, certaines mesures ont pris place dans l'ordonnance du 12 mars 2014 portant réforme des procédures collectives[76] mais également dans d'autres textes. L'examen de ces différentes mesures en faveur du rebond nous permettra d'apprécier les chances de retour à meilleure fortune de celui qui prend un nouveau départ. A cette occasion, nous nous interrogerons sur le point de savoir si elles ne constituent pas qu'un miroir aux alouettes. Ce ne sont donc pas les effets juridiques produits par les situations de retour à meilleure à fortune qui seront passés au crible mais plutôt les mesures prises par le législateur pour créer les conditions du rebond. Avant cela, nous nous interrogerons sur l'incidence de celui-ci dans les rapports juridiques entre un débiteur et ses créanciers. A qui peut-il profiter ? Encore aux créanciers ou seulement au débiteur ? La réponse à cette question est extrêmement délicate. Ce flottement est largement imputable aux tergiversations du législateur sur cette question, car sa réponse dépend avant tout de l'intérêt qu'il entend juridiquement protéger. Tantôt il fait preuve d'humanisme et affranchit le débiteur du fardeau de ses dettes, tantôt il privilégie l'orthodoxie juridique et le maintien du lien obligatoire pour protéger les créanciers. Pris en étau entre ces intérêts contradictoires, le

---

[74] Recommandation 2014/135/UE relative à une nouvelle approche en matière de défaillances et d'insolvabilité des entreprises du 12 mars 2014, J.O.U.E 14 mars 2014, L74/65

[75] Recomm. 30, 31

[76] N. NEF NAF, Rebond du débiteur : un dialogue avec l'Europe, Dr. et patr. déc. 2014, p.61 : Actes du colloque « Réforme des procédures collectives : nouveau rebond pour le débiteur ? » organisé par le Centre René Demogue, Université de Lille II, le 23 mai 2014

législateur tente de concilier des objectifs diamétralement opposés. Nous distinguerons donc les situations juridiques dans lesquelles les créanciers peuvent encore prétendre à un paiement de celles dans lesquelles le débiteur conserve le bénéfice de son retour à meilleure fortune. Pour cela, nous envisagerons dans un premier temps les incidences juridiques du retour à meilleure fortune dans les rapports entre un débiteur et ses créanciers (Partie I). Ces incidentes décrites, nous évoquerons les mesures en faveur du rebond du débiteur (Partie II).

Partie I - Les incidences juridiques du retour à meilleure fortune

17. Chacun connaît la règle de droit commun d'intégration des biens futurs au gage des créanciers. Cet apport de l'article 2284 du Code civil peut être mis en échec par la purge des dettes, qu'elle prenne la forme d'un effacement de celles-ci ou d'une interdiction de reprendre les poursuites individuelles. Ainsi est-il mis fin à l'obligation de paiement du débiteur revenu à meilleure fortune. Nous aborderons donc ces situations de nature à neutraliser le retour à meilleure fortune (Titre 2). Mais avant cela, il nous faut envisager les quelques situations juridiques où il est encore valorisé (Titre 1).

Titre 1 - Les situations juridiques de nature à valoriser le retour à meilleure fortune

18. Le retour à meilleure fortune est, avant toute chose, une cause légale de récupération des aides publiques octroyées à une personne en difficulté (Chapitre 1). L'article L 132-8 du Code de l'action sociale et des familles pose ainsi un principe de récupération de l'aide sociale accordée à tout bénéficiaire revenant à meilleure fortune. De même, le paragraphe II de l'article L 1511-2 du Code général des collectivités territoriales, inséré par la loi n°2015-991 du 7 août 2015 portant nouvelle organisation territoriale de la République, reconnaît aux régions la faculté de récupérer les aides financières accordées aux entreprises en difficulté en cas de retour à meilleure fortune de celles-ci. Au cas présent, il s'agit d'un simple rappel légal d'une faculté, pour les régions, d'intégrer une clause de retour à meilleure fortune, inspirée des rapports contractuels de droit privé, dans la convention conclue avec la collectivité territoriale octroyant le soutien financier. Précisément, entre personnes de droit privé, la liberté contractuelle permet d'organiser la réversibilité d'une remise de dette au moyen d'une clause de retour à meilleure fortune. Celle-ci rétablit la dette, pour le moment abandonnée, si la situation financière du débiteur vient à s'améliorer. Nous envisagerons donc l'utilisation de cette clause dans les rapports de droit privé (Chapitre 2).

Chapitre 1 - La récupération de l'aide publique octroyée à une personne en difficulté

19. Le retour à meilleure fortune est, en dehors du droit commun, le fait générateur d'une créance en récupération d'une aide publique octroyée à une personne en difficulté. Il en est ainsi pour l'aide sociale accordée aux personnes fragiles (Section 1), ou encore pour l'aide régionale accordée aux entreprises en difficulté (Section 2).

Section 1 - La récupération de l'aide sociale accordée aux personnes fragiles

20. Fondé sur l'état de besoin, le droit de l'aide sociale est régi par un principe de subsidiarité[77]. Celle-ci n'est octroyée qu'aux personnes dont les ressources sont insuffisantes pour subvenir à leurs besoins et qui ne peuvent être secourues par un obligé alimentaire[78]. Partant de là, l'aide sociale est une avance remboursable si l'état de besoin vient à cesser. L'article L 132-8 du Code de l'action sociale et des familles pose ainsi un principe de récupération de l'aide sociale. Indépendamment des motifs qu'il comporte au titre des avantages successoraux[79], ce texte prévoit la récupération de l'aide sociale lorsque le bénéficiaire est revenu à meilleure fortune (§ 1) ce qui a

---

[77] E.ALFANDARI F.TOURETTE, Action et aide sociales, 5e éd., Précis Dalloz, n°31 ; M.BORGETTO et R.LAFORE, Droit de l'aide et de l'action sociales, 9e éd, coll. Domat droit public, Montchrestien, n°85

[78] art. L 132-1 à L 132-7 C. act. soc. fam.

[79] L'article L 132-8 du Code de l'action sociale et des familles permet ainsi de récupérer l'aide sociale accordée en cas de donation ou legs au bénéficiaire ou après son décès, si l'actif successoral en permet le remboursement. L'article R 132-12 du même Code limite la récupération sur succession et fixe un seuil de dépenses d'aide sociale à partir duquel l'action est engagée. Ainsi, la récupération des sommes versées au titre de l'aide sociale à domicile, de l'aide médicale à domicile ou de la prise en charge du forfait journalier prévu à l'article L. 174-4 du code de la sécurité sociale sont exercés sur la part net de l'actif successoral excédant 46.000 euros. Seules les dépenses supérieures à 760 euros et pour la part excédant ce montant sont concernées.

conduit les juridictions de l'aide sociale à définir les contours de ce fait générateur (§ 2).

§ 1 - Le principe de récupération de l'aide sociale

21. Ce principe de récupération de l'aide sociale est aujourd'hui d'une application "morcelée[80]", prestation par prestation, ce qui brouille son fondement originel. Pour autant, il subsiste toujours. S'agissant de dispositions exorbitantes du droit commun, des juridictions spécialisées connaissent du contentieux de la récupération. Il conviendra donc d'envisager la procédure de récupération de l'aide sociale.

A - Un principe d'application limitée à quelques prestations

22. Ce principe de récupération, posé par un décret-loi du 29 novembre 1953 avant d'être repris par un décret n°91-496 du 15 mai 1961, concernait à l'origine toutes les prestations d'aide sociale. Sans jamais être remis en cause, son champ d'application a été, peu à peu, réduit. La raison en est simple : ce principe a eu un effet dissuasif auprès des bénéficiaires potentiels, qui préféraient renoncer à l'aide sociale plutôt que de voir les droits de leurs héritiers amputés[81]. Le législateur a donc multiplié en leur direction les dérogations, prestation par prestation. L'allocation personnalisée d'autonomie, qui a succédé à la prestation spécifique dépendance après une loi du 20 juillet 2001, a été soustraite du principe de récupération. Depuis cette loi, l'article L 232-19 du Code de l'action sociale et des familles place cette prestation à l'écart des recours sur succession. Curieusement, ce texte passe sous silence la récupération pour retour à meilleure fortune du bénéficiaire. Cela étant, il n'est pas illogique de la considérer comme implicitement abandonnée car l'état de besoin s'apprécie, pour cette prestation, non pas en fonction des ressources de la personne âgée mais de son état de dépendance[82]. Celui-ci a également motivé

[80] P.POTENTIER, La récupération de l'aide sociale, art. 38392, Rép. Def. 2006 p.773

[81] D.ROMAN, Les enjeux juridiques du non-recours aux droits, R.D.S.S. 2012, p.603

[82] art. L 232-1, L 232-2 C. act. soc. fam.

l'exonération adoptée en faveur des personnes handicapées. La loi de modernisation sociale du 17 janvier 2002 puis celle relative au droit des malades du 4 mars 2002 ont successivement exempté les personnes handicapées des recours en récupération pour retour à meilleure fortune[83]. Puis, la loi relative à l'égalité des droits et des chances, la participation et la citoyenneté des personnes handicapées du 11 février 2005, en procédant à la réécriture des articles L 245-7 et L 344-5 du Code de l'action sociale et des familles, a exempté la prestation de compensation du handicap ainsi que la prise en charge des frais d'entretien et d'hébergement en foyer de toute forme de récupération. Cela étant, faute de dispositions transitoires, les recours en récupération à l'égard des personnes handicapées ont disparu progressivement car l'action demeurait régie par les textes applicables au jour où le motif de récupération était constitué[84]. Néanmoins, en cas de retour à meilleure fortune consécutif à l'obtention d'une qualité d'héritier, la date à prendre en compte était celle de l'acceptation de la succession et non la date du décès de l'auteur[85]. Outre les préoccupations suscitées par la dépendance, les nécessités de la réinsertion professionnelle ont aussi présidé à l'abandon des recours en récupération de certains des minima sociaux. L'article L 262-49 du Code de l'action sociale et des familles écarte ainsi les sommes servies au titre du revenu de solidarité active de toute forme de récupération. En réalité, pour cette prestation, le contentieux s'est déporté sur l'indu[86].

23. Concrètement, ne sont encore susceptibles d'une récupération que les aides accordées pour l'hébergement des personnes âgées en établissement ainsi que pour leur maintien à domicile, hors l'allocation personnalisée pour l'autonomie. Ce faisant, les fondements du principe de récupération s'en trouvent malmenés. Le financement de l'aide sociale étant public, il n'est pas illégitime que la

---

[83] F.BOCQUILLON, Les dispositions relatives aux personnes handicapées dans la loi de modernisation sociale du 17 janvier 2002, R.D.S.S. juil-sept 2002, p.583 ; F.COURAULT, La suppression de deux recours en récupération de l'aide sociale améliore les droits des personnes handicapées, R.J.P.F mai 2002, p.24

[84] C.E, 1er oct. 2004, Mme Mazzoni, Lebon T.584 ; R.D.S.S. 2005, p. 160, note F.Tourette ; C.E., 11 avr. 2005, Audemard d'Alençon, A.J.D.A. 2005, p. 2082 note H.Rihal

[85] Com. centr. aid. soc., 14 mai 2009, C.J.A.S. n°2009/04, dossier n°080500

[86] A.CAUDIO, Le contentieux de l'indu de revenu de solidarité active, A.J.D.A. 2013, p.214

collectivité puisse récupérer ce qui a pu être versé lorsque la consistance du patrimoine de la personne bénéficiaire le permet. Cette récupération se justifie par la nature alimentaire de l'aide sociale et la disparition de l'état de besoin. Cela étant, dans la plupart des cas, cette logique de subsidiarité a laissé place à une logique de solidarité nationale. De fait, le principe de récupération n'a plus guère signification et la doctrine s'interroge quant à la pertinence de son maintien[87]. Mais, en l'état du droit, celui-ci subsiste et il convient d'en envisager les modalités de mise en œuvre.

B - La procédure de récupération de l'aide sociale

24. Avant toute chose, il convient de différencier la récupération de la répétition de l'indu. Malgré un effet rétroactif, la répétition de l'indu suppose une perception erronée[88] ou frauduleuse de l'aide sociale, obtenue à partir de déclarations inexactes ou mensongères. Il convient également de la distinguer de la révision qui, pour sa part, ne vaut que pour l'avenir et ne remet pas en cause les prestations qui ont été versées. La révision intervient en cas d'élément nouveau ou de changement dans la situation ayant justifié l'admission[89]. Elle a pour effet de réactualiser le montant de l'aide accordée soit en la diminuant, jusqu'à la supprimer ; soit en l'augmentant. A l'inverse, la récupération traduit la nature d'avance remboursable de toute aide sociale accordée en raison d'un état de besoin. Elle permet, lorsque cet état disparaît, à l'organisme payeur de se faire rembourser, en tout ou partie, les sommes allouées au bénéficiaire[90].

25. Ceci posé, les modalités de récupération de l'aide sociale sont définies aux articles L 132-11 et R 132-11 du Code de l'action sociale et des familles. Le préfet ou le président du conseil général arrête le montant récupéré lequel peut, en tout ou partie, être étalé dans le temps. Préalablement à toute décision, le bénéficiaire peut demander à être entendu[91]. L'article R 132-11 du Code de l'action sociale et des familles reconnaît un pouvoir discrétionnaire aux autorités

[87] P.POTENTIER, La récupération de l'aide sociale, op. cit., spéc n°2

[88] art. R 131-4 C. act. soc. fam.

[89] art. R 131-3 C. act. soc. fam.

[90] V.BONNIN, La récupération des prestations d'aide sociale en question, R.D.S.S. 2005, p.993

[91] art. R 132-11 in fine par au renvoi de l'art. R 131-1 al. 1er C. act. soc. fam.

récupératrices quant à l'opportunité et au montant du remboursement. Ce pouvoir de modération permet d'échapper à une automaticité juridique qui ne serait pas adaptée à la situation de détresse sociale des bénéficiaires ou de leurs héritiers. Dans une logique de nominalisme monétaire, les sommes récupérées ne peuvent excéder le montant des prestations accordées. Un état exécutoire est dressé puis transmis à un comptable public pour recouvrement, comme en matière de contributions directes. En l'absence de prescription spéciale édictée par le Code de l'aide sociale et des familles, les recours en récupération se prescrivent, depuis la loi du 17 juin 2008 portant réforme de la prescription civile, par cinq ans à compter du fait générateur de la créance en récupération et non plus, comme auparavant, par trente ans.

26. La décision de récupération peut être contestée dans un délai de deux mois à compter de sa notification[92]. Ce recours de plein contentieux[93] est porté devant des juridictions spécialisées : les commissions départementales d'aide sociale, d'une part, et, d'autre part, la Commission centrale d'aide sociale. Ces juridictions connaissent du contentieux de l'aide sociale respectivement en première instance et à charge d'appel. Celles-ci sont composées de magistrats des deux ordres, administratif et judiciaire, et ont été purgées, à la suite de décisions du Conseil constitutionnel[94], de leurs membres qui ne présentaient pas de garanties suffisantes d'indépendance et d'impartialité tels que les élus des conseils généraux, les fonctionnaires et autres personnes qualifiées désignées par le préfet. Les décisions de la Commission centrale d'aide sociale sont susceptibles d'un recours en cassation devant le Conseil d'Etat[95]. Les articles 12 et 114 de la loi n° 2016-1547 du 18 novembre 2016 de modernisation de la justice du XXIe siècle[96] prévoit, à compter du 1er janvier 2019, de transférer ce contentieux à un tribunal des affaires

---

[92] art. R 134-10 C. act. soc. fam.

[93] E.MULLER, Le contentieux de la récupération de l'aide sociale des départements, A.J.D.A. 2013, p.282

[94] Cons. Constit., 25 mars 2011, déc. n°2010-110 Q.P.C., AJDA 2011, p.644 et 1214 note I.Crépin-Dehaene ; R.D.S.S. 2011, p.770, obs. B. Fleury ; Cons. Constit., 8 juin 2012, déc. n°2012-250 QPC, AJDA 2012, p.1865, note H.Rihal ; R.D.S.S. 2012, p.766 obs. Y.Dagorne-Labbe

[95] art. L 134-3 C.act.soc. fam.

[96] JORF n°0269 du 19 novembre 2016

sociales regroupant le contentieux général de sécurité sociale actuellement dévolu aux tribunaux des affaires de sécurité sociale, le contentieux technique actuellement dévolu aux tribunaux du contentieux de l'incapacité et le contentieux de l'admission à l'aide sociale.

27. Ceci souligné, ces juridictions peuvent, en l'état actuel, moduler le montant des sommes à récupérer en fonction de la solvabilité et de l'état de santé du bénéficiaire[97]. En cas de changement de situation intervenu depuis la décision de récupération, elles peuvent aussi tenir compte des circonstances de fait à la date à laquelle elles statuent pour prononcer une remise[98]. En effet, le Conseil d'Etat a étendu aux juridictions de l'aide sociale le pouvoir modérateur reconnu aux autorités décisionnaires. Ces juridictions peuvent donc remettre, en tout ou partie, les sommes récupérées même si la récupération est, en soi, bien fondée[99]. Il convient encore de souligner que les départements n'ont pas à informer les bénéficiaires d'une possibilité de récupération des aides octroyées[100]. Cela étant, une large publicité de l'existence de ces recours est déjà assurée au moyen des règlements départementaux d'aide sociale, prévus par l'article L 121-3 du Code de l'action sociale et des familles, généralement publiés par les départements.

28. En garantie de ces recours, l'article L 132-9 de ce même Code instaure une hypothèque légale grevant les immeubles du bénéficiaire de l'aide sociale. Si les prestations d'aide sociale à domicile et la prise en charge du forfait journalier sont exclues du champ de l'hypothèque légale, l'inscription est en revanche requise dès que la valeur des biens excède un seuil qui reste relativement symbolique[101]. Les contestations relatives à cette inscription, tout comme celles relatives aux décisions de récupération, sont portées devant les juridictions de

---

[97] Comm. centr. aid. soc., 11 mai 2004, C.J.A.S. n°2004/03 p.31

[98] Comm. centr. aid. soc., 22 déc. 2000, C.J.A.S n°2001/08, p.175

[99] C.E, 25 nov. 1998, Dép. Nord, req. n°181242, Lebon 439 ; 7 mai 1999, Dép. Loir et Cher, req. n°188870, Lebon T.636, R.D.S.S. 1999, p.786, obs. Ligneau ; 31 mai 2002, Consorts Méheut, req. n°228997, C.J.A.S. n°2002/04, p.43, R.J.P.F. déc. 2002, p.29 ; 4 déc. 2002, req. n°241042, A.J.D.A 2003, p. 626, note Ghebali-Bailly

[100] C.E, 11 avr. 2005, Audemard d'Alençon, AJDA 2005, p.2082 note H.Rihal

[101] L'article R 132-14 du Code de l'action et des familles retient un seuil de 1.500 euros.

l'aide sociale[102]. L'hypothèque peut être inscrite dès l'admission, avant toute récupération. Cela étant, le Conseil d'Etat a privé cette inscription de l'essentiel de son intérêt pratique en considérant qu'aucune somme ne pouvait être retenue avant que le fait générateur de la récupération ne se soit produit[103]. Cette hypothèque légale gagnerait sans doute en clarté si celle-ci était repensée en profondeur[104], tout comme d'ailleurs le principe de récupération qu'elle est censée garantir. Ces précisions apportées, il convient de clarifier les événements constitutifs d'un retour à meilleure fortune au sens du droit de l'aide sociale.

§ 2 - Les événements constitutifs d'un retour à meilleure fortune dans le droit de l'aide sociale

29. A l'occasion des contestations relatives aux décisions de récupération, les juridictions de l'aide sociale ont été amenées à préciser les événements constitutifs d'un retour à meilleure fortune. Pour la Commission centrale d'aide sociale, celui-ci s'entend comme un événement nouveau, matériel ou non, qui améliore la situation patrimoniale de l'assisté en capital ou en revenus[105]. A partir de là, le retour à meilleure fortune a été retenu dans des situations d'héritage[106], de mariage[107], de gain à un jeu d'argent, de perception d'un capital d'assurance-vie[108] ou d'enrichissement du débiteur d'un bénéficiaire lui ayant permis d'obtenir le paiement d'une créance

---

[102] C.E, 18 nov. 1988, Chaignot, Leb. p.412, A.J.D.A. 1989, p.188 obs. X. Prétot ; C.E 1er déc. 1989, Melle de Bellegarde, A.J.D.A. 1990, p.335 note X. Prétot ; JCP 1990, II, n°2157, note E. Alfandari

[103] C.E, 28 mai 2010, Dép. Paris, R.D.S.S. 2010, p.714, concl. L. Derepas, A.J.D.A., 2010, p.2506, note H. Rihal

[104] M.BORGETTO et R.LAFORE, op. cit., n°218

[105] E.ALFANDARI, recours contre les bénéficiaires revenus à meilleure fortune. Notion de retour à meilleure fortune. Distinction avec le recours en répétition de l'indu, R.D.S.S. 1980, p.248

[106] Comm. centr. aid. soc., 14 déc. 1965, R.D.S.S. 1965 p. 55 note Georgel

[107] Comm. centr. aid. soc., 21 juin 1966, R.D.S.S. 1966 p. 342 note Georgel

[108] Et ce, même si ce capital a été en partie réemployé pour souscrire un nouveau contrat : Com. centr. aid. soc., 5 déc. 2000, C.J.A.S. n°2001/08 p.69 ; R.D.S.S. 2001, p.546 obs. P.Ligneau

jusque là impossible[109]. L'élément devant être nouveau, celui-ci doit être postérieur à la décision d'attribution de la prestation[110]. Le retour à meilleure fortune suppose un enrichissement ce qui exclut les substitutions d'un élément du patrimoine par un autre de valeur équivalente[111]. Il n'y a donc pas de retour à meilleure fortune à la suite de la réalisation d'un immeuble dont le bénéficiaire était déjà propriétaire lors de son admission[112]. De même, il n'y a pas de retour à meilleure fortune lorsque le bénéficiaire perçoit un capital en réparation de différents préjudices physiques, matériels et moraux[113]. Cela étant, dès qu'il y a enrichissement, le retour à meilleure fortune est constitué même si les liquidités ont été réemployées. Aussi, il y a bien retour à meilleure fortune dans le fait de percevoir un héritage sans le réutiliser aussitôt à l'acquisition d'un bien immobilier[114]. Et, la perception d'un capital d'assurance vie est bien constitutive d'un retour à meilleure fortune même si le capital perçu a partiellement été réinvesti par la souscription d'un nouveau contrat[115]. Cependant, l'amélioration doit être telle que le bénéficiaire ne se trouve plus dans le besoin et dispose de ressources suffisantes pour pouvoir rembourser les prestations perçues. Il n'y a donc pas de retour à meilleure fortune lorsque le bénéficiaire s'est constitué une épargne limitée au moyen d'économies réalisées sur les prestations[116]. Il n'y a pas plus d'amélioration significative de la situation lors de l'ouverture de droits à une prestation de sécurité sociale[117].

---

[109] TGI Valence, 25 sept. 1961, D.1962 note Prévault ; Com. centra. 14 déc. 1965, Puy de Dôme, concernant un assisté dont le père s'était enrichi et pouvait faire face à sa dette alimentaire

[110] Com. centr. aid. soc., 15 mars 1985, R.F. aff. soc., cah. jur. n°1, p.36

[111] Com. centr. aid soc., 20 mars 1959, rev. aide soc. 1959, p.172, concl. Barbet

[112] Com. centr. aid. soc., 26 juin 1987, R.D.S.S. 1988, p.735 obs. P.Ligneau ; 28 avr. 2000, R.D.S.S. 2001, p.813 obs. P.Ligneau ; 22 déc. 2000, C.J.A.S. 2001/08 p.165

[113] Com. centr. aid. soc., 2 déc. 1987, R.D.S.S. 2005, p.160, note P.Ligneau ;

[114] Com. centr. aid. soc., 12 oct. 2001, C.J.A.S. n°2002/01 p.39

[115] Com. centr. aid. soc., 5 déc. 2000, C.J.A.S. n°2001/08 p.169 ; R.D.S.S. 2001, 546 obs. P.Ligneau

[116] Com. centr. aid. soc., 23 mars 1990, E.J.C.C.A.S. n°17-8 p.2 ;14 mai 2002, C.J.A.S. n°2002/04 p.47

[117] Com. centr. aid. soc., 7 oct. 1965, R.D.S.S. 1967, p.344, note Georgel ; 9 juin 1978, R.D.S.S. 1980 p.249 ; 15 mars 1985, R.D.S.S. 1986, p.466

30. Ceci rappelé, ce fait générateur pose une difficulté davantage d'ordre pratique que théorique. Celui-ci suppose un suivi fastidieux et régulier des bénéficiaires concernés pour rechercher si leur situation s'est, ou non, effectivement améliorée. Il est vrai que ce suivi est aujourd'hui facilité par l'échange automatique d'informations entre les organismes gestionnaires d'un service public[118]. Les évolutions significatives du patrimoine d'un bénéficiaire peuvent être plus aisément détectées que par le passé. Et, en cas de suspicion de retour à meilleure à fortune de l'un d'entre eux, les départements conservent la possibilité d'effectuer un contrôle[119]. Reste à déterminer les pratiques des départements. Une étude menée au printemps 2010, auprès d'une vingtaine d'entre eux, a montré que les situations de retour à meilleure fortune sont marginales. Pour les identifier, les services de l'aide sociale semblent s'en remettre aux questionnaires adressés aux notaires, mandataires judiciaires ou aux bénéficiaires eux-mêmes. Les départements n'auraient défini aucun critère, ni seuil et l'action serait engagée au cas par cas après examen des dossiers. Un seul département, parmi ceux interrogés, a reconnu déclencher systématiquement un recours dès lors que le bénéficiaire perçoit un capital supérieur ou égal à cinq mille euros[120].

31. Ainsi donc, les situations donnant lieu à une mise en œuvre concrète de ce principe de récupération restent assez marginales. L'article L 132-8 du Code de l'action sociale et des familles a essentiellement une valeur symbolique. Il est de même de l'article L 1511-2 du Code général des collectivités territoriales qui rappelle aux régions la faculté de rendre récupérables les aides accordées aux entreprises en difficulté.

---

[118] art. L 133-5-1 C. act. soc. fam.

[119] art. L 133-2 C. act. soc. fam.

[120] F.CLERC, La récupération par les départements des aides versées aux personnes âgées, La pratique des départements, A.J.D.A. 2013, p.728

Section 2 - La récupération de l'aide régionale accordée aux entreprises en difficulté

32. L'article L 1511-2 du Code général des collectivités territoriales, modifié par la loi n°2015-991 du 7 août 2015 portant nouvelle organisation territoriale de la République, attribue une compétence exclusive aux régions pour définir les régimes d'aides aux entreprises et décider de leur octroi. Le paragraphe I de ce texte indique que ces aides revêtent la forme de prestations de services, de subventions, de bonifications d'intérêts, de prêts et d'avances remboursables, à taux nul ou à des conditions plus favorables que les conditions du marché. Le paragraphe II de ce texte ajoute que le conseil régional peut accorder des aides à des entreprises en difficulté lorsque la protection des intérêts économiques et sociaux de la population l'exige. Contrairement aux dispositions du paragraphe I, le paragraphe II ne définit pas la nature des aides susceptibles d'être octroyées aux entreprises en difficulté. Cela étant, le texte prend soin de préciser que les modalités de versement de celles-ci et les mesures qui en sont la contrepartie font alors l'objet d'une convention entre la région et l'entreprise. Le texte indique également qu'en cas de reprise de l'entreprise ou de retour à meilleure fortune, la convention peut prévoir le remboursement de tout ou partie des aides de la région. Cette disposition, introduite par voie d'amendement lors de l'examen de ce projet de loi au Sénat[121], n'instaure pas un véritable principe de récupération des aides accordées par les régions aux entreprises en difficulté mais rappelle la faculté d'organiser, dans la convention conclue avec l'entreprise, une restitution si la situation vient à se rétablir. Dans ce cas, les aides accordées prennent la forme d'une avance remboursable selon les modalités précisées dans une clause de

---

[121] Amendement n°22 présenté MM. Karoutchi, Lemoyne et Cambon. « Chacun le sait, les collectivités territoriales, notamment les régions, accordent parfois des aides aux entreprises en difficulté – soyons francs, la région d'Île-de-France octroie même de tels soutiens assez régulièrement. De grandes entreprises franciliennes peuvent traverser des difficultés passagères et nous déclarer que, faute d'aides, elles devront fermer, quitte à laisser leurs 500 salariés au chômage. Le conseil régional les soutient. Très bien ! Toutefois, il n'est pas en mesure de leur dire : en cas de retour à meilleure fortune, vous nous restituerez les montants que nous vous avons versés. Aussi, cet amendement tend à permettre l'inscription, dans les conventions d'aides aux entreprises, d'une clause de revoyure qui relève à mes yeux du bon sens. Il s'agit de donner cette capacité juridique aux collectivités concernées. » Sénat, séance du 15 janv. 2015, compte-rendu intégral des débats, www.senat.fr

retour à meilleure fortune insérée dans la convention. La formulation employée par le texte n'étant pas contraignante pour les régions, celles-ci sont souveraines quant à l'opportunité d'une récupération. Il n'est donc pas à exclure que celles-ci y renoncent, en pratique, en contrepartie d'engagements significatifs en terme de maintien des emplois menacés. D'ailleurs, lors de l'adoption de cet amendement, un parlementaire faisait observer que cette récupération avait quelque chose d'illusoire[122]. En outre, se pose la difficulté récurrente, sur laquelle nous reviendrons, de la définition, par la clause, de l'événement constitutif d'un retour à meilleure fortune afin d'éviter tout débat sur la matérialité du fait générateur.

33. En tout état de cause, toute aide publique accordée à une entreprise en difficulté doit respecter le principe européen de la libre concurrence. L'article 107 du Traité sur le fonctionnement de l'Union européenne interdit aux Etats membres toute aide publique en faveur de certaines entreprises ou de certaines productions. Toutefois, sont déclarées compatibles avec le marché unique les aides en matière de développement économique. Et, à ce titre, l'article 108 du Traité reconnaît à la Commission un droit de regard sur les aides susceptibles d'être accordées par les Etats membres aux entreprises. Toutefois, la Commission européenne dispense certaines aides publiques, n'excédant pas un faible montant, de ce contrôle préalable et admet qu'elles puissent être versées directement par les Etats aux entreprises sans notification à la Commission. Le règlement n°1407/2013 du 18 décembre 2013 relatif aux aides de miminis[123] reconduit le plafond précédemment retenu de deux cent mille euros sur trois exercices fiscaux mais intègre dans l'appréciation de ce montant les aides accordées aux entreprises en difficulté faisant l'objet d'une procédure de sauvegarde, de redressement et de liquidation judiciaires tout en limitant la forme de l'aide accordée[124]. Aussi, en cas de dépassement

[122] M. Jean-Jacques Hyest soulignait avec réalisme lors de l'adoption de cet amendement : « Comment recouvrer concrètement les montants de ces subventions, c'est une autre affaire… ». Cette difficulté est fréquente en pratique, notamment face à une filiale en difficulté alors même que le groupe est florissant.

[123] J.O.U.E 24 déc. 2013

[124] L'aide accordée par la collectivité territoriale ne peut prendre la forme d'un prêt ou d'une garantie octroyée. Instruction relative à l'application du règlement n°1407/2013 de la Commission européenne du 18 décembre 2013 relatif à l'application des articles 107 et 108 T.F.U.E aux aides de minimis, Commissariat

du plafond global fixé, toutes aides et tous organismes publics confondus, la Commission européenne peut contraindre les régions à récupérer les aides qu'elles ont allouées, et ce même en l'absence de retour à meilleure fortune. Ce ne serait pas inédit. Par le passé, la France a déjà été condamnée pour non respect du plafond et contrainte d'agir en restitution des aides publiques déclarées illégales[125]. Et, certains recours ont pu s'avérer infructueux car la créance de récupération n'a pu être admise au passif de sociétés ayant depuis fait l'objet d'une procédure collective, le délai de l'action en relevé de forclusion étant expiré[126].

Conclusion du Chapitre 1

34. En définitive, la récupération des aides publiques pour cause de retour à meilleure fortune reste d'une application très résiduelle et ne concerne que quelques cas marginaux. Toujours présente parmi les dispositions législatives, elle conserve une certaine actualité comme ont pu le montrer les préoccupations exprimées par le législateur lors du vote de la loi du 7 août 2015 portant nouvelle organisation territoriale de la République. Pour autant, cette faculté d'exercer un recours en récupération n'a qu'une portée symbolique et n'est, en réalité, qu'un gage de bonne gestion des deniers publics pour justifier un interventionnisme étatique. En ce domaine, le retour à meilleure fortune constitue la contrepartie affichée par les pouvoirs publics pour masquer la réalité d'un soutien octroyé à un public en difficulté, ultime manifestation de l'Etat-providence. Cet aspect essentiellement symbolique se traduit clairement par l'absence de réelles mesures de publicité des décisions administratives de récupération.

---

général à l'égalité des territoires, disponible sur : http://circulaires.legifrance.gouv.fr/

[125] Il s'agissait alors de l'exonération instituée par l'article 14 III de la loi de finances pour 1989 à l'article 44 septies du Code général des impôts. Sur cette aide d'Etat aux entreprises en difficulté : P.M LE CORRE, Droit et pratique des procédures collectives, Dalloz Action, 8ième éd., n°112.31

[126] Com. 11 déc. 2012, pourvoi n°11-28053, rev. soc. 2013 p. 182 note P. Roussel-Galle

Chapitre 2 - L'utilisation de la clause de retour à meilleure fortune en droit privé

35. Le retour à meilleure fortune constitue, par ailleurs, le fait générateur contractuel d'une obligation rétablissant une créance préalablement abandonnée. Cette clause de retour à meilleure fortune se définit comme celle par laquelle « un débiteur s'engage à s'acquitter d'une dette, dont il sollicite pour le moment la remise, dès que sa situation financière se sera améliorée[127] ». La première référence à une telle clause figure dans une décrétale Odoardus (X, 3-40) de Grégoire IX : les canonistes souhaitaient alors humaniser l'antique venditio bonorum, en adjoignant cette clause à la cession de biens. Le débiteur échappait ainsi à la prison en abandonnant l'intégralité de ses biens aux créanciers, qui les vendaient aux enchères et se payaient sur le prix. En contrepartie, le débiteur prêtait serment de s'acquitter du reliquat de ses dettes en cas de retour à meilleure fortune. S'il ne le faisait pas spontanément, les créanciers pouvaient saisir les biens acquis postérieurement à la cession. Cette clause a été redécouverte au XIXe siècle[128], avant de connaître de nouvelles utilités sous l'empire de la loi du 13 juillet 1967[129]. La clause de retour à meilleure fortune a alors été utilisée dans les concordats, à l'initiative des juridictions consulaires. Avec la loi du 25 janvier 1985 et l'apparition de la purge des dettes, la clause disparaît du droit des entreprises en difficulté. Le législateur avait tenté de la réintroduire, sans succès, en 1994[130]. Elle vient d'être redécouverte

---

[127] Petit dictionnaire de la faillite, Tous les termes juridiques et pratiques, sous l'égide de l'I.F.P.P.C, La documentation française, p.206

[128] Répertoire Fuzier Herman Tome 22, n°2463 et s.

[129] L'article 41 de cette loi l'évoquait dans les termes suivants : « En cas de règlement judiciaire, à défaut de production avant la dernière échéance concordataire, et sauf clause de retour à meilleure fortune, les créances sont éteintes ». Ceci ne concernait que les créanciers défaillants relevés de leur forclusion.

[130] Un amendement déposé lors du vote de la loi 10 juin 1994 a tenté, sans succès, de rendre obligatoire la prévision d'une clause de retour à meilleure fortune au sein du plan de continuation. L'amendement prévoyait que *« lorsque la durée du plan de*

par les rédacteurs de l'ordonnance du 12 mars 2014. Cette dernière revitalise les incidences juridiques du retour à meilleure fortune. Le premier alinéa de l'article L 626-26 du Code de commerce, autorise le commissaire à l'exécution du plan à saisir le tribunal en vue de prononcer une modification substantielle du plan de continuation, en faveur des créanciers, si « les contraintes imposées à ces derniers ne sont plus justifiées par la situation redressée de l'entreprise[131] ». Avant même ce regain d'intérêt du législateur pour le retour à meilleure fortune, la clause éponyme était un outil juridique délaissé : les publications la concernant étaient rares[132] et les auteurs n'y consacraient que de brèves allusions dans leurs ouvrages[133]. Aujourd'hui, la clause perd une partie de son utilité potentielle puisque la loi (en réalité l'ordonnance de 2014) consacre désormais les effets juridiques du retour à meilleure fortune. Il est sans doute trop tôt pour percevoir tous les effets concrets de cette modification du Code de commerce. Pour l'heure, on s'en tiendra à la situation antérieure au 1er juillet 2014, date d'entrée en vigueur de l'ordonnance du 12 mars 2014 modifiant ce code. Nous allons donc envisager

---

redressement excède cinq ans et dans le cas où la situation de l'entreprise viendrait à se rétablir nettement, dégageant sur deux exercices consécutifs un bénéfice net imposable, le président du tribunal saisi par l'un des créanciers pourra pendant la durée d'application du plan, ordonner soit la réduction de la durée du plan de redressement, soit l'augmentation des quotités remboursables ». L'assemblée nationale a rejeté l'amendement au motif que la clause pouvait être prévue par le plan - J.O. A.N. 24 nov. 1993 p. 6303

[131] Rapport au Président de la République relatif à l'ordonnance n°2014-326 du 12 mars 2014 portant réforme de la prévention des difficultés des entreprises et des procédures collectives, J.O.R.F. du 14 mars 2014, § II-4 : L'exécution du plan. Sur cette modification : C.LEBEL, L'ordonnance n°2014-326 du 12 mars 2014 et les plans de sauvegarde et de redressement, Gaz. Pal. 06-08/04/2014, p.19

[132] R.KAUFFMAN, De l'utilité et des effets d'une clause potestative : la clause de retour à meilleure fortune dans les abandons de créances amiables et concordataires, D. 1982 p.129 Chron XXI ; A.COURET & G.A DE SENTENAC Les clauses de retour à meilleure fortune, Droit et patrimoine 10-1993 p.43 ; O.PLAYOUST, Contribution à la moralisation du droit des procédures collectives : la clause de retour à meilleure fortune Rev. Proc. Coll. 1994, p.349 et suivantes ; T.JACOMET & A.BEJINARIU, La clause de retour à meilleure fortune, Bull. Joly mai 1996 p.366 ; M. RAKOTOVAHINY, Plaidoyer pour un retour de la clause de retour à meilleure fortune dans les procédures collectives, R.L.D.A avr. 2014, p.92

[133] La clause est rarement visée dans les tables alphabétiques des ouvrages généraux ; voir cependant A.BENABENT Droit Civil Les obligations, 14e éd., L.G.D.J., Domat droit privé p. 715

uniquement l'aspect contractuel de la question. La jurisprudence concernant la clause de retour à meilleure fortune est pauvre, voire inexistante[134], ce qui témoigne du profond désintérêt dont elle est l'objet. Les praticiens du droit des entreprises en difficulté ne proposent plus l'insertion d'une clause de retour à meilleure fortune dans les modèles de plans de sauvegarde[135] ; alors que, par comparaison, celle-ci subsiste encore dans les plans conventionnels de surendettement des particuliers[136]. Cette désaffection s'explique moins par un fonctionnement qui aurait été insuffisamment approfondi[137] que par une certaine résignation des créanciers qui ne croient guère en son efficacité. A quoi bon envisager le retour à meilleure fortune d'un débiteur qui peut disparaître ou dont les dettes peuvent être purgées ? Pourtant, cette clause repose sur des mécanismes juridiques originaux permettant d'organiser une « réversibilité[138] » des engagements dans une logique « gagnant-gagnant » : le débiteur obtient de ses créanciers le répit attendu et ceux-ci, réciproquement, conservent l'espoir d'être payé un jour si la situation de leur débiteur vient à s'améliorer. Mais pour bien comprendre ces rapports juridiques originaux, il convient de correctement identifier la nature des obligations contractées dans une clause de retour à meilleure fortune (Section 1). Cette bonne compréhension des mécanismes juridiques employés garantit l'efficacité de la clause lorsque l'obligation de paiement est mise en œuvre (Section 2).

---

134 Monsieur GUTMANN considère, d'ailleurs, que la clause est « tombée dans un état de léthargie jurisprudentielle ». D.GUTMANN, Nature civile et effets fiscaux de la clause de retour à meilleure fortune, R.D.C. 2005 p.851

135 J-F. TOGNACCIOLI, Projet de plan de sauvegarde, Rev. proc. coll. sept. oct. 2012, Formule 5, p.69

136 La jurisprudence a d'ailleurs considéré que, même non expressément stipulée, elle est toujours sous-entendue : Civ.1[ière]. 9 fév. 1994 Bull. civ. I, n°59 ; Civ. 2e, 16 oct. 2003, pourvoi n°02-04.142, inédit

137 A.COURET G-A DE SENTENAC, Les clauses de retour à meilleure fortune, op. cit.

138 A.GOBIN, Propos sur la réversibilité juridique, JCP éd. N 1995 n°25 I p.1119

Section 1 - La nature des obligations contractées dans une clause de retour à meilleure fortune

36. Pour organiser une « réversibilité » des engagements, la clause de retour à meilleure fortune a recours aux modalités de l'obligation (§ 1). Aussi, il est nécessaire de parfaitement distinguer terme et condition car la clause emploie le mécanisme conditionnel sans que l'on puisse utilement lui reprocher son caractère potestatif (§ 2).

§ 1 - Une clause ayant recours aux modalités de l'obligation

37. Il convient, tout d'abord, de souligner que doctrine et jurisprudence étaient autrefois partagées sur la valeur juridique de l'engagement souscrit dans une clause de retour à meilleure fortune (A), la nature de la modalité qui assortit l'obligation souscrite par le débiteur (B) ainsi que la nature juridique de la clause (C), en elle-même.

A - Le caractère obligatoire de l'engagement de payer du débiteur

38. En droit commun[139], la remise de dette est l'acte conventionnel par lequel le créancier libère un débiteur en le dispensant du paiement de sa dette. Insérer une clause de retour à meilleure fortune revient à donner à cet acte gratuit un caractère onéreux en lui prévoyant une contrepartie. Le créancier n'accorde la remise que parce qu'il se voit reconnaître le droit d'être, malgré tout, désintéressé si la fortune vient de nouveau à sourire au débiteur. Dans la mesure où elle éteint la créance, la remise ne laisse subsister en principe aucune obligation naturelle[140]. Aussi, cette clause a longtemps été perçue comme de pur

---

[139] L'ancien article 1287 du Code civil qualifiant la remise de dette de « décharge conventionnelle » ; l'acceptation du débiteur était en principe requise. L'ordonnance n°2016-131 du 10 fév. 2016 portant réforme du droit des contrats confirme la nature contractuelle de la remise de dette au nouvel article 1350 du Code civil dans sa rédaction issue de l'ordonnance applicable au 1er octobre 2016.

[140] A la différence de l'obligation civile, cette obligation naturelle est dépourvue de sanction juridique et ne peut donner lieu à une exécution forcée.

style, rappelant une obligation morale de payer la dette remise[141]. Ainsi, la promesse faite par le débiteur de rembourser une dette, « s'il en a les moyens », a pu être jugée trop laconique et analysée comme un simple engagement d'honneur, dépourvu de caractère obligatoire[142]. Ceci explique que l'on ait parfois hésité à reconnaître à la clause de retour à meilleure fortune un caractère obligatoire[143]. Toutefois, une décision très ancienne a admis que la clause par laquelle un débiteur « déclare sur sa conscience qu'il le désintéressera (son créancier) si la fortune vient à lui sourire » engendre une obligation civile ; et que, dès lors, « il appartient au tribunal de décider si le débiteur est en mesure de payer sa dette, bien qu'il soutienne que sa situation de fortune n'est point assez belle encore pour que sa conscience lui fasse un devoir de se libérer.[144] »

39. En réalité, la seule présence d'une clause suffit à priver la remise de son caractère définitif sans qu'il soit nécessaire de s'interroger sur la nature civile ou simplement morale de l'engagement souscrit par le débiteur. La clause de retour à meilleure fortune fait clairement naître une obligation civile de remboursement de la dette, pour le moment, remise. La jurisprudence retient le caractère obligatoire de la clause, peu importe à ce stade l'absence de définition contractuelle de l'événement constitutif du retour à meilleure fortune. La Cour de cassation a ainsi considéré, sous l'empire de la loi du 13 juillet 1967, que la seule présence d'une clause de retour à meilleure fortune générait une obligation civile à la charge du débiteur, sans qu'il soit nécessaire que les créanciers aient fait de l'insertion de la clause une condition déterminante de leur consentement à une remise[145]. Elle a également retenu une obligation civile dans un engagement pris par le débiteur de rembourser sa dette selon ses possibilités[146]. L'obligation naturelle n'est donc d'aucun

---

141 F.DERRIDA, Rep. Com. Dalloz Faillite clôture, n°609, Lyon Caen et Renault, Droit Commercial, 12° ed., n°1158, cité par R. KAUFMANN

142 Req 1er décembre 1863 S.1864 I p.158 ; Civ. 29 janv. 1900 D.P. 1900 I p.200 ; Civ. 30 décembre 1908 D.P.1909 I p.132 – Aubry et Rau, Cours de droit civil français T 4 § 297 p.9

143 En faveur de l'obligation naturelle : Bordeaux 7 janv. 1874 D.P 1876 IV n°32 ; en faveur de l'obligation civile : Cass. 29 avril 1873 D.P. 1873 JP p.207

144 Aix, 11 Juin 1872 D.P. 1878, 2, 177

145 Com. 18 Oct. 1961 JCP 1962 II 12438 note approbative Gavalda ; R.T.D.Com. 1962 p141 n°32 obs. Houin

146 Com. 23 Dec. 1968 Bull. civ. IV p. 334

secours. La clause serait parfaitement inutile si elle se bornait à rappeler celle-ci. D'ailleurs, lorsqu'une clause est susceptible de deux sens, ne doit-on pas l'entendre « dans celui qui lui confère effet »[147] ? La doctrine a donc écarté toute forme d'obligation naturelle en présence d'une clause de retour à meilleure fortune[148]. Elle constitue un véritable engagement juridique civilement sanctionné, autre chose étant de savoir s'il y a, ou non, retour à meilleure fortune.

B - Une obligation sous condition de retour à meilleure fortune

40. Il convient de distinguer la clause de retour à meilleure fortune stipulée en contrepartie d'une remise de dette de celle stipulée comme échéance d'un contrat de prêt. Cette distinction renvoie aux frontières, parfois délicates à déterminer, du terme et de la condition. En droit des obligations, le terme désigne un événement futur et certain auquel est subordonné l'exigibilité ou l'extinction d'une obligation. Le terme est certain lorsque la date à laquelle l'événement doit se produire est connue ; le terme est incertain lorsque cette date est inconnue. Si la survenance de l'événement est incertaine, il s'agit d'une condition et non d'un terme car la condition est un événement futur et incertain dont dépend l'existence même de l'obligation[149]. Un événement certain dont seule la date est inconnue ne constitue pas une condition mais un terme incertain. La jurisprudence a appliqué ces quelques principes fondamentaux à la clause de retour à meilleure fortune. Le retour à meilleure fortune stipulé comme échéance de remboursement d'un contrat de prêt n'est pas une condition mais un terme indéterminé conformément à l'article 1901 du Code civil[150]. De même, une reconnaissance de dette stipulée remboursable « dès retour à meilleure

[147] anc. art. 1157 C.Civ. devenu art. 1191 C.civ. à la suite l'ordonnance n°2016-131 du 10 fév. 2016 portant réforme du droit des contrats

[148] M.GOBERT Essai sur le rôle de l'obligation naturelle Sirey 1957 p.34 et 35

[149] anc. art. 1168 C.civ. devenu art. 1304 C.Civ. à la suite l'ordonnance n°2016-131 du 10 fév. 2016 portant réforme du droit des contrats

[150] « S'il a été seulement convenu que l'emprunteur paierait quand il le pourrait ou quand il en aurait les moyens, le juge lui fixera un terme de paiement suivant les circonstances » - certains auteurs considèrent que le Code traite dans ce texte de la clause. Nous ne partageons pas cet avis car il ne s'agit pas d'une véritable clause de retour à meilleure fortune ; l'acte juridique portant sur un prêt d'argent non une remise de dette.

fortune » est assortie d'un terme et non d'une condition[151]. Il ne s'agit pas de savoir si le paiement doit avoir lieu mais quand il doit avoir lieu.

41. La Chambre commerciale de la Cour de cassation a, dans un arrêt du 12 octobre 2004[152], illustré cette articulation entre terme et condition. Ce litige avait pour origine un protocole d'accord conclu entre deux partenaires commerciaux aux termes duquel l'un d'entre eux acceptait de prendre en charge la dette de l'autre, pour un montant d'un million de francs, exigible dans les jours qui devaient suivre la conclusion de ce protocole. En contrepartie, l'entreprise s'engageait à rembourser son partenaire par une clause de retour à meilleure fortune, dont la réalisation était constituée par un rétablissement des fonds propres à un montant supérieur à neuf millions de francs. L'entreprise bénéficiaire ayant finalement fait l'objet d'une liquidation judiciaire, le partenaire déclarait au passif la potentielle créance de remboursement issue de la clause sans doute pour préserver un recours contre une caution[153]. Le liquidateur en contesta l'admission, en considérant cette créance comme inexistante compte tenu de la liquidation. De prime abord, l'objection du liquidateur semblait de bon sens. Le pourvoi soutenait, dans un de ses moyens, que la condition prévue à la convention n'était pas réalisée « dès lors que le fait générateur, c'est-à-dire le retour à meilleure fortune du débiteur, ne pouvait plus intervenir ». En d'autres termes, la défaillance de la condition résultant de la liquidation judiciaire s'opposait à la naissance de l'obligation et rendait inutile son admission. L'argument était a priori séduisant. Cependant, la Cour de cassation a rejeté le pourvoi en approuvant les juges du fond d'avoir accueilli cette créance au motif que « l'obligation de paiement (résultant de la clause de retour à meilleure fortune) n'était pas affectée d'une condition mais d'un terme indéterminé ».

42. Pour l'un des commentateurs de cet arrêt[154], l'appréciation était discutable car les hauts magistrats avaient précédemment jugé qu'un événement incertain, non seulement quant à sa date mais aussi quant à

---

151 Civ. 1e, 20 nov. 1990, Bull. civ. I n°255

152 Com., 12 octobre 2004, D.A 2004 p 2791 obs A.Lienhard ; R.T.D.Civ. janv. mars 2005, p. 131, obs. J.Mestre ; R.J.Com. 2005, p 65 note J.P Sortais

153 A.Lienhard, note précitée

154 J.P Sortais, note précitée

sa réalisation, était une condition et non un terme[155]. Pour cet auteur, une cassation pour dénaturation pouvait se justifier car le retour à meilleure fortune demeure toujours hypothétique. Il n'est pas évident que ce grief ait pu prospérer. C'était précisément dénaturer la clause de retour à meilleure fortune. Dès lors que le retour à meilleure fortune est stipulé dans un contrat de prêt, l'article 1901 du Code civil commande d'analyser la modalité convenue comme un terme. Or, dans cette espèce, l'opération juridique consistait en un paiement de la dette d'autrui et non en une remise de dette. La qualification à retenir était donc celle d'un contrat de prêt et le retour à meilleure fortune était un terme et non une condition. L'incertitude ne concernait pas le remboursement en lui-même mais uniquement la date à laquelle il devait intervenir[156]. C'est précisément l'opposé lorsqu'une remise de dette est assortie d'une clause de retour à meilleure fortune. C'est le paiement en lui-même qui est incertain et non la date à laquelle celui-ci doit intervenir. L'engagement souscrit en contrepartie de la remise de dette accordée est donc conditionnel. Ceci posé, il reste à savoir si la clause n'est qu'un simple aménagement d'un unique engagement au gré des situations de fortune et d'infortune du débiteur ou si elle permet d'établir une obligation nouvelle prenant la suite d'une autre éteinte par la remise.

C - Une remise de dette emportant novation par ajout d'une condition

43. Cette question de la survie, ou non, de l'obligation originelle nous renvoie à la véritable nature de la clause de retour à meilleure fortune. Pour une partie de la doctrine, cette dernière opère novation[157], car à l'obligation éteinte par la remise succède une nouvelle obligation assortie d'une condition. Gavalda estimait d'ailleurs qu'« il y a extinction d'une obligation ancienne et transformation volontaire de cette obligation en une obligation juridique nouvelle. Cette nouvelle obligation est garantie conditionnellement par un pouvoir de contrainte. Le changement

[155] Cass. 1er Civ. 13 juil. 2004, D. 2005 JP p 1009 note B. Anouck ; JCP G 2004 II 10155 concl. M. J. Sainte-Rose

[156] O.PLAYOUST, op. cit. note n°28 précité

[157] O.PLAYOUST, Contribution à la moralisation du droit des procédures collectives : la clause de retour à meilleure, op. cit

d'une condition à la différence d'une simple modification du terme est considéré comme une forme possible de novation. Il faut que le débiteur ait encore l'intention de nover, mais les tribunaux conservent un pouvoir pour apprécier cet animus novandi.[158] » Monsieur le Professeur Gutmann partage cette analyse de la clause. Selon cet auteur, « la clause de retour à meilleure fortune n'est qu'une novation répondant parfaitement aux conditions posées par les articles 1271 à 1273 du Code civil[159] : l'obligation initiale est éteinte ; une nouvelle obligation est créée, assortie en l'occurrence d'une condition suspensive ; l'intention de nover est établie[160]. » En droit commun, l'intention de nover ne se présume pas et résulte d'une triple volonté : éteindre l'obligation ancienne, créer une obligation nouvelle et lier indissolublement l'extinction et la création souhaitées. La clause de retour à meilleure fortune combine entre elles ces différentes intentions. Celle-ci ne serait donc qu'une novation transformant l'obligation éteinte par la remise en une nouvelle obligation sous condition. Seule une partie de la doctrine réfute cette analyse en considérant que le retour à meilleure fortune est, avant tout, une condition résolutoire de la remise rétablissant la créance originelle en la rendant de nouveau exigible[161]. Mais, une novation par changement de modalité suppose une modification affectant l'existence même de l'obligation et non un simple différé de son exigibilité[162]. Partant de là, la clause de retour à meilleure fortune doit s'analyser en l'ajout d'une condition, et non d'un terme, ce qui emporte novation.

---

[158] Gavalda, note sous Cass. Com., 18 Oct. 1961, précité

[159] désormais art. 1329 et suivants à la suite l'ordonnance n°2016-131 du 10 fév. 2016 portant réforme du droit des contrats

[160] D.GUTMANN, Nature civile et effets fiscaux de la clause de retour à meilleure fortune, note sous C.E. 11 oct. 2004 R.D.C. 07/2005 p. 852

[161] Mémento Pratique Francis Lefebvre, Groupe de sociétés, 2015-2016, n°3663 : *« L'opération s'analyse en une remise de dette sous la condition résolutoire de retour à meilleure fortune tel qu'il aura été défini par les parties à la convention. Un abandon de créance « classique » a pour effet l'extinction définitive de la créance et le créancier perd, par son renoncement. En revanche, la stipulation d'une clause de retour à meilleure fortune modifie ce caractère de renoncement absolu et confère au créancier le droit au bénéfice de la clause qui, en cas de réalisation de la condition (à savoir le retour à meilleure fortune), fera renaître tous ses droits sur la créance. »* Propos attribués à Monsieur le Professeur COURET qui participe à la rédaction de cet ouvrage

[162] J-L Aubert, Novation, Rép. civ. Dalloz, spéc. n°45

44. Dans la mesure où la remise éteint l'obligation originelle, il convient de s'interroger sur le sort de la caution. Selon la doctrine, la caution serait libérée par le jeu de l'accessoire[163]. L'existence d'une clause de retour à meilleure fortune ne permet pas de revenir sur cet effet extinctif la caution. Bien au contraire, l'existence d'une novation emporte de plein droit extinction de toutes les sûretés, réelles ou personnelles, attachées à l'obligation originelle[164]. A notre connaissance, la jurisprudence n'a jamais eu à connaître des conséquences, pour la caution, d'une remise de dette accordée au débiteur principal assortie d'une clause de retour à meilleure fortune. Tout au plus, la jurisprudence a déjà exclu toute novation au titre d'un plan d'apurement des dettes. La Cour de cassation a ainsi écarté, dans une espèce[165] concernant un plan conventionnel de surendettement, où la clause est habituellement stipulée, l'existence d'une novation au motif que le plan de surendettement n'établissait qu'un réaménagement de dette. Quoi qu'il en soit, si le créancier entend conserver ses recours à l'encontre de la caution, le nouvel article 1334 du Code civil issu de l'ordonnance n°2016-131 du 10 février 2016 portant réforme du droit des contrats impose, à la suite de l'ancien article 1278, de faire intervenir la caution à l'acte afin que la sureté soit reconduite[166]. Ceci précisé, il demeure à éclaircir la nature exacte de la condition employée dans une clause de retour à meilleure fortune car celle-ci influe sur sa validité.

---

[163] anc. art. 1287 C.civ. devenu art. 1350-2 C.civ. à la suite l'ordonnance n°2016-131 du 10 fév. 2016 portant réforme du droit des contrats

[164] art. 1281 al. 2 C.civ. devenu art. 1334 à la suite l'ordonnance n°2016-131 du 10 fév. 2016 portant réforme du droit des contrats

[165] Cass., 1er Civ. 20 Mai 2003, Banque et Droit Nov. déc. 2003 n°92 p. 48 obs. N.RONTCHEVSKY. La vraisemblable présence d'une clause de retour à meilleure fortune, non expressément relevée par les hauts magistrats, n'aurait pas affecté la solution ; car le jeu de celle-ci n'était pas le but premier du plan conventionnel de surendettement.

[166] En ce sens T.JACOMET et A.BEJINARIU, op. cit., note n°9

§ 2 - La validité du mécanisme conditionnel employé par la clause

45. La clause a recours au mécanisme conditionnel pour obliger le débiteur au paiement s'il se rétablit. Mais, s'agit-il d'une remise accordée sous condition résolutoire du retour à meilleure fortune ou, réciproquement, d'une nouvelle obligation sous condition suspensive du même événement (A) ? Et, dans ce dernier cas, ce nouvel engagement n'est-il pas potestatif (B) ?

A - Un engagement de payer la dette remise sous condition suspensive de retour à meilleure fortune

46. Pour une partie de la doctrine, le créancier consentirait une remise de dette sous condition résolutoire d'une amélioration de situation. Et, le débiteur s'engagerait réciproquement à s'acquitter d'une dette, pour le moment remise, sous condition suspensive de son rétablissement. C'est le même événement, le retour à meilleure fortune, qui serait à la fois condition suspensive pour l'une des parties et condition résolutoire pour l'autre partie. A une remise sous condition résolutoire du retour à meilleure fortune du débiteur correspondrait un droit au paiement du créancier sous condition suspensive[167]. Cette interchangeabilité s'explique par les logiques diamétralement opposées de chacune des conditions[168]. Partant de là, une confusion peut s'opérer entre elles : anéantissement rétroactif de la remise consentie, si la condition retenue est résolutoire ; ou création d'une nouvelle obligation, si la condition retenue est suspensive. Toutefois, il ne faut pas s'y tromper : ce n'est pas la remise qui est assortie d'une condition mais l'obligation nouvelle. La condition stipulée n'affecte pas l'obligation éteinte par la remise mais celle

---

[167] T.JACOMET et A.BEJINARIU, article précité – Mémento Pratique Francis Lefebvre, Groupe de sociétés, op. cit. : *« il faut considérer que la stipulation d'une clause de retour à meilleure fortune est constitutive à la fois :*

- d'une condition résolutoire dont la survenance entraîne la caducité rétroactive de la remise de dette consentie par le créancier ;

- et d'une condition suspensive puisque l'engagement du débiteur de restituer ce qui lui a été abandonné est subordonné à son retour à meilleure fortune. »

[168] F.TERRE, P.SIMLER, P.LEQUETTE ; Les obligations, Précis Dalloz, 11e éd., n°1235

créée par la clause. La condition utilisée est donc suspensive et non résolutoire. Aussi, il convient de soigneusement les distinguer lors de la rédaction d'une clause de retour à meilleure fortune[169]. Du reste, l'utilisation inappropriée de la condition résolutoire peut emporter de lourdes conséquences financières en exposant le créancier à une réintégration fiscale[170]. Aussi, il est de l'intérêt de ce dernier de parfaitement percevoir le fonctionnement de la clause. Pour cela, il suffit d'observer le jeu de la clause à ces différentes étapes.

47. Dans l'attente du retour à meilleure fortune, la remise libère le débiteur de son obligation de paiement. Il ne doit plus rien. La clause « modifie ce caractère de renoncement absolu, non pas en retardant l'exécution de l'abandon mais au contraire en l'affirmant et en lui adjoignant une clause de caducité[171] ». Pendant la période d'incertitude[172], le créancier conserve un droit éventuel, un droit au bénéfice de la clause, sous la forme d'une créance en germe. Aussi, comme en droit commun, le créancier peut, pendant cette période intermédiaire, librement céder celle-ci[173] ou prendre toute mesure conservatoire nécessaire. Si le débiteur vient à se rétablir, la réalisation de la condition fait rétroactivement naître l'obligation nouvelle prévue par la clause. Certaine, liquide et exigible, elle peut faire immédiatement l'objet d'une exécution forcée. Réciproquement, la remise, rendue caduque par la réalisation de la condition, sera censée n'avoir jamais été consentie. En revanche, si la situation du débiteur ne s'améliore pas, la condition est défaillante et la remise lui

---

169 R.KAUFFMAN, op. cit.

170 sur une imposition d'office d'un remboursement, dès réalisation du retour à meilleure fortune et non au fur et à mesure des remboursements, annulée in fine par le juge administratif au motif de la rédaction maladroite de la clause de retour à meilleure fortune insérée dans un abandon de créance consenti entre sociétés soeurs ayant établi le retour à meilleure fortune en condition résolutoire du remboursement – C.E. 11 oct. 2004 Sté Usines Claas France J.C.P. Ed E. 2005 II 361 note GAGNEUR ; R.D.C. 07/2005 p.851 note GUTMANN

171 R.KAUFMANN, op. cit.

172 pendente conditione

173 Pour Messieurs les Professeurs COURET et DE SENTENAC, « on peut admettre l'idée de la cessibilité de la clause de retour à meilleure fortune. (...) Il ne fait guère de doute que l'engagement pris par le débiteur est dans le commerce et qu'il peut être cédé. Il s'agit de céder en fait une créance conditionnelle, chose qui ne suscite pas d'objection majeure quant au fond : on peut en effet céder une créance future ou conditionnelle. Reste toutefois qu'il y a un aléa très fort dans ce type de cession et que les parties vont devoir intégrer cet aléa à leur convention. » cf article précité

reste définitivement acquise ainsi que, pour le créancier, la déduction fiscale pratiquée.

B - Le caractère simplement potestatif de la condition

48. La doctrine n'a pas manqué de souligner le caractère potestatif de la clause de retour à meilleure fortune. La volonté du débiteur joue un rôle important dans la réalisation de la condition. Le retour à meilleure fortune dépend avant tout de l'ardeur déployée par le débiteur pour se rétablir. Aussi cette condition n'est ni casuelle[174], ni mixte[175] ; mais bien potestative en ce sens qu'elle est au pouvoir de l'une des parties[176]. Or, tout comme l'ancien article 1174 du Code civil, le nouvel article 1304-2 du Code civil, issu de l'ordonnance n°2016-131 du 10 février 2016 portant réforme du droit des contrats, déclare nulle l'obligation contractée sous une condition dont la réalisation dépend de la seule volonté du débiteur. En droit commun, l'on distingue la condition purement potestative, dépendant exclusivement de la volonté du débiteur, qui est nulle en l'absence de réel consentement ; de la condition simplement potestative, où la réalisation de l'événement est liée à des contingences extérieures, qui reste licite. Une condition est purement potestative lorsque la réalisation de l'événement est au bon vouloir du débiteur qui en a la maîtrise discrétionnaire et exclusive. Au contraire, la condition simplement potestative est celle qui dépend d'un fait volontaire et d'un événement qui n'est pas au pouvoir de l'obligé. A partir de là, il s'agit de savoir si l'engagement résultant d'une clause de retour à meilleure fortune est, ou non, à la merci du débiteur. Cette question est d'importance car ce motif de « fragilité juridique[177] » de la clause favorise une libération du débiteur en donnant un caractère définitif à la remise consentie. Certains auteurs retiennent la validité de la clause au prétexte que le débiteur a tout intérêt à se rétablir pleinement plutôt qu'à demeurer dans un état de pauvreté[178]. Ce désir présumé du

---

[174] condition qui dépend du hasard : anc. art. 1169 C.civ.

[175] condition qui dépend à la fois de la volonté d'une partie et de celle d'un tiers : anc. art. 1171 C.civ. -

[176] anc. art. 1170 C.civ.

[177] R.KAUFMANN, op. cit.

[178] A.COURET G-A DE SENTENAC Les clauses de retour à meilleure fortune, op. cit.

débiteur de revenir à meilleure fortune néglige le rôle de la volonté dans la réalisation de l'événement conditionnel. Certes, le retour à meilleure fortune est fonction de la bonne volonté du débiteur. Mais la réalisation de la condition n'est jamais entièrement au pouvoir du débiteur. Il dépend aussi de circonstances extérieures. Partant de là, la condition n'a qu'un caractère simplement potestatif et la validité de la clause de retour à meilleure fortune ne paraît pas sérieusement contestable[179]. La Cour de cassation n'a jamais statué sur cette question même si un pourvoi avait tenté de le soutenir sans succès. Il est vrai que cette espèce concernait un contrat de prêt[180], où l'on sait que la modalité affectant le remboursement est un terme et non une condition.

49. En réalité, il peut être remédié au déséquilibre contractuel résultant d'une maîtrise partielle de la réalisation de la condition par le débiteur sur un autre terrain que celui de la validité du contrat. Si le débiteur tente d'échapper au remboursement de la dette remise, en veillant à ne jamais se rétablir pleinement ; ce comportement peut être sanctionné par les règles relatives à l'exécution du contrat. Parallèlement à la nullité de la condition potestative posée par le nouvel article 1304-2 du Code civil, le nouvel article 1304-3 répute la condition accomplie lorsque le débiteur en a empêché l'accomplissement. Ce texte permet de sanctionner le comportement déloyal, la tricherie d'un débiteur qui aurait fait sciemment défaillir la condition, en la réputant réalisée. Il pourrait être ainsi fait application de ce texte à une clause de retour à meilleure fortune dont les effets auraient été manipulés par le débiteur. Ainsi, le débiteur qui ne réaliserait pas tous les actes nécessaires à son rétablissement pourrait voir la clause réputée réalisée, rendant la créance abandonnée de nouveau exigible. L'article 1304-3 du Code offre ainsi une sanction suffisante sans qu'il soit nécessaire d'invoquer une cause de nullité. Son application connaît toutefois deux limites. Le succès de cette action suppose la démonstration d'un manquement délibéré du débiteur, ce qui n'est guère aisé. De plus, réputer la condition réalisée a pour conséquence d'aggraver une situation financière qui peut

---

[179] S. GJIDIRA DECAIX, Le déclin de la potestativité dans le droit des contrats : le glissement jurisprudentiel de l'article 1174 à 1178 du Code civil, L.P.A 21-22 juin 2000 spec. L.P.A. 22 juin 2000 p. 4 n°23 –cet auteur considère la clause de retour à meilleure fortune comme simplement potestative et donc licite *« dans la mesure où le débiteur n'a aucun intérêt à prolonger son état de faillite. »*

[180] Civ. 1ière, 20 nov. 1990, Bull. civ. I n°255

d'ores et déjà être compromise. Si la clause a été consentie à l'occasion d'un plan de sauvegarde ou de continuation, l'action pourrait aboutir à une résolution du plan et, par voie de conséquence, à une liquidation judiciaire. Dans ce contexte, le recours du créancier pourrait s'avérer illusoire et la créance demeurée impayée. Apparaissent ainsi les limites de l'article 1304-2 du Code civil lequel n'appréhende la manipulation de la condition que par une action pouvant provoquer la chute du débiteur. Aussi, il convient d'intégrer aux prévisions contractuelles les modalités de mise en œuvre de l'obligation de paiement contractée dans une clause de retour à meilleure fortune.

Section 2 - La mise en œuvre de l'obligation de paiement contractée dans une clause de retour à meilleure fortune

50. La clause relevant du principe de la liberté contractuelle et de l'autonomie de la volonté, la définition du fait générateur de la créance rétablie par l'effet de la clause est laissée au libre arbitre des parties. Aussi, son efficacité est étroitement liée à une parfaite définition contractuelle de l'événement constitutif d'un retour à meilleure fortune, des obligations en résultant ainsi que de l'organisation d'un suivi patrimonial du débiteur (§ 1). Cela étant, les circonstances d'utilisation de la clause varient selon le domaine concerné (§ 2).

§ 1 - Les conditions d'efficacité de la clause de retour à meilleure fortune

51. Outre un suivi patrimonial du débiteur (A), une clause de retour à meilleure suppose, pour être efficace, une définition suffisamment précise de l'événement constitutif du retour à meilleure fortune et un aménagement du remboursement de la créance rétablie (B).

A - Les difficultés tenant au suivi patrimonial du débiteur

52. L'efficacité de la clause de retour à meilleure fortune repose, pour partie, dans l'organisation d'une surveillance patrimoniale du débiteur. Le créancier doit être en mesure de pouvoir s'assurer si le débiteur s'est, on non, rétabli. Naguère, Thaller[181] dénonçait le droit de regard procuré par la clause sur la gestion du débiteur lequel était, pour lui, contraire au principe de la liberté d'entreprendre. Depuis, la possibilité de constituer une sûreté « négative[182] » a été admise en doctrine même si cette question demeure posée[183]. Très concrètement, il s'agit de faire peser sur le débiteur une obligation de renseignement sur son état patrimonial, pouvant consister dans la fourniture de documents fiscaux et comptables[184]. Lorsqu'une clause est stipulée en dehors de toute procédure de prévention ou de traitement des difficultés des entreprises, cette mission de surveillance du débiteur peut être dévolue à un tiers présentant une garantie suffisante d'indépendance : un professionnel du droit, un expert comptable ou, le cas échéant, le commissaire aux comptes. En présence d'une telle procédure, le mandataire judiciaire, quelle que soit la mission qui lui est dévolue, est le plus à même pour assurer ce suivi du débiteur. Il est alors le gardien naturel de l'exécution loyale de la clause. En matière de surendettement des particuliers, où il est d'usage d'insérer une clause de retour à meilleure fortune dans les plans conventionnels de redressement, cette mission incombe logiquement à la commission de surendettement des particuliers. Cela étant, il faut déplorer l'absence de véritable suivi patrimonial du débiteur pendant la phase d'exécution du plan, le débiteur n'étant tenu qu'à une simple

---

[181] THALLER, Traité élémentaire de droit commercial, Paris, 4° éd. 1910, n°2097

[182] Les suretés négatives sont des engagements de faire ou ne pas faire pris par le débiteur afin de ne pas compromettre sa solvabilité ou d'empêcher un paiement à l'échéance : P.SIMLER, P.DELEBECQUE ; Droit Civil Les sûretés La publicité foncière ; Précis Dalloz 6e éd. n°33

[183] En faveur Y.CHAPUT Les sûretés négatives Ann. Fac. de droit de Clermont Ferrand fasc. 11 1976 p.166 et suivants – Pour un auteur portant un jugement très réservé sur la validité et l'efficacité de ses conventions : Y.GUYON, Le droit de regard sur le patrimoine et l'activité du débiteur considéré comme une sûreté R.J.Com. 1982 n° spéc. p 121

[184] Cf A.COURET, N.MORVILLIERS, G. DE SENTENAC Le traitement amiable des difficultés des entreprises ed. Economica coll. Droit poche p.96 – T. JACOMET et A.BEJINARIU précité

obligation d'information de la commission en cas de retour « significatif » à meilleure fortune[185]. Ceci prive la clause d'une réelle efficacité pratique ; le débiteur pouvant ne pas signaler l'amélioration de sa situation. Il aurait été plus avisé d'organiser un suivi du débiteur, quitte à accroître la charge de travail des commissions. Lorsque la clause de retour à meilleure fortune est stipulée à l'occasion d'abandons entre sociétés appartenant à un même groupe, la question du suivi du débiteur ne se pose pas puisque le pouvoir de contrôle de la société mère lui permet d'obtenir toutes les informations nécessaires concernant ses filiales. Cela étant, il paraît opportun de confier cette mission de surveillance à un commissaire aux comptes afin de respecter l'autonomie juridique des filiales et l'indépendance des parties.

B - Les difficultés tenant à la définition de l'événement et à l'aménagement du remboursement

53. L'efficacité de la clause est également liée à une définition suffisamment précise de l'événement constitutif du retour à meilleure fortune. Plus le fait générateur sera défini avec précision ; moins le jeu de la clause prêtera, le moment venu, à discussion. Une rédaction avisée fait donc référence à des critères suffisamment clairs et précis.

1 - La définition de l'événement constitutif du retour à meilleure fortune

54. Pour le particulier, le critère le plus pertinent est celui du montant du revenu imposable[186], se déterminant simplement à l'aide d'un avis d'imposition. On peut également retenir un seuil financier comme le rétablissement d'une certaine capacité d'endettement. Une application concrète pourrait en être faite en matière de

---

[185] Le modèle type est rédigé de la façon suivante : *« En cas de retour significatif à une meilleure fortune pendant la durée d'exécution des mesures, le débiteur doit en informer la commission ou les créanciers, afin de mettre au point un plan de remboursement tenant compte de sa nouvelle situation. »*

[186] Monsieur le Professeur Couret propose la rédaction suivante : « *Si le revenu imposable du débiteur devait s'établir pour l'année X à un montant de …… €, la mensualité du remboursement sera doublée. Le débiteur s'engage en conséquence à communiquer au créancier son état d'imposition annuel au 31 décembre de chaque année.* » - Cf A.COURET G.A DE SENTENAC, Les clauses de retour à meilleure fortune, précité

surendettement. Il est d'ailleurs regrettable que la clause insérée dans les plans conventionnels de redressement ne soit pas définie avec suffisamment de précisions et se cantonne au caractère « significatif » du retour à meilleure fortune, faisant perdre à la clause tout intérêt pratique.

55. Pour le professionnel qui exploite une entreprise, le critère peut être comptable lorsque les textes imposent la tenue d'une comptabilité. Partant de là, le retour à meilleure fortune peut être défini à partir de critères comme : l'existence d'un bénéfice distribuable[187], la réalisation d'un certain chiffre d'affaires[188], un montant déterminé de capitaux propres[189]. Sa sincérité étant d'ailleurs souvent garantie par un professionnel du chiffre, les risques de manipulation de la clause par le débiteur sont limités. Ceci étant, il peut s'avérer judicieux d'assortir la clause d'un recours à l'expert si

---

[187] *« Lors du retour de la société A à meilleure fortune constaté par l'existence d'un bénéfice distribuable, celle-ci s'engage à dédommager les créanciers qui le demanderont dans la limite de 50 % de ce bénéfice distribuable et en fonction des demandes desdits créanciers, avec report sur les années ultérieures, dans la limite de 10 ans à partir de la signature des présentes. »*

[188] Monsieur JACOMET et Madame BEJINARIU préconisent la rédaction suivante :
« La société A , qui est titulaire à l'encontre de la société B d'une créance certaine liquide et exigible d'un montant total de X € T.T.C consent, par les présentes, une remise de dette à hauteur de X € T.T.C sur cette créance dans les conditions ci-après :
La société B s'engage définitivement et irrévocablement à reverser, en cas de retour à meilleure fortune, comme défini ci après, à la société A, le montant en principal et intérêts calculés à compter de ce jour au taux légal de la somme de X € T.T.C
Le retour à meilleure fortune s'entend de la réalisation, par la société B, d'un chiffre d'affaires minimal annuel hors taxe de W €, au plus tard le 01/01.
Si l'événement constitutif de retour à meilleure fortune se réalise la société B sera redevable à la société A du montant indiqué ci dessus, payable par tranches de Z € payable les 30 juin et 31 décembre de chaque année, à compter de l'exercice suivant la réalisation de l'événement et jusqu'à épuisement de la dette.
En revanche, si l'événement ne se réalise pas la remise de dette consentie à la société B lui sera définitivement acquise, sauf en cas de fraude. »

[189] Messieurs COURET et DE SENTENAC proposent la rédaction suivante :
« Le retour à meilleure fortune se définira de la façon suivante : le montant des capitaux propres de la société B sera au moins égal au capital social. La société sera dès lors tenue de rembourser la créance de la société A à raison de la moitié du bénéfice distribuable, avant déduction du remboursement, par dividendes cumulatifs jusqu'à extinction de la créance.
La société A pourra à tout moment se faire communiquer le bilan de la société B, certifié par le commissaire aux comptes de la société A. »

un différend survient concernant l'existence, ou non, d'un retour à meilleure fortune[190]. Sur ce point, une définition suffisamment précise de cet événement reste le meilleur gage d'efficacité de la clause. D'ailleurs, le regret peut être exprimé d'une insuffisante précision, en droit des entreprises en difficulté, de la clause légale de retour à meilleure fortune adossée aux plans de sauvegarde ou de redressement judiciaire. Depuis l'ordonnance du 12 mars 2014, le commissaire à l'exécution peut en effet demander une modification substantielle du plan au profit des créanciers[191]. Cependant, les articles L 626-26 et R 626-45 du Code de commerce n'apportent aucune précision quant à l'événement constitutif d'une amélioration de « la situation du débiteur ».

56. Ceci observé, le seuil retenu doit être assez élevé pour que le débiteur ait un intérêt à se rétablir. Si le jeu de la clause devait ramener trop rapidement le débiteur à ses précédentes difficultés financières, celle-ci produirait un effet dissuasif auprès du débiteur, contreproductif pour le créancier. De la même manière, pour garantir son efficacité, la clause doit aménager, avec souplesse, le remboursement de la dette.

2 - L'aménagement du remboursement de la dette

57. En premier lieu, l'engagement du débiteur ne pouvant être perpétuel, la clause doit prévoir un délai maximal de réalisation au-delà duquel l'abandon reste définitivement acquis au débiteur. Autrement, pour lisser le jeu de la clause, et éviter une exigibilité automatique dès l'atteinte d'un seuil, il apparaît prudent d'organiser un échelonnement du remboursement, par paliers. Là encore, il convient de définir avec précision l'exigibilité de la créance issue du retour à meilleure fortune. Le mécanisme de plafonnement doit avoir

---

[190] En ce sens : Mémento pratique Groupes de sociétés, 2015-2016, éd. Francis Lefebvre n°25080

[191] Certaines juridictions consulaires pratiquaient déjà ainsi bien avant l'ordonnance du 12 mars 2014. Monsieur PLAYOUST faisait ainsi état de l'insertion, dans les plans de continuation adoptés par le Tribunal de Commerce de Roubaix Tourcoing, d'une clause rédigée comme suit :

« Dit que X sera tenu d'exécuter le plan selon ses formes et teneur et prend acte de son engagement à abréger le délai de remboursement de ses créanciers dans la mesure où le résultat de l'activité serait supérieur à celui à partir duquel le présent plan de remboursement a été établi. »

pour effet de créer non une créance unique mais des créances distinctes, chacune d'entre elles prenant naissance indépendamment les unes des autres. La jurisprudence fiscale a illustré les difficultés générées par la prévision de remboursements échelonnés en des termes impropres. Le Conseil d'Etat a ainsi été saisi de la question de savoir si le créancier, bénéficiaire d'une clause de retour à meilleure fortune, devait être imposé immédiatement sur la totalité des remboursements prévus par la clause ou s'il ne devait l'être que sur la fraction remboursée[192]. Dans cette espèce, l'administration fiscale avait réintégré dans la base imposable de la société créancière la totalité de la créance issue de la clause en se fondant sur la théorie des créances acquises, alors que la clause prévoyait un remboursement échelonné par palier. Les parties avaient d'ailleurs maladroitement assorti la clause d'une condition résolutoire, ce qui avait provoqué une confusion entre l'exigibilité de la créance et les modalités de remboursement de celle-ci. La Cour administrative d'appel avait validé la réintégration. Mais, suivant en cela l'avis du Commissaire du gouvernement, le Conseil d'Etat censura l'arrêt pour dénaturation du contrat en « considérant que la créance détenue par la société n'est devenue certaine, dans son principe et dans son montant, qu'à la date et dans la mesure de la réalisation des conditions posées par les stipulations. » Ainsi, la société ne devait être imposée, pour chaque exercice, que dans la limite des fractions prévues au contrat et non sur le montant total de la créance abandonnée. Cette décision illustre les difficultés générées par une définition imprécise des modalités de remboursement dans la clause alors qu'une rédaction plus adroite permettrait d'en retirer tout le potentiel économique. Elle nous éclaire également sur l'intérêt de la clause partagé par le droit des sociétés et le droit fiscal.

[192] C.E., 11 oct. 2004, Sté Usines Claas France, req n°250153 ; R.D.C. 07/2005, p. 851 note Gutmann ; JCP E 2005, 361, note A.F Gagneur ; R.J.F 12/04 n°1227

§ 2 - Les circonstances d'utilisation de la clause de retour à meilleure fortune

58. Bien que son étude ait été délaissée par la doctrine, la clause de retour à meilleure fortune conserve une utilité pratique en droit des sociétés (A) ainsi qu'en droit fiscal (B). Et bien que le droit des entreprises en difficulté n'y a plus guère recours (C), celle-ci trouve de nouvelles applications pratiques notamment en droit du travail (D).

A - L'utilisation de la clause de retour à meilleure fortune en droit des sociétés

59. Pour renflouer une société en difficulté, le dirigeant ou les associés peuvent consentir une avance de trésorerie, par le biais de leur compte courant, ou renoncer en tout ou partie au remboursement de son solde créditeur[193]. Ce soutien financier peut être octroyé entre sociétés d'un même groupe en dehors de toute convention de trésorerie liant les sociétés entre elles[194]. L'abandon de compte courant est un moyen souple de remédier à une insuffisance de fonds propres sans procéder à une augmentation de capital. Mais en raison d'un régime fiscal plus favorable, la conversion de la créance en capital lui est généralement préférée[195]. L'abandon de compte courant

---

193 Sur le fonctionnement du compte courant d'associés : M.COZIAN, A.VIANDIER, F.DEBOISSY, Droit des sociétés, 28e éd., Lexis Nexis, n°263

194 Mémento Pratique Francis Lefebvre, Groupe de sociétés, 2015-2016, n°3663

195 « Dans beaucoup de PME, face à la dégradation financière de son bilan et à la perte de la moitié de ses capitaux propres, le chef d'entreprise qui possède un compte courant a le choix : l'incorporation du compte courant après réduction de capitaux, ou l'abandon de créances. Les incidences fiscales du choix ne sont pas les mêmes : l'abandon de créance constate un enrichissement de la société imposable alors que l'augmentation de capital par incorporation de créances ne change pas le total du bilan. L'insertion d'une clause de retour peut, pour le chef d'entreprise, changer les éléments de l'option. Dès l'existence du bénéfice taxable, en effet, le compte courant par le jeu de la clause est réinscrit à l'actif du bilan et l'aspect fiscal négatif est ainsi annulé. Dès lors, le chef d'entreprise sera titulaire d'une créance qui aurait disparu dans le capital social s'il avait fait le choix précédent. C'est ainsi démontrer tout l'intérêt de l'utilisation d'une clause de retour (à meilleure fortune) bien comprise. » A.COURET et G.A DE SENTENAC, op. cit. ; J.L. MERCIER et F. KOPF, Le devoir de favoriser le redressement de l'entreprise : les mécanismes conventionnels, in « Les devoirs de l'actionnaire dans les entreprises en difficulté », Actes du colloque organisé les 8 et 9 avril 2016 à Deauville par l'Association Droit et Commerce, Gaz. Pal. 6 juin 2016, p.47

n'est soumis à aucun formalisme particulier : il ne requiert pas une réunion d'assemblée générale et se réalise par la simple passation d'une écriture comptable. Soumise au droit commun des obligations, cette opération s'analyse en un prêt à durée indéterminée dont le remboursement peut intervenir à tout moment à défaut de stipulations contraires[196]. Aussi, pour éviter un assèchement de la trésorerie de l'entreprise susceptible d'aggraver ses difficultés, les conditions du remboursement peuvent être aménagées par la voie d'une clause de retour à meilleure fortune. Le remboursement peut ainsi être subordonné à une décision du conseil d'administration prise en fonction de la trésorerie de la société et des besoins de financement de celle-ci sans que cette condition soit purement potestative[197]. En raison de l'indépendance des qualités d'associé et de créancier, la créance résultant de l'avance en compte courant est soumise à l'obligation de déclaration au passif sans pouvoir être compensée avec la dette résultant de la fraction non libérée des apports[198] ; les contrats de prêt et de société ne constituant pas, en jurisprudence[199], un ensemble contractuel. Et, en cas d'abus dans la mise en œuvre de la clause en cours de procédure, le commissaire à l'exécution du plan dispose des actions de droit commun des obligations, et notamment l'action paulienne[200], pour remettre en cause le remboursement irrégulier réalisé en fraude aux droits des créanciers.

---

[196] Com. 18 nov. 1986, JCP G II, 20806, note M. Jeantin ; Rev. soc. 1987, p.581, note I.Urbain-Parléani ; Com., 12 janv. 1993, Bull. joly Sociétés 1993, p.336, note A.Couret ; Com. 3 nov. 2004, pourvoi n°01-17.491, Droit sociétés 2005 comm. 24 obs. F.-G. Trébulle

[197] Com. 9 oct. 2007, pourvoi n°06-19060, R.J.D.A janv. 2008, n°41

[198] F.VINCKEL, Le droit au remboursement du compte courant d'associé à l'aune du droit des entreprises en difficulté, rev. proc. coll. janv. fév. 2011, étude 4, p.20, spéc. n°18 et suivants

[199] Com. 20 mai 1997, Bull. civ. IV n°144, Bull. Joly sociétés 1997, p. 804, note J.-M. Calendini ; Com. 18 janv. 2000, Bull. joly sociétés 200 p.527 § 115, note A. Couret ; rev. proc. coll. 2002, p.719 n°11 obs. C. Lebel : L'article L 626-3 du Code de commerce facilite, depuis l'ordonnance du 12 mars 2014, la compensation des créances de compte courant avec la libération des nouveaux apports en cas d'augmentation de capital prévue par le plan. Cependant, cette mesure ne remet pas en cause cette solution jurisprudentielle puisque l'article L 624-20, également inséré par cette ordonnance, exige une libération immédiate des apports non libérés dès le jugement d'ouverture.

[200] E. ETIENNE-MARTIN M. SOUDANI, Abandon de compte courant d'associé et clause de retour à meilleure fortune, rev. proc. coll. sept. oct. 2012, étude 33, p. 12

60. Qu'elle soit stipulée à l'occasion d'une avance en compte courant d'associé ou lors d'une renonciation à des recettes dans un groupe de sociétés, la clause de retour à meilleure fortune est soumise au régime des conventions réglementées au motif qu'elle intervient entre la société et une personne disposant d'un pouvoir de direction ou de contrôle sur celle-ci[201]. La présence d'une clause ne permet pas d'écarter l'application de ces règles. Dans la société anonyme[202], cette autorisation préalable de la convention est accordée par le conseil d'administration. Dans les sociétés par actions simplifiées[203] et les sociétés à responsabilité limitée[204], les conventions réglementées ne sont pas soumises à une autorisation préalable mais seulement à une approbation par l'assemblée. Un rapport présentant la convention est soumis aux associés par le commissaire aux comptes ou, à défaut, par le dirigeant social. Même non approuvées, les conventions produisent valablement leurs effets. Cependant, le dirigeant ou les personnes concernées par la convention peuvent être condamnés à supporter les conséquences dommageables pour la société. Même si le respect de la procédure d'approbation des conventions réglementées permet de justifier d'une conformité à l'intérêt social, il est insuffisant pour écarter tout risque d'abus de bien social entre sociétés[205].

61. En effet, si l'abandon de créance est accordé dans des conditions ruineuses pour la société consentante et au seul profit de la société bénéficiaire, les dirigeants s'exposent aux lourdes conséquences du droit pénal des sociétés. Selon les articles L 241-3 et L 242-6 du Code de commerce, l'abus de bien social consiste pour le dirigeant à faire,

---

[201] Par un bulletin n°139 de septembre 2005, la Compagnie nationale des commissaires aux comptes considérait que « l'abandon d'une créance en compte courant assorti d'une clause de retour à meilleure fortune réalisé entre une SA et son président constitue une convention réglementée. » ; (cité par E. ETIENNE-MARTIN M. SOUDANI, Abandon de compte courant d'associé et clause de retour à meilleure fortuneop. cit., n°7). La Compagnie nationale des commissaires aux comptes a confirmé la permanence de cette consigne dans une étude plus récente consacrée aux conventions réglementées : *« les abandons de créance avec ou sans clause de retour à meilleure fortune constituent des conventions réglementées et non des opérations courantes dans la relation de groupe. »* (C.N.C.C, fév. 2014 p. 20 cité par Mémento Pratique Francis Lefebvre, Sociétés Commerciales, 2015, n°79972)

[202] art. L 225-38 C.com.

[203] art. L 227-10 C.com.

[204] art. L 223-19 C.com.

[205] T.JACOMET et A.BEJINARIU, précité, spéc. p.366

sciemment et de mauvaise foi, un usage des biens ou du crédit de la société contraire à l'intérêt de celle-ci, ou à des fins personnelles, ou encore pour favoriser une autre société dans laquelle il est directement ou indirectement intéressé. S'est ainsi rendu coupable de cette infraction le président de deux sociétés, mère et filiale, en raison d'avances de trésorerie consenties par la première à la seconde dès lors que la société mère soumise par la suite à une procédure de redressement judiciaire avait accordé sans contrepartie une aide financière dépassant ses possibilités, ce qui était contraire à son intérêt[206]. La question s'est donc posée de savoir si l'abandon de créances entre sociétés appartenant à un même groupe est constitutif d'un abus de bien social commis au détriment de la société qui en assume le coût. La Cour de cassation a clairement écarté les aides financières au sein d'un groupe de sociétés du champ de cette infraction pénale à la condition, pour celles-ci, de satisfaire à certains critères. Selon une jurisprudence constante, l'infraction est écartée dès lors que le concours financier apporté par une société à une autre société d'un même groupe, dont les dirigeants sont communs, est dicté par un intérêt économique, social ou financier commun, apprécié au regard d'une politique commune au groupe et doit être ni démuni de contrepartie, ni déséquilibré au regard des possibilités financières de celle qui en supporte la charge[207]. La clause de retour à meilleure fortune s'inscrit dans cette analyse, en ce qu'elle permet de justifier d'une contrepartie à l'avantage consenti. Elle équilibre l'opération tout en préservant les intérêts de la société qui consent l'abandon. Pour la même raison, la clause constitue la contrepartie attendue par le droit fiscal.

---

[206] Crim. 18 janv. 1993, R.J.D.A., 06/1993, n°515

[207] Crim. 4 sept. 1996, R.J.D.A, rev. soc. 1997, p. 365 note B. Bouloc ; Crim. 20 mars 2007, pourvoi n°05.85253, R.J.D.A. 10/07 n°978

B - L'utilisation de la clause de retour à meilleure fortune en droit fiscal

62. L'abandon d'une créance constitue, pour l'administration fiscale, un acte suspect, un appauvrissement contraire aux intérêts de l'entreprise dont l'assiette fiscale n'aurait pas à en supporter les conséquences. C'est, par essence, un acte anormal de gestion dont la déductibilité peut être remise en cause. D'origine jurisprudentielle[208], cette théorie permet à l'administration fiscale de déclarer inopposable à son égard un acte qu'elle juge contraire à l'intérêt de l'exploitation commerciale. L'acte anormal donne lieu à une réintégration, dans les résultats imposables, des charges illégitimement supportées ou des recettes indûment délaissées. L'administration s'érige alors en juge de la conformité de l'opération à l'intérêt de l'entreprise, ou plus exactement à l'intérêt social. L'abandon d'une créance, pour ne pas être qualifié d'acte anormal de gestion, doit comporter une contrepartie réelle et sérieuse. La clause de retour à meilleure fortune participe à l'équilibre de l'opération et atténue le caractère libéral de la remise. Dans ce cas, la remise n'est pas un acte anormal puisqu'une contrepartie existe[209]. Ainsi, n'a pas été jugé anormal l'abandon d'une créance de loyer, inférieur à 10 % de son montant, assorti d'une clause de retour à meilleure fortune, octroyée par une société ayant donné en location - gérance un fonds de commerce dans une conjoncture très difficile[210]. Dans un groupe de sociétés, la déductibilité d'un abandon de la créance détenue par une société mère sur sa filiale suppose en outre, pour qu'il soit réputé « normal », que l'entreprise, qui accorde cette remise, démontre l'existence d'un intérêt propre à l'opération. L'intérêt du groupe ou le renom de celui-ci n'est pas toujours, à lui seul, considéré comme suffisant pour justifier l'avantage accordé. Cela étant, la jurisprudence a accepté la déductibilité de l'abandon consenti dans le but d'éviter le dépôt de bilan d'une filiale qui aurait pu porter atteinte à la diversification des activités de la société

---

[208] L'acte anormal de gestion n'est défini par aucun texte. Il consiste à considérer qu'une dépense ou une perte mise à la charge de l'entreprise ou une recette dont elle a été privée n'est pas justifiée au regard des intérêts de l'exploitation commerciale (C.E., 15 janv. 1965, n°62099 société R.).

[209] C.A.A Paris, 6 juillet 1993, Bull. Joly 1993, p 1172

[210] C.E. 16 juin 2004, SA Imprimerie Borel, n°235647, inédit

mère[211]. Elle a églement admis celle de l'abandon de créance accordé par une société mère à une filiale en difficulté assorti d'une clause de remboursement partiel en cas de retour à meilleure fortune[212]. Ainsi, la clause participe aux contreparties attendues pour justifier l'abandon de créance. Le propos est à nuancer en cas d'abandon entre sociétés sœurs car la jurisprudence se montre plus souple pour admettre la déductibilité d'un avantage accordé par une société mère à une filiale en difficulté qu'entre filiales directement, ces dernières étant traitées comme des entités parfaitement étrangères les unes aux autres[213]. Dans les relations entre sociétés sœurs, la jurisprudence applique strictement le principe d'autonomie juridique des filiales. Pour être jugés normaux, les abandons entre filiales doivent être réalisés à des conditions normales et au prix du marché. Pour cela, l'abandon doit satisfaire à un intérêt propre de la filiale et non répondre uniquement à l'intérêt du groupe. La filiale créancière doit retirer de l'opération une contrepartie équivalente à l'avantage concédé. Elle peut, par exemple, consister dans le maintien de l'activité lorsque les deux sociétés sont économiquement dépendantes l'une de l'autre. Il est alors de l'intérêt propre de la filiale d'aider sa sœur à surmonter ses difficultés afin de préserver ses sources d'approvisionnement ou ses débouchés commerciaux[214]. Autrement, la contrepartie peut résider dans une clause de retour à meilleure fortune.

63. Mais encore, celle-ci est la seule à même de justifier d'un remboursement ultérieur de la créance abandonnée. Si un paiement intervient de manière spontanée sans clause, la charge en résultant pour le débiteur n'est pas déductible, faute d'être un acte « normal » de gestion. C'est ainsi que le remboursement par une filiale à la société mère d'une créance que celle-ci avait abandonnée, sans clause de retour à meilleure fortune, n'a pas été admis en déduction des résultats imposables de la filiale. S'agissant d'un abandon pur et simple, la société mère ne détenait plus aucune créance sur sa filiale. Pour la juridiction administrative, « la libéralité inconditionnelle » dont celle-ci a bénéficié faisait « obstacle à ce qu'elle puisse invoquer

---

[211] C.E., 11 mars 1988, R.J.F. 05/1988, n°565

[212] C.A.A Lyon, 4ième ch., 9 juil. 1997, n°95LY00856, SA SDP, Bull. Joly 01/1998, §24, p64

[213] Mémento Pratique, Groupe de sociétés éd. Francis Lefebvre, n°5406

[214] Mémento Pratique, Groupe de sociétés, éd. Francis Lefebvre, n°5414

l'existence d'une obligation naturelle de remboursement[215]. » La clause présente ainsi l'avantage principal d'éviter une remise en cause ultérieure par l'administration des déductions pratiquées par le créancier ou le débiteur.

64. La présence d'une clause de retour à meilleure fortune ne modifie pas les règles de comptabilisation d'un abandon. Le paiement consécutif à la clause, résultant de la réalisation de la condition de retour à meilleure fortune, conduit à enregistrer des opérations comptables symétriquement opposées. Le créancier, qui consent une remise de dette, subit une perte venant en déduction du résultat comptable sous la forme d'une charge exceptionnelle. Réciproquement, le débiteur bénéficiaire s'est enrichi et doit enregistrer un produit exceptionnel correspondant au montant de la créance abandonnée. La dette abandonnée n'apparaît plus au passif du bilan mais l'engagement conditionnel issu de la clause doit figurer en annexe, comme engagement hors bilan, tant pour l'entreprise bénéficiaire que pour celle qui consent l'abandon. En cas de rétablissement ultérieur, le remboursement constitue une charge déductible pour le débiteur et un profit pour le créancier, tous deux exceptionnels, imposable à due concurrence du montant initialement déduit[216]. Lorsque la clause de retour à meilleure fortune vient à jouer, la société qui perçoit le remboursement de sa créance n'est imposable qu'à proportion des sommes initialement déduites[217]. Et, en cas de remboursement partiel, le créancier n'est imposable que dans la limite du rapport entre les montants de la déduction initialement pratiquée et de la créance abandonnée[218]. Le cas échéant, le créancier qui octroie

---

[215] C.A.A Paris 6 juil. 1993 SA Real n°91 PA 00997 Bull. Joly Sociétés 1993 §351 note A.COURET et G.A DE SENTENAC pour qui *« cette décision, stricte dans les conséquences fiscales que tire le juge des actes juridiques existant ou n'existant pas entre la société mère et la filiale ne peut qu'inciter les praticiens à rédiger systématiquement des actes clairs pour toute opération d'abandon de créance entre société mère et filiale, et de les assortir d'une clause de retour à meilleure fortune dont les modalités seront très précises. La décision rendue valorise considérablement, en effet, les clauses de retour à meilleure fortune au moins a contrario : le juge reconnaît que des conséquences considérables s'attacheraient à la présence d'une telle clause. On ne saurait, dès lors, trop inciter les sociétés à y avoir recours et notamment dans les opérations de groupe. »*

[216] Bull. CNCC n°87 sept. 1992 p. 478 – Mémento Pratique Francis Lefebvre Comptable, n°2154

[217] Rep. Haenel, Sen. 29 déc. 1994, p.3075, n°6411

[218] BOI-BIC-BASE-50-20-10 n°290

l'abandon peut récupérer la taxe à la valeur ajoutée acquittée dans la limite du montant abandonné. Pour cela, le créancier rectifie la facture initiale en indiquant que la taxe ne peut faire l'objet d'une déduction et adresse la facture rectifiée au débiteur[219]. En cas de paiement par le jeu de la clause de retour à meilleure fortune, le créancier remboursé doit reverser la taxe encaissée et le débiteur peut, réciproquement, déduire celle acquittée.

65. Le régime fiscal de l'abandon de créance est distinct selon que celui-ci a un caractère commercial ou financier. L'abandon est réputé commercial lorsqu'il est motivé par les relations d'affaires nouées entre deux sociétés et qu'il est consenti soit pour maintenir des débouchés, soit pour préserver des sources d'approvisionnement. Il est, en revanche, financier lorsque les entreprises sont liées par des prises de participation, sans qu'il existe de relations commerciales entre elles ; l'abandon n'étant motivé que par les répercussions des difficultés financières de l'une sur l'autre, notamment sur la valeur des titres détenus[220]. Lorsque l'abandon de créance présente un caractère commercial, il constitue une charge intégralement déductible pour le créancier sous réserve de constituer un acte normal de gestion. A l'occasion de la loi de sauvegarde, le législateur avait posé une présomption irréfragable, à l'article 39 du Code général des impôts, de déductibilité des abandons de créances à caractère commerciaux consentis lors d'une procédure de traitement des difficultés des entreprises. L'article 182 de loi du 26 juillet 2005 réputait alors « déductibles des résultats imposables de l'entreprise les abandons de créance à caractère commercial consentis ou supportés dans le cadre d'un plan de sauvegarde ou de redressement[221] ». La doctrine s'était alors interrogée sur les raisons ayant conduit le législateur à laisser à l'écart les abandons financiers ainsi que les procédures de prévention[222]. L'article 17 de la loi du 16 août 2012 portant loi de finances rectificative pour 2012 a donc modifié, pour les exercices clos à compter du 4 juillet 2012, l'article 39 treizièmement du Code général des impôts pour poser un principe de non-déductibilité des « aides de toute nature consenties à une autre entreprise, à l'exception

---

[219] art. 272 C.G.I

[220] BOI-BIC-BASE-50-10-III n°110

[221] art. 39 C.G.I issu de l'article 182 de la loi du 26 juillet 2005

[222] M.COZIAN, Le traitement fiscal des abandons de créances dans le cadre de la loi du 26 juillet 2005 sur la sauvegarde des entreprises L.P.A 14 juin 2007 p.26

des aides à caractère commercial ». Ainsi, les abandons de créances à caractère commercial sont demeurés intégralement déductibles. En revanche, les pertes consécutives à des abandons financiers consentis par une société mère à ses filiales ne sont plus déductibles des résultats de la société mère, même si cette aide correspond à l'intérêt de l'entreprise qui la consent. Le texte comporte une importante exception lorsque l'abandon a été consenti à l'occasion d'une procédure de conciliation en application d'un accord constaté ou homologué conformément à l'article L 611-8 du Code de commerce ou encore lors d'une procédure de sauvegarde, de redressement ou de liquidation judiciaires. Dans ce cas, les aides financières accordées à une filiale en difficulté ne sont déductibles qu'à hauteur de la situation nette négative de l'entreprise qui en bénéficie et, pour le montant excédant cette situation, qu'à proportion des participations détenues par les autres associés que la société octroyant l'aide[223]. Partant de là, le régime fiscal de faveur des abandons accordés à l'occasion d'un accord de conciliation ou d'une procédure de traitement des difficultés a été étendu, dans certaines limites, aux abandons à caractère financier ce qui tend à réduire l'intérêt pratique d'une clause de retour à meilleure fortune. Il en résulte une inévitable perte de légitimité, du reste déjà perceptible, en droit des entreprises en difficulté.

---

[223] Pour les modalités d'appréciation par l'administration fiscale de ces conditions : BOI-BIC-BASE-50-20-10 n°80 et suivants : http://bofip.impots.gouv.fr

C - L'utilisation de la clause de retour à meilleure fortune en droit des entreprises en difficulté

66. En cette matière, la clause de retour à meilleure fortune traverse une crise de légitimité. Peu convaincus par son efficacité[224], les praticiens se sont détournés de cet outil juridique[225]. Ce scepticisme est, pour partie, imputable à la doctrine. Si, pour certains, la clause permet d'octroyer au débiteur le répit dont il a besoin pour retrouver un second souffle[226] et contribue à la moralisation du droit des procédures collectives[227] ; d'autres ont estimé qu'elle n'incitait pas le débiteur à améliorer sa situation financière[228], lui imputant l'échec du règlement amiable homologué institué par le décret-loi du 27 août 1937[229]. Ce débat a fini par avoir raison de la clause et la conviction s'est peu à peu installée que celle-ci constituait, *« au mieux, du baratin qui ne sert à rien ; au pire, des clauses qui, en pratique, ne jouent jamais*[230] *»*. Ainsi, hormis dans les procédures de prévention[231], le recours à la clause de retour à meilleure fortune n'est plus envisagée

---

[224] Le petit dictionnaire de la faillite, rédigé par des praticiens, indique ceci à propos de la clause : « L'expérience montre qu'il est fort difficile, dans la pratique, de mettre en œuvre la clause de retour à meilleure fortune, ce qui explique, sans doute, qu'elle ait, de nos jours, perdu une grande partie de son utilité. » - Au contraire, sous l'empire de la loi de 1967, Gavalda indiquait : « la politique de certains tribunaux consulaires incline de plus en plus les assemblées concordataires à subordonner l'octroi du concordat à l'insertion de la clause. Cette politique jurisprudentielle contribue au développement d'une disposition équitable et efficace à laquelle la Chambre commerciale semble être très favorable. » ; note sous Com. 18 oct. 1961 JCP G II 12438

[225] Les derniers exemples d'utilisation d'une clause de retour à meilleure fortune ont concerné Bull (Cf Le quotidien de l'expansion du 20 nov. 2003) et le Crédit Lyonnais (Cf Les notes bleues de Bercy du 16 au 31 déc. 1998).

[226] M.BAYLE, De l'intérêt du règlement amiable, R.T.D.Com. 1988, p.2 et suivantes, spéc. n°15

[227] O.PLAYOUST, Contribution à la moralisation du droit des procédures collectives : la clause de retour à meilleure fortune, Rev. Proc. Coll. 1994, p.349 et suivantes ; R.KAUFFMAN, op. cit.

[228] LE CANNU, LUCHEUX, PITRON, SENECHAL, Entreprises en difficulté, GLN Joly ed., 1994, p.112

[229] RIPERT ET ROBLOT, Traité de droit commercial T II , n°2801

[230] expression utilisée par Monsieur JACOMET et Madame BEJINARIU, Bull. Joly 1996 précité

[231] F.PEROCHON, Entreprises en difficulté, 10 éd., n°184 ;

en droit des entreprises en difficulté ce qui a conduit un auteur à lancer un vibrant « plaidoyer » en faveur « d'un retour de la clause de retour à meilleure fortune dans les procédures collectives[232] ». D'ailleurs, l'insertion d'une telle clause dans des abandons de créances avait permis de justifier de l'absence de flux financiers anormaux dans une demande d'extension de la procédure d'une filiale à sa holding[233]. L'ordonnance du 12 mars 2014 a modifié les données en réintroduisant à l'article L 626-26 du Code de commerce une forme de clause de retour à meilleure fortune légale permettant au commissaire à l'exécution du plan de demander une modification substantielle du plan en faveur des créanciers en cas d'amélioration de la situation du débiteur. Cependant, les rédacteurs de l'ordonnance n'ont pas jugé opportun de définir avec suffisamment de précisions le critère constitutif d'une amélioration de la situation du débiteur ce qui ne manquera pas d'être source de difficultés. Ce texte pourrait donc s'avérer d'une application concrète délicate, ne permettant probablement pas à la clause de retour à meilleure fortune de retrouver la place perdue en ce domaine.

D - L'utilisation de la clause de retour à meilleure fortune en droit du travail

67. Cela étant, la clause de retour à meilleure fortune pourrait bien trouver un nouveau domaine d'application en droit du travail, en contrepartie de sacrifices temporaires acceptés par des salariés pour sauvegarder l'emploi. En effet, l'article 22 de la loi n° 2016-1088 du 8 août 2016 relative au travail, à la modernisation du dialogue social et à la sécurisation des parcours professionnels[234], crée, dans des nouveaux articles L 2254-2 à L 2254-6 Code du travail, la possibilité de conclure au sein d'une entreprise avec les représentants des salariés un accord collectif, dit« offensif », de préservation ou de développement de l'emploi. Toutefois le projet de loi, ne prévoyait pas, dans sa

---

232 M. RAKOTOVAHINY, Plaidoyer pour un retour de la clause de retour à meilleure fortune dans les procédures collectives, R.L.D.A avr. 2014, p.92

233 Paris, 7 sept. 2004, D.A 2004, p. 2500, obs. A. Lienhard (Affaire AOM – Air Liberté) – La clause concernait un abandon de créance résultant d'une avance de trésorerie octroyée par la société holding – Sur le pourvoi rejeté contre cet arrêt : Com. 10 janv. 2006, LPA 21 fév. 2006, obs G. Teboul

234 J.O.R.F. n°0184 du 9 août 2016

version initiale, que la rémunération mensuelle du salarié puisse être diminuée. Un amendement adopté par la Commission des affaires sociales du Sénat a supprimé l'obligation dans ce nouvel accord de maintenir la rémunération mensuelle des salariés en reprenant la règle, déjà applicable aux accords de maintien de l'emploi, selon laquelle la minoration de la rémunération ne peut être inférieure à 1,2 fois le montant du salaire minimum garanti[235]. Cette faculté serait assortie d'une obligation de prévoir, dans une clause de retour à meilleure fortune, « les conditions dans lesquelles les salariés bénéficient d'une amélioration de la situation économique de l'entreprise à l'issue de l'accord ». Toutefois, il est permis de douter que cette faculté reçoive concrètement application et risque de se heurter au septicisme des partenaires sociaux.

Conclusion du Chapitre 2

68. Nous venons de montrer dans ce chapitre que la clause de retour à meilleure fortune présente quelques similitudes avec le miroir aux alouettes. Nous avons certes conscience que les cartes ont été rebattues avec l'ordonnance de 2014 ; mais il ne semble pas que les praticiens en tiennent réellement compte. Peut-être faut-il voir dans ce phénomène une sorte de saturation provoquée par les changements législatifs ? Ou bien, peut-être n'y a-t-il là que la classique survie sociolique de la loi ancienne que Carbonnier avait fort bien décrite.

---

[235] Amendement n°610-COM-109 présenté MM. LEMOYNE, GABOUTY et FORISSIER, rapporteurs le 26 mai 2016 : http://www.senat.fr/amendements/commissions/2015-2016/610/Amdt_COM-109.html

Conclusion du Titre 1

69. Longtemps oublié, le retour à meilleure fortune revient aujourd'hui sur le devant de la scène en droit public sous la forme d'un instrument plus politique que juridique. Dans cette branche du droit, le retour à meilleure fortune est encore, dans quelques dispositions, le fait générateur d'une obligation de paiement à la charge de la personne ayant bénéficié d'un soutien financier. Il en est ainsi des bénéficiaires de l'aide sociale ou du fonds de soutien régional aux entreprises en difficulté. En conférant à ces aides un caractère récupérable, les pouvoirs publics tentent de masquer la réalité d'une ultime manifestation de l'Etat-providence. Dans ses rapports avec les Etats-membres, l'Union européenne pourrait bien redécouvrir le retour à meilleure à fortune. Il pourrait ainsi jouer un rôle dans de nouvelles négociations concernant le sort de la dette souveraine hellénique. Autrement, dans les rapports de droit privé entre un débiteur et ses créanciers, la clause de retour à meilleure fortune reste une contrepartie possible lors de l'abandon d'une créance. Et, plus largement, celle-ci conserve un intérêt pratique pour ceux qui consentent des sacrifices dans l'espoir d'obtenir, le moment venu, un retour sur investissement. Mais tout cela n'est il pas qu'illusion ? N'est-ce pas une utopie que de placer un espoir de paiement dans une hypothétique amélioration de la situation du débiteur ? Si la situation du débiteur poursuit sa dégradation jusqu'à devenir irrémédiablement compromise, les sacrifices imposés aux créanciers ne seront plus réversibles. En effet, l'extinction de l'obligation de paiement du débiteur, en cas de purge des dettes, peut réduire à néant ces fragiles espoirs ce qui explique, pour l'essentiel, la résignation des créanciers qui ont cessé de voir, dans le retour à meilleure fortune du débiteur, un motif de satisfaction.

Titre 2 - Les situations juridiques de nature à neutraliser le retour à meilleure fortune

70. Dans les procédures d'apurement du passif, qu'elles soient assorties ou non d'une liquidation du patrimoine du débiteur, la purge des dettes est la manifestation ultime du sacrifice des créanciers. Ceux-ci sont alors privés de la faculté d'exiger de leur débiteur, personne physique, un paiement même si la fortune vient de nouveau à lui sourire, pourvu qu'il ait été de bonne foi. Dans le cas contraire, les créanciers peuvent, après la clôture, réclamer leur dû. Pour une personne morale, la solution est plus radicale encore car elle ne survit pas à la clôture pour insuffisance d'actif d'une liquidation judiciaire[236]. Pour le débiteur, personne physique, cette purge oscille dans sa forme entre une « décharge[237] », réservée au professionnel (Chapitre 1), et un effacement des dettes dont l'accès est ouvert à tous, qu'il s'agisse du consommateur ou du professionnel (Chapitre 2).

---

[236] art. 1844-7 7° C.civ. : Depuis l'ordonnance du 12 mars 2014, la personnalité morale disparaît lors de la clôture pour insuffisance d'actif de la liquidation judiciaire d'une société. Cf. infra : « la survie de la société après la clôture pour extinction du passif »

[237] Par référence opposée à la « décharge conventionnelle » évoquée à l'article 1285 du Code civil comme synonyme de la remise de dette, il est question ici d'une « décharge judiciaire » inspirée de l'« order of discharge » anglo-saxon. Du reste, le Littré définit la décharge comme « l'acte par lequel on tient quitte d'une obligation, d'une responsabilité ».

Chapitre 1 - La décharge des dettes du professionnel, personne physique

71. Le professionnel, personne physique, est « déchargé » de ses dettes après la clôture pour insuffisance d'actif d'une procédure de liquidation judiciaire. Dans ce cas, l'article L 643-11 du Code de commerce interdit aux créanciers antérieurs à cette procédure de reprendre les poursuites individuelles (section 1). Néanmoins, ce texte autorise une reprise des poursuites dans certaines situations (section 2).

Section 1 - L'interdiction de la reprise des poursuites individuelles après la clôture pour insuffisance d'actif

72. Afin d'accélérer le rebond du professionnel, la clôture pour insuffisance d'actif a été facilitée (§ 1). Son prononcé emporte paralysie du droit de recouvrement des créanciers antérieurs mais sans affecter la créance dans son principe (§ 2).

§ 1 - La clôture pour insuffisance d'actif facilitée

73. En premier lieu, l'interdiction de la reprise des poursuites individuelles trouve à s'appliquer, aux termes de l'article L 643-11 paragraphe I du Code de commerce, après la clôture pour insuffisance d'actif de la procédure de liquidation judiciaire[238]. Nous écarterons de notre propos les hypothèses de clôture pour extinction du passif. Selon l'article L 643-9 du même Code, celle-ci est prononcée, « lorsqu'il

[238] En doctrine, certains auteurs distinguent la clôture pour insuffisance d'actif de celle avec insuffisance d'actif. La clôture pour insuffisance d'actif correspond à l'hypothèse dans laquelle le liquidateur est dans l'impossibilité de poursuivre les opérations faute de disponibilités suffisantes. La clôture avec insuffisance d'actif correspond à la situation, plus commune, où la procédure, menée jusqu'à son terme, a dégagé un produit insuffisant pour désintéresser tous les créanciers. Cette distinction sémantique est restée sans portée pratique. Par convention, nous adopterons le concept de clôture pour insuffisance d'actif, qui reste celui utilisé par l'article L 643-11 du Code de commerce. Sur cette distinction : P.M LE CORRE, op. cit., n°592.31

n'existe plus de passif exigible ou que le liquidateur dispose de sommes suffisantes pour désintéresser l'intégralité des créanciers ». Dans cette hypothèse, il n'y a alors pas matière à interdiction des poursuites puisque tous les créanciers ont, en principe, été désintéressés. Le retour à meilleure fortune du débiteur après la clôture de la procédure leur est donc indifférent excepté s'il existe parmi eux des défaillants n'ayant pu participer aux répartitions. Dans l'absolu, rien n'interdirait une reprise des poursuites après une clôture par extinction du passif par un créancier forclos[239]. Cela étant, ces situations sont trop rares pour être significatives. Nous nous concentrerons donc sur les situations, plus fréquentes, de clôture pour insuffisance d'actif. D'ailleurs, afin de favoriser le rebond du débiteur, la durée de la liquidation judiciaire a été considérablement resserrée (A) et les cas de clôture pour insuffisance d'actif élargis (B).

A - Le resserrement du délai de prononcé de la clôture pour insuffisance d'actif

74. Pour accélérer le rebond du débiteur, personne physique, qui a échoué de bonne foi, la loi du 26 juillet 2005, l'ordonnance du 18 décembre 2008 puis celle du 12 mars 2014 se sont efforcées de réduire les délais de clôture de la liquidation judiciaire afin que le débiteur puisse être, plus rapidement, libéré de ses dettes et reprendre une nouvelle activité. Il s'agissait d'apporter une réponse à la condamnation de la France pour la durée excessive de son ancienne procédure de liquidation de biens[240], laquelle a conduit la Cour de cassation, dans un arrêt du 16 décembre 2014[241], à reconnaître au débiteur la faculté d'agir en réparation sur le fondement de l'article L 141-1 du Code de l'organisation judiciaire au titre de ses droits propres. Cela permettait également de satisfaire aux recommandations de la Commission européenne qui, dès une communication du 5

---

[239] Sur cette question : F. PEROCHON et P.ROUSSEL-GALLE, Controverse amicale sur la non reprise des poursuites après clôture de la liquidation judiciaire pour extinction du passif, Mélanges Tricot, Dalloz-Litec, 2011, p.559 ; P.M LE CORRE, op. cit. , n°592.25

[240] CEDH, 22 sept. 2011, n°60983/09 Tetu c/ France : rev. soc. 2011, p.728, note P. Roussel Galle ; rev. proc. coll. 2012, étude 3, B.Saintourens et P.Duprat

[241] Com. 16 déc. 2014, pourvoi n°13-19402, D. 2015 actu. 6 obs. A. Lienhard ; JCP E 2015 n°1010 note C. Lebel, 1204 n°3 obs. P.Pétel ; Gaz. Pal. 1er /5 mai 2015 p.13 note D. Voinot

octobre 2007[242], préconisait aux Etats membres de limiter la durée des procédures d'insolvabilité à un an.

75. Aussi, pour accélérer la procédure de liquidation judiciaire, l'article L 643-9 du Code de commerce impose, depuis la loi du 26 juillet 2005, que le tribunal fixe, dans le jugement ouvrant ou prononçant la liquidation judiciaire, un délai au terme duquel la clôture de la procédure devra être examinée. Deux mois au plus tard avant le terme de ce délai, le greffier convoque le débiteur, avise le liquidateur et les contrôleurs de la date de l'audience où sera examinée la clôture. Hors cette hypothèse, la clôture peut être prononcée à tout moment soit d'office par le tribunal soit à l'initiative du liquidateur ou du ministère public. En outre, l'article L 643-9 du Code offre la faculté au débiteur[243] de solliciter la clôture de la procédure ainsi qu'aux créanciers si la clôture n'est pas intervenue à l'expiration d'un délai de deux ans à compter du prononcé de la liquidation.

76. Mais, la réduction des délais de clôture pour insuffisance d'actif est surtout le fait de l'instauration, par la loi du 26 juillet 2005, d'une procédure de liquidation judiciaire simplifiée qui a pris place aux articles L 644-1 et suivants du Code de commerce dont la clôture intervenait, au plus tard, un an après l'ouverture. L'objectif initial poursuivi était d'éviter que la totalité de l'actif ne soit absorbée par les frais de procédure. Puis, l'ordonnance du 18 décembre 2008 a modifié le régime de cette procédure pour en réduire la durée. Ainsi, la procédure de liquidation judiciaire simplifiée a été rendue obligatoire lorsque le débiteur n'a pas d'actif immobilier, a employé un salarié, tout au plus, au cours des six mois précédant l'ouverture de la procédure et que son chiffre d'affaires, hors taxes, ne dépassant pas trois cent mille euros[244]. Cette procédure est demeurée facultative pour le débiteur qui emploie d'un à cinq salariés et réalise un chiffre d'affaires compris entre trois cent mille et sept cent cinquante mille euros[245]. L'accélération de la procédure est venue de l'instauration, à

[242] Communication de la Commission au Conseil, au Parlement européen, au Comité économique et social européen et au Comité des régions, Surmonter les stigmates de la faillite d'entreprise – Pour une politique de la deuxième chance, Mise en œuvre du partenariat de Lisbonne pour la croissance et l'emploi, 5.10.2007 COM(2007) 584

[243] Cette disposition consacre la jurisprudence antérieure à la loi de sauvegarde : Com. 5 mars 2002, D. 2002, AJ p. 1422 ; JCP E 2002 I 1380 p.1523 n°6 obs. M. Cabrillac

[244] art. L 641-2, D 641-10 C.com.

[245] art. L 641-2-1, D 641-10 C.com.

l'article L 644-2 du Code, d'un délai de trois mois, à compter du jugement de liquidation judiciaire, pour procéder à la vente de gré à gré des actifs déterminés par le tribunal. Et, ce n'était qu'au-delà de cette période que les biens étaient vendus aux enchères publiques. L'ordonnance du 18 décembre 2008 avait maintenu ce délai, tout en distinguant entre la liquidation simplifiée obligatoire qui laissait le choix au liquidateur des modalités de réalisation de l'actif ; et la liquidation simplifiée facultative, où le tribunal continuait de déterminer les biens vendus de gré à gré. L'ordonnance du 12 mars 2014 a unifié ce régime en laissant au liquidateur le choix des modalités de réalisation mais en augmentant le délai de réalisation de l'actif à quatre mois. Cette dernière ordonnance a préféré agir sur le levier de la durée de la procédure, même si celle-ci avait déjà été considérablement réduite[246].

77. L'article L 644-5 du Code de commerce, dans sa rédaction issue de l'ordonnance du 18 décembre 2008, prévoyait que la procédure simplifiée devait être clôturée au plus tard dans un délai d'un an, exceptionnellement prorogée pour trois mois. Pour réduire davantage encore la durée de la liquidation simplifiée, l'ordonnance du 12 mars 2014 a réécrit ce texte pour aménager les délais et les distinguer selon que la procédure simplifiée est facultative ou obligatoire. Dans ce dernier cas, le délai de clôture a été ramené d'un an à six mois avec la possibilité de proroger pour trois mois ; tandis que le premier cas, là où, a priori, il y a davantage d'actif à réaliser ainsi que de salariés concernés, le délai d'un an est demeuré inchangé. Ce délai de six mois, neuf tout au plus, dans les procédures simplifiées obligatoires apparaît extrêmement court[247] et donne lieu à l'expression de réserves[248], tant il existe un risque de mise en cause de la

---

[246] La durée moyenne de la liquidation judiciaire avait déjà été ramenée de 5 ans, en 2005, à 23,6 mois en 2013, les 30.000 procédures impécunieuses clôturées en 9 mois et les trois quart des liquidations ont une durée inférieure à 380 jours. F. PEROCHON, La clôture de la liquidation judiciaire, Colloque organisé le 23 mai 2014 par le Centre René Demogue, Université de Lille II, « Réforme des procédures collectives : nouveau rebond pour le débiteur ? »

[247] G.BERTHELOT, Les aménagements de la liquidation judiciaire issus de l'ordonnance du 12 mars 2014, in Dossier « 2014 : un nouveau souffle pour les procédures collectives », rev. proc. coll. mars avril 2014, Etude 21 p.58, spéc n°24

[248] Colloque organisé le 23 mai 2014 par le Centre René Demogue, Université de Lille II, « Réforme des procédures collectives : nouveau rebond pour le débiteur ? », Table ronde « Les difficultés pratiques liées à la clôture de la procédure » : Selon Maître Miquel, vouloir clôturer rapidement ne correspond pas à la réalité de

responsabilité du mandataire qui, dans la précipitation, pourrait omettre de réaliser certains actifs[249]. Cela étant, la clôture pour insuffisance d'actif est révocable et la procédure peut être reprise[250], selon les termes de l'article L 643-13 du Code, s'il apparaît « que des actifs n'ont pas été réalisés ou que des actions dans l'intérêt des créanciers n'ont pas été engagées pendant le cours de la procédure. » L'ordonnance du 12 mars 2014 a complété ce texte pour préciser que « la reprise de la procédure produit ses effets rétroactivement pour tous les actifs du débiteur que le liquidateur aurait dû réaliser avant la clôture de la procédure de liquidation judiciaire », ce qui consacre la jurisprudence de la Cour de cassation[251] et met un terme à la controverse doctrinale relative au caractère rétroactif[252] ou non[253] de la

l'entreprise qui est comprise dans un environnement général. La liquidation prend du temps et un délai de six mois apparait irréaliste.

[249] Ce qui supposerait, du reste, la reprise de la procédure dans les termes de l'article L 643-13 du Code de commerce ; en ce sens : Com. 10 mai 2002, Bull. civ. IV n°94 ; D. 2012, Actu. 1325 obs. Lienhard ; Bull. Joly 2012, 641, note Staes

[250] La réouverture de la procédure est une simple faculté (« peut être reprise », dit le texte) que la Cour de cassation abandonne à l'appréciation souveraine des juges du fond : Com., 2 nov. 2005, A.P.C. 2005 –19 n°236 obs Vallansan : les juges du fond peuvent refuser la reprise de la procédure aux fins d'exercice d'une action paulienne (donation frauduleuse) sur le constat qu'elle n'emportera pas un apurement certain, même partiel de la ou des créances subsistantes du demandeur.

[251] Com. 10 mai 2012, Bull. Joly. Ent. diff. 2012, p.214, note J.P. Sortais : La décision du tribunal ordonnant la reprise d'une procédure de liquidation judiciaire produit ses effets rétroactivement pour tous les actifs qui, à la date de la clôture de la procédure de liquidation judiciaire, faisaient partie du patrimoine et qui n'ont pas été réalisés.

[252] Pour les partisans de la rétroactivité, parmi lesquels figuraient Messieurs les Professeurs Soinne (B.SOINNE, Traité des théorique et pratique des procédures collectives, 2ième éd. , n°2517) et Le Corre (P.M LE CORRE, opt. cit. n°593.11), la reprise de la procédure permettait d'appréhender les actifs acquis par le débiteur depuis la clôture de la procédure car il s'agissait d'une simple reprise de l'ancienne procédure, prématurément clôturée. Cette solution était indéniablement favorable aux créanciers car elle leur permettait d'appréhender les biens recueillis par succession depuis la clôture. Cependant, cette solution n'a pas vécu.

[253] Pour les opposants à la rétroactivité, parmi lesquels figuraient le Professeur Pérochon, la même procédure reprenait dans l'état où se trouvait le patrimoine du débiteur au jour de la clôture, car « la liquidation judiciaire ne reprend son cours qu'à des fins étroitement limitées et sans rétroactivité : elle a pour unique objet l'exercice des actions ou la liquidation des actifs redécouverts (biens qui préexistaient par hypothèse à la clôture), puis la répartition des fonds en provenant. Les biens nouveaux acquis par le débiteur in bonis depuis la première clôture ne sont en aucun cas menacés. ». Ainsi, s'il gagne à la loterie ou obtient un héritage au cours

reprise de la procédure. L'effet réel de la procédure ne se produit qu'à l'égard des biens présents dans le patrimoine du débiteur au jour de la clôture. Et, l'éventuel retour à meilleure fortune du débiteur, depuis la clôture pour insuffisance d'actif, ne profite pas aux créanciers lors de la reprise des opérations de liquidation[254]. Les créanciers peuvent, tout au plus, espérer un paiement spontané du débiteur. Quoi qu'il en soit, cette faculté de reprise des opérations de liquidation ne remet pas en cause, dans son principe, l'accélération de la procédure qui s'est doublée d'un élargissement des cas de clôture.

B - L'élargissement des cas de clôture pour insuffisance d'actif

78. Le premier des effets de la clôture de la procédure de liquidation judiciaire, quel qu'en soit le motif, est de mettre fin au dessaisissement du débiteur qui redevient, à sa suite, in bonis. Le débiteur est donc libre d'agir en recouvrement pour son propre compte d'une créance oubliée par le liquidateur[255] ou de reprendre une nouvelle activité, du moins si aucune sanction de faillite personnelle ou d'interdiction de gérer n'est prononcée à son encontre. Pour le reste, le débiteur, personne physique, n'a plus à se soucier, après la clôture pour insuffisance d'actif, de ses dettes puisque les créanciers sont privés, aux termes de l'article L 643-11 paragraphe I du Code de commerce, du droit de reprendre les poursuites individuelles. Les conditions du prononcé de la clôture pour insuffisance d'actif sont précisées par l'article L 643-9 de ce dernier Code. L'alinéa deux de ce texte dispose que la clôture de la liquidation judiciaire est prononcée par le tribunal, le débiteur entendu ou dûment appelé, lorsque la poursuite des opérations de liquidation judiciaire est rendue impossible en raison de l'insuffisance de l'actif (1). A ce cas traditionnel, l'ordonnance du 12 mars 2014 a ajouté deux nouvelles hypothèses qui sont plutôt des variantes de la clôture pour insuffisance

---

de la procédure, mais que l'existence de ce nouvel actif, non révélée, n'est connue qu'après la clôture, il s'agit d'un fait nouveau justifiant une reprise de la procédure ; F.PEROCHON, opt. cit., 7ième éd., n°497-1

254 Rapp. J.-J. Hyest, n°335 p. 436 : cité par P.M Le Corre, opt. cit., n°593.11 ; pour l'hypothèse d'un héritage dévolu un mois après la clôture de la procédure. CA Dijon 6 juil.1993 Rev. Proc. Coll. 1995, p.79 n°13 obs. B.Dureuil

255 Com. 17 oct. 2000, D. 2000 p. 411 obs. A.Lienhard ; JCP E 2001 p.176 n°8 obs. P. Pétel ; R.T.D.Com. 2001 243 obs. J-L Vallens

d'actif que de réels nouveaux cas de clôture[256]. Ainsi, la clôture pour insuffisance d'actif peut être prononcée « lorsque l'intérêt de (la) poursuite (de la procédure) est disproportionné par rapport aux difficultés de réalisation des actifs résiduels » (2). Et, a été inséré à l'alinéa trois de l'article L 643-9 la précision suivante : « le tribunal peut également prononcer la clôture de la procédure en désignant un mandataire ayant pour mission de poursuivre les instances en cours et de répartir, le cas échéant, les sommes perçues à l'issue de celles-ci lorsque cette clôture n'apparaît pas pouvoir être prononcée pour extinction du passif » (3).

1 - L'insuffisance d'actif

79. « L'insuffisance d'actif est caractérisée lorsque le produit de la réalisation des actifs du débiteur et des actions et procédures engagées dans l'intérêt de l'entreprise ou des créanciers ne permet plus de désintéresser, même partiellement les créanciers »[257]. L'actif a été intégralement réalisé et l'exercice des droits du débiteur a épuisé ses effets patrimoniaux. Autrement dit, les créanciers n'ont rien à espérer de plus, le débiteur ayant cessé son activité. Jusqu'à l'ordonnance du 12 mars 2014, tant qu'il subsistait des créances à recouvrer[258] ou des actifs à réaliser, la clôture ne pouvait intervenir. Or, une juridiction du fond, soucieuse de ne pas laisser la procédure s'éterniser compte tenu de l'extrême complexité à réaliser certains actifs, avait prononcé, à la demande du débiteur, une clôture de la procédure pour insuffisance d'actif. Dans un arrêt remarqué[259], la Cour de cassation avait censuré cette décision au motif que la clôture ne pouvait être prononcée tant que subsistaient des actifs réalisables susceptibles de désintéresser,

---

[256] P. PETEL, Entreprises en difficulté : encore une réforme, JCP E 2014, 1223, spéc. n°25 ; F. PEROCHON, La clôture de la liquidation judiciaire, Colloque organisé le 23 mai 2014 par le Centre René Demogue, Université de Lille II, « Réforme des procédures collectives : nouveau rebond pour le débiteur ? » ; Contra : D.VOINOT, Les modifications intéressant la liquidation judiciaire de l'ordonnance du 12 mars 2014, Gaz. Pal. 6 -8 avr. 2014, p.23 qui évoque des nouveaux cas de clôture

[257] art. R 643-16 C.com.

[258] Com., 5 mars 2002, D 2002, A.J., p. 1422, note A. Lienhard

[259] Com., 22 janv. 2008, Bull. civ IV n°11 ; D 2008, AJ 348, note A. Lienhard; JCP E 2008, 1432, n°7 obs. Cabrillac ; JCP N 2009, 1278 obs. F. Vauvillé ; Gaz. Pal. 27-29 avr. 2008 p.23 obs. D.Voinot ; Rép. Def. 2008 1241, obs. D. Gibirila ; R.J.Com. 2008, 383 obs. Sortais ;

même partiellement, les créanciers. La Cour d'appel de Caen, sur renvoi, avait résisté et ordonné la clôture de cette procédure au motif que la durée excessivement longue de cette procédure, en l'espèce plus de quinze ans, était contraire au délai raisonnable garanti par l'article 6, paragraphe 1, de la Convention européenne des droits de l'homme[260]. Mais, dans un arrêt du 16 décembre 2014[261], la Chambre commerciale de la Cour de cassation censure de nouveau la Cour d'appel en rappelant qu'une procédure ne peut être clôturée tant « qu'il existe un actif réalisable de nature à désintéresser en tout ou partie les créanciers » et que « la violation du droit du débiteur à être jugé dans un délai raisonnable et, celle qui en résulte, de son droit d'administrer ses biens et d'en disposer, ne sont pas sanctionnées par la clôture de la procédure de liquidation des biens, mais lui ouvrent l'action en réparation prévue à l'article L 141-1 du Code de l'organisation judiciaire, qu'il peut exercer au titre des ses droits propres. » Cette solution est aujourd'hui solidement ancrée puisque celle-ci a encore été, depuis cet arrêt, réaffirmée[262]. Mais l'ordonnance du 12 mars 2014 avait d'ors et déjà remédié aux difficultés posées par la longueur excessive de certaines procédures imputable à la complexité de la réalisation de certains actifs en permettant une clôture prématurée de la procédure de liquidation judiciaire en présence d'un actif résiduel.

2 - La clôture en présence d'un actif résiduel

80. Afin de « faciliter la clôture de la procédure[263] », l'article L 643-9 du Code de commerce, récrit par l'ordonnance du 12 mars 2014, autorise désormais la clôture pour insuffisance d'actif lorsque la poursuite de la procédure serait disproportionnée par rapport aux difficultés posées par la réalisation de l'actif résiduel. En d'autres

---

[260] Caen, 4 nov. 2010, rev. sociétés 2011 p.191 obs. P. Roussel Galle ; Bull. Joly Entr. diff. 2011, 116 note Hugon - Dans cette affaire, l'actif concerné était un appartement indivis à hauteur 3/8 en nue-propriété, qui était impossible à réaliser dans un délai raisonnable.

[261] Com. 16 déc. 2014, pourvoi n°13-19402, D. 2015 actu. 6 obs. A. Lienhard ; JCP E 2015 n°1010 note C. Lebel, 1204 n°3 obs. P. Pétel ; Gaz. Pal. 1er /5 mai 2015 p.13 note D. Voinot, R.L.D.A. fév. 2015 n°101 p. 16 note F. Macorig-Venier

[262] Com. 24 mars 2015, pourvoi n°14-11.376

[263] Il s'agit des termes employés par le rapport au Président de la République relatif à l'ordonnance du 12 mars 2014 (§ III-3 – La liquidation judiciaire)

termes, il y a trop peu à gagner ou trop de frais à engager pour pouvoir envisager sérieusement la vente. Cette modalité de clôture n'est pas sans soulever des difficultés de détermination du statut des biens non réalisés, comme par exemple en présence d'un site industriel pollué dont la valeur marchande est inférieure au coût de sa dépollution[264]. Quoi qu'il en soit, avant de clôturer la procédure pour insuffisance d'actif, le tribunal doit s'assurer de la réunion des trois conditions posées par le texte, à savoir : le caractère résiduel de l'actif non réalisé ; la difficulté, voire l'impossibilité, à réaliser cet actif ; et enfin le caractère disproportionné de la poursuite de la procédure. Il s'agit, notamment, de l'hypothèse d'un actif isolé dont personne ne se souhaite se porter acquéreur.

3 - La clôture en présence d'instances résiduelles

81. Autrement, selon l'alinéa trois de l'article L 643-9 du Code précité, « le tribunal peut également prononcer la clôture de la procédure en désignant un mandataire ayant pour mission de poursuivre les instances en cours et de répartir, le cas échéant, les sommes perçues à l'issue de celles-ci lorsque cette clôture n'apparaît pas pouvoir être prononcée pour extinction du passif. » Il s'agit de prononcer la clôture pour insuffisance d'actif sans attendre l'issue de l'instance en cours, car le résultat de cette dernière n'est pas nature à aboutir à une extinction du passif. Cette mission de suivi des instances en cours et de répartition de leurs fruits éventuels entre les créanciers a été logiquement confiée au liquidateur qui a une parfaite connaissance des litiges concernant le débiteur[265]. La doctrine salue un

[264] La disparition de la personne morale lors de clôture de la procédure laisse entière la question du sort de ce bien. « faudra t'il considérer que l'actif résiduel non réalisé au cours de la liquidation judiciaire, et dont personne ne veut, revient aux associés de la société dissoute, ou alors s'agira-t-il d'un res nulius revenant à l'Etat ? » : D.Voinot, art. précité, Gaz. Pal. 6 -8 avr. 2014, p.23 -Selon Maître Miquel, la seule véritable solution en présence d'un site pollué consiste en la prise en charge par le tiers intéressé du coût de la dépollution en contrepartie d'une cession pour l'euro symbolique : Colloque organisé le 23 mai 2014 par le Centre René Demogue, Université de Lille II, « Réforme des procédures collectives : nouveau rebond pour le débiteur ? », Table ronde « Les difficultés pratiques liées à la clôture de la procédure ».

[265] art. R 643-18 al. 2 C.com.

«assouplissement pragmatique[266]» de nature à accélérer la clôture de la procédure et le rebond du débiteur. Néanmoins, elle regrette l'imprécision du texte. En effet, celui-ci est muet quant à la nature des instances concernées. Celles-ci peuvent consister en des actions dans lequel le débiteur est impliqué qu'il s'agisse d'actions en responsabilité, en recouvrement ou encore prud'homales exercées à son encontre[267] ou même d'actions pouvant lui bénéficier. Dans ce dernier cas, les modalités de répartition du fruit de ces actions, entre les créanciers, ont suscité des interrogations de la part de certains auteurs[268]. Mais si des difficultés venaient à subsister, la solution pourrait consister dans une reprise des opérations de liquidation.

§ 2 - Une paralysie du droit de recouvrement des créanciers antérieurs

82. Manifestation ultime du sacrifice des créanciers, l'interdiction de la reprise des poursuites individuelles prive définitivement les créanciers de toute faculté d'agir à l'encontre du débiteur. C'est, en quelque sorte, une perpétuation, après la clôture de la procédure, des effets de l'arrêt des poursuites individuelles. L'interdiction de la reprise des poursuites individuelles est une paralysie irrémédiable du droit de recouvrement des créanciers antérieurs (A) qui laisse survivre l'obligation dans son principe[269] (B). Aussi, celle-ci peut toujours produire quelques effets après la clôture de la procédure. Mais il n'est pas envisageable de faire renoncer, par avance, le débiteur au bénéfice de cette mesure de faveur car l'interdiction de la reprise des poursuites individuelles est un principe d'ordre public (C).

---

266 F. Pérochon, La clôture de la liquidation judiciaire, Colloque organisé le 23 mai 2014 par le Centre René Demogue, Université de Lille II, « Réforme des procédures collectives : nouveau rebond pour le débiteur ? »

267 P.M Le Corre, Premiers regards sur l'ordonnance du 12 mars 2014 réformant le droit des entreprises en difficulté, D. 2014, p.733, spéc. n°45. L'on imagine aisément des actions en extension de la liquidation judiciaire pour fictivité ou confusion des patrimoines ou, encore, en responsabilité pour insuffisance d'actif.

268 D.VOINOT, opt. cit., Gaz. Pal. 6 -8 avr. 2014, p.23

269 J.L VALLENS, L'effacement des dettes du débiteur en liquidation judiciaire, L.P.A. n° 113, 19 sept. 1997, p.4 ; M.-H. MONSERIE-BON, L'effacement des dettes dans le droit des entreprises en difficulté, Dossier « L'effacement des dettes », Dr. et patr. sept. 2009, p.64

A - Une paralysie du droit de recouvrement affectant les créanciers antérieurs

83. En posant en principe que « le jugement de clôture de liquidation judiciaire pour insuffisance d'actif ne fait pas recouvrer aux créanciers l'exercice individuel de leurs actions contre le débiteur », le paragraphe I de l'article L 643-11 du Code de commerce ne fait que perpétuer, après la clôture, le gel des poursuites des créanciers antérieurs à l'ouverture de la procédure. Aussi, l'interdiction de la reprise des poursuites individuelles affecte ceux soumis à la déclaration de créance. La reprise des poursuites n'étant autorisée qu'aux créanciers admis[270], l'interdiction d'agir concerne également les créanciers défaillants malgré la survie de leurs créances depuis la loi du 26 juillet 2005[271]. Tous les créanciers antérieurs sont donc privés de la faculté d'agir en recouvrement d'une somme d'argent[272] ou d'obtenir un titre exécutoire. En revanche, ils peuvent continuer à exercer les actions qui ne tendent pas au paiement, comme l'action paulienne[273]. A l'opposé, les créanciers de la procédure[274] ne sont pas concernés par cette interdiction et continuent de bénéficier, après la clôture pour insuffisance d'actif, du traitement préférentiel accordé par l'article L 641-13 du Code de commerce[275] dès lors que la créance est née régulièrement au cours de la procédure[276]. Ces

---

[270] art. L 643-11 V, R 243-20 C.com.

[271] P.M LE CORRE, op. cit.,n°592.52 ; F.PEROCHON, op. cit., n°1264 ; Contra : C. SAINT ALARY HOUIN, « Le rebond » du débiteur en liquidation : vrai ou faux départ ? , Mélanges Tricot, Dalloz-Litec, 2011, p.579, qui admet « la recevabilité des poursuites des créanciers non-déclarants ».

[272] L'huissier peut ainsi refuser son ministère à un créancier antérieur : Com. 28 janv. 2004, pourvoi n°02-15.255

[273] Com., 2 nov. 2005, n°04-16.232 : Bull. civ. IV n°213 ; D.2006 p.83 obs. P.M Le Corre ; Act. Proc. Coll. 2005 com. 237 obs. J. Vallansan

[274] Com. 30 oct. 2000, act. proc. coll. 2000, n°248 ; R.J.D.A 2001, n°203

[275] Ce texte prévoyait l'éligibilité des créances « nées pour les besoins du déroulement de la procédure ou du maintien provisoire de l'activité autorisé en » liquidation. L'ordonnance du 12 mars 2014 a complété ce texte pour y ajouter les créances résultant de l'exécution d'un contrat en cours décidée par le liquidateur ainsi que celles nées des besoins de la vie courante du débiteur, personne physique. Sur ces modifications : D.BOUSTANI, Les modifications affectant les créances postérieures dans l'ordonnance du 12 mars 2014 : Gaz. Pal. 6-8 avr. 2014, p. 43

[276] Les créanciers dont la créance est née irrégulièrement après le jugement d'ouverture (ou créanciers « hors procédure ») sont soumis à l'arrêt des poursuites car cette règle s'applique « à tous les créanciers dont la créance n'est mentionnée au

créanciers sont ainsi libres de poursuivre le débiteur pour autant que la liquidation judiciaire ne l'ait pas rendu totalement insolvable. L'éventuel retour à meilleure fortune du débiteur profite donc aux créanciers de la procédure dans la limite de la prescription. Toutefois, pour aménager la rigueur de ce principe, et préserver le débiteur de poursuites incessantes, l'ordonnance du 12 mars 2014 a complété l'article L 643-11 du Code de commerce d'un paragraphe VII autorisant le tribunal à imposer des délais uniformes de paiement, dans la limite de deux ans, aux créanciers postérieurs à l'exception des créanciers publics fiscaux et sociaux lorsque le débiteur, personne physique, est un entrepreneur individuel n'ayant pas affecté un patrimoine à l'exercice de son activité.

B - Une paralysie du droit de recouvrement laissant survivre l'obligation

84. Ceci posé, l'interdiction de la reprise des poursuites individuelles affecte seulement l'action du créancier et non la dette en elle-même[277]. C'est une « interdiction d'agir[278] » emportant « allégement[279]» du passif qui ne serait pas, pour certains auteurs, une véritable de « purge[280] » des dettes. Ce mécanisme emprunte à la

---

I du de l'article L 622-17 » (art. L 622-21 I C.com.). Partant de là, la créance née irrégulièrement au cours de la procédure est, par analogie, soumise à l'interdiction de la reprise des poursuites individuelles : P.M LE CORRE, op. cit., n°592.52 ; F.PEROCHON, op. cit., n°1264

277 P.M LE CORRE, op. cit. 592.53 ; F.PEROCHON, opt. cit., n°1265 ;

278 P.LE CANNU, J.M. LUCHEUX, M.PITRON, J.-P. SENECHAL, Entreprises en difficulté, GLN Joly éd., 1994, p. 407

279 F.MACORIG-VENIER, Le devenir du chef d'entreprise – Le poids du passé : le poids du passif impayé après la clôture de la procédure, Rev. proc. coll., juin 2003, p. 186

280 B.DUREUIL et J.MESTRE, La «purge» des dettes par l'article 169 de la loi du 25 janvier 1985, Rev. proc. coll. 1989, p. 389 ; ces auteurs tempèrent l'utilisation de ce terme « qui ne correspond (pas) au contenu de l'institution en cause », et semblent tentés par la décharge (p. 391 §1). Dans ses travaux, Monsieur RIZZO reprend à son compte cette notion, dont il justifie ainsi l'utilisation (n°376) : « Le terme de purge s'emploie surtout en droit des sûretés, où il désigne une opération destinée à libérer un bien d'une charge qui le grève. Par analogie, dans le cadre de notre propos, il recouvre un processus visant à libérer le passif du patrimoine d'une dette dont a disparu la contrepartie à l'actif. Plus précisément, la purge exclut du patrimoine du débiteur les éléments d'un passif résiduel devenus néfastes et apure ainsi son passé commercial. Titulaire d'un patrimoine alors nettoyé des germes

distinction, faite outre Rhin, entre deux composantes de l'obligation : la « Schlud » et la « Haftung »[281]. La « Schuld » correspond au lien obligatoire, à l'engagement juridique d'effectuer une prestation. La « Haftung » constitue le pouvoir de contrainte du créancier, lui permettant d'obtenir l'exécution de l'obligation de manière forcée. Il est clair que le créancier, privé de son droit de recouvrement, ne peut alors plus agir en paiement forcé à l'encontre du débiteur revenu à meilleure fortune. Pour autant, un paiement spontané reste-t-il encore possible ou serait-il dépourvu de cause et sujet à répétition de l'indu ? La paralysie des poursuites n'affectant pas la créance dans son principe, le débiteur reste tenu à une obligation naturelle[282]. Le paiement spontané réalisé après la clôture pour insuffisance d'actif d'une liquidation judiciaire reste donc valable.

85. Cette survie de la créance à l'état d'obligation naturelle n'est pas sans conséquence dans les rapports juridiques avec la caution. Cette dernière ne peut ainsi prétexter de la paralysie des poursuites pour se prétendre libérée puisqu'il s'agit d'une exception purement personnelle au débiteur qui ne lui profite pas[283]. Un fournisseur impayé pourrait également se retrancher derrière l'exception d'inexécution pour s'opposer à une reprise des relations contractuelles après la clôture de la procédure. Un arrêt d'appel avait naguère retenu ce moyen, dans une espèce qui concernait, cependant, un organisme de sécurité sociale avec lequel les relations sont d'origine légale et non contractuelle. Dans cette espèce, les juges du fond avaient considéré que si la caisse ne pouvait exiger le versement des cotisations antérieures en raison de l'interdiction de reprendre les poursuites ; elle pouvait, néanmoins, opposer à l'artisan qui s'était réinstallé l'exception d'inexécution pour ces impayés antérieurs[284]. Si un tel litige connaîtrait aujourd'hui un tout autre dénouement[285], on peut légitimement s'interroger sur la possibilité pour un créancier

---

d'une insolvabilité permanente, le débiteur ne supporte plus le poids de ses échecs antérieurs et peut espérer un renouveau de son activité économique. »

[281] B.SOINNE, op. cit., n°2519

[282] P.M. LE CORRE, op. cit., n°592.53 ;

[283] Com. 8 juin 1993, Bull. civ. IV n°230, JCP 1993, II, 22174, note Ginestet ; Bull. Joly 1993, 911, note M.Jeantin

[284] Douai, 17 avr. 1992, Juris-Data n°041114

[285] Cf infra n°81

d'opposer à un débiteur, personne physique[286], l'exception d'inexécution à raison d'une dette dépourvue de sa force obligatoire suite à une clôture pour insuffisance d'actif. Le développement des modes de justice privée dans les procédures collectives[287] autorise à penser que l'exception d'inexécution pourrait continuer à être opposée après la clôture de la procédure tant que la dette n'est pas éteinte. D'ailleurs, la doctrine admet cette possibilité tout en restant divisée sur son opportunité. Certains auteurs la considèrent « peu conforme à l'intention qui a guidé le législateur[288]» ; tandis que d'autres jugent la solution excellente « dans la mesure où l'exception d'inexécution fait pression sur le débiteur pour l'inciter à payer », et « qu'inciter n'est pas poursuivre[289] ». Du reste, la jurisprudence admet que le vendeur impayé puisse continuer à opposer son droit de rétention au sous-acquéreur malgré la clôture de la liquidation judiciaire de l'acheteur revendeur[290].

86. En outre, la paralysie du droit de recouvrement n'équivaut pas à un paiement et le débiteur, personne physique[291], ne peut être regardé comme étant à jour du paiement de ses cotisations sociales pour l'ouverture des droits sociaux. Autrefois, la jurisprudence considérait que celle-ci ne faisait pas obstacle à l'application des dispositions du Code de la sécurité sociale permettant de refuser le versement de prestations, concernant des soins postérieurs au jugement d'ouverture de la procédure collective, à l'assuré social qui n'était pas à jour de ses cotisations[292]. L'absence d'effet extinctif de la dette fondait alors cette

---

[286] Lorsque l'exploitation a lieu sous forme sociale, celle-ci ne peut être opposée car la personne morale ne survit pas à la clôture pour insuffisance d'actif de la liquidation liquidation. Cependant, dans l'absolu, rien ne s'opposerait à un refus de reprise des relations contractuelles avec la nouvelle entité juridique créée par le même chef d'entreprise.

[287] E.CADOU, Justice privée et procédures collectives (exception d'inexécution – droit de rétention – compensation), R.T.D.Com 2000 p.817, spec. n°29

[288] citant cette décision : LE CANNU, LUCHEUX, PITRON, SENECHAL, ouvrage précité, p.407 n°743

[289] F.PEROCHON, op. cit., n°1266

[290] Com. 4 janv. 2005, Gaz. Pal. 29-30 avr. 2005, p.45 obs. Le Corre-Broly ; R.T.D.Com. 2006, p. 207, obs. Martin-Serf : Cela étant, c'est parce que le créancier peut revendiquer pendant la procédure qu'il peut continuer le continuer à le faire, après la clôture de la procédure.

[291] Le débiteur, personne physique, est ici entendu comme un travailleur indépendant au sens du Code de la sécurité sociale, c'est-à-dire affilié à un régime non salarié de sécurité sociale.

[292] Soc. 8 juin 1995, Bull. civ. V n°194 ; rev. proc. coll. 1966 p.131 obs. Dureuil

solution. La deuxième Chambre civile de la Cour de cassation, en charge du contentieux général de sécurité sociale, a tempéré cette jurisprudence par un arrêt du 17 janvier 2007[293]. Dans cette espèce, un organisme social avait refusé de verser au conjoint d'un artisan décédé le capital - décès prévu par un contrat d'assurance-vie. L'artisan avait été l'objet d'une liquidation judiciaire clôturée pour insuffisance d'actif avant de reprendre une nouvelle activité artisanale ainsi que le versement de ses cotisations. Cet artisan était, en quelque sorte, revenu à meilleure fortune. Après son décès, son conjoint avait sollicité l'attribution du capital-décès. S'appuyant sur l'état connu de la jurisprudence, l'organisme soutenait que les cotisations impayées demeuraient dues puisque l'interdiction de reprendre les poursuites n'emportait pas extinction de la dette. Tout en rappelant ce principe, les hauts magistrats ont censuré l'arrêt d'appel au motif que « l'absence de règlement intégral des cotisations antérieures ne prive pas l'assuré ou ses ayants droits de tout droit aux prestations, mais a seulement pour effet d'exclure la période pendant laquelle les cotisations n'ont pas été payées du calcul des prestations ». La Chambre commerciale de la Cour de cassation a repris cette solution dès un arrêt du 17 mars 2007[294], en se fondant sur le principe d'interdiction de paiement des créances antérieures puisque l'espèce concernait, cette fois, un artisan décédé en cours de procédure, pour lequel la caisse refusait identiquement à la veuve le bénéfice du capital-décès. Et, cette solution semble acquise en jurisprudence car, depuis lors, la Chambre commerciale a, dans un arrêt du 8 juillet 2008[295], refusé de donner effet à la règle de compensation des dettes de cotisations avec les prestations servies par le régime agricole[296], sous le visa de l'ancien article L 622-32 du Code de commerce dont le caractère d'ordre public est alors souligné.

87. Bien que ces différentes espèces aient été jugées sous l'empire de la loi du 25 janvier 1985, la solution énoncée est transposable aux situations régies par la loi du 26 juillet 2005 et les textes ultérieurs qui n'ont pas modifié l'état du droit sur ce point. Du reste, la Chambre

---

[293] Civ. 2ième, 17 janv. 2007, pourvoi n°04-30.797, D. 2007, A.J. 449 ; R.T.D.Com. 2007 p.452 note A. Martin Serf ; J.C.P E 2007, 2119, note P. Pétel

[294] Com. 13 mars 2007, n°05-20.396, D. 2007, p. 449 et p.1083

[295] Com. 8 juil. 2008, pourvoi n°05-20.497, D. 2008 p.2072 note A. Lienhard, JCP E 2009, 1008 n°11 obs. P. Pétel ; rev. proc. coll. 2009 n°111 obs. F. Macorig-Venier ; Rép. Def. 2009, p.363, obs. D. Gibirila

[296] art. L725-1 C.rur.

commerciale vient de réaffirmer la permanence de cette solution jurisprudentielle à propos de la règle voisine du gel des poursuites après le jugement d'ouverture[297]. Il était probablement disproportionné de refuser le bénéfice de la moindre prestation sociale au prétexte que le débiteur n'était pas intégralement à jour de ses cotisations. Et il est certainement plus cohérent d'admettre une ouverture de droits au prorata des règlements réalisés. D'ailleurs, la dette de cotisations n'étant pas éteinte, il est loisible au débiteur d'effectuer un règlement complémentaire spontané, après la clôture de la procédure, s'il entend obtenir l'intégralité de ses prestations. La solution retenue est donc « un compromis équitable[298] ». Aussi, selon Monsieur le Professeur Pétel, si, en cours de procédure, il est « parfaitement justifié de ne pas lui opposer [au conjoint] le défaut de paiement des cotisations antérieures puisque la loi en interdit le paiement » ; en cas de clôture de la procédure, « le fondement de la solution s'avère plus incertain ». En effet « la clôture pérennise l'arrêt des poursuites individuelles mais n'éteint pas les dettes impayées. L'argument tiré de l'impossibilité légale de payer ne joue plus à ce stade puisque rien n'interdit au débiteur revenu à meilleure fortune de renoncer au bénéfice de la purge de son passif et de payer tel ou tel créancier qu'il a intérêt à désintéresser. » L'unité de solution apparaît donc salutaire et ne fait pas dépendre le sort du conjoint survivant à la clôture de la liquidation judiciaire au jour du décès de l'époux. La solution « a le mérite d'être équilibrée, humaine et en harmonie avec le souci du législateur de solder le passé du débiteur en liquidation judiciaire[299]. »

88. Outre la disparition du pouvoir de contrainte attaché à l'obligation, l'interdiction de la reprise des poursuites individuelles entraine régularisation des incidents de paiement. Sous l'empire de la loi du 25 janvier 1985, l'interdiction bancaire attachée à l'émission, avant l'ouverture de la liquidation judiciaire, de chèques sans provision continuait à produire ses effets après la clôture pour insuffisance d'actif. Le débiteur se voyait dans l'obligation de régulariser les incidents de paiement pour obtenir la levée de l'interdiction bancaire[300]. La loi de lutte contre l'exclusion du 29

[297] Com. 5 avril 2016, pourvoi n°14-212277, publié au bulletin

[298] A. Martin Serf, commentaire précité

[299] P.Pétel, commentaire précité

[300] Soc. 8 juin 1995, pourvoi n°93-14.157, Bull. civ. V n°194, rev. proc. coll. 1996 obs. Dureuil

juillet 1998 a mis fin à cette situation en insérant , dans la loi du 25 janvier 1985, un article 169-1 disposant : « la clôture de la liquidation judiciaire suspend les effets de la mesure d'interdiction d'émettre des chèques, dont le débiteur a fait l'objet au titre de l'article L 131-73 du Code monétaire et financier mise en œuvre à l'occasion d'un chèque émis avant jugement d'ouverture de la procédure. » La loi du 26 juillet 2005 a reconduit ce texte à l'article L 643-12 du Code de commerce. Ce dernier évoque une suspension et non une suppression de l'interdiction d'émettre des chèques du fait de la seule paralysie des poursuites individuelles[301]. Cela étant, il faut regretter que cette levée ne soit pas automatique et requiert une demande expresse du débiteur auprès chacun des établissements bancaires concernés. Selon l'article R 643-21 du Code de commerce, le liquidateur se fait remettre par la Banque de France un relevé des incidents des paiements et le dépose au greffe. Mais l'article R 643-22 de ce Code précise qu'il appartient au débiteur de demander à l'établissement bancaire, à l'origine de l'interdiction, la suspension de celle-ci en remettant une copie du jugement de clôture ainsi qu'un relevé des incidents concernés à charge pour ce dernier de régulariser la situation auprès de la Banque de France[302]. Cependant, cette régularisation des incidents de paiement peut être rétractée si, à la suite de la clôture pour insuffisance d'actif, les créanciers sont autorisés à reprendre les poursuites individuelles. Ainsi, en miroir des dispositions de l'article L 643-11 du Code de commerce, l'article L 643-12 précise, en son alinéa deux, que la mesure d'interdiction reprend effet à compter de la délivrance du titre exécutoire autorisant un créancier à reprendre les poursuites[303].

---

301 P.M LE CORRE, op. cit, n°592.60

302 Monsieur Stéphane Latouche, Directeur régional de la Banque de France Nord Pas-de Calais, a ainsi rappelé que la mission de la Banque de France se cantonne à la gestion du fichier des incidents de paiements sans qu'elle puisse apprécier de l'opportunité du maintien d'une inscription par un établissement de crédit : Colloque organisé le 23 mai 2014 par le Centre René Demogue, Université de Lille II, « Réforme des procédures collectives : nouveau rebond pour le débiteur ?», Table ronde « Les difficultés pratiques liées à la clôture de la procédure ».

303 Pour cela, le greffier notifie à la Banque de France, aux frais du créancier poursuivant, l'ordonnance rendue par le président du tribunal l'autorisant à reprendre les poursuites : art. R643-23 C.com.

C - Une paralysie d'ordre public

89. Au lendemain de la loi du 25 janvier 1985, la doctrine était partagée au sujet du caractère d'ordre public, ou non, du principe d'interdiction de la reprise des poursuites individuelles. Pour certains, l'engagement de payer pris par le débiteur, après la clôture de la procédure, en cas de retour à meilleure fortune devait être admis au nom de la liberté contractuelle même si un tel engagement est de nature à compromettre son rétablissement[304]. Mais, pour la majorité de la doctrine, le débiteur ne pouvait renoncer par avance à cette règle de faveur, au moyen d'une clause de retour à meilleure fortune, car l'objectif poursuivi par le législateur – la protection de l'avenir professionnel du débiteur – conférait au texte un caractère d'ordre public[305]. La jurisprudence a clairement arbitré en faveur du caractère d'ordre public de l'ancien article L 622-32 du Code de commerce[306], solution aujourd'hui transposable à l'article L 643-11. Aussi, une clause de retour à meilleure fortune, insérée dans les documents contractuels en prévision d'une éventuelle procédure collective, a toutes les chances d'être réputée non écrite[307]. En revanche, après la purge des dettes, il n'y a guère de raison de priver d'effet l'engagement, repris par le débiteur, de s'acquitter de sa dette en cas de retour à meilleure fortune. L'ordre public n'étant ici que de protection, il serait curieux que le débiteur ne puisse pas, a posteriori, renoncer aux faveurs de la loi. La jurisprudence a certes refusé tout effet à une convention destinée à rétablir une créance éteinte, car non déclarée[308]. Mais, dans notre hypothèse, il n'y aurait guère de raison de sanctionner un créancier qui n'a pas été défaillant, mais a subi la défaillance d'un autre.

90. Ceci posé, ne faudrait-il pas revenir sur la portée générale de ce texte et admettre une faculté d'aménagement de l'interdiction de la reprise des poursuites ? Faute de fondement, les juridictions consulaires ont cessé toute allusion au retour à meilleure fortune du

---

304 GUYON, Droit des affaires, T.2, Entreprises en difficulté, redressement judiciaire, Faillite, Economica, 9ième ed. 2003, n°1339 p.375

305 J.MESTRE, La « purge » des dettes par l'article 169 de la loi du 25 janvier 1985, op. cit.

306 Com. 8 juil. 2008, op. cit.

307 En ce sens : P.M LE CORRE, op. cit., n°592.53

308 Com. 31 mai 1994, n°92-10.227, Bull. civ. IV n°197, D. 1995 som. p. 90 obs. Ph. Delebecque ; Com. 4 mars 2003, n°00-20.183

débiteur dans le dispositif du jugement de clôture pour insuffisance d'actif, comme cela pouvait se pratiquer naguère sous l'empire de la loi du 13 juillet 1967. Sa réintroduction, jugée peu « réaliste »[309], serait pourtant un facteur de moralisation des liquidations judiciaires. A notre sens, la principale difficulté causée par la « décharge » des dettes professionnelles est son caractère général et absolu, sans considération pour la situation des créanciers. D'ailleurs, certains auteurs ont fustigé l'automaticité de la décharge[310]. Il est vrai que la liquidation judiciaire est parfois utilisée de façon dévoyée car elle est davantage perçue comme un moyen commode d'échapper au paiement de ses dettes que comme un outil de régulation de l'économie. La faculté de rebondir reconnue au débiteur ayant échoué de bonne foi ne devrait pas être à l'origine d'un préjudice pour les créanciers. Or, le caractère général de la décharge des dettes peut générer des pertes préjudiciables à certains « petits créanciers » fragiles qui, par contagion, peuvent se retrouver eux-mêmes dans une situation irrémédiablement compromise. Et, contrairement aux banques ou aux « grands » fournisseurs, ces « petits créanciers » ne sont pas toujours en mesure d'anticiper le risque d'insolvabilité de leurs cocontractants par le biais d'une assurance-crédit ou en majorant leur marge bénéficiaire. L'automaticité de la décharge peut être nuisible à ces « petits créanciers » qui, en l'état des textes, ne peuvent reprendre les poursuites que dans les hypothèses prévues par la loi. Pour ces créanciers « victimes » de la déconfiture de leur cocontractant, ne faudrait-il pas reconnaître au tribunal le pouvoir d'aménager la décharge au profit de ceux qui justifieraient d'un motif impérieux ? Il serait tout à fait envisaegable d'assouplir la règle de non-reprise des poursuites individuelle en autorisant, au paragraphe I de l'article L 643-11 du Code de commerce, l'insertion d'une clause de retour à meilleure fortune, en faveur de petits créanciers fragiles, dans le dispositif du jugement de clôture pour insuffisance d'actif. Cet aménagement resterait ainsi sous le contrôle du juge et ne compromettrait pas les chances de rebond du débiteur, tout en moralisant l'utilisation de la purge des dettes. Pour tous les autres créanciers, les cas de reprise des poursuites individuelles constituent

---

309 J.L. VALLENS, L'effacement des dettes du débiteur en liquidation judiciaire, L.P.A 10 sept. 1997, p.4 ;

310 F.MACORIG-VENIER, Le devenir du chef d'entreprise – Le poids du passé : le poids du passif impayé après la clôture de la procédure, op. cit.

déjà une protection suffisante lorsque le débiteur n'a pas été de bonne foi.

91. En effet le texte autorise déjà, dans certaines hypothèses, la reprise des poursuites individuelles tantôt en faveur de certains créanciers dont les intérêts sont protégés, tantôt à l'encontre de certains débiteurs dont la bonne foi est écartée. Cette reprise des poursuites n'est pas subordonnée au retour à meilleure fortune du débiteur. Néanmoins, c'est uniquement à cette occasion que l'action peut prospérer. Aussi, il demeure un facteur de réussite de la reprise des poursuites individuelles après la clôture pour insuffisance d'actif.

Section 2 - Les situations de reprise des poursuites individuelles après la clôture pour insuffisance d'actif

92. L'article L 643-11 du Code de commerce autorise la reprise des poursuites individuelles[311], après la clôture pour insuffisance d'actif de la liquidation[312], dans des situations limitées destinées à protéger certains créanciers ou à mettre à l'écart de la décharge le débiteur qui en serait indigne. Il convient d'envisager ces situations car l'exercice d'une telle action n'a alors d'intérêt qu'à l'égard d'un débiteur revenu à meilleure fortune. Il faut également préciser que ces cas de reprise des poursuites individuelles ne concernent que le débiteur, personne physique, à l'exclusion de la personne morale puisque celle-ci disparaît lors de la clôture pour d'insuffisance d'actif[313]. Ceci observé, la reprise des poursuites individuelles est une action tantôt réservée à certains créanciers ou circonscrite à certains biens (§ 1), tantôt largement ouverte à tous les créanciers antérieurs (§ 2). Mais, dans un cas comme dans l'autre, les modalités de reprise des poursuites obéissent à un tronc procédural commun, excepté lors d'une fraude (§ 3).

---

[311] La reprise des poursuites individuelles doit être distinguée de la reprise de la procédure qui a pour objet de réaliser les actifs omis lors des opérations de liquidation.

[312] Une reprise des poursuites individuelles avant la clôture pour insuffisance d'actif est donc impossible : Crim., 6 avr. 2016, pourvoi n°15-81.272, D.2016 p. 1409 note N. Balat et F. Safi ; JCP éd. G, II, 854, note N. Catalan ;

[313] art. 1844-7 7°) C.civ.

§ 1 - Les cas de reprise des poursuites individuelles réservés à certains créanciers ou circonscrits à certains biens

93. Dans le but de protéger certains créanciers, le paragraphe I de l'article L 643-11 du Code de commerce aménage une série d'exceptions au principe d'interdiction de la reprise des poursuites (A). Puis, le paragraphe II de ce texte, réécrit par l'ordonnance du 12 mars 2014, prévoit un tempérament à cette interdiction en faveur des coobligés et des personnes ayant consenti une sûreté personnelle ou ayant affecté ou cédé un bien en garantie et qui ont payé à la place du débiteur (B).

A - Les exceptions au principe d'interdiction de la reprise des poursuites individuelles

94. En premier lieu, sont maintenues « les actions portant sur des biens acquis au titre d'une succession ouverte pendant la procédure de liquidation judiciaire ». Cette exception s'explique, avant tout, par l'entorse au principe du dessaisissement organisée par l'ordonnance du 12 mars 2014 (1). Puis, le législateur écarte certains créanciers, jugés méritoires, de l'emprise de la règle de non reprise des poursuites individuelles (2). Il en est ainsi lorsque la créance trouve son origine dans une infraction pour laquelle la culpabilité du débiteur a été établie (a) ; ou lorsqu'elle porte sur des droits attachés à la personne du créancier (b). Enfin, l'article 93 de la loi n°2015-1702 du 21 décembre 2015 portant financement de la sécurité sociale pour 2016 a complété le paragraphe II de ce texte pour mettre à l'écart de l'interdiction la créance d'un organisme de sécurité sociale née d'une fraude aux prestations sociales (c).

1 - Le droit d'action des créanciers sur les biens et droits acquis par succession au cours de la liquidation judiciaire

95. Le souci d'accélérer la liquidation judiciaire et d'éviter qu'elle « se prolonge au-delà de l'acceptable » a conduit les rédacteurs de l'ordonnance du 12 mars 2014 à soustraire du dessaisissement les biens successoraux acquis au cours de la procédure. Avant cette ordonnance, il était acquis que le partage d'actifs successoraux dévolus en cours de la procédure tombait dans le gage commun des créanciers et les prérogatives du liquidateur[314]. Depuis lors, selon paragraphe IV de l'article L 641-9 du Code de commerce, « le liquidateur ne peut, sauf accord du débiteur, réaliser les biens ou droits acquis au titre d'une succession ouverte après l'ouverture ou le prononcé de la liquidation, ni provoquer le partage de l'indivision pouvant en résulter. » Aussi, excepté si le liquidateur se montre particulièrement persuasif, il est privé du droit de réaliser l'actif successoral entré dans le patrimoine du débiteur pendant la durée de la procédure. Cette exception au principe de non reprise des poursuites individuelles n'a aucune vocation humanitaire. Les biens sont seulement placés « hors procédure » pour écourter la durée de celle-ci sans échapper au gage des créanciers. Ceux-ci sont libres, après la clôture de la procédure, d'exercer les poursuites à l'encontre des biens ainsi acquis par leur débiteur ou d'agir eux-mêmes en partage[315]. Et, à l'instar du liquidateur[316], les créanciers peuvent, au besoin, s'appuyer sur les dispositions de l'article 779 du Code civil en cas de renonciation en cours de procédure et en fraude de leurs droits. Ce texte permet, en effet, aux créanciers personnels de celui qui s'abstient d'accepter ou qui renonce à une succession au préjudice de leurs droits, d'être autorisés judiciairement à accepter la succession, en lieu et place du débiteur, jusqu'à concurrence de leurs créances. L'ordonnance du 12 mars 2014 a donc simplement reporté sur les créanciers la charge de la réalisation des actifs recueillis par succession dans le seul but de réduire la durée de la procédure pour satisfaire aux recommandations européennes en la matière. Mais ce qui pose difficulté, c'est moins la durée de la procédure que celle du dessaisissement car tant que celui-ci dure, le débiteur est privé de l'exercice de ses droits[317]. En tout état de cause, il s'agit là d'une

---

[314] Com. 13 janv. 2015, pourvoi n°13-12590, Rép. Def. 30 mars 2016, 12250, p.284, obs. F. Vauvillé

[315] F.VAUVILLE, « Regard notarial sur la réforme des procédures collectives : à propos de l'ordonnance du 12 mars 2014 portant réforme de la prévention des difficultés des entreprises et des procédures collectives », Rép. Def. 15-30 juil. 2014, art. 116u3, p. 745

[316] Com. 4 mai 2006, pourvoi n°04-10.115, Bull. civ. IV n°109, D.2006, A.J. p.1369, obs. A.Lienhard ; pan. 2253 obs. F.-X. Lucas ; JCP E 2006, 2231, n°6, obs. M.Cabrillac ; Rép. Déf. 2006/24, 38507, p.1904, note D.Gibirila ; JCP N 2006, n°49, p.2140, note F.Vauvillé ; Rev. proc. coll. 2006, p. 357, obs. C.Lebel

[317] Pour une partie de la doctrine, il aurait été plus judicieux d'abandonner le principe du dessaisissement et le cantonner aux biens présents lors du jugement de liquidation : M.-P. Dumont-Lefrand, La situation personnelle du débiteur en

marque supplémentaire du déclin du retour à meilleure fortune du débiteur qui ne profite qu'au créancier le plus courageux, osant affronter les difficultés inhérentes à la réalisation d'un actif successoral. Curieusement, le texte laisse à l'écart les droits et biens acquis par succession avant l'ouverture de la procédure. Dans ce cas, rien ne s'oppose au jeu de l'effet réel de la procédure et le liquidateur retrouve, dans ce cas, le pouvoir d'appréhender l'actif successoral. Le comble de la malchance pour le débiteur serait donc d'hériter dans les jours précédant l'ouverture de la liquidation judiciaire[318]. Cette solution reste difficile à justifier puisque les difficultés de réalisation de l'actif sont identiques que la succession soit ouverte avant ou après celle de la liquidation judiciaire. Il y aurait là, nous semble-t-il, matière à une question prioritaire de constitutionnalité au titre d'une rupture d'égalité devant la loi. Par ailleurs, ce texte suscite une autre interrogation et laisse planer un doute : les créanciers sont-ils soumis à l'arrêt des poursuites individuelles pendant la durée de la procédure ? Ou, au contraire, peuvent-ils librement agir à l'encontre des biens acquis que le liquidateur ne peut appréhender ? Pour Monsieur le Professeur Le Corre, « il faut en réalité comprendre que ces créanciers conservent leur droit de poursuite, qui n'a pas été confisqué pendant la liquidation judiciaire[319] ». C'est également l'opinion de Monsieur le Professeur Pételp pour qui le texte offre une faculté et n'impose aucune contrainte[320]. Cependant, Madame le Professeur Dumont-Lefrand s'interroge sur l'intérêt de prévoir une telle exception si ce n'est pour

---

procédure collective, Dossier : « Ordonnance du 12 mars 2014 : une nouvelle métamorphose du droit des faillites », Dr. et patr. juil. aout 2014, p.65 ; P.Roussel-Galle, La réforme du droit des entreprises en difficulté par l'ordonnance du 12 mars 2014 : des outils plus performants, une meilleure sécurité juridique et des équilibres renouvelés, rev. soc. juin 2014, p.351, spéc n°36. Déjà en ce sens avant l'ordonnance du 12 mars 2014 : F.Pérochon, op. cit., n°1096 ; P.Froehlich et M. Sénéchal, De la liquidation judiciaire in F.X Lucas et H.Lécuyer (dir.), La réforme des procédures collectives – La Loi de sauvegarde article par article, LGDJ, 2006, p.406

[318] F.VAUVILLE, L'entrepreneur individuel après l'ordonnance du 12 mars 2014, Dossier : « Réforme du droit des entreprises en difficulté : nouveau rebond pour le débiteur ? » , Actes du colloque organisé par le Centre René Demogue, Université de Lille II, 23 mai 2014, Droit et patr. déc. 2014, p. 46

[319] P.M LE CORRE, Premiers regards sur l'ordonnance du 12 mars 2014 réformant le droit des entreprises en difficulté, D. 2014, p.733, spéc. n°37

[320] P.PETEL, Entreprises en difficulté : encore une réforme !, JCP E 2014, 1223, spéc. n°26

rétablir une action qui a été retirée provisoirement aux créanciers[321]. Même si les textes sont muets sur ce point, il faut bien admettre que les créanciers n'ont pas, davantage que le liquidateur, le pouvoir d'appréhender cet actif du moins tant que la procédure n'est pas clôturée. Du reste, les précisions apportées par les rédacteurs de l'ordonnance du 12 mars 2014 commandent de retenir cette analyse[322].

2 - Les exceptions destinées à la protection de certains créanciers

96. Par ailleurs, l'article L 643-11, paragraphe I, du Code de commerce écarte, en son deuxièmement, le principe de non-reprise des poursuites individuelles pour offrir à certains créanciers méritoires une protection particulière de leurs droits, pour lesquels il serait choquant que le débiteur soit libéré. Ces exceptions s'inscrivent donc davantage dans une logique de protection du créancier que de sanction du débiteur. Les poursuites individuelles peuvent ainsi être reprises « lorsque la créance trouve son origine dans une infraction pour laquelle la culpabilité du débiteur a été établie (a) ou lorsqu'elle porte sur des droits attachés à la personne du créancier (b) » mais aussi lorsque la créance a pour origine des manœuvres frauduleuses commises au préjudice des organismes de protection sociale (c).

a - La créance ayant pour origine une infraction pour laquelle la culpabilité du débiteur a été établie

97. En premier lieu, le paragraphe I de l'article L 643-11 du Code de commerce écarte de la règle de non reprise des poursuites individuelles la créance née d'une « infraction pour laquelle la culpabilité du débiteur a été établie ». Il s'agit de préserver les droits à indemnisation de la victime que le débiteur ait commis l'infraction à

[321] M.-P. DUMONT-LEFRAND, art. précité, Dr. et patr. juil. aout 2014, p.65

[322] Le rapport au Président de la République relatif à l'ordonnance n°2014-326 du 12 mars 2014 portant réforme de la prévention des difficultés des entreprises et des procédures collectives souligne : « Le 2° de l'article 66 restreint la portée de ce qui est qualifié d'effet réel du dessaisissement, puisqu'il exclut de son champ les actifs issus d'une succession ouverte après le jugement de liquidation judiciaire, sans néanmoins faire exception à l'arrêt des poursuites individuelles et à l'interdiction des paiements. » (J.O.R.F. du 14 mars 2014, § III-3 : la liquidation judiciaire)

l'occasion, ou non, de son activité professionnelle[323]. En ne visant plus seulement la créance résultant « d'une condamnation pénale du débiteur », l'ordonnance du 12 mars 2014 a mis fin à une imperfection du texte qui n'accordait sa protection qu'au créancier muni d'une condamnation pénale prononcée par une juridiction de jugement. Or, le ministère public est parfois appelé à mettre en œuvre des mesures alternatives aux poursuites pénales, à l'instar de la composition pénale[324], lesquelles n'aboutissent pas à une condamnation du débiteur. Répondant aux attentes de la doctrine sur ce point[325], l'ordonnance du 12 mars 2014 a levé cette incertitude. La créance de réparation de la victime est préservée que le débiteur ait été condamné par une juridiction pénale ou qu'il ait simplement reconnu l'infraction. La précision est louable car il s'agit d'éviter que le débiteur, personne physique, ne puisse se soustraire aux conséquences pécuniaires de l'infraction commise. Mais, le cas échéant, la jurisprudence serait sans doute venue au secours de la victime de l'infraction car elle a déjà considéré, sous l'état du droit antérieur à la loi du 26 juillet 2005, que cette exception jouait indépendamment de toute déclaration de la créance d'indemnisation au passif[326]. Autrement, l'exception continue d'englober la créance résultant d'une fraude fiscale, même si ce délit n'est plus spécifiquement visé depuis la loi du 26 juillet 2005[327].

b - Les créances résultant de droits attachés à la personne du créancier

98. En second lieu, le législateur écarte de la paralysie des poursuites individuelles la créance qui « porte sur des droits attachés à la personne du créancier[328] ». Cette exception, dont les termes

---

323 Depuis la loi de sauvegarde du 26 juillet 2005, les faits n'ont plus à être étrangers à l'activité professionnelle.

324 art. 41-2 C.P.P.

325 P.M LE CORRE, op. cit., n°592.62 (solution de la loi du 26 juillet 2005)

326 Civ. 2e, 13 juil. 2006 pourvoi n°05-11.575, Bull. civ. II n°201 D.2006 p.2101 obs. A.Lienhard

327 Com. 28 juin 2011, pourvoi n°10-19.417, NP, arrêt n°667 F-D

328 Dans sa première rédaction, l'article 169 de la loi du 25 janvier 1985 ne visait que les droits attachés à la personne sans préciser si le titulaire en était le créancier ou le débiteur. Des organismes sociaux avaient tenté de soutenir que les créances de cotisations sociales personnelles constituaient des droits attachés à la personne du débiteur leur ouvrant droit à une reprise des poursuites. La Cour de cassation ne les avait pas suivi dans cette argumentation en considérant que l'expression « droits

évoquent l'action oblique, a été cantonnée par la jurisprudence aux créances résultant de droits extrapatrimoniaux. Elle concerne essentiellement les créances alimentaires consécutives à une action d'état, à l'instar d'une action en divorce ou en établissement d'un lien de filiation. La jurisprudence a étendu cette protection aux créances indemnitaires. Elle a ainsi considéré que constituait un droit attaché à la personne du débiteur, la créance de réparation d'un préjudice causé par un accident du travail imputable à une faute inexcusable de l'employeur[329]. De même, elle s'applique à la créance du salarié licencié à la suite de la liquidation judiciaire clôturée pour insuffisance d'actif[330]. En revanche, la jurisprudence l'a exclu pour la créance de remboursement d'un prêt[331], même assorti d'un privilège de prêteurs de deniers[332].

c - Les créances ayant pour origine les manœuvres frauduleuses commises au préjudice des organismes de sécurité sociale

99. Enfin, l'article 93 de la loi n°2015-1702 du 21 décembre 2015 portant financement de la sécurité sociale pour 2016 a ajouté un troisièmement au paragraphe I de l'article L 643-11 du Code de commerce pour écarter l'interdiction de la reprise des poursuites individuelles lorsque la créance a pour origine des manœuvres frauduleuses commises au préjudice des organismes de protection sociale. Le texte précise que l'origine frauduleuse de la créance est alors établie soit par une décision de justice, soit par une sanction prononcée par les organismes de sécurité sociale dans les conditions prévues par le Code de la sécurité sociale. Sont ici visées les pénalités financières appliquées par les organismes assurant le versement de

---

attachés à la personne » devait s'entendre non en la personne du débiteur mais dans celle du créancier (Com, 31 mars 1992, Bull. civ. IV n°139, D. 1992 somm. com. p.373 obs. Derrida ; Rép. Def. 1992, 1384, obs. Le Cannu ; Soc., 11 mars 1993, Bull. civ. V n°84, rev. huis. 1994, p.477). La loi du 10 juin 1994 a consacré cette jurisprudence en visant les droits attachés à la personne « du créancier ».

329 Soc., 23 mai 1996, n°93-11.621, Bull. Civ. n°204, Rev. proc. coll. 1997, p.93 obs. F.Taquet

330 Soc. 29 sept. 2010, pourvoi n°09-42.679

331 Com. 29 mai 2001, Bull. civ. IV n°103 ; D.2001 A.J. 1950

332 Com. 16 nov. 2010, Bull. civ. IV n°174 ; D. 2010 Act. 2381 obs. A.Lienhard ; Bull. jol. ent. diff. 2011, p. 114, note Coquelet

prestations sociales, les caisses assurant le service des congés payés ainsi que l'organisme gestionnaire du régime d'assurance chômage.

B - Le tempérament en faveur des coobligés et garants ayant payé à la place du débiteur

100. Outre ces différentes exceptions, le paragraphe II de l'article L 643-11 du Code apporte un tempérament[333] à l'interdiction de la reprise des poursuites individuelles. Afin qu'ils n'aient pas à supporter définitivement la charge de la dette, les recours des garants ayant payé en lieu et place du débiteur ont été préservés. La précédente rédaction de ce texte, issue de la loi du 26 juillet 2005 et non modifiée par l'ordonnance du 18 décembre 2008[334], cantonnait la protection aux cautions et coobligés. Prenant en compte les critiques de la doctrine à cet égard[335], l'ordonnance du 12 mars 2014 a étendu le champ de l'exemption à l'ensemble des garants. Ainsi, outre les coobligés, « les personnes ayant consenti une sûreté personnelle ou ayant affecté ou cédé un bien en garantie peuvent poursuivre le débiteur s'ils ont payé à la place de celui-ci ». Cette large formule remédie aux insuffisances de la rédaction antérieure, en intégrant l'ensemble des garanties modernes comme la garantie autonome, la lettre d'intention ou les sûretés réelles. Cela étant, des imperfections subsistent. Un auteur souligne ainsi, dans l'hypothèse d'un bien affecté ou cédé en garantie, qu'on ne peut à proprement parler de paiement de la dette par le garant car, dans ce cas, le bien est réalisé[336]. Alors, faut-il comprendre le texte comme limitant le maintien des poursuites au seul garant réel

[333] Ce tempérament était marqué, jusqu'à l'ordonnance du 12 mars 2014, par l'utilisation de l'adverbe « toutefois ».

[334] L'ordonnance du 18 décembre 2008 avait déjà étendu bon nombre de dispositions favorables aux cautions à toutes les personnes « ayant consenti une sûreté personnelle ou ayant affecté ou cédé un bien en garantie » : art. L 611-10-2, L 622-26, L 622-28, L 631-14 C.com.

[335] En ce sens : P.CROCQ, L'ordonnance du 18 décembre 2008 et le droit des sûretés, rev. proc. coll. 2009, dossier 10, n°30 ; M. FARGE et O.GOUT, L'impact du nouveau droit des entreprises en difficulté sur le droit des sûretés, R.L.D.A. mars 2009, p.27, n°17 ; N.BORGA, Regards sur les sûretés dans l'ordonnance du 18 décembre 2008, R.D.banc.fin. 2009, étude 20, n°21 ; P.DUPICHOT, L'efficience économique du droit des sûretés personnelles, L.P.A. 14 avr. 2010, p.3 note n°79 ; P.M LE CORRE, op. cit., n°592.61 ; F.PEROCHON, op. cit., n°1272

[336] J.-D. PELLIER, La poursuite de la construction d'un régime des sûretés pour autrui : A propos de la modification de l'article L 643-11 du code de commerce, D.2014, p.1054

qui a payé pour éviter la réalisation du bien ? Une telle solution ne manquerait pas de surprendre car cela reviendrait à distinguer le sort du garant selon que celui-ci laisse, ou non, le créancier réaliser la sûreté. Le rapport au Président de la République relatif à l'ordonnance du 12 mars 2014 ne permet pas de retenir une telle lecture du texte. Aussi, la question pourrait bien être posée en jurisprudence sauf à ce que le texte soit modifié pour dissiper toute ambiguïté à cet égard[337]. Au rang des imperfections rédactionnelles, on peut également regretter que le décret du 30 juin 2014 pris pour l'application de l'ordonnance du 12 mars 2014 n'ait pas pris le soin d'actualiser les dispositions de l'article R 643-20 du Code qui continuent de viser exclusivement la caution ou le coobligé. Et, concernant la caution, les rédacteurs de l'ordonnance du 12 mars 2014 auraient pu s'inspirer davantage de l'expérience du surendettement. La loi du 1er juillet 2010 portant réforme du crédit à la consommation avait modifié l'ancien article L 332-9 du Code de la consommation pour écarter de l'exception à l'effacement des dettes la caution, personne morale. Il s'agissait alors de mettre fin au contournement, par les établissements de crédit, de l'effacement des dettes en obtenant du débiteur qu'il souscrive une garantie auprès d'une société filiale de cautionnement mutuel. Ce risque est pleinement transposable au professionnel, personne physique. Or, le paragraphe II de l'article L 643-11 du Code de commerce ne distingue pas le sort de la caution selon qu'elle soit une personne physique ou une personne morale. Cette omission est d'autant plus regrettable que la jurisprudence donnait déjà plein effet aux recours exercés par la caution à l'encontre du débiteur principal lorsque celle-ci a effectivement payé. En effet, en l'absence de paiement, elle demeure un créancier éventuel, antérieur à la procédure et soumis à l'interdiction de la reprise des poursuites individuelles puisque la créance est née au jour de l'engagement de caution[338]. Partant de là, c'est logiquement que la Cour de cassation a exclu le recours indemnitaire avant paiement exercé sur le fondement de

---

[337] Monsieur Pellier propose ainsi de modifier le texte de la manière suivante : « les personnes coobligées ou ayant consenti une sûreté personnelle ou ayant affecté ou cédé un bien en garantie qui ont libéré le débiteur peuvent poursuivre celui-ci. » J.-D. Pellier, art. précité

[338] Com. 1er mars 2005, D. 2005, p.1365 note P.M Le Corre ; Rev. proc. coll. 2005, p.212, obs. F.Macorig-Venier

l'article 2309 du Code civil[339]. En revanche, après paiement en lieu et place du débiteur, la caution est libre d'exercer à l'encontre de celui-ci aussi bien le recours récursoire que le recours subrogatoire ; même si, pour ce dernier, une partie de la doctrine en avait douté puisque le créancier est en principe privé du droit de poursuite[340]. La chambre commerciale de la Cour de cassation a clairement ouvert tous les recours après paiement dans un arrêt du 12 mai 2009[341], confirmé depuis[342]. Toutefois, selon les hauts magistrats, c'est à la condition, pour le recours subrogatoire, que le créancier ait déclaré sa créance ; soit, pour le recours personnel, que la caution ait elle-même déclaré sa créance à la procédure. Solution logique pour des faits qui étaient antérieurs à la loi de sauvegarde du 26 juillet 2005, cette réserve de la déclaration de créance ne devrait plus subsister, selon certains auteurs[343], car, depuis cette loi, la créance non déclarée n'est plus éteinte. Au contraire, pour d'autres, une déclaration de créance, du créancier ou de la caution elle-même, resterait nécessaire car l'inopposabilité à la procédure de la créance non déclarée a vocation à demeurer à l'égard du débiteur après sa clôture[344]. Du reste, l'article R 643-20 du Code de commerce commande de retenir cette interprétation puisque, pour obtenir le titre exécutoire nécessaire à la

339 Com. 3 fév. 2009, pourvoi n°06-20.070, Bull. civ. IV n°11 ; D.2009, A.J. p.428, obs. A.Lienhard ; JCP E 2009, p.1347, obs. R.Cabrillac ; Rev. proc. coll. 2009, n°113, obs. F.Macorig-Venier

340 Ph SIMLER, Cautionnement, garanties autonomes, garanties indemnitaires : Litec, 4e éd., 2008 n°578 ; Y.PICOD, Droit des sûretés : Thémis 2008, p.150 ; J.DEVEZE, Le cautionnement des entreprises en difficulté : brèves observations sur la loi du 10 juin 1994 : LPA oct. 1994, n°122, p.10 ; Contra : F.PEROCHON et R.BONHOMME, Instruments de crédit et entreprises en difficulté, L.G.D.J., 7e éd., n°503

341 Com. 12 mai 2009, Bull. civ. IV n°67 ; D.2009 A.J. 1472 obs. A.Lienhard ; JCP E 2009, 1777, note P. Simler ; ibid. 1814 n°6 note M.Cabrillac ; Rev. proc. coll. 2009/5 n°112 obs. F.Macorig-Venier ; Rép. Def. 2009, 39078, p.481 n°5, note D.Gibirila

342 Com. 28 juin 2016, pourvoi n°14-21.810, Gaz. Pal. 18 oct. 2016, note E. Le Corre-Broly

343 P.M LE CORRE, op. cit. , n°712.94 ;

344 Ph. PETEL, Le nouveau droit des entreprises en difficulté : Acte II, Commentaire de l'ordonnance n°2008-1345 du 18 décembre 2008, JCP E 2009, 1049, n°32 ; Sur cette question de la déclaration de créance fondant les recours de la caution : N.LEBLOND, « Précisions sur les recours de la caution après une liquidation judiciaire clôturée pour insuffisance d'actif, et peut-être un peu plus… », Rev. proc. coll. sept. oct. 2009, étude 26, p. 24

reprise des poursuites individuelles, la caution doit justifier non seulement du paiement intervenu mais aussi d'une admission au passif[345]. Une confirmation jurisprudentielle de cette solution serait néanmoins utile[346].

101. Quoi qu'il en soit, les recours conservés par les quelques créanciers écartés des effets de la décharge ont toutes les chances de demeurer illusoires tant le débiteur, personne physique, risque de demeurer insolvable après la clôture de la procédure. C'est précisément dans l'hypothèse d'un retour à meilleure fortune du débiteur que la reprise des poursuites a une chance de prospérer. Cela étant, ces créanciers risquent de devoir partager leur gage avec les autres créanciers antérieurs si celui-ci résulte de biens successoraux acquis en cours de procédure, et préservés de l'effet réel depuis l'ordonnance 12 mars 2014, ou si ceux-ci justifient par ailleurs d'un autre cas de reprise des poursuites profitant à tous.

§ 2 - Les cas de reprise des poursuites individuelles ouverts à tous les créanciers antérieurs

102. Aux termes du paragraphe III de l'article L 643-11 du Code de commerce, les créanciers recouvrent leur droit de poursuites individuelles en cas de faillite personnelle du débiteur ou lorsque celui-ci a été reconnu coupable de banqueroute (A). Il en est de même si le débiteur a déjà été soumis, au titre de l'un quelconque de ses patrimoines ou d'une personne morale dont il a été dirigeant, à une procédure de liquidation judiciaire clôturée pour insuffisance d'actif depuis moins de cinq ans ou de rétablissement professionnel dans la même durée (B). Dans une logique d'articulation des procédures entre différents membres de l'Union européenne, un quatrièmement est consacré aux procédures ouvertes en tant que procédure territoriale conformément au règlement européen relatif aux procédures

[345] le texte prévoyant l'obtention du titre exécutoire par la caution « dans les mêmes conditions » que le créancier justifiant d'une cause de reprise des poursuites

[346] Le Professeur Pierre Michel Le Corre soutient qu'un créancier défaillant pourrait reprendre les poursuites dans les conditions du droit commun en se prévalant des dispositions de l'alinéa 2 du paragraphe V de l'article L 643-11 du code selon lesquelles les créanciers, dont la créance n'a pas été vérifiée, recouvrent l'exercice de leurs actions contre le débiteur selon ces modalités. P.M LE CORRE, op. cit., n°592.72

d'insolvabilité[347]. Aux côtés de cela, le paragraphe IV de l'article L 643-11 du Code de commerce envisage séparément la fraude à l'égard d'un ou de plusieurs créanciers (C). Les créanciers peuvent alors solliciter du tribunal l'autorisation de reprendre les poursuites soit immédiatement, lors de la clôture de la procédure, soit ultérieurement en le saisissant à cet effet.

A - Le débiteur failli ou condamné pour banqueroute

103. En premier lieu, le paragraphe III de l'article L 643-11 du Code de commerce rétablit, après la clôture pour insuffisance d'actif, le droit de poursuites individuelles des créanciers antérieurs à la procédure lorsque la faillite personnelle du débiteur a été prononcée ou lorsqu'il s'est rendu coupable de banqueroute. Ainsi, le débiteur « failli » ou condamné pour banqueroute est écarté de la purge des dettes. Ces motifs de reprise des poursuites individuelles s'incrivent dans une logique de « moralisation des procédures collectives[348] » à l'égard d'un débiteur indigne d'obtenir la décharge de ses dettes. Ceci observé, il convient de rappeler que l'interdiction de gérer ne constitue plus une cause de reprise des poursuites individuelles, la loi du 26 juillet 2005 ayant supprimé cet effet patrimonial pour inciter les juridictions à prononcer davantage cette sanction[349]. Cette exclusion a permis de différencier le traitement du débiteur simplement maladroit

---

[347] Il s'agit désormais du règlement UE n°2015/48 du Parlement européen et du Conseil du 20 mai 2015 relatif aux procédures d'insolvabilité. Ce texte prévoit une limitation des effets de la procédure aux seuls biens se trouvant sur le territoire français. Le rétablissement du droit de poursuite posé à l'article L 643-11 du Code de commerce permet aux créanciers français d'appréhender les biens situés du débiteur dans un autre Etat membre de l'Union européenne. Cette exception est destinée à éviter qu'une liquidation judiciaire ouverte en France pour l'établissement secondaire d'un débiteur dont le centre des intérêts principaux est situé dans un autre Etat membre puisse conduire à évincer les créanciers français alors qu'il serait in bonis dans cet autre Etat. Ce cas de reprise des poursuites est aisément contournable du fait de l'importance prise, en pratique, par les montages juridiques en groupes de sociétés, ce qui constituera d'autant plus un obstacle à l'application de cette exception que les juridictions nationales restent très attachées à l'autonomie patrimoniale des filiales.

[348] C.SAINT ALARY HOUIN, Morale et faillite, Mél. Farjat, 1999, p.503 n°12

[349] Rapp. AN n°2095, Sauvegarde des entreprises, 2005, Xavier de Roux, p.400 ; En pratique, les juridictions consulaires se montraient parfois réticentes à prononcer une mesure d'interdiction de gérer en raison de ses conséquences pécuniaires. Rapp. J.J. Hyest n°335 p.62

de celui véritablement malhonnête[350]. Néanmoins, les débiteurs frappés d'une interdiction de gérer prononcée avant la loi de sauvegarde restent encore sujet à une reprise des poursuites. En effet, l'article 191, troisièmement, de la loi du 26 juillet 2005 indique que les poursuites déjà engagées au 1er janvier 2006 ne sont pas affectées et que les sommes perçues par les créanciers leur restent acquises[351]. En raison de ces dispositions transitoires, les poursuites reprises sur ce fondement, antérieurement à la loi de sauvegarde, ne sont pas remises en cause par cette loi, fût-elle plus douce[352]. A partir de là, la jurisprudence a admis qu'une reprise des poursuites pouvait encore intervenir postérieurement à cette loi à l'encontre d'un débiteur, interdit de gérer, dès lors que la procédure avait été clôturée avant le 1er janvier 2006[353]. Sous réserve des effets encore produits par les dispositions transitoires de la loi de sauvegarde, la reprise des poursuites ne concerne depuis uniquement le débiteur frappé de faillite personnelle, que la sanction ait été prononcée par la juridiction chargée de la procédure ou une juridiction pénale à la suite d'une condamnation pour banqueroute.

104. Ces motifs rappelés, les poursuites ne peuvent être reprises qu'à l'égard d'un débiteur, personne physique. Le visa exclusif du débiteur dans la lettre du texte laisse le dirigeant social à l'écart depuis la suppression, par la loi du 26 juillet 2005, des cas d'extension de la procédure à titre de sanction[354]. Celui-ci n'est donc susceptible d'être

---

350 Rapp. Xavier DE ROUX, n°2095, p.400

351 Dans la même logique, l'article 190 b) de la loi du 26 juillet 2005 avait prévu, au titre de la faillite personnelle, que les poursuites engagées au jour de la publication de la loi, sur le fondement de l'ancien article L 622-32 du Code de commerce, n'étaient pas affectées par la réduction de la durée plafond à quinze ans et que les sommes déjà versées restaient acquises aux créanciers même si la nouvelle durée plafond de quinze ans avait été atteinte.

352 Com, 21 sept. 2010, pourvoi n°09-69-435, rev. proc. coll. nov. Déc. 2010, com. n° 250 p.60 obs. G. Berthelot

353 Com. 3 déc. 2013, pourvoi n°12-23050, D. 2013 act. 2910 obs. A.Lienhard ; Rev. soc. mars 2014 p.202 obs. P. Roussel Galle. En l'espèce, un créancier n'avait demandé à reprendre les poursuites qu'en 2010 au titre d'une liquidation clôturée pour insuffisance d'actif en 1998.

354 Antérieurement à la loi de sauvegarde du 26 juillet 2005, la jurisprudence avait admis la possibilité de reprendre les poursuites à l'encontre d'un dirigeant social lorsque la procédure, également ouverte à son encontre, à titre de sanction, s'est achevée par une clôture pour insuffisance d'actif et qu'une faillite personnelle ou une interdiction de gérer avait été prononcée à son encontre ou encore condamné pour banqueroute (Com. 16 janv. 2007, Bull. civ. IV n°2 ; D.2007 AJ 312 obs.

tenu au passif social qu'au titre de la responsabilité pour insuffisance d'actif[355] ou d'une action engagée par des créanciers dotés de prérogatives exorbitantes du droit commun[356]. Toutefois, les poursuites peuvent être reprises par les créanciers sociaux à l'encontre d'un dirigeant « failli » en cas d'extension de la liquidation judiciaire de la personne morale à son égard pour fictivité ou confusion des patrimoines[357]. Hormis dans cette hypothèse, les créanciers sociaux ne sont pas autorisés à poursuivre un dirigeant failli ou condamné pour banqueroute en raison de l'autonomie des patrimoines. Les poursuites ne peuvent donc être reprises qu'à l'égard d'un « failli », personne physique, dont la liquidation judiciaire a été clôturée pour insuffisance d'actif. Le professionnel, exploitant individuel, est donc plus sévèrement traité que le dirigeant social. Alors que les créanciers du premier peuvent appréhender les biens acquis après la clôture de la procédure et tirer profit de son retour à meilleure fortune, les créanciers du second ne peuvent prétendre à rien. Une partie de la

---

A.Lienhard ; rev. proc. coll. 2007 p.135, n°5 obs. C. Mascala ; R.T.D.Com. 2007 p.451, obs. A. Martin Serf ; Rev. soc. 2007 p.893 obs. P. Roussel-Galle). Une réponse ministérielle a précédemment indiqué que les créanciers sociaux ne pouvaient reprendre les poursuites à l'encontre d'un dirigeant ayant fait l'objet d'une faillite personnelle ou d'une interdiction de gérer lorsque l'extension de la procédure n'a pas été prononcée à son encontre (Rép. min. n°9903 : JO Sénat Q 19 nov.1998 p.3704).

[355] Madame le Professeur Vallansan souligne à ce sujet : « lorsque la liquidation concerne une personne morale, il est indispensable de comprendre contre qui les poursuites doivent être exercées, notamment lorsque le dirigeant a également fait l'objet d'une liquidation judiciaire clôturée, en l'espèce après inexécution de la condamnation. Dans ce cas, c'est bien contre la personne morale que s'exerce le droit de poursuite du créancier qui ne peut recevoir de titre exécutoire contre le dirigeant. En effet, il appartiendra au seul liquidateur de la personne morale de recouvrer le montant de la condamnation mise à la charge du dirigeant et de répartir les fonds obtenus entre les créanciers de celle-ci. » J.Cl Com. fasc. 2770 n°105

[356] En revanche, l'administration fiscale conserve un recours contre le dirigeant d'une société placée en liquidation judiciaire, ayant fait l'objet d'une clôture pour insuffisance d'actif, lorsque le dirigeant est déclaré solidairement responsable du paiement des impôts et pénalités dues par la société en application de l'article L 267 du livre des procédures fiscales. La clôture pour insuffisance d'actif ne fait pas obstacle à l'exercice de ce recours fondé sur des dispositions exorbitantes du droit commun (Com. 30 mai 2000 D. 2000 AJ 302 obs. A. Lienhard).

[357] art. L 641-1 I C.com. L'effet principal de l'extension de la liquidation est d'entraîner l'ouverture d'une procédure unique où les créanciers sociaux sont en concours avec les créanciers personnels du dirigeant social. P.M LE CORRE, op. cit. n°213.40 et suivants

doctrine dénonce l'« illogisme » de cette règle qui conduit à traiter différemment des chefs d'entreprise pourtant condamnés à l'identique[358]. Un alignement des solutions serait souhaitable. Il pourrait prendre la forme d'une action des créanciers sociaux à l'encontre du dirigeant condamné pour faillite personnelle ou banqueroute, lorsque le mandataire n'a pas mis en œuvre une action en responsabilité pour insuffisance d'actif.

105. Quoi qu'il en soit, la reprise des poursuites ne peut intervenir que pendant la durée où le débiteur, personne physique, est soumis aux effets de la faillite personnelle. L'article L 653-11 du Code de commerce limitant celle-ci à quinze ans, les créanciers ne peuvent agir au-delà de cette période. Si la sanction a été prononcée pour une durée inférieure ; les poursuites cessent, de plein droit, à l'échéance du terme fixé par le tribunal sans qu'il soit nécessaire pour le débiteur de solliciter un relèvement[359]. Dans l'un et l'autre cas, le maintien des poursuites exposerait les créanciers à devoir restituer l'indu. La réhabilitation du débiteur met également fin à la reprise des poursuites par les créanciers. Aussi, pour y échapper, certains débiteurs n'hésitent pas à solliciter un relèvement, parfois à plusieurs reprises en réévaluant le montant du solde de tout compte proposé au gré des refus essuyés. Les juges du fond apprécient à cette occasion souverainement les motivations réelles du débiteur[360]. Toutefois, les exigences d'individualisation et de proportionnalité des peines impliquent que l'avenir du débiteur ne soit pas compromis au-delà de ce qui est strictement nécessaire à la réparation du préjudice subi par les créanciers. Le débiteur qui a expié ses fautes en étant exclu du monde des affaires, pendant un temps suffisant au regard des faits reprochés, et qui présente toute garantie d'absence de récidive peut se voir reconnaître un légitime droit au pardon. C'est, du reste, cette logique qui avait conduit à restreindre la qualité de débiteur « récidiviste ».

---

[358] F.LEGRAND, O.BOURRU, C.DELATTRE, Table ronde animée par Monsieur le Professeur Michel MENJUNCQ : Quelle place pour les sanctions civiles et pénales en droit des procédures collectives ? Rev. proc. coll.09/2009 n°2 p.61 spéc. p.63

[359] PM LE CORRE, op. cit. n°073.23

[360] en illustration une espèce révélatrice des manœuvres déployées par certains « faillis » : Douai 16 sept 2008 R.J.D.A. 2009 n°461, JCP E 2008 2474 note C. DELATTRE

B - Le débiteur « récidiviste »

106. Le paragraphe II, troisièmement, de l'article L 643-11 du Code de commerce autorise ainsi les créanciers antérieurs à reprendre les poursuites individuelles à l'encontre du débiteur qui a déjà, moins de cinq ans avant l'ouverture de la procédure à laquelle il est soumis, fait l'objet d'une procédure de liquidation judiciaire clôturée pour insuffisance d'actif que ce soit en tant qu'exploitant individuel, entrepreneur individuel à responsabilité limitée ou en ayant été le dirigeant d'une personne morale. L'ordonnance du 12 mars 2014 a complété ce paragraphe pour intégrer le débiteur qui aurait précédemment bénéficié d'un effacement de ses dettes à la suite d'un rétablissement professionnel. Sous l'empire de la loi du 25 janvier 1985, la purge des dettes était une mesure de faveur qui ne pouvait être accordée qu'une seule fois. La loi de sauvegarde du 26 juillet 2005 a assoupli cette règle en écartant la récidive au-delà d'un délai de cinq ans. A la différence du consommateur, le professionnel n'a un accès perpétuel à la purge des dettes[361].

107. Le débiteur « récidiviste » est donc celui qui a fait l'objet, depuis moins cinq ans, d'une liquidation judiciaire clôturée pour insuffisance d'actif soit lui-même, en tant qu'exploitant individuel ou entrepreneur individuel à responsabilité limitée, soit par une personne morale interposée dont il a été dirigeant. Seul le débiteur, personne physique, dont il s'agit du second revers de fortune en moins de cinq ans, est passible d'une reprise des poursuites individuelles par ses créanciers. Si la seconde procédure clôturée pour insuffisance d'actif concerne une personne morale, les créanciers sociaux ne pourront pas reprendre les poursuites à l'encontre du dirigeant « récidiviste » qui ne peut être tenu, en tout ou partie au passif social, qu'au titre d'une action en responsabilité pour insuffisance d'actif[362]. Sous l'état du droit antérieur à loi de sauvegarde, lors d'une extension de la procédure au dirigeant à titre de sanction, la Cour de cassation avait jugé que les poursuites ne pouvaient être reprises à son encontre dès

---

[361] Madame le Professeur Pérochon note à ce sujet : « les textes antérieurs à 2005 donnaient un droit à une seconde chance... mais pas à une troisième. L'institution du délai de cinq ans restreint considérablement la reprise pour « récidive » : par faveur pour l'initiative économique, le débiteur personne physique a ainsi le droit de rebondir aux frais de ses créanciers une fois tous les cinq ans, pourvu que ce soit sans fraude. » F.PEROCHON, op. cit. , n°1280

[362] Art. L651-1 à L651-4 C.com.

lors qu'il n'avait pas déjà lui-même fait l'objet d'une liquidation judiciaire clôturée pour insuffisance d'actif ou n'avait pas déjà été le dirigeant d'une personne morale dont la liquidation avait connu la même issue[363]. Malgré la suppression par la loi de sauvegarde des cas d'extension à titre de sanction, cette solution jurisprudentielle demeure pérenne lors d'une extension de la procédure au dirigeant pour fictivité ou confusion des patrimoines car il s'agit alors d'une unique procédure. Du reste, la loi du 26 juillet 2005 avait consacré cette solution en précisant que la clôture pour insuffisance d'actif devait être « antérieure » à celle de la liquidation prise en compte[364]. Et, cette précision apporte le fondement textuel à l'affirmation selon laquelle le délai de récidive court à compter du jugement de clôture pour insuffisance d'actif de la première liquidation, et non de son jugement d'ouverture, afin de neutraliser la durée de celle-ci[365]. Pour le reste, seuls les créanciers soumis aux effets de la seconde procédure sont susceptibles d'être autorisés à reprendre les poursuites. Les créanciers qui avaient déjà perdu leur droit de poursuites individuelles, après la clôture de la première procédure, ne le retrouvent pas davantage lors la seconde procédure[366]. Cela étant, une reprise des poursuites risque de demeurer vaine tant le débiteur, « liquidé » à deux reprises, a toutes les chances d'être durablement insolvable. Les créanciers sont donc voués à attendre une amélioration de la situation du débiteur et son hypothétique retour à meilleure fortune, dans la limite de la prescription de leurs droits.

---

[363] Com., 9 juin 1998 JCP E 1998, p. 2068 n°16 obs. M.Cabrillac ; D.A 1998, obs. A.Lienhard

[364] c'est précisément l'absence de ce terme, omis par la loi du 25 janvier 1985, qui rendait le texte «pris à la lettre incompréhensible » : F.DERRIDA, P.GODE, J.P SORTAIS, op. cit., note 2617

[365] F.X LUCAS, H.LECUYER, La réforme des procédures collectives : La loi de sauvegarde : article par article, Coll. Droit des affaires, LG.D.J., p. 393 ; F.PEROCHON, op. cit., n°1260

[366] B.SOINNE, Traité précité, n°2535 ; P.M LE CORRE, n°592.67

C - La fraude du débiteur

108. Aux termes du paragraphe IV de l'article L 643-11 du Code de commerce, le tribunal peut autoriser la reprise des poursuites de tout créancier en cas de fraude commise à l'égard de l'un ou de plusieurs d'entre eux. Cette application, au droit des entreprises en difficulté, de la fraude paulienne et de l'adage « fraus omnia corrumpit » s'inscrit dans une logique d'exclusion, de celui qui a triché, des faveurs de la loi. Cette exception à la purge des dettes répond aussi bien à une logique de protection des créanciers que de sanction du débiteur non méritant. Même si l'on a pu douter de l'utilité de ce rappel[367], il était important de prévoir expressément une possibilité d'en « revenir au principe selon lequel chacun doit payer ses dettes[368] ». Les ordonnances des 18 décembre 2008 et 12 mars 2014 n'ont pas retouché ce paragraphe déjà réécrit par la loi de sauvegarde du 26 juillet 2005. Il convient de rappeler que cette loi avait, dans un souci de toilettage des textes, supprimé le cas spécifique de la fraude fiscale en faveur du trésor public, prévu par l'ancien article L 622-32 du Code, pour l'englober dans le dispositif général de fraude aux droits des créanciers. De même, elle avait consacré une solution jurisprudentielle relative à l'étendue de la fraude qui peut affecter, indifféremment, un seul créancier ou tous[369] mettant ainsi fin à un débat doctrinal[370]. Il est donc acquis que les poursuites individuelles sont rétablies pour tous les créanciers, même si la fraude n'a concerné que l'un d'entre eux[371]. Cela étant, ce rétablissement des poursuites n'intervient qu'au profit des créanciers antérieurs. Les créanciers de la procédure n'étant pas soumis à la règle d'interdiction de la reprise des poursuites individuelles, ceux-ci sont libres de poursuivre le débiteur

[367] P.M LE CORRE, précité, n°592.66 - Pour cet auteur, « il est cependant curieux que le législateur ait cru bon de prévoir ce cas de reprise des poursuites individuelles. En effet, la théorie de la fraude est un mécanisme correcteur de la règle de droit, destiné à éviter une application aveugle et mécanique de celle-ci. En tant que principe général du droit, la fraude permet de mettre à l'écart toutes les règles légales, fussent elles d'ordre public. La seule constatation de la fraude, indépendamment de tout texte, aurait dû entraîner la mise à l'écart du principe de non reprise des poursuites individuelles édicté par la disposition étudiée. »

[368] P.LE CANNU et alii, ouvrage précité

[369] Crim. 7 nov. 1994, n° 93-93-951, JCP E 1995 pan. 260

[370] B.SOINNE, op. cit., n°2531

[371] En effet, la lettre du texte indique que « tout créancier » peut être autorisé à reprendre les poursuites et non seulement celui victime de la fraude.

sous réserve des délais uniformes de paiement susceptibles d'être accordés par le tribunal lors de la clôture de la procédure. En outre, il convient d'ores et déjà de signaler que le paragraphe VI, issu de l'ordonnance n°2010-1512 du 9 décembre 2010, adapte la reprise des poursuites pour fraude à l'entrepreneur individuel à responsabilité limitée en précisant que celle-ci intervient sur les biens compris dans le patrimoine non affecté de cet entrepreneur, en écho à la règle de responsabilité étendue à l'intégralité des biens en cas de fraude édictée par l'article L 526-12 du Code de commerce.

109. En l'absence de précisions du législateur, la tentation était grande pour la doctrine, dès la loi du 25 janvier 1985, de se référer à la fraude paulienne[372]. Partant de là, certains auteurs considéraient que la fraude supposait la réalisation, en toute connaissance de cause, d'actes entraînant un appauvrissement au préjudice des créanciers[373]. C'est ainsi que des juges du fond ont retenu la fraude d'un débiteur, virtuellement en état de cessation des paiements dès la création de l'entreprise[374]. Pour d'autres auteurs, l'élaboration d'une notion spécifique au droit des entreprises en difficulté n'était pas à exclure[375] ; d'autant que l'extrême malléabilité de ce concept permettait d'en retenir une conception large[376], intégrant tous actes accomplis au préjudice des créanciers. Ainsi, en présence d'actes passibles de nullité au titre de la période suspecte, il y aurait mécaniquement, selon certains auteurs[377], fraude aux droits des créanciers permettant une reprise des poursuites. Cette solution a été justifiée par le fait que les nullités de la période suspecte reposeraient sur une fraude présumée, lorsque la nullité est de droit ; ou de fraude prouvée, lorsque la nullité est facultative[378]. Cela étant, les actes frauduleux ne sont pas nécessairement antérieurs à la procédure car le

---

372 B.SOINNE, op. cit., n°2532

373 J.L. VALLENS, L'effacement des dettes du débiteur en liquidation judiciaire, LPA 19 sept. 1997 p.4, spéc. p.9

374 Besançon, 14 oct. 1994, B.I.C.C 1995, n°58 ; rev. proc. coll. 1995 p.342 n°2, obs. Dureuil ; Chambéry, 25 juin 2002, procédures janv. 2003, p.22 n°20

375 F.DERRIDA et alii, op. cit., n°570

376 Ainsi, Monsieur le Professeur Mestre soulignait dès 1989 : « c'est probablement celui (le cas) qui sera le plus sollicité : c'est le plus souple, une sorte *de clausula generalis* par rapport aux autres plus précis (...) La jurisprudence aura à se prononcer, et il n'est pas sur qu'elle retienne une conception nécessairement restrictive de la fraude. » – J.MESTRE, chronique précitée

377 C.SAINT ALARY HOUIN, op. cit., n°1324

378 P.M. LE CORRE, précité, n°592.66

texte ne distingue pas selon le moment où la fraude a été commise[379]. D'ailleurs, la jurisprudence concerne essentiellement des faits postérieurs à l'ouverture de la procédure.

110. Ainsi, dès la loi du 25 janvier 1985, la jurisprudence voyait une fraude dans l'omission, par le débiteur, de certains créanciers sur la liste remise au mandataire dont les droits, faute d'avoir été invités à déclarer leurs créances, se trouvaient éteints. Dans un arrêt du 16 novembre 1993[380], la Chambre commerciale de la Cour de cassation avait ainsi permis la reprise des poursuites à l'encontre d'un débiteur dans de telles circonstances. La doctrine avait alors vivement critiqué cette solution, jugée d'une sévérité excessive à l'égard du débiteur, qui assimilait la fraude à la simple faute[381]. Or celle-ci requiert un élément intentionnel qui ne peut être présumé[382]. Dans une étude consacrée à ce sujet[383], Madame le Professeur Pérochon remarquait d'ailleurs : « s'il paraît moralement et pratiquement opportun de ne pas exiger de machination, de manœuvres, il nous semble que c'est prendre beaucoup de liberté avec la loi que de ne pas rechercher au moins la mauvaise foi du débiteur (omission délibérée) version light de la fraude. Or, si l'omission d'un créancier sur la liste est indéniablement fautive au regard des dispositions impératives de l'article 52, elle pourrait ne résulter que de la négligence ou de l'ignorance du débiteur qui, spécialement en cas de liquidation judiciaire immédiate, n'aura pas idée d'établir une liste des créanciers qu'il ne pourra en aucun cas payer : elle ne devrait donc selon nous être jugée frauduleuse que lorsque la mauvaise foi du débiteur est établie. » La Chambre commerciale de la Cour de cassation est donc revenue, dans un arrêt du 26 octobre 1999[384], sur son interprétation pour exiger une volonté de dissimulation du débiteur : dans cette espèce, la dissimulation résultait de la poursuite par le débiteur du remboursement, durant plus de quatre ans, des échéances d'un emprunt, malgré l'interdiction des

---

[379] Com. 15 fev. 2005, pourvoi n°03-14.457 ; Act. proc. coll. 2005 n°71 com. G. Blanc, D. 2005 JP p.711 obs. A. Lienhard

[380] Com. 16, nov. 1993, Bull. civ. IV n°145 ; D.1994, p.157, note Amalvy et Derrida

[381] J.L. COURTIER, Considérations sur l'article 169 de la loi du 10 juin 1994, L.P.A. 21 avr. 1995, p. 12

[382] B.SOINNE, Traité précité, n°2532

[383] F.PEROCHON, Fraude du débiteur et poursuite du créancier forclos, Mélanges Honorat, p.162 n°6

[384] Com. 26 oct. 1999, JCP E 2000 II 1660 note P.M Le Corre ; D.A. 1999 jur. p.94 note A.Lienhard, R.J.Com. 2000 p.209 note J.L Courtier, R.T.D.Com. 2001 p. 226 obs. A.Martin-Serf

paiements, en laissant le créancier dans l'ignorance de la procédure. Depuis, la Cour de cassation n'est pas revenue sur cette nécessaire recherche de l'intention du débiteur. Ainsi, dans un arrêt du 13 novembre 2007[385], la Chambre commerciale a approuvé des juges du fond d'avoir refusé de retenir une fraude au préjudice d'un organisme de sécurité sociale dès lors que le débiteur n'avait pas intentionnellement dissimulé sa dette et qu'il pouvait légitimement croire que l'absence de versement des cotisations avait pour seule conséquence l'annulation des points de retraite attribués. La fraude requiert donc une réelle intention de dissimuler la dette qui ne se présume pas du simple fait d'une remise, par le débiteur au mandataire, d'une liste incomplète des créanciers[386]. C'est d'ailleurs cette logique qui a présidé à l'abandon, par l'ordonnance du 12 mars 2014, de toute référence, à l'article L 622-26 du Code de commerce, au caractère volontaire de l'omission du débiteur lors de l'établissement de la liste des créances pour qu'un créancier puisse être relevé de la forclusion[387]. Cela étant, l'omission délibérée de créanciers sur la liste remise par le débiteur est plus proche d'une simple mauvaise foi du débiteur que d'une manœuvre frauduleuse, amenant certains auteurs à souhaiter un retour à une conception stricte de la fraude[388].

111. Mais surtout, la Chambre commerciale de la Cour de cassation a été amenée à préciser la nature du droit reconnu aux créanciers défaillants lors d'une fraude. En effet, ceux-ci n'échappaient pas, sous l'empire de la loi du 25 janvier 1985, à l'extinction de leurs créances. De ce fait, le créancier ne pouvait donc plus agir sur le fondement d'un titre exécutoire obtenu avant la liquidation judiciaire pour entreprendre une saisie immobilière[389]. Aussi, le créancier forclos ne recouvrait son droit de poursuite individuelle que « pour obtenir, à titre de dommages-intérêts, en application de l'article 1382 du Code civil, le paiement de l'équivalent de la créance éteinte par la fraude du

---

385 Com., 13 nov. 2007, pourvoi n°06-14.372, D 2007, p.3011, obs A.Lienhard ; Rép. Déf. 2008, 1226, obs. D.Gibirila

386 Com. 14 nov. 2000, Bull. civ. IV n°174, D. 2001 AJ p. 125 obs A.Lienhard ; Com. 2 mai 2001 2002 Act. proc. coll. 2002-16 com n°214

387 P.ROSSI, F.LEGRAND ; L'amélioration des droits des créanciers. La déclaration et la vérification du passif simplifiées, in Dossier 26 « Un nouveau droit des entreprises en difficulté, plus efficace et plus équilibré », rev. proc. coll. juil. août 2014, art. 33

388 F.PEROCHON, op. cit. , n°1277

389 2e Civ. 26 juin 2003 D. 2003 p. 1911 obs.A. Lienhard

débiteur[390]. » Le rétablissement des poursuites ne pouvait plus porter sur la créance originelle, éteinte pour défaut de déclaration, mais sur un droit personnel distinct, en indemnisation, dont le fait générateur résidait dans la fraude. Cela étant, après avoir admis une réparation équivalente au montant de la créance éteinte, la Cour de cassation a imposé au créancier défaillant de rapporter la preuve d'un préjudice subi en démontrant qu'il disposait d'un rang nécessaire pour prétendre à une répartition[391]. Seule la perte de la chance de concourir était donc susceptible d'être indemnisée. Cette règle jurisprudentielle a perdu de son intérêt depuis l'abandon, par la loi du 26 juillet 2005, de l'extinction des créances non déclarées au profit d'une simple inopposabilité à la procédure. Néanmoins, elle est maintenue pour les situations encore régies par les dispositions antérieures à la loi de sauvegarde[392]. Depuis lors, les sources jurisprudentielles se raréfient, marque d'une certaine résignation des créanciers qui ne tentent guère de reprendre les poursuites au moyen de cette exception de fraude à moins que, par réalisme, ils ne voient dans le retour à meilleure fortune du débiteur qu'une utopie.

§ 3 - Les modalités de reprise des poursuites individuelles

112. Le débiteur étant en principe déchargé de ses dettes, les créanciers ne peuvent reprendre les poursuites qu'à la condition d'y avoir été autorisés. Pour cela, le créancier doit saisir le juge à l'effet de faire constater que les conditions légales d'une reprise des poursuites sont réunies. Sur ce point, l'article L 643-11 du Code de commerce distingue, en ses paragraphes IV et V, les modalités de reprise des poursuites selon que celles-ci interviennent pour fraude (A) ou non (B). Mais, dans tous les cas, l'autorisation donnée à un créancier de reprendre les poursuites individuelles entraîne

---

[390] Com. 26 oct. 1999, précité

[391] Com. 17 nov. 2009, Bull. civ. IV n°145 ; D.2009 AJ 2861, obs. A.Lienhard ; Gaz. pal. 8-9 janv. 2010, p.28 obs. Le Corre-Broly ; Rev. proc. coll. janv. 2010, n°14 p.32 note F. Legrand ; Bull. Joly soc. 2010, p.259 note Reille

[392] Com., 12 juil. 2011, pourvoi n°10-21.726 ; Com., 27 nov. 2012, pourvoi n°11-23.381 ; Com., 16 sept. 2014, pourvoi n°13-14.027

mécaniquement la reprise des effets de l'interdiction d'émission des chèques[393].

A - Les modalités de reprise des poursuites en cas de fraude

113. Les modalités de reprise des poursuites en cas de fraude sont régies de manière autonome par les dispositions du paragraphe IV de l'article L 643-11 du Code de commerce. Ce texte distingue deux hypothèses. Tout d'abord, le tribunal peut immédiatement autoriser les créanciers à reprendre les poursuites lors du prononcé de la clôture pour insuffisance d'actif en retenant la fraude du débiteur. Préalablement, le tribunal doit avoir entendu ou dûment appelé le débiteur, le liquidateur et, le cas échéant, les contrôleurs. Si la reprise des poursuites est autorisée, il en est fait mention lors des publicités légales[394]. Le jugement de clôture est signifié au débiteur dans les huit jours de son prononcé lequel dispose de faculté d'interjeter appel de cette décision. Autrement, si le tribunal n'a pas autorisé la reprise des poursuites lors de la clôture de la procédure, il peut être saisi ultérieurement à cet effet par tout créancier. Le paragraphe IV indique que le tribunal statue selon les mêmes modalités. Le liquidateur ayant cessé ses fonctions, le créancier assignant n'a pour seul adversaire que le débiteur. Le jugement faisant droit à la demande d'un créancier permet la reprise des poursuites par les autres créanciers sans qu'il soit nécessaire de statuer de nouveau sur le droit à la reprise des poursuites[395]. Toutefois, ceux-ci ne sont pas dispensés d'obtenir une autorisation individuelle de reprise des poursuites obtenue dans les mêmes formes que dans les autres cas de reprise des poursuites.

B - Les modalités de reprise des poursuites dans les autres cas

114. Dans les autres cas, l'article L 643-11, paragraphe V, du Code de commerce distingue les modalités de reprise des poursuites selon que la créance a été ou non vérifiée. Ce texte indique, en premier lieu, que les créanciers admis ne peuvent reprendre les poursuites sans

[393] art. L 643-12 et R 643-23 C.com.
[394] art. R 643-18 C.com.
[395] P.M. LE CORRE, op. cit., n°592.73

avoir obtenu un titre exécutoire ou, lorsqu'ils disposent déjà d'un tel titre, sans avoir fait constater qu'ils en remplissent les conditions. L'admission au passif se justifie au moyen de l'état de créances. Lorsque le créancier a été admis sur la base d'un titre exécutoire, l'autorisation est seule requise. Dans le cas contraire, une condamnation préalable du débiteur restera nécessaire. L'article R 643-20 du Code de commerce précise que l'autorisation de reprise des poursuites prend la forme d'une ordonnance du président du tribunal rendue sur requête. Toutefois, il ne s'agit pas d'une ordonnance sur requête au sens du Code de procédure civile puisqu'un débat contradictoire est ouvert. En effet, le président ne peut statuer qu'après avoir dûment entendu ou appelé le débiteur. L'ordonnance présidentielle vise l'admission définitive du créancier et le jugement de clôture pour insuffisance d'actif. Elle contient injonction du débiteur à payer et est revêtue, par le greffier, de la formule exécutoire. Elle constitue donc un titre exécutoire susceptible d'une exécution forcée[396]. La question de la nature de la voie de recours ouverte au débiteur s'est posée. Il a, un temps, été imaginé que l'ordonnance était susceptible d'opposition dans les formes de l'article 1412 du Code de procédure civile, celle-ci contenant injonction de payer. Consacrant une solution jurisprudentielle[397], l'article R 643-20 du Code a écarté l'application des dispositions relatives à la procédure d'injonction de payer car l'ordonnance constate seulement le droit du créancier à reprendre les poursuites. De ce fait, elle n'est susceptible que d'un appel dans les conditions de forme et de délai de droit commun[398].

115. Autrement, le paragraphe V de l'article L 643-11 indique que, lorsque les créances n'ont pas été vérifiées, les créanciers reprennent les poursuites dans les conditions de droit commun. Ainsi, dans les hypothèses où la créance a été déclarée mais n'a pas été vérifiée, le créancier désirant reprendre les poursuites doit préalablement obtenir une condamnation au paiement auprès de la juridiction matériellement compétente, selon les règles de droit commun[399]. La question s'est posée de savoir si le créancier forclos pouvait reprendre par ce biais les poursuites. Jusqu'alors, sous l'empire de la loi du 25 janvier 1985,

---

[396] E.SCHOLASTIQUE, Titre exécutoire et procédures collectives, Droit et proc. janv./ fév. 2005, p.7 et svt, spéc. n°30

[397] Com. 16 juin 2004 n°01-12.480, D.2004 A.J. p. 1902 obs. A.Lienhard

[398] Com. 16 juin 2004 n°01-12.480 ; Cass. Com. 15 nov. 2005, n°04-14.099

[399] art. R 643-20 al.2 C.com.

la créance non déclarée était éteinte et le créancier défaillant était irrecevable à demander la reprise des poursuites individuelles. Lors de l'adoption de la loi du 26 juillet 2005, la Commission des lois du Sénat, à l'origine de l'amendement ayant posé ce renvoi au droit commun, n'avait manifestement à l'esprit que la procédure de liquidation judiciaire simplifiée[400]. Il s'agissait de tenir compte du nombre croissant de créances qui, bien que régulièrement déclarées, ne seraient plus vérifiées dans un souci d'accélération de la procédure. Rien ne permet d'affirmer que le législateur a souhaité permettre la reprise des poursuites par un créancier sans qu'il se soumette à la discipline collective. Néanmoins, la doctrine incline à penser, sur la base de l'adage « *Ubi lex non distinguit...* », que le créancier défaillant pourrait reprendre les poursuites sous réserve que la créance ne soit pas éteinte par la prescription[401]. En revanche, en cas de rejet de la créance par le juge commissaire, le créancier ne peut être autorisé reprendre les poursuites puisque la créance est alors éteinte[402].

116. Ces précisions procédurales apportées, il reste à souligner qu'en dehors de tout retour à meilleure fortune du débiteur, la reprise des poursuites, après la clôture de la procédure, risque bien de se heurter à l'insolvabilité persistante du débiteur. Les créanciers n'ont que peu à espérer d'une telle action sauf si des actifs ont été omis ou si, depuis l'ordonnance du 12 mars 2014, des droits successoraux ont été acquis en cours de procédure. Aussi, ils sont peu à s'aventurer dans cette action souvent hasardeuse en dehors des quelques créanciers publics soumis à une obligation de particulière diligence. De facto, pour que la reprise des poursuites individuelles puisse emporter quelques retombées pécuniaires, le débiteur doit avoir retrouvé une certaine prospérité. Dans ce cas, il est encore possible de considérer que le retour à meilleure fortune du débiteur soit un motif de satisfaction des créanciers.

---

400 Rapp. J-J HYEST, n°335, p.435

401 P.M. LE CORRE n°592.72 ; C.SAINT ALARY HOUIN, op.cit, n°1325 ; A. CERATI-GAUTHIER, Les recours du créanciers forclos « oublié » par le débiteur, Rev. Lamy Droit des affaires, 01/2008, p.18 ; C.SAINT ALARY HOUIN, le rebond du débiteur en liquidation : vrai ou faux départ ? , Mélanges Tricot, Dalloz-Litec, 2011, p.579, qui admet « la recevabilité des poursuites des créanciers non-déclarants ».

402 Cass. Com., 25 juin 2002, act. proc. Coll. 2002/16, n°214

Conclusion du Chapitre 1

117. En définitive, même si les créances ne sont pas éteintes et que les poursuites sont seulement paralysées, le retour à meilleure fortune du débiteur, après la clôture pour insuffisance d'actif d'une liquidation judiciaire, ne profite pas aux créanciers. Ces derniers ne sont plus en droit d'exiger le moindre paiement. Ils peuvent, tout au plus, espérer un paiement spontané du débiteur. Et, les dérogations au principe d'interdiction des poursuites individuelles ne sont pas suffisamment nombreuses pour que le retour à meilleure fortune du débiteur puisse encore constituer un motif de satisfaction pour les créanciers[403]. Si, par chance, celui-ci survient après la clôture pour insuffisance d'actif de la procédure ; les créanciers autorisés à reprendre les poursuites peuvent alors, en vertu du droit de gage général, appréhender tous les biens nouveaux acquis par le débiteur après la clôture de la procédure[404]. Mais l'efficacité de cette action reste subordonnée à la survie de la créance. En effet, le recouvrement des créances ne peut être entrepris au-delà des dix années suivant la décision autorisant la reprise des poursuites individuelles[405]. Et, celle-ci ne peut être elle-même sollicitée que dans les cinq ans suivant la déclaration de créance, dernière demande en justice interruptive de prescription au sens du droit commun[406]. Autrement dit, pour qu'il soit susceptible d'être appréhendé par les créanciers, le retour à meilleure fortune du débiteur à l'égard duquel les poursuites peuvent être reprises doit intervenir au plus tard dans les quinze années de la déclaration de créance. Au-delà, la créance est éteinte et le débiteur définitivement libéré. Aussi, en dehors de ces rares hypothèses, le principe de paralysie des poursuites a clairement affecté l'obligation de paiement attachée au retour à meilleure fortune du débiteur. L'effacement des dettes pourrait bien en avoir sonné le glas.

---

403 F.MACORIG-VENIER, article précité, op.cit. : Pour cet auteur, le passif impayé susceptible d'être réclamé au débiteur après la clôture de la procédure « s'avérera en réalité d'un poids fort modeste en l'absence de malhonnêteté ou de légèreté excessive de sa part. Dans les faits, il risque même d'être allégé plus encore que ne l'aurait souhaité le législateur, en raison du découragement des créanciers suscité non seulement par le principe édicté par la loi mais également par l'inanité des poursuites contre les débiteurs, rarement revenus à meilleure fortune. »

404 F. PEROCHON, op. cit., n°1262

405 art. L 111-4 C.P.C.E

406 art. 2224, 2245 C.civ.

Chapitre 2 - L'effacement des dettes du débiteur, personne physique

118. Qu'il soit consommateur ou professionnel, le débiteur, personne physique, dispose d'un droit à l'effacement de ses dettes dès lors qu'il est de bonne foi et durablement insolvable (section 1). Les modalités de cet effacement varient, toutefois, selon la qualité du débiteur (section 2).

Section 1 - Le droit du débiteur, personne physique, à l'effacement des dettes

119. Le « droit à l'effacement des dettes[407] » a d'abord été reconnu au consommateur avant d'être étendu au professionnel (§ 1). Pour l'un comme pour l'autre, ce droit est exclusivement réservé au débiteur, personne physique, de bonne foi (§ 2).

§ 1 - De l'effacement des dettes du consommateur à celles du professionnel

120. Les dispositions protectrices du droit du surendettement, figurant dans le Code de la consommation[408], ne prennent en considération que les dettes non professionnelles (A). Cela étant, si la situation de surendettement est caractérisée à partir des seules dettes non professionnelles, le traitement des dettes professionnelles pourra y être intégré (B). Et, dans un mouvement d'extension du droit à l'effacement des dettes du consommateur au professionnel, la caution

[407] S.PIEDELIEVRE, Le droit à l'effacement des dettes, Rép. Def. 2004, art. 37852

[408] L'ordonnance n° 2016-301 du 14 mars 2016 relative à la partie législative du Code de la consommation procède, à compter du 1er juillet 2016, à une recodification à droit constant des dispositions relatives au « traitement des situations du surendettement » lesquelles figurent désormais dans le livre VII de ce Code. La partie réglementaire de ce Code a également été recodifié par un décret n° 2016-884 du 29 juin 2016. Les visas textuels retenus seront donc ceux issus de cette nouvelle codification.

(C) puis le « petit professionnel », personne physique (D), ont été successivement reconnus éligibles à cette modalité de purge des dettes.

A - Les dettes prises en considération par le droit du surendettement : les dettes non professionnelles

121. Selon le nouvel article L 711-1, du Code de la consommation, l'état de surendettement résulte de « *l'impossibilité manifeste de faire face à l'ensemble de ses dettes non professionnelles exigibles et à échoir* ». La situation de surendettement s'établit donc par référence opposée aux dettes professionnelles. Mais, en l'absence de toute définition légale, la jurisprudence a été amenée à les définir en s'inspirant, pour cela, de la notion de crédit à la consommation dont l'accès est réservé aux non professionnels[409].

122. Dans un arrêt du 31 mars 1992[410], la Cour de cassation a ainsi défini les dettes professionnelles comme celles « nées pour les besoins ou à l'occasion de l'activité professionnelle du débiteur ». Dans cette espèce, il s'agissait de savoir si la caution, personne physique, était éligible au surendettement lorsque la garantie accordée concernait une dette professionnelle contractée par un proche. Les hauts magistrats ont alors admis l'état de surendettement de cette caution en considérant que le caractère professionnel de la dette s'appréciait uniquement en la personne du débiteur et non dans celle de ses proches. Toutefois, cette définition, posée en des termes généraux,

---

[409] L'ancien article L 311-3 du code de la consommation excluait des crédits à la consommation les prêts « destinés à financer les besoins d'une activité professionnelle ». Désormais, un article liminaire ajouté au Code de la consommation par l'ordonnance du 14 mars 2016 pose les définitions suivantes :

« Pour l'application du présent code, on entend par :

- consommateur : toute personne physique qui agit à des fins qui n'entrent pas dans le cadre de son activité commerciale, industrielle, artisanale, libérale ou agricole ;

- non-professionnel : toute personne morale qui agit à des fins qui n'entrent pas dans le cadre de son activité commerciale, industrielle, artisanale, libérale ou agricole ;

- professionnel : toute personne physique ou morale, publique ou privée, qui agit à des fins entrant dans le cadre de son activité commerciale, industrielle, artisanale, libérale ou agricole, y compris lorsqu'elle agit au nom ou pour le compte d'un autre professionnel. »

[410] Civ. 1ière, 31 mars 1992, Bull. civ. I n°107 ; D.1992 som. 406 obs. Fortis, Cont. conc. cons. 1992 n°123 obs. Raymond

conduisait à retenir comme telle toute dette contractée « à l'occasion de » l'activité professionnelle, c'est-à-dire dès lors qu'un rapport, même indirect, existait entre la dette et la profession du débiteur. Cette interprétation, largement relayée à cette époque auprès des commissions de surendettement par la circulaire ministérielle du 24 mars 1999, pouvait conduire à exclure de l'appréciation de l'état de surendettement les dettes qui avaient une origine professionnelle sans que, pour autant, le débiteur exerce une activité relevant des dispositions du livre VI du Code de commerce. Cela a conduit la deuxième chambre civile de la Cour de cassation, dans un arrêt du 8 avril 2004[411], à affiner sa jurisprudence. Dans cette espèce, il s'agissait de savoir si une créance d'indemnisation d'un employeur à l'égard de son salarié, concernant des marchandises lui ayant appartenu, avait ou non un caractère professionnel. La Cour a écarté le caractère professionnel de cette dette en considérant que « les dettes professionnelles sont celles nées pour les besoins ou au titre d'une activité professionnelle ». A partir de là, ne sont considérées comme professionnelles que les dettes contractées par le débiteur dans l'exercice d'une profession le rendant éligible aux procédures du livre VI du Code de commerce.

123. Cela ne signifie pas, pour autant, que le droit du surendettement ne traite que des dettes « domestiques[412] ». Selon une jurisprudence constante de la Cour de cassation, cette obligation de caractériser une situation de surendettement à partir des seules dettes non professionnelles n'exclut pas que les mesures de surendettement puissent intégrer un passif d'origine professionnelle. La jurisprudence admet ainsi que si les dettes professionnelles n'entrent pas en ligne de compte dans l'appréciation de la situation de surendettement ; l'existence de telles dettes n'exclut pas en soi le débiteur du bénéfice de ses faveurs[413]. Si le passif professionnel n'est pas pris en

---

[411] Civ. 2ième, 8 avril 2004, Bull. civ. II n°190, D.2004 AJ. 1383 obs. Rondey ; Cont. conc. cons. 2004 n°166 note G.Raymond ; R.T.D.Com. 2004 p.820 obs. G.Paisant

[412] V.VIGNEAU, G-X.BOURIN, C. CARDINI, Droit du surendettement des particuliers, Litec, Collection Pratique Professionnelle, 2ième éd., spéc. n°139 : Nous adopterons la terminologie employée par ces auteurs qui nous semble plus adéquate que celle de dettes non professionnelles retenue par l'article L 330-1 du Code de la consommation.

[413] Civ. 1ière 31 mars 1992, Bull. civ. I n°100 ; RTDCom. 1992 p.675 note G.Paisant ; Civ. 2ième, 15 janv. 2004, Bull. Civ. I n°10 ; Rev. proc. coll. 2004 n°3 p.373 note S.Gjidira-Decaix ;

considération dans l'évaluation de la situation, il peut faire l'objet des mesures de redressement. Ces dernières peuvent donc concerner, aussi bien, les dettes domestiques que professionnelles[414]. Cette jurisprudence a ainsi permis le traitement de dettes professionnelles par le droit du surendettement.

B - Le traitement des dettes professionnelles par le droit du surendettement

124. Les faveurs du surendettement ne sont pas nécessairement réservées aux consommateurs impécunieux. Certes, le nouvel article L 711-3 du Code de la consommation exclut du champ d'application du surendettement le professionnel relevant des procédures collectives instituées par le livre VI du Code de commerce. Cette règle, simple et logique, est destinée à éviter un concours entre les différentes procédures d'insolvabilité. La doctrine en déduit un principe de subsidiarité du droit du surendettement par rapport au droit des entreprises en difficulté[415]. Le premier ne peut s'appliquer qu'à défaut d'application du second. Un débiteur, personne physique, éligible aux procédures du livre VI du Code de commerce, ne peut donc prétendre à une procédure de surendettement. Sont ainsi exclus de plein droit les débiteurs ayant exercé une activité commerciale, artisanale, agricole ou libérale, même s'ils sont radiés depuis plus d'un an[416]. Seul celui qui n'est pas éligible aux procédures du livre VI du Code de commerce peut prétendre au surendettement dès lors qu'il satisfait aux autres conditions de recevabilité[417]. Cette « clé de répartition [418]» entre les deux catégories de procédures d'insolvabilité n'exclut pas, pour

---

[414] Civ. 2ième, 21 déc. 2006, Cont. Conc. Cons. 2007 com. 83 note G.Raymond ; JCP G 2007 II 10036 note F.Mamoz

[415] V.VIGNEAU, G-X.BOURIN et C.CARDINI, ouvrage précité, n°40 – G.RAYMOND, Le droit de la consommation, Litec professionnel, n°608 – P.PETEL, chronique précitée, Cont. Conc. Cons. oct. 2005, p.29

[416] L'article L 333-3 s'oppose au surendettement d'un débiteur radié dont le passif est composé pour partie de dettes professionnelles quelle que soit la date de radiation : Civ 2ième, 2 juil. 2009, D.2009 act. p.1962

[417] C'est-à-dire qu'il doit être, de bonne foi, dans l'impossibilité de faire face à l'ensemble de ses dettes non professionnelles ou confronté à une situation irrémédiablement compromise.

[418] P.CAGNOLI et K.SAHLI, La répartition des procédures de surendettement et des procédures collectives d'entreprises, Rev. proc. coll. 07/2009, p.17, spéc. n°2

autant, la possibilité du traitement d'un passif professionnel par les procédures de surendettement. Les procédures de surendettement sont applicables toutes les fois que le débiteur, personne physique, ne relève pas du domaine des procédures collectives et que son état de surendettement est établi à partir de ses seules dettes non-professionnelles. Sa situation peut alors être traitée dans son ensemble, tous passifs confondus, par le droit du surendettement. La jurisprudence admet ainsi l'application de mesures de résorption de l'endettement à des dettes professionnelles[419]. En revanche, elle s'oppose à tout effacement d'une dette professionnelle par l'effet d'une procédure de rétablissement personnel, les textes limitant l'effacement aux seules dettes non professionnelles[420]. Cela étant, la tentation a été grande pour tous ceux, non éligibles aux procédures collectives, de se tourner vers le droit du surendettement pour trouver un remède à un passif constitué, pour partie, de dettes professionnelles.

125. Parmi les premiers prétendants, les personnes physiques ayant exercé une profession indépendante ou libérale, avant la loi de sauvegarde du 26 juillet 2005, ont souvent recherché les faveurs du surendettement, faute de pouvoir bénéficier d'une procédure collective. « Ils étaient les grands oubliés du droit de l'insolvabilité[421] » car le professionnel libéral ou indépendant n'était éligible ni aux procédures du livre VI du Code de commerce, ni à celle du livre VII du Code de la consommation, en l'absence de dettes non professionnelles. En pratique, certaines juridictions consulaires acceptaient parfois d'ouvrir une procédure collective à l'égard d'un professionnel sous le regard complaisant des créanciers qui voyaient là une solution commode à une situation obérée. Ainsi, une juridiction avait, bien antérieurement à la loi de sauvegarde, jugé malencontreux d'accorder à un débiteur médecin le bénéfice d'une liquidation judiciaire et avait préféré lui imposer un plan de continuation sur onze ans pour l'obliger à payer ses créanciers[422]. La loi de sauvegarde du

---

[419] Civ. 1ière, 2 déc. 1992, Bull. civ. 1992 I n°302, R.T.D.Com. 1993, p.173, obs. G.Paisant

[420] Avis, 8 juil. 2016, demande n°16-70.005 : en l'espèce, il s'agissait d'une dette de cotisations et contributions sociales d'un gérant majoritaire de SARL et dont le recouvrement était poursuivi par une Urssaf : www.courdecassation.fr

[421] P.PETEL, Le nouveau droit des entreprises en difficulté J.C.P. E 2005 I 1509 n°9

[422] T.G.I. Metz, 25 août 1988, R.P.C. 1988 p.428 obs. Dureuil

26 juillet 2005 a ouvert l'accès des procédures du livre VI du Code de commerce aux « personnes physiques exerçant une activité professionnelle indépendante ». Depuis lors, en vertu du principe de subsidiarité, ces professionnels indépendants ne relèvent plus du droit du surendettement, et ce même si la demande avait été déposée avant le 1er janvier 2006[423]. Les professionnels indépendants relèvent exclusivement des procédures du livre VI du Code de commerce. Partant de là, il en est ainsi de l'auto-entrepreneur qui exerce une activité libérale de conseil et qui, de ce fait, n'est pas recevable au traitement des situations de surendettement[424].

126. Parmi les nombreux candidats à ses faveurs, il faut compter tout ce que le droit des sociétés commerciales compte comme dirigeants ou associés : gérants de société à responsabilité limitée, présidents de sociétés anonymes et de sociétés par actions simplifiées, directeurs généraux, administrateurs ou membres du directoire de ces sociétés, associés en nom collectif. Les dirigeants sociaux ne relèvent pas, à titre personnel, des procédures du livre VI du Code de commerce. Pour la Cour de cassation, le dirigeant social agit au nom de la personne morale qu'il représente, et non en son nom personnel. S'il exerce indéniablement une activité professionnelle, celle-ci n'est pas indépendante mais réalisée pour le compte de la personne morale[425]. De ce fait, le dirigeant ne relève pas des procédures du livre VI du Code de commerce et le droit du surendettement des particuliers peut lui être appliqué, en vertu du principe de subsidiarité. Le raisonnement suivi est transposable lors de l'exercice d'une profession indépendante

---

[423] Dans une espèce concernant un débiteur masseur-kinésithérapeute ayant sollicité un plan de surendettement avant le 1er janvier 2006 mais dont la Commission a recommandé les mesures après cette date, la Cour de cassation a considéré que ce débiteur, désormais éligible aux procédures collectives prévues par le Code de commerce, ne pouvait plus prétendre au bénéfice d'une procédure de surendettement. Com., 30 sept. 2008 Bull. Civ. IV n°163, JCP G 2009 I 114 note M.Cabrillac et P.Pétel, JCP E 2008 p.2492 note F.Marmoz ; D.2008 p.2501 note A.Lienhard ; D.2008 p.2479 obs. M-L Béléval et R.Salomon

[424] Civ. 2ème, 18 févr. 2016, pourvoi n°15-10876, non publié au bulletin

[425] Ainsi le gérant de SARL n'est pas éligible aux procédures du Livre VI du Code de commerce : Com. 12 nov. 2008, D. 2008, D.2008 p.2929 obs. A.Lienhard ; Rev. sociétés 2009 p.607 obs. P. Roussel-Galle ; JCP E 2009, 1023 note Ch. Lebel – 2ème Civ., 21 janv. 2010, D.2010 p. 321 obs. A.Lienhard ; JCP G 2010, 401, obs. P.Petel. Partant de là, le gérant doit être considéré comme relevant des procédures consuméristes de surendettement, sous la condition expresse de l'existence de dettes non professionnelles.

sous la forme d'une société d'exercice libéral ou d'une société civile professionnelle. Ces professionnels indépendants agissent sous couvert d'une personne morale[426]. En revanche, les associés d'une société civile de moyens continuent d'exercer pour leur compte, et non sous couvert de la personne morale[427]. Ils relèvent, en tant que professionnels libéraux, des procédures collectives et sont, réciproquement, exclus du surendettement.

127. Pendant longtemps, les associés d'une société en nom collectif, qui ont la qualité de commerçant de plein droit en vertu de l'article L 221-1 du Code de commerce, relevaient exclusivement des procédures collectives. L'ancien article L 624-1 du Code de commerce prévoyait d'ailleurs l'extension de la procédure de la personne morale à ses associés indéfiniment et solidairement responsables du passif social. Bien que la loi de sauvegarde du 26 juillet 2005 ait abandonné cette extension de la procédure ; les associés en nom collectif continuaient de relever des procédures du livre VI du Code de commerce en raison de leur qualité de commerçant de plein droit. Certains auteurs avaient pu émettre une opinion contraire[428], fondée sur une remise de cause de la règle posée par l'article L 221-1 du Code de commerce[429]. Il en

---

426 Par trois arrêts du 9 février 2010 (pourvois n°05-15.191, 08-17.760, 08-17.144), la deuxième Chambre civile de la Cour de cassation a exclu du bénéfice des procédures collectives des avocats ayant exercé leur activité à titre individuel pour devenir associé d'une société d'exercice libéral ou d'une société civile professionnelle : Civ. 2ème, 9 févr. 2010, D.2010, p.434 obs. A.Lienhard ; R.T.D.Com. 2010 p. 391 obs. M.-H. Monsériè-Bon ; Rev. proc. coll. 2010 mai 2010 n°3 comm. 131 obs. C.Lebel ; Sur la divergence originelle entre les juges du fond : Paris, 20 nov. 2007 D.2007 p.3074 obs. A.Lienhard, JCP E 2008 1045 note C.Lebel ; Paris, 3ième ch. A, 11 mars 2008 rev. soc. 2008 p.677 obs. Note I.Urbain Parléani ; En sens contraire Paris 3ième ch. B, 26 juin 2008, D.2008 p.2666 obs. A.Lienhard – Pour un point de situation sur ces divergences : A.CERATI-GAUTHIER, Application de la loi de sauvegarde des entreprises aux professions libérales, JCP E 2008, 2436

427 En ce sens : P.CAGNOLI K.SAHLI, art. précité, n°6 ; L'objet de la société civile de moyens n'est pas l'exercice d'une profession mais seulement la prestation de services ou la fourniture de moyens utiles à l'exercice de la profession : art. 36 loi n°66-879 du 29 nov. 1966.

428 P.CAGNOLI K.SAHLI, art. précité, n°5 citant C.REGNAULT-MOUTIER et J.VALLANSAN, « Faillite » des entreprises et surendettement des particuliers, Etude comparative et prospective, Mélanges Héron, LGDJ 2008 p.443

429 F.X LUCAS, Interrogations sur la qualité de commerçant de l'associé en nom, in Procédures collectives et droit des affaires, Mélanges Honorat, éd. Frison roche, 2000, p.281

résultait, selon les partisans de cette thèse, que les associés en nom collectif étaient éligibles au surendettement car ils n'exerçaient pas eux-mêmes l'activité commerciale qui constitue l'objet social de la société. L'ordonnance du 18 décembre 2008 en substituant, dans les dispositions du livre VI du Code de commerce, la terminologie de « commerçant » par celle de « personne exerçant une activité commerciale » a apporté la base textuelle manquante à cette thèse. Partant de là, certains auteurs ont affirmé que les associés en nom collectif entraient dans le giron du droit du surendettement des particuliers[430]. Une juridiction du fond avait d'ailleurs déclaré inéligible aux procédures du Livre VI du Code de commerce un associé en nom collectif au motif qu'il n'exerce ni une activité commerciale ou artisanale, ni une activité professionnelle indépendante[431]. La Cour de cassation a finalement exclu les associés gérants d'une société en nom collectif du bénéfice du surendettement car, ayant la qualité de commerçant de droit, ils sont réputés exercer une activité commerciale au sens des articles L 631-2 et L 640-2 du Code de commerce tels que modifiés par l'ordonnance du 18 décembre 2008[432]. Depuis lors, ceux-ci relèvent exclusivement du droit des entreprises en difficulté.

128. De la même manière, cette dernière modification a influé sur le sort du conjoint collaborateur. Par le passé, ce dernier n'était pas éligible aux procédures collectives, car il n'était pas lui-même commerçant[433]. Par voie de conséquence, celui-ci pouvait relever des procédures de surendettement. Du reste, la Cour de cassation considérait, de manière constante, que le fait d'être marié à un commerçant en liquidation judiciaire n'était pas, à lui seul, une cause d'exclusion du surendettement[434] ; pas plus que la confusion des qualités de co-emprunteur et de conjoint collaborateur n'était de nature à conférer un caractère professionnel aux dettes contractées

---

430 V.VIGNEAU, G-X.BOURIN, C. CARDINI, ouvrage précité, n°61

431 Paris, 5 Ch., 6 juil. 2010, RG n°10-03857, D. 2010 act. 2222 obs.A. Lienhard ; Rev. soc. 2010 p.534 obs. P. Roussel Galle

432 Civ. 2ème, 5 déc. 2013, pourvoi n°11-28.092, JCP E 2014, 1021, note A. Cerati-Gauthier

433 Com. 11 févr. 2004, pourvoi n°01-00.430, Bull. civ. IV n°28, R.J.P.F. 2004/6, p.15 note F.Vauvillé ; Rép. Déf.2004, art. 38066, p.1654 note D.Gibirila

434 Civ 1ère 31 mars 1992, Bull. Civ.I n°108 ; JCP 1992 II 21942, note Paisant ; Civ. 1ière, 22 janv. 2002, n°01-04.020, Bull. Civ. I n°25, R.T.D.Com. 2002, p.552 obs.Paisant

solidairement avec l'exploitant pour l'acquisition d'un fonds de commerce[435]. La seule réserve était que les dettes, déjà incorporées au passif de la procédure collective de l'époux entrepreneur, ne pouvait de nouveau être prise en considération dans l'appréciation de la situation de surendettement du conjoint[436]. Depuis l'ordonnance du 18 décembre 2008, la doctrine s'accorde pour considérer que le conjoint collaborateur relève des seules dispositions du Code de commerce, l'excluant réciproquement du périmètre des procédures consuméristes[437]. Toutefois, cette solution conduit à une regrettable différence de traitement selon l'option retenue par le conjoint parmi les trois statuts offerts par l'article L 121-4 du Code de commerce. Alors que le conjoint collaborateur relèverait des procédures collectives ; le conjoint salarié et le conjoint associé continueraient de relever des seules procédures consuméristes puisqu'ils n'exercent pas d'activité commerciale en leur nom et ne sont pas des professionnels indépendants. Cette différence de traitement ne trouve guère de justification. Aussi, une voix discordante estime encore que le conjoint collaborateur, inscrit comme tel au registre du commerce, continue de relever des procédures de surendettement car il « accomplit des actes (...) au nom de l'époux entrepreneur, en vertu d'un mandat présumé : il n'est pas commerçant et n'exerce pas d'activité commerciale de manière indépendante[438] ».

129. Enfin, il convient d'évoquer la situation de l'entrepreneur individuel à responsabilité limitée qui a affecté un patrimoine à l'exercice de son activité[439]. L'article L 711-7 du Code de la consommation tire les conséquences de la coexistence de plusieurs patrimoines pour un même débiteur. Ce texte offre l'accès aux procédures de traitement du surendettement aux entrepreneurs

---

[435] Civ. 2ème, 27 mai 2004, Bull. Civ. II n°255 ; R.T.D.Com. 2004, 620, obs. Paisant ; Civ. 2ième 14 déc. 2006, n°05-16.143, Act. proc. coll. 2006/16 n°188 obs. Regnault-Moutier

[436] Civ. 2ième, 6 janv. 2011, pourvoi n°09.-72.485, D.2011 Act. 158, note A.Lienhard, Contrats, conc. cons. avr. 2011, n°4 com. 106, obs. Raymond

[437] V.VIGNEAU, G-X.BOURIN, C. CARDINI, ouvrage précité, n°71 ; P.M LE CORRE, ouv. précité, n°211.21

[438] C.REGNAUT-MOUTIER et J.VALLANSAN, « Le périmètre d'application des procédures collectives : la répartition entre la procédure commerciale et la procédure consumériste », Actes du colloque « Le périmètre du droit de la défaillance économique », Rev. proc. coll. janv. fév. 2011 art. 2 p.55, spéc n°35

[439] art . L 526-6 C.com. : nous reviendrons ultérieurement sur ce statut.

individuels à responsabilité limitée lorsque la situation de surendettement résulte exclusivement des dettes non professionnelles attachées au patrimoine non affecté. Si le débiteur respecte la scission des patrimoines, les procédures d'insolvabilité se répartissent selon la nature du patrimoine concerné : le patrimoine non affecté relève des procédures consuméristes, tandis que le patrimoine affecté relève des procédures collectives.

130. Pour demeurer éligible au surendettement, ces différents prétendants aux procédures consuméristes ne doivent pas avoir été rattrapés par les effets d'une procédure collective qui concernerait une autre personne ou un patrimoine différent. Ils seraient alors mécaniquement exclus du surendettement par le jeu de l'article L 711-3 du Code de la consommation. C'est le cas, tout d'abord, lors de l'extension de la procédure collective aux dirigeants et associés d'une personne morale pour confusion des patrimoines ou fictivité, sur le fondement de l'article L 621-2 du Code de commerce. Le principe de subsidiarité exclut tout cumul avec une procédure de surendettement dans un tel contexte. Et, si la demande du dirigeant a déjà été déclarée recevable, la procédure de surendettement devra être clôturée[440]. La question s'est posée de savoir si le prononcé d'une sanction à l'encontre d'un dirigeant, soit que le passif social ait été mis en tout ou partie à sa charge, soit qu'une interdiction de gérer ou une faillite personnelle ait été prononcée à son encontre, serait de nature à le priver du bénéfice du surendettement. Sous l'empire des textes antérieurs à la loi du 26 juillet 2005, la Cour de cassation avait considéré, au visa de l'ancien article L 333-3 du Code de la consommation, que le dirigeant faisant l'objet d'une mesure de faillite personnelle était irrecevable à demander l'ouverture d'une procédure de surendettement[441]. Cette solution jurisprudentielle, qui vaut également pour l'interdiction de gérer, est vivement critiquée car cette sanction n'emporte précisément pas l'ouverture d'une procédure collective à l'égard du dirigeant[442]. Le principe de subsidiarité n'a donc pas lieu à s'appliquer dans cette hypothèse. Basée sur des considérations morales, cette exclusion du dirigeant sanctionné trouverait un bien meilleur fondement, si cette solution était reconduite en jurisprudence, sur le terrain de la mauvaise foi du

---

440 V.VIGNEAU, G-X.BOURIN, C. CARDINI, ouvrage précité, n°62

441 2ième Civ., 8 juil. 2004, D.2004, p 2991 note G.Henaff

442 V.VIGNEAU, G-X.BOURIN, C. CARDINI, ouvrage précité, n°63

débiteur. Or, l'on peut douter de son maintien car la Cour de cassation a depuis admis qu'un gérant majoritaire puisse bénéficier d'une procédure de surendettement dès lors qu'il n'avait pas fait l'objet d'une extension de la procédure de liquidation judiciaire de sa société mais d'une action en comblement du passif[443]. Cette solution est transposable à l'action en responsabilité pour insuffisance d'actif[444] qui a succédé à l'action en comblement du passif. Ainsi, la jurisprudence semble en être revenue à une stricte application du principe de subsidiarité. Cela étant, la condamnation au passif social demeure une dette professionnelle qui ne peut être effacée lors d'un rétablissement personnel. Le dirigeant ne peut donc espérer échapper, par ce biais, à l'exécution de cette condamnation et s'exposerait au prononcé d'une faillite personnelle[445].

131. Force est donc de constater que le droit du surendettement n'est pas exclusivement réservé aux consommateurs impécunieux et englobe dans son champ d'application bon nombre d'acteurs du monde des affaires qui ne sont pas, eux-mêmes, directement éligibles aux procédures du livre VI du Code de commerce. Ce mouvement d'incorporation au droit du surendettement des professionnels non éligibles au droit des procédures collectives permet de combler les interstices laissés vacant par le droit de l'insolvabilité afin que tous puissent bénéficier d'un effacement des dettes. C'est particulièrement vrai pour la caution, personne physique, garantissant le paiement de dettes professionnelles.

C - L'éligibilité de la caution, personne physique, au droit du surendettement

132. Le nouvel article L 711-1 du Code de la consommation reconnaît, en son dernier alinéa, l'éligibilité de la caution, personne physique, au surendettement y compris lorsque la dette garantie est de nature professionnelle. Cela n'a pas toujours été le cas ce qui, par le passé, avait conduit la jurisprudence à écarter le dirigeant, caution de sa société, des faveurs du surendettement au motif que le caractère

---

[443] 2ième Civ., 12 avr. 2012, pourvoi n°11-10.228, D.2012, act. 1120, obs. V. Avena-Robardet ; Rev. soc.2012, p.395 obs. P. Roussel-Galle ; JCP E 2012 n°1338 note A.Cerati-Gauthier ; Rev. proc. coll. 2012 n°119, obs. S.Gjidara-Decaix

[444] art. L 651-2 C.com.

[445] art. L 653-6 C.com.

professionnel de la dette garantie s'opposait à ce qu'elle soit prise en compte dans l'appréciation de sa situation de surendettement[446]. En revanche, la jurisprudence intégrait, dans l'appréciation de la situation de surendettement du frère ou du conjoint de l'exploitant, la dette née d'un cautionnement accordé en garantie du prêt ayant financé l'acquisition d'un fonds de commerce[447]. Afin de « lever l'ambiguïté sur l'éligibilité à la procédure de surendettement des cautions personnelles apportées à des engagements professionnels[448] », la loi relative à l'initiative économique du 1er août 2003 avait modifié, une première fois, la rédaction de l'ancien article L 330-1 du Code de la consommation pour consacrer la jurisprudence en admettant au bénéfice du surendettement les cautions, personnes physiques, qui n'avaient pas d'intérêt économique direct dans l'activité. L'accès du surendettement a donc été étendu au débiteur, de bonne foi, dans l'impossibilité de faire face « à l'engagement qu'il a donné de cautionner ou d'acquitter solidairement la dette d'un entrepreneur individuel ou d'une société dès lors qu'il n'a pas été, en droit ou en fait, dirigeant de celle-ci. » Toutefois, le législateur a estimé opportun d'étendre cette protection aux dirigeants sociaux, et de ne plus la réserver à ses proches, afin de promouvoir la création d'entreprise[449]. La loi de modernisation de l'économie du 4 août 2008 avait entièrement réécrit cet alinéa du texte. La situation de surendettement résultait alors également de « l'impossibilité manifeste pour une personne physique de bonne foi de faire face à l'engagement qu'elle a donné de cautionner ou d'acquitter solidairement la dette d'un entrepreneur individuel ou d'une société. » En ouvrant ainsi au dirigeant caution les portes du surendettement, le législateur s'est éloigné du modèle d'origine qui était le consommateur impécunieux, ce qui a fait regretter à Monsieur le Professeur Paisant[450] que ces dispositions de faveur n'aient pas pris plutôt place dans le Code de

---

[446] Civ. 1ère 31 mars 2001, Bull. civ. I n°74 ; Civ. 2ième, 6 avr. 2006, R.T.D.Com. 2006 p.677 n°1 note G.Paisant ; Rev.proc.coll. 2007, n°4, obs. S.Gjidara-Decaix

[447] Civ. 1ère 31 mars 1992, Bull. civ. I n°107, D. 1992 som. 406 obs. Fortis ; Civ. 1ère 27 oct. 1992, pourvoi n°91-04.107

[448] avis Gallez, Doc. A.N. n°1002, 12ième leg., p.12

[449] avis E.Cioti, Doc A.N. n°895, 13ième lég., p.94

[450] G.PAISANT, L'extension de la notion de surendettement par la loi du 4 août 2008, R.T.D.com. 2008 p.875 -Selon cet auteur, « Le Code de la consommation n'est pas fait pour régler les difficultés financières des professionnels. »

commerce. Certes, la lisibilité du droit du surendettement s'en trouve compromise. Mais, on ne peut nier une certaine complémentarité entre les deux procédures d'insolvabilité : l'une intervenant en quelque sorte en relais de l'autre. L'entrée du dirigeant caution dans le droit du surendettement s'inscrit dans la droite ligne d'une généralisation du droit « de ne pas payer ses dettes », quitte à sacrifier les droits des créanciers, pour « éviter la ruine irréversible[451] » du dirigeant caution. C'est cette logique qui a également présidé à l'extension de l'effacement des dettes au professionnel, personne physique.

D - L'éligibilité du « petit professionnel », personne physique, à l'effacement des dettes

133. L'ordonnance du 12 mars 2014 portant réforme de la prévention des difficultés des entreprises et des procédures collectives a étendu au professionnel le droit à l'effacement des dettes du consommateur en créant, parmi les dispositions du livre VI du Code de commerce, une procédure de rétablissement professionnel inspirée de la procédure consumériste de rétablissement personnel sans liquidation judiciaire[452]. Régie par les articles L 645-1 et suivants du Code de commerce, cette procédure de rétablissement professionnel est d'une application limitée aux seuls entrepreneurs individuels, à l'exclusion des personnes morales, éligibles à une procédure de liquidation judiciaire, confrontés à un état de cessation des paiements et dont le redressement est manifestement impossible[453]. L'article 99 de la loi n°2016-1547 du 18 novembre 2016 relative à la modernisation de la justice du XXIème siècle[454] modifie ce texte pour viser expressément ces conditions et mettre à l'écart le débiteur, personne physique, ayant cessé son activité depuis plus d'un an[455].

---

[451] V.VIGNEAU, G-X.BOURIN, C. CARDINI, ouvrage préc., n°150

[452] P.ROUSSEL GALLE, Le rétablissement professionnel : de l'effacement des dettes au rebond, Gaz. Pal. 6-8 avril 2014, p.32

[453] L'article L 645-1 du Code de commerce vise à ce jour « tout débiteur personne physique mentionné à l'article L 640-2 », c'est-à-dire tous ceux éligibles à une procédure de liquidation judiciaire.

[454] J.O.R.F. 19 nov. 2016, texte n°1

[455] P. Pétel, Les dispositions relatives aux entreprises en difficulté de la loi de modernisation de la justice du XXI siècle, J.C.P. G. 2016, 1341

134. Pour être éligible à cette procédure, le débiteur, personne physique, doit, selon l'alinéa premier l'article L 645-1 du Code de commerce, n'avoir employé aucun salarié au cours des six derniers mois[456] ; n'être impliqué dans aucune instance prud'homale en cours et disposer d'un actif inférieur à une certaine valeur, dont le montant est fixé par décret[457]. En revanche, aucune limite n'a été posée quant au montant du passif. Rien n'exclut que cette procédure, bien qu'elle soit destinée à de très petits entrepreneurs individuels, puisse aboutir à des sacrifices conséquents pour les créanciers[458]. Ceci observé, la cible est clairement celle de l'auto-entrepreneur, désormais micro-entrepreneur. C'est pourquoi, l'alinéa deux de ce texte exclut de cette procédure l'entrepreneur individuel à responsabilité limitée ayant affecté un patrimoine à l'exercice de son activité car ce n'est rien d'autre qu'une entreprise unipersonnelle à responsabilité limitée, la personnalité morale en moins[459]. Cependant, une lecture a contrario du texte permet de retenir l'éligibilité du débiteur, personne physique, qui exercerait malgré tout une activité au sein de son patrimoine non affecté[460]. En guise du rappel du principe « faillite sur faillite ne vaut », l'article L 645-1, alinéa premier, du Code de commerce exclut le débiteur faisant déjà l'objet d'une procédure collective en cours. L'article L 645-2 de ce Code écarte également le débiteur récidiviste qui a déjà bénéficié d'une purge de ses dettes, depuis moins de cinq ans, soit à la suite d'une liquidation judiciaire clôturée pour insuffisance d'actif, au titre de l'un quelconque de ses patrimoines, soit de la clôture d'un précédent rétablissement professionnel. Mais

---

[456] L'absence de tout salarié au cours des six derniers mois garantit la mise hors de cause de l'AGS. En ce sens : C.Champalaune, Directrice des affaires civiles et du sceau, Procédures collectives - Ordonnance du 12 mars 2014, Mieux lutter contre les difficultés des entreprises, « Ce texte simplifie encore la liquidation des plus petites entreprises », Site internet du ministère de la Justice : http://www.textes.justice.gouv.fr

[457] Des seuils à 1.500 ou 3.000 euros avaient été initialement évoqués, notamment dans le projet de décret. Le décret n°2014-736 du 30 juin 2014 a finalement retenu un seuil de 5.000 euros. art. R 645-1 C.com.

[458] F.PEROCHON et P.ROUSSEL-GALLE, Forces et faiblesses de la procédure de rétablissement professionnel du débiteur, Colloque du 23 mai 2014, Lille, la réforme du droit des procédures collectives : nouveau rebond pour le débiteur ?

[459] art. L 526-6 C.Com.

[460] F. MACORIG-VENIER, La procédure de rétablissement professionnel, Dr et patr. juil. août 2014 p. 53 – P.M. LE CORRE, op. cit., n°594.11

cette condition, inspirée de l'exception au principe de non-reprise des poursuites individuelles de l'article L 643-11, III, 3° du même Code, laisse curieusement à l'écart le dirigeant d'une personne morale dont la liquidation judiciaire a été clôturée pour insuffisance d'actif depuis moins de cinq ans[461]. Ainsi, l'ancien dirigeant d'une société liquidée, qui a échoué dans sa tentative de rebond en qualité d'auto-entrepreneur, reste éligible au rétablissement professionnel.

§ 2 - Un effacement réservé aux débiteurs de bonne foi

135. Le droit à l'effacement des dettes est réservé au seul débiteur digne d'une telle mesure de faveur et doit, pour cela, être de bonne foi. Cette exigence est commune à toutes les procédures d'insolvabilité du Code de la consommation et du Code de commerce. L'article L 643-11 du Code de commerce y fait une allusion indirecte en autorisant, après la clôture de la liquidation judiciaire, la reprise des poursuites individuelles à l'encontre du débiteur sanctionné de faillite personnelle ou reconnu coupable de banqueroute. Elle figure expressément à l'article L 645-9 du Code de commerce, comme condition d'éligibilité au rétablissement professionnel. Elle est également mentionnée, à plusieurs reprises, par les textes relatifs au surendettement. Le nouvel article L 711-1 du Code de la consommation subordonne le bénéfice des mesures de traitement du surendettement à la bonne foi du débiteur. Et le nouvel article L 724-3 de ce Code rappelle que la commission de surendettement apprécie la bonne foi du débiteur avant d'orienter la demande vers un rétablissement personnel avec ou sans liquidation judiciaire. Elle est également sous-jacente dans les causes de déchéance prévues au nouvel article L 761-1 du même Code. Bien que commune à toutes les procédures d'effacement des dettes, cette condition de bonne foi est appréciée différemment selon la qualité de consommateur (A) ou de « petit professionnel » (B) du débiteur.

---

[461] P. ROUSSEL-GALLE, le rétablissement professionnel : de l'effacement des dettes au rebond, op. cit., spéc. n°9

A - La condition de bonne foi du consommateur

136. Tout d'abord, le Code de la consommation exclut du surendettement le débiteur dont la bonne foi ne serait pas retenue dès le stade de l'examen de la recevabilité de la demande (1) ou, ultérieurement, par le prononcé d'une déchéance (2) s'il avère que son bénéfice est immérité.

1 - La bonne foi, condition de recevabilité au surendettement

137. Le nouvel article L 711-1 du Code de la consommation subordonne, en premier lieu, le bénéfice des faveurs du surendettement à la bonne foi du débiteur. Cette condition n'a jamais été définie par le législateur. Et, dès le lendemain de la loi du 31 décembre 1989, les créanciers se sont emparés de cette notion pour tenter d'échapper aux sacrifices susceptibles de leur être imposés. Aussi, doctrine et jurisprudence ont été amenées à en dessiner les contours. A son sujet, deux conceptions se sont opposées : celle de la bonne foi contractuelle et celle de la bonne foi procédurale. Dans la première, la bonne foi dépend des circonstances dans lesquelles l'endettement s'est constitué, de la conscience du débiteur de sa situation de surendettement et de ses intentions à l'égard des créanciers. Dans l'autre, la bonne foi est liée exclusivement au comportement du débiteur à l'égard de ses créanciers lors de l'ouverture de la procédure de surendettement et au cours de son déroulement. Malgré la faveur du législateur pour la thèse, plus favorable aux débiteurs, de la bonne foi procédurale[462], la Cour de cassation n'a consacré aucune de ces deux conceptions et a préféré les combiner en considérant que la bonne foi du candidat s'appréciait au vu de l'ensemble des circonstances de la cause[463]. Partant de là, la bonne foi du débiteur reste une question de pur fait, reléguée à l'appréciation souveraine des juges du fond[464]. Pour autant, la Cour de cassation n'a pas abandonné toute forme de contrôle sur cette notion. Elle a ainsi fixé quelques principes procéduraux.

---

[462] Rapp. AN, Lequillier n°1049 : JOAN 30 nov. 1989, p.38 – rép. min. N°28981 : JOAN, Q, 17 sept. 1990, p.4344

[463] Civ. 1ière, 10 déc. 1996, Bull. Civ. I n°447

[464] Civ. 1ière, 4 avr. 1991, Bull. Civ. I n°123, n°124 et n°126

138. Tout d'abord, la Cour de cassation a immédiatement posé, par trois arrêts rendus le 4 avril 1991[465], un principe de présomption de bonne foi du débiteur, inspiré du droit civil, sans depuis être revenu sur cette solution[466]. Cette présomption de bonne foi garantit au débiteur l'accès aux procédures de surendettement en reportant la charge de la preuve de la mauvaise foi sur les créanciers. Cette présomption de bonne foi s'applique également lors de l'examen de recevabilité de la demande par les commissions de surendettement. Toutefois, celles-ci disposent du pouvoir, de par la loi[467], d'apprécier si cette condition, à l'instar des autres prévues par le nouvel article L 711-1 du Code de la consommation, est satisfaite. A partir de là, les commissions apprécient la bonne foi du débiteur en se fondant sur les circonstances de fait : la personnalité du débiteur et sa capacité à prendre conscience de son état d'endettement, la situation familiale et professionnelle du débiteur, la nature et la légitimité des dépenses à l'origine de l'endettement, l'éventuelle origine volontaire de la diminution des ressources, ou encore la volonté du débiteur d'échapper au paiement de ses dettes[468]. Il n'y a ainsi aucune raison d'exclure la bonne foi d'un débiteur dont la situation de surendettement résulte d'une perte d'emploi ou d'une diminution de ressources résultant d'une maladie. Le comportement du débiteur, tant dans la phase d'endettement que lors du déroulement de la procédure, joue également un rôle d'importance. Ainsi, la bonne foi du débiteur peut être écartée lorsqu'il a pleinement conscience de son impossibilité à faire face aux emprunts contractés ; ou encore en présence d'une volonté délibérée d'échapper aux créanciers dans une logique proche de l'organisation frauduleuse d'insolvabilité[469]. En

---

[465] Civ. 1ière, 4 avril 1991, Bull. civ. I n°123, n°124 et n°126 : JCP 1991 II 21702, conclusions Flipo, note Y.Picod ; R.T.D.Com. 1991, p.446 obs. G.Paisant

[466] Civ. 1ière, 24 fev. 1993 Bull. civ. I n°86 ; 13 juin 1995 Bull. Civ. I n°262 ; Civ. 2ème 11 mai 2006, pourvoi n°05-04.036, inédit ; Civ. 2ème, 20 janv. 2011, pourvoi n°09-72.537 R.D. banc. fin. mai 2011 com. 108 obs. S.Piedelievre ; Civ 2ème, 5 déc. 2013, pourvoi n°12-20.492

[467] anc. art. L 331-3 I C.cons.

[468] Circulaire 2014/43700 FI du 22 juillet 2014 relative à la procédure de traitement des situations de surendettement des particuliers - disponible : http://circulaires.legifrance.gouv.fr

[469] Ainsi exprimée par la Cour de cassation : « le bénéfice d'une procédure de redressement judiciaire civil ne peut être refusé qu'au débiteur qui, en fraude aux droits de ses créanciers, a organisé ou aggravé son insolvabilité, soit en dissimulant

revanche, la Cour de cassation retient la bonne foi lorsque le surendettement résulte de la seule négligence du débiteur[470]. Cette interprétation généreuse de la notion de bonne foi permet d'admettre aux faveurs du surendettement les débiteurs qui, tout en ayant de confortables revenus, ont, par légèreté, trop emprunté. Il est ainsi tenu compte de l'attitude des créanciers. Le constat d'une accumulation de crédits résultant de la facilité avec laquelle le débiteur a pu les souscrire ne suffit pas à exclure sa bonne foi, le surendettement pouvant être également imputé aux créanciers qui ont continué de prêter alors que sa situation était déjà obérée[471]. Monsieur le Professeur Raymond résume ainsi la situation : « la procédure de surendettement a été faite pour permettre à des débiteurs, malheureuses victimes du miroir aux alouettes de la société de consommation intensive, d'apurer leurs dettes dans des conditions acceptables pour tous.[472] » En somme, « le débiteur dénué de bonne foi n'est il pas celui qui s'endette en sachant ne pas pouvoir payer, très souvent pour jouir d'un train de vie hors de proportion avec ses ressources prévisibles, tandis qu'est de bonne foi celui qui a contracté avec sincérité et a agi avec l'intention d'exécuter son contrat mais qui, lors du processus de surendettement, se trouvait dans l'ignorance de la

---

certaines de ses dettes, en surévaluant certains de ses biens ou en renonçant à certaines sources de revenus dans le but de se soustraire à l'exécution de ses engagements soit encore en augmentant son passif par des dépenses ou un appel répété aux moyens de crédit dans une proportion telle, au regard de ses ressources disponibles, qu'elle manifeste le risque consciemment pris de ne pas pouvoir exécuter ses engagements ou la volonté de ne pas pouvoir les exécuter. » (Civ. 1ère, 6 déc. 1994, Cont. Conc. Cons. 1995, comm. 41 4ième espèce note G.Raymond)

470 Civ. 2ième, 20 oct. 2005, Bull. Civ. I n°270, D. 2005, act. jurispr. p.2940, obs. V.Avena-Robardet ; D.2006, jurisp. p.870, note G.Henaff

471 Lors des premières applications de la loi du 31 décembre 1989, les juges du fond avaient considéré, que la légèreté blâmable avec laquelle certains débiteurs faisaient usage du crédit excluait la bonne foi. Cependant, le législateur ayant élargi, au fil des réformes, les formes de surendettement prises en compte, les juges du fond ont cessé de considérer que le recours massif au crédit à la consommation privait, en soi, le débiteur de la bonne foi. L'imprudence avec laquelle certains débiteurs s'engageaient, au delà de leurs capacités financières, pouvait aussi bien être reprochée aux établissements de crédit qui continuaient de prêter alors même que la situation était déjà très obérée. Partant de là, la légèreté avec laquelle le débiteur a pu contracter des crédits n'est plus considérée comme exclusive de la bonne foi : Civ. 2ème 15 janv. 2009, rev. proc. coll. 2009 p.34 obs. S.Gdjdara-Decaix.

472 G.RAYMOND, ouvrage précité, n°633

difficulté qu'il aurait de respecter ses engagements ?[473] » Ceci observé, cet examen de bonne foi est effectué en la personne du débiteur. Aussi, lorsque la demande est présentée par un couple, la bonne foi s'apprécie distinctement pour chacun des membres du couple[474]. Le juge doit donc effectuer un diagnostic individuel de bonne foi et la mauvaise foi de l'un n'est pas susceptible de rejaillir sur l'autre[475].

139. Dans le prolongement de la présomption de bonne foi, un avis de la Cour de cassation du 16 décembre 1994[476] a interdit au juge de soulever d'office la fin de non-recevoir tirée de la mauvaise foi du débiteur. Cette solution, réaffirmée depuis[477], est constante en la matière. Le juge ne peut écarter un débiteur des faveurs du surendettement, pour cause de mauvaise foi, que si un créancier a préalablement invoqué cette fin de recevoir. Il ne peut donc retenir d'office la mauvaise foi du débiteur lors d'une contestation des mesures imposées par la commission, la recevabilité du débiteur ayant déjà été admise à ce stade. En revanche, le juge ne statue pas d'office sur cette question lorsque le débiteur conteste la décision d'irrecevabilité prononcée par la commission puisque celle-ci est déjà entrée dans la cause[478]. Le Comité de suivi de la loi du 1er août 2003 avait préconisé de revenir sur cette interdiction en autorisant expressément le juge à vérifier d'office la bonne foi du débiteur au motif qu'il est le seul en mesure d'avoir une approche globale de la

---

473 V.VIGNEAU, G-X.BOURIN, C. CARDINI, ouvrage précité, n°112

474 Sur cette question : R.CABRILLAC, Conditions d'ouverture d'une procédure de surendettement des particuliers et couples mariés, Etudes de droit de la consommation, Liber amicorum Jean Calais-Auloy, Dalloz 2004, p.217 ; S.GJIDARA-DECAIX, La vie à deux et le surendettement : rev. proc. coll. 2004 p. 338

475 Concernant un couple de concubins : Civ. 1ière, 27 fév. 1997, Cont. Conc. Cons. 1997 comm. 89 obs. G.Raymond ; Concernant un couple marié : Civ. 1ière, 14 mars 1990, Bull. civ. I n°95 ; RTDCom. 2000, p.470 obs. Paisant

476 Avis, 14 déc. 1994, Bull civ. 1994, avis n°25

477 Civ 1ière, 13 juin 1995, D. 1996, somm. p.79 note P-L Chatain et Ferrière ; Civ. 2ième, 26 juin 2003, Bull. Civ. II, n°214 ; Civ. 2ième 21 avr. 2005, Cont. Conc. Cons. 2005, Com. n°160 note Raymond ; Rev. proc. coll. 2006, n°1, note S.Gdjidara-Decaix

478 et ce conformément au pouvoir dont dispose la commission dans ce domaine : Civ. 2ième, 23 oct. 2003, pourvoi n°02-04.101 ; Civ. 2ième, 19 mai 2005, pourvoi n°04-04.071, Civ. 2ième, 14 nov. 2013, pourvoi n°12-28.461

situation du débiteur alors que les créanciers n'ont qu'une connaissance partielle de celle-ci[479]. Aucune réforme ultérieure du surendettement n'a repris à son compte cette proposition. Cela étant, certains auteurs ont soutenu que le juge tirait de l'ancien article L 141-4 du Code de la consommation, dont les dispositions ont été reprises à l'article R 632-1 par le décret n°2016-884 du 29 juin 2016, le pouvoir de relever d'office la mauvaise foi du débiteur à l'instar de toutes les dispositions de ce Code[480], invoquant au soutien de cette thèse un arrêt rendu par la deuxième chambre civile de la Cour de cassation le 11 mars 2010[481]. Cependant, cette décision demeure isolée et la Cour de cassation semble être depuis revenue à sa jurisprudence traditionnelle[482]. Cette interdiction du juge de relever d'office la mauvaise foi du débiteur doit être nuancée lorsque la procédure est orientée vers un rétablissement personnel assorti d'une liquidation judiciaire. Le nouvel article L742-3 du Code de la consommation subordonne en effet l'ouverture de cette procédure au constat de la bonne foi du débiteur. Cette exigence du texte a conduit la Cour de cassation, dans un arrêt du 14 décembre 2006[483], confirmé depuis[484], à considérer que le juge pouvait alors apprécier, même d'office, la bonne foi du débiteur.

140. Par ailleurs, la question s'est posée de savoir si un débiteur reconnu de mauvaise foi, et déclaré de ce fait inéligible au surendettement, le demeurait pour toutes les demandes ultérieures. Autrement dit, la mauvaise foi constatée d'un débiteur l'exclut-elle définitivement des procédures de surendettement ? Selon les hauts magistrats, la bonne foi du débiteur s'apprécie au vu de l'ensemble

---

[479] Rapport du comité de suivi de l'application des dispositions relatives au surendettement de la loi n°2003-710 du 1er août 2003, p.29, disponible sur le site internet de la Cour de cassation www.courdecassation.fr

[480] V.VIGNEAU, G-X.BOURIN, C. CARDINI, ouvrage précité, n°93 ; Y.PICOD, Bonne foi et droit de la consommation, Mélanges en l'honneur de Daniel Tricot, Litec – Dalloz 2011, p. 121 spéc. n°18

[481] Civ. 2ème, 11 mars 2010, pourvoi n°08-20.949, inédit

[482] Civ. 2ème, 26 septembre 2013, pourvoi n°12-23.686, dans cette espèce la Cour censure un juge ayant refusé de conférer force exécutoire à la recommandation d'un rétablissement personnel sans liquidation judiciaire motif pris de la mauvaise foi du débiteur.

[483] Civ. 2ième, 14 déc. 2006, Bull. Civ. II n°355 : D.2007 p.891 obs. V. Vigneau ; R.T.D.Com. 2007 p.245 note G.Paisant

[484] Civ. 2ième, 5 fév. 2009, Rev. proc. coll. 2009 p.34 note S.Gjidara-Decaix

des éléments qui sont soumis au juge au jour où celui-ci statue[485]. La Cour de cassation admet donc que le débiteur puisse présenter une nouvelle demande, pour laquelle il sera considéré de bonne foi, s'il justifie d'éléments nouveaux susceptibles de conduire à une analyse différente de sa situation. Le juge ne peut, par conséquent, déclarer irrecevable la nouvelle demande du débiteur en raison de l'autorité de la chose jugée tirée de la précédente décision[486]. Le juge doit alors rechercher s'il existe des faits nouveaux de nature à conduire à une appréciation différente de la situation du débiteur. Et, pour cela, le juge doit tenir compte de la bonne volonté manifestée par le débiteur depuis sa première demande en raison de paiements effectués, peu importe leur montant[487]. Le débiteur, dont la mauvaise foi a été retenue, peut ainsi être considéré comme étant de nouveau de bonne foi si sa situation a évolué depuis sa première demande. Cependant, les juges peuvent, après avoir apprécié les éléments nouveaux, considérer que la mauvaise foi du débiteur est toujours d'actualité[488]. La jurisprudence retient donc une conception pragmatique de la bonne foi, dans une logique de faveur pour le débiteur surendetté qui s'est repenti.

2 - La déchéance du consommateur fautif

141. Sur un autre terrain, le débiteur peut être privé, en guise de sanction de son comportement, des faveurs du surendettement. Le nouvel article L 761-1 du Code de la consommation organise ainsi une déchéance de ses dispositions protectrices si le débiteur vient à commettre certains faits frauduleux : fausse déclaration[489] ou remise

---

485 Civ.1ière, 4 avril 1991, Bull. Civ. I n°125 ; Civ. 1ière 31 mars 1992, Bull. Civ. I n°109

486 Civ. 1ière, 5 janv. 2000, Bull. Civ. I n°2 ; Civ. 2ième, 6 mai 2004, Bull. Civ. II n°223, Cont. Conc. Cons. 2004, com. 148 note G.Raymond

487 Civ. 1ière, 10 déc. 1996, Bull. Civ. I n°27 ; Civ. 1ière 1er juin 1999 Procédures 2000 n°276 obs. H.Croze

488 Civ 2ième, 10 fév. 2005, Cont. Conc. Cons. 2005 com. 121 note G.Raymond ; 2ième Civ., 15 sept. 2005 R.T.D.Com. 2005 p.854 note G.Paisant

489 Cette cause de déchéance est, au demeurant, de bon sens puisque les procédures de surendettement reposent pour l'essentiel sur les déclarations effectuées par le débiteur à la Commission de surendettement. En illustration : Civ. 1ière, 31 mars 1992, Bull. Civ. I n°110 ; R.T.D.Com. 1992 p. 673 obs. Paisant, dans cette espèce, le débiteur déchu prétendait que sa situation professionnelle n'avait pas changé alors

de documents inexacts ; détournement[490] ou dissimulation[491] de biens ; aggravation de l'endettement par la souscription, sans l'accord de la commission ou du juge, de nouveaux emprunts[492] ou disparition d'une partie de l'actif pendant la procédure de surendettement[493]. Ces différentes causes de déchéance ne peuvent se résumer à la simple mauvaise foi du débiteur. Ces deux notions sont distinctes. La déchéance repose sur des faits objectifs prédéterminés par la loi comparables à ceux faisant encourir la faillite personnelle du professionnel[494]. Tout au contraire, la mauvaise foi s'apprécie de manière subjective en fonction de la personnalité du débiteur. Ces deux notions, déchéance et mauvaise foi, sont également distinctes sur le terrain procédural. La déchéance peut être prononcée à tout moment de la procédure. La bonne foi du débiteur ne peut être écartée qu'ab initio, lors de l'examen de la recevabilité de la demande. Une fois admise, elle n'a plus vocation à être remise en cause par la suite. Par ailleurs, à la différence de la mauvaise foi, les causes de déchéance ont

---

qu'il avait repris une activité. En outre, en cas de déclarations mensongères accompagnées de manœuvres frauduleuses, le débiteur encourt les peines prévues pour l'infraction d'escroquerie. Crim. 13 janv. 2010 pourvoi n°09-82.071, R.D. banc. fin. 2010, n°146, obs. S. Piedelièvre

[490] Il s'agit ici de sanctionner civilement une organisation d'insolvabilité. Pour des débiteurs déchus en raison d'une donation d'un bien immobilier à leurs enfants trois semaines avant la première saisine de la commission et se refusant à l'audience à vendre leur résidence principale : Paris, 13 sept. 2006 juris-data n°2006-311725. Depuis la loi n°2010-737 du 1er juillet 2010 portant réforme du crédit à la consommation, le seul fait d'être propriétaire de sa résidence principale, ne peut plus être considéré comme empêchant que la situation de surendettement soit caractérisée (anc. art. L 330-1 al. 1er in fine désormais L 711-1 al. 2 C.cons.).

[491] Pour des débiteurs ayant dissimulé un héritage sans intention frauduleuse : Douai, 26 févr. 2004, juris-data n°2004-285961

[492] L'aggravation du passif doit exclusivement résulter de la souscription non autorisée de nouveaux emprunts et non du simple fait de la survenance d'une dette locative ou de l'apparition d'un arriéré d'impôt. Civ. 1ière, 12 janv. 1999, Bull. civ. I n°17 ; D.1999 som.com. 207 obs. Chatain et Ferrière

[493] Procède à une diminution d'actif le débiteur qui réalise des actes de disposition sans y avoir été préalablement autorisé, comme par exemple, l'achat d'un nouveau véhicule à l'aide de fonds provenant du déblocage de l'épargne salariale motivé par l'ouverture du surendettement (Dijon, 25 fév. 2005, juris-data n°2005-263718) ou de la vente de leur bien (Paris, 19 sept. 1997, Cont. Conc. Cons. 1998 n°33 obs. G.Raymond).

[494] art. L 653-3 C.com.

un caractère limitatif et ne peuvent être étendues à d'autres hypothèses que celles visées par la loi[495]. Le caractère objectif des causes de déchéance emporte une certaine automaticité de cette sanction. La formule impérative retenue par ce texte, « est déchue », ne laisse aucun doute à ce sujet. Celle-ci peut être indifféremment relevée par la commission[496] ou par le juge, au besoin d'office[497]. Cela étant, une partie de la doctrine a considéré qu'il était nécessaire de tenir compte de l'intention réelle du débiteur[498]. Cet appel a d'ailleurs reçu un certain écho en jurisprudence. Ainsi, un débiteur ayant omis, par simple négligence, de déclarer l'un de ses créanciers à la commission n'a pas à être déchu de la procédure[499]. En revanche, la déchéance peut être prononcée par la commission, dès l'examen de la recevabilité de la demande, si le débiteur fait sciemment une description incomplète des éléments d'actif et de passif de son patrimoine[500]. Autrement, elle peut être prononcée par le juge à l'occasion des recours exercés à l'encontre des mesures prises par la commission ou lors de la procédure de rétablissement personnel avec liquidation judiciaire. Bien que le texte soit muet sur les effets de cette sanction, il apparaît acquis que les mesures de réaménagement ou d'effacement des dettes deviennent caduques. Les créanciers recouvrent donc leur droit de poursuites individuelles à l'encontre du débiteur pour les sommes restant dues, déterminées selon les stipulations contractuelles initiales, comme si les mesures de réduction

---

495 Ainsi, l'omission délibérée du débiteur d'exécuter les obligations prévues par le plan ne justifie pas le prononcé d'une déchéance : Civ. 1ière, 18 janv. 2000, pourvoi n°98-04123

496 La question s'est posée de savoir si la commission, simple organe administratif, disposait du pouvoir de prononcer cette sanction. La Cour de cassation, dans un avis du 27 avril 2000, l'a implicitement reconnu en ouvrant une voie de recours à l'encontre d'une décision de la Commission devant le juge du surendettement : Avis, 27 avril 2000, Bull. avis n°3, Cont. Conc. Cons. 2000, com. n°171 obs. G.Raymond ; R.T.D.Com. 2000 p.733 obs. G.Paisant

497 2e Civ., 12 avr. 2012, Bull. Civ. II n°76, D.2012 act. 1119 obs. Avena-Robardet ; R.D. banc. fin. 2012 n°130 obs. S.Piedelièvre ; Rev. proc. coll. 2012 com. n°121 obs. S.Gjidara-Decaix

498 V.VIGNEAU, G-X.BOURIN, C. CARDINI, ouvrage précité, n°191

499 2e Civ., 23 juin 2005, Bull. civ. II n°173 ; D. 2005 act. jurisp. p. 221 obs. C.Rondey

500 art. R 761-1 C.cons.

de dettes n'étaient jamais intervenues[501]. Hypothétiquement, ils pourraient donc appréhender les biens nouveaux acquis par un débiteur revenu à meilleure fortune. Cela étant, dans un contexte d'aggravation du passif, l'insolvabilité du débiteur a toutes les chances d'être persistante. D'ailleurs, la déchéance du débiteur n'est pas considérée comme un obstacle définitif à l'accès au surendettement. Si celui-ci vient à justifier de faits nouveaux, ultérieurs au prononcé de la déchéance, de nature à établir sa bonne foi qui, dans ce cas, n'est pas présumée ; il peut solliciter le réexamen de sa situation[502].

B - La condition de bonne foi du « petit professionnel »

142. Dans la procédure de rétablissement professionnel instituée par le titre IV du livre VI du Code de commerce, la bonne foi du débiteur a une fonction proche de celle assignée par le droit du surendettement. En effet, le débiteur ne doit rien dissimuler ni de son actif, ni de son passif, sous peine d'être déchu de l'effacement de ses dettes. Selon l'alinéa premier de l'article L 645-9 du Code de commerce, à tout moment de la procédure de rétablissement professionnel, le tribunal peut ouvrir, sur rapport du juge commis, la liquidation judiciaire demandée simultanément s'il ressort de l'enquête que le débiteur n'est pas de bonne foi ou qu'il existe des éléments susceptibles de donner lieu à des sanctions ainsi qu'à des actions en nullité de la période suspecte[503]. Pour sa part, l'article L 645-12 du Code de commerce prévoit une rétractation du prononcé de l'effacement des dettes lorsqu'il a été obtenu par une description incomplète des éléments d'actif et de passif. Ainsi, le rétablissement professionnel, comme les procédures consuméristes, est réservé au seul débiteur qui le mérite et doit, pour cela, être de bonne foi.

---

501 V.VIGNEAU, G-X.BOURIN, C. CARDINI, ouvrage préc., n°193

502 Civ. 1ière, 15 déc. 1998, Bull. civ. I n°367 ; D.1999 som. com. 207 obs. Chatain et Férrière ; Civ. 1ière, 23 nov. 1999, Bull. civ. I n°322 ; D.2000 act. 115 ; RTDCom. 2000 p. 193 obs. Paisant

503 Dans ces deux cas, le tribunal peut également être saisi d'une demande d'ouverture d'une liquidation judiciaire sur requête du ministère public ou par assignation d'un créancier.

143. Cette exigence de bonne foi est un emprunt manifeste au droit du surendettement. Partant de là, les solutions consuméristes déjà évoquées sont transposables par analogie[504]. Le principe de la présomption de bonne foi, avec l'interdiction corrélative pour le juge commis de relever d'office la mauvaise foi, trouve incontestablement à s'appliquer. Cela étant, le parallélisme pourrait bien s'arrêter là. Salué par la doctrine comme un « facteur de souplesse bienvenu[505] », les situations concrètes « d'absence de bonne foi » pourraient bien se limiter aux seules causes de déchéance du surendettement prévues par l'article L 761-1 du Code de la consommation. L'on sait que les comportements incriminés sont la fausse déclaration ou la remise de documents inexacts, la dissimulation ou le détournement de tout ou partie de ses biens ou encore l'aggravation du passif. Or, les hypothèses de dissimulation d'actif ou d'aggravation du passif sont déjà appréhendées, dans le rétablissement professionnel par l'ouverture d'une liquidation judiciaire. Aussi, la doctrine interprète l'absence de bonne foi comme la situation d'une fausse déclaration du débiteur à laquelle l'on assimile la remise de documents inexacts ou falsifiés au mandataire[506]. Quoi qu'il en soit, les effets d'un manquement à l'exigence de bonne foi dans le rétablissement professionnel diffèrent fondamentalement d'une procédure consumériste puisque la perte du rétablissement professionnel entraine l'ouverture d'une liquidation judiciaire en ramenant le débiteur dans le giron du droit commun des procédures collectives. A la différence des procédures consuméristes, le débiteur n'est pas ici exclu de toute purge des dettes. Il demeure éligible à une autre forme, la non-reprise des poursuites individuelles, avec pour contrepartie la réalisation de l'actif qu'il a pu dissimuler.

144. Cette exigence de bonne foi est donc une condition commune à toutes les procédures d'insolvabilité du débiteur, personne physique, instituées tant par le Code de commerce que le Code de la consommation. Il ne s'agit pas du seul trait caractéristique commun à ces procédures : celles-ci permettent un effacement des dettes selon

---

[504] T. STEPHANIA, la procédure de rétablissement sans liquidation judiciaire en droit des entreprises en difficulté, JCP E 2014, 1345

[505] P.PETEL, Entreprises en difficulté : encore une réforme ! , JCP E 2014, 1223, spéc. n°23

[506] P.M LE CORRE, Premiers regards sur l'ordonnance du 12 mars 2014 réformant le droit des entreprises en difficulté, D. 2014, p.733, spéc. n°43

des modalités voisines mais dont l'étendue varie selon la qualité du débiteur.

Section 2 - Les modalités d'effacement des dettes d'un débiteur, personne physique

145. En raison de leur lien de parenté, les modalités d'effacement des dettes d'un débiteur, personne physique, sont proches encore que l'étendue de l'effacement puisse varier en fonction de la qualité du débiteur, selon qu'il s'agisse d'un consommateur (§ 1) ou d'un « petit professionnel » (§2).

§ 1 - Les modalités d'effacement des dettes d'un consommateur

146. De la même manière qu'une liquidation judiciaire suppose l'impossibilité du redressement de l'entreprise en difficulté, le surendettement doit placer le consommateur dans une situation suffisamment critique pour rendre son redressement impossible et nécessaire le prononcé d'un effacement des dettes. Pour cela, l'insolvabilité du débiteur doit être telle qu'un apurement, même partiel, du passif serait impossible sauf à condamner le débiteur à l'exclusion sociale. L'unique solution consiste alors à liquider ce qui peut l'être et à purger les dettes subsistantes afin que le débiteur puisse prendre un nouveau départ. Il doit donc être dans une situation irrémédiablement compromise, conformément au nouvel article L 724-1 du Code de la consommation. A défaut, la commission de surendettement est tenue d'élaborer un plan à l'aide de mesures de redressement dont la durée maximale ne peut excéder sept ans, depuis le 1er juillet 2016[507]. Aussi, le consommateur ne peut espérer échapper

[507] La durée des mesures de redressement, qu'il s'agisse d'un plan conventionnel ou d'un plan imposé, était à l'origine de dix années. La loi n°2010-737 du 1er juillet 2010 portant réforme du crédit à la consommation avait réduit cette durée à huit ans. L'article 43 de la loi n°2014-344 du 17 mars 2014 relative à la consommation a réduit encore la durée totale des mesures de surendettement de huit à sept ans. Par un jeu de renvoi de texte, l'entrée en vigueur de cette disposition était concomitante à celles instaurant le registre national des crédits aux particuliers. Son invalidation par le Conseil constitutionnel a rendu cette réduction provisoirement inapplicable (Circulaire JUSC1409452C du 5 mai 2014 de présentation des dispositions des lois n°2014-344 du 17 mars 2014 relative à la consommation et n°2014-366 du 24 mars 2014 pour l'accès au logement et un urbanisme rénové, relatives au traitement des

au paiement de ses dettes s'il dispose de ressources suffisantes lui permettant de faire face, même partiellement, à son endettement. A cet effet, le « reste à vivre » joue alors un rôle essentiel dans l'orientation du traitement du surendettement. Celui-ci se détermine par référence au revenu de solidarité active selon la composition familiale[508]. C'est le « minimum vital » que le nouvel article L 731-2 du Code de la consommation impose à la commission de laisser à la disposition du débiteur pour lui permettre de faire face à ses dépenses de vie courante. C'est à partir de ce « reste à vivre » que la commission détermine la capacité contributive du débiteur et oriente vers une forme, ou une autre, de traitement du surendettement.

147. Pour faciliter l'examen de la situation du particulier surendetté, le Code de la consommation instaure une sorte de « période d'observation ». La recevabilité du débiteur aux procédures de traitement du surendettement emporte des effets comparables à ceux produits par le jugement d'ouverture d'une procédure collective du livre VI du Code de commerce. Le Code de la consommation reprend bon nombre des traits caractéristiques de la discipline collective. Le nouvel article L 722-2 de ce Code instaure une suspension de plein droit des procédures d'exécution, à compter de la décision de recevabilité rendue par la commission, pour toutes les créances nées antérieurement à celle-ci[509]. Corollaire de la suspension des poursuites individuelles, celle-ci emporte interdiction pour les créanciers de prendre toute garantie ou sûreté. Toutefois, à la différence du Code de commerce, le Code de la consommation n'instaure pas d'arrêt du cours des intérêts. Le nouvel article L 722-5 de ce Code édicte également une série d'interdictions à destination du débiteur, s'inspirant des dispositions du Livre VI du Code de commerce,

---

situations de surendettement, B.O. min. just. 16 mai 2014). Une disposition législative ultérieure a donc précisé l'entrée en vigueur de cette réduction de la durée du plan de surendettement au 1er juillet 2016 (art. 14 de la loi n°2014-617 du 13 juin 2014 relative aux comptes bancaires inactifs et aux contrats d'assurance vie en déshérence). La durée maximale de sept ans figure désormais au nouvel article L 732-3 du Code de la consommation.

508 nouvel art. L 731-2.C.cons.

509 En revanche, cette interdiction ne s'étend pas aux créances nées postérieurement à la décision que le débiteur doit continuer de payer à l'échéance. V.VIGNEAU, G-X.BOURIN, C. CARDINI, ouvrage précité, n°63

comme l'interdiction du paiement des créances antérieures[510]. Pour évaluer le niveau du surendettement du débiteur, la commission dresse un état de la situation active et passive du débiteur à partir des déclarations qu'il est tenu de faire. Le cas échéant, celle-ci peut inviter les créanciers à déclarer leurs créances en publiant un appel[511]. Celle-ci procède à une vérification des créances et dresse un état du passif[512]. A l'issue de cet examen de la situation active et passive du débiteur, elle oriente vers une forme ou une autre de traitement du surendettement.

148. Si, à l'examen des ressources du débiteur et de la composition de son endettement, la commission estime que le débiteur dispose d'une solvabilité suffisante pour remédier à son surendettement ; elle tente d'élaborer un plan conventionnel de redressement. Le nouvel article L 732-1 du Code de la consommation indique que la commission s'efforce de concilier les parties en vue de la conclusion de ce plan conventionnel. Conformément au nouvel article L 732-2 de ce Code, le plan conventionnel peut comporter des mesures de report ou de rééchelonnement des dettes, des remises de dettes, de réduction ou de suppression du taux d'intérêt, de consolidation, de création ou de substitution de garantie. Ce plan peut être subordonné à l'accomplissement par le débiteur d'actes propres à faciliter, à garantir le paiement de la dette ou à l'abstention du débiteur d'actes qui aggraveraient son insolvabilité. Il comporte, même de manière tacite[513], une clause de retour à meilleure fortune permettant aux créanciers de demander la mainlevée des mesures en cas d'amélioration « significative[514] » de la situation du débiteur. Cela étant, la difficulté à recueillir le consentement unanime des créanciers en fait un mode de traitement quasi-subsidiaire du surendettement.

---

[510] Il est ainsi fait défense au débiteur de procéder à un paiement en tout ou partie, d'une créance, autre qu'alimentaire, née antérieurement à la décision de recevabilité ; de réaliser tout acte qui aggraverait son insolvabilité ou d'accomplir un acte de disposition étranger à la gestion courante. Toutefois, le débiteur peut saisir le juge pour être autorisé à accomplir l'un de ces actes.

[511] ancien art. L 331-3 II C.cons., nouvel art. L. 723-1 C.cons.

[512] ancien art. L 331-4 C.cons., nouveaux articles L 723-2 à 723-4 C.cons.

[513] Civ.1[ière]. 9 fév. 1994 Bull. civ. I, n°59 ; Civ. 2e, 16 oct. 2003, pourvoi n°02-04.142, inédit

[514] supra, note de bas de page n°185

149. Aussi, en application du nouvel article L 732-4 du Code de la consommation, si la situation du débiteur, sans être irrémédiablement compromise, ne permet pas le remboursement de la totalité de l'endettement et que la mission de conciliation apparaît vouée à l'échec ; la commission peut soit directement imposer certaines mesures, soit simplement en recommander d'autres. L'une des innovations de la loi du 1er juillet 2010 portant réforme du crédit à la consommation a été de reconnaître à la commission le pouvoir d'imposer aux créanciers les mesures de restructuration de l'endettement n'altérant pas la substance de la créance, à savoir le montant de la dette en capital. Ces mesures peuvent être ordonnées directement sans que le juge n'ait, par la suite, à les homologuer pour leur conférer force exécutoire. Enumérées par le nouvel article L 733-1 du Code de la consommation, ces mesures sont : le rééchelonnement de la dette, l'imputation prioritaire des paiements sur le capital[515], ou encore la réduction du taux d'intérêt de la dette[516]. Aux côtés de ces

---

[515] Inspirée des dispositions du droit commun de l'article 1244-1 du Code civil, l'imputation prioritaire des paiements sur le capital permet de déroger à l'article 1254 du Code civil pour éviter que les paiements ne s'imputent d'abord sur les intérêts produits par la dette. La mesure permet de réduire le poids de la dette par un amortissement plus rapide du capital restant dû qui ne produit alors plus d'intérêts. Elle constitue un remède approprié lorsque le surendettement est consécutif à un trop large recours aux crédits à la consommation et, notamment, aux crédits renouvelables. L'imputation des paiements sur le principal ne concerne que les échéances exigibles ou à échoir. Elle ne permet pas de modifier l'affectation d'un versement intervenu avant le prononcé de la mesure qui éteint alors la dette à due concurrence et selon les modalités fixées par les parties. V.VIGNEAU, G-X. BOURIN et C.CARDINI, ouvrage précité, n°505

[516] Selon le troisièmement de l'ancien article L 331-7, désormais L 733-1, du Code de la consommation, la Commission peut « prescrire que les sommes correspondant aux échéances reportées ou rééchelonnées porteront intérêt à taux réduit, qui peut être inférieur au taux d'intérêt légal, sur décision spéciale et motivée et si la situation du débiteur l'exige. Quelle que soit la durée du plan de redressement, le taux ne peut être supérieur au taux légal. » Le prononcé d'une telle mesure permet d'alléger le poids de la dette supporté par le débiteur. Son application est limitée aux seules échéances reportées ou rééchelonnées au jour où la mesure est prononcée sans pouvoir remettre en cause les intérêts compris dans les échéances antérieures, qu'elles soient demeurées impayées ou non. La lettre du texte autorise la Commission à réduire le taux qui ne peut être supérieur au taux légal, mais en revanche peut être inférieur. A partir de là, la jurisprudence a admis que la mesure puisse aller jusqu'à la suppression pure et simple des intérêts (Civ.1ière 12 janv. 1994, Bull. civ. I n°21 ; D.1994 JP p.339 obs. Paisant ; Rép. Déf. 1994 p.1323 note Dagorne-Labbé). Quelle que soit l'ampleur de la réduction, une telle mesure, qui

mesures imposées, l'actuel article L 733-7 du Code de la consommation autorise la commission à recommander, sur proposition spéciale et motivée, l'adoption d'une seconde série de mesures comportant un sacrifice partiel des créanciers et demeurant, en l'état actuel des textes, l'apanage du juge. Toutes ces mesures peuvent, si nécessaire, être combinées entre elles pour remédier au surendettement du débiteur dans une durée ne pouvant excéder sept années[517]. L'article 58 de la loi n°2016-1547 du 18 novembre 2016 relative à la modernisation de la justice du XXIème siècle[518] supprime la phase d'homologation judiciaire de ces mesures recommandées qui seront désormais toutes imposées aux créanciers par la commission, le juge n'intervenant que lors d'une contestation[519].

150. Ceci précisé, les dettes subsistantes, qui n'ont pu être réglées à l'issue du plan, ont vocation à être effacées. Aussi, tant que le débiteur est encore solvable et que sa situation n'est pas irrémédiablement compromise, les sacrifices imposés aux créanciers ne peuvent être que partiels (A). Au contraire, lorsque la commission constate que le débiteur est durablement insolvable, celle-ci doit l'orienter[520] vers une

---

porte atteinte aux prévisions contractuelles, ne peut être prononcée que par décision spéciale et motivée lorsque la situation du débiteur le justifie. Elle doit être indispensable au redressement de la situation financière du débiteur et suppose que la capacité de remboursement du débiteur soit absorbée par les intérêts produits par la dette. A défaut, le prononcé d'une telle mesure, qui entraîne réfaction du contrat, porterait une atteinte illégitime aux droits des créanciers. En ce sens : V.VIGNEAU, G-X.BOURIN et C.CARDINI, ouvrage précité, n°506

[517] L'article 43 de la loi du 17 mars 2014 a réduit la durée maximale du plan de surendettement de huit à sept années à compter du 1er juillet 2016, disposition désormais codifiée à l'article L 733-3 du Code de la consommation.

[518] J.O.R.F. 19 nov. 2016, texte n°1 : S. Piedelièvre, Droit du surendettement dans la loi de modernisation de la justice du XXI siècle, JCP G. 2016, 1329

[519] Pour cela, l'article 58 de la loi relative à la modernisation de la justice du XXIème siècle réécrit toutes les dispositions du chapitre III du titre III du Livre VII du nouveau Code de la consommation, à savoir dans de nouveaux articles L 733-1 et suivants. Ces nouvelles dispositions entreront en vigueur le 1er janvier 2018 et s'appliqueront aux procédures de surendettement en cours à cette date, sauf lorsque le juge d'instance aura été saisi par la commission de surendettement aux fins d'homologation. Dans ce cas, l'affaire restera poursuivie et jugée conformément au livre VII du code de la consommation dans sa rédaction antérieure à la loi nouvelle.

[520] De même, l'article 58 de la loi relative à la modernisation de la justice du XXIème siècle supprime la phase d'orientation par la Commission en lui donnant le pouvoir d'imposer un rétablissement personnel sans liquidation judiciaire, le juge n'ayant à connaître de la procédure que lors d'une contestation.

procédure de rétablissement personnel, assortie ou non d'une liquidation judiciaire, débouchant sur un effacement total des dettes (B). Cela étant, certaines dettes ne peuvent être effacées. Il conviendra donc d'envisager l'étendue de l'effacement (C). Mais surtout, sa nature juridique devra être précisée car il est fréquemment soutenu qu'il constituerait une cause d'extinction de la créance, exorbitante du droit commun, à la différence de l'interdiction de la reprise des poursuites individuelles (D). Enfin, il conviendra de s'assurer de sa conformité au droit fondamental de propriété (E).

A - L'effacement partiel des dettes du consommateur dans l'impossibilité de faire face à ses dettes non professionnelles

151. Même si le consommateur n'est pas placé dans une situation irrémédiablement compromise, la commission peut recommander au juge, sur proposition spéciale et motivée, l'adoption de deux types de mesures emportant, pour partie, purge des dettes : la réduction du solde de la dette immobilière en cas de vente forcé (1) et l'effacement partiel des dettes (2).

1 - La réduction du solde de la dette immobilière en cas de vente forcée du logement principal

152. Le premièrement de l'actuel article L 733-7 du Code de la consommation autorise la Commission à recommander au juge, sur proposition spéciale et motivée, la réduction de la fraction des prêts immobiliers restant due « en cas de vente forcée du logement principal du débiteur, grevé d'une inscription bénéficiant à un établissement de crédit ou à une société de financement ayant fourni les sommes nécessaires à son acquisition ». Cette fraction peut alors être réduite, après imputation du prix de vente sur le capital restant dû, dans des proportions telles que son paiement, assorti d'un rééchelonnement, soit compatible avec les ressources et charges du débiteur. L'application de cette mesure est étendue à la vente amiable destinée à éviter une saisie immobilière, « dont le principe et les modalités ont été arrêtées d'un commun accord entre le débiteur et l'établissement de crédit. » Le texte ajoute encore une stricte condition de délai. Le débiteur ne peut invoquer le bénéfice de la réduction au delà d'un délai de deux mois suivant la sommation qui lui a été faite d'avoir à payer le montant de la fraction des prêts immobiliers restant dû, à moins que, dans ce délai, la commission n'ait été saisie. Ce délai est prescrit à peine de forclusion.

153. Cette disposition autorise donc le juge à réduire, sur proposition de la commission, le solde d'un emprunt immobilier, ayant financé l'acquisition d'un logement principal, dont le prix de vente s'est avéré insuffisant pour désintéresser le prêteur de deniers. Cette mesure d'effacement partiel de la dette immobilière permet, à bien des égards, de favoriser le nouveau départ du débiteur. Elle lui évite de continuer à rembourser un emprunt souscrit pour l'acquisition d'un bien dont il n'a plus la jouissance ; alors qu'il est contraint d'exposer de nouvelles dépenses de logement[521]. Elle atténue également la perte financière liée à une vente réalisée sous la contrainte, exigée par le créancier ayant financé le bien. La jurisprudence a autrefois admis que la réduction du solde puisse aller jusqu'à l'effacement du solde de la dette immobilière[522]. Toutefois, certains auteurs doutent de la permanence de cette solution depuis l'apparition de la procédure de rétablissement personnel[523]. En réalité, l'ampleur de la réduction est étroitement liée à la capacité de remboursement devant être dégagée pour permettre l'apurement de la totalité du passif à l'issue de la durée du plan. La recommandation de la commission doit ainsi établir que, sans l'effacement du solde de la dette immobilière, la faculté contributive du débiteur serait trop faible pour envisager un plan. Inversement, tant que le débiteur est en mesure de rembourser une partie de la dette immobilière, éventuellement réaménagée au moyen d'autres mesures de surendettement ; la réduction n'a pas lieu d'atteindre le solde de la dette[524]. C'est d'ailleurs pourquoi, le texte prévoit expressément que la mesure de réduction de la dette immobilière puisse être combinée avec les autres mesures. Un reliquat étant susceptible d'être maintenu à charge, il est tentant, pour le débiteur désireux d'échapper au paiement du solde, d'étendre le champ d'application de cette mesure. Sur ce point, la jurisprudence s'est montrée stricte et a écarté les nombreuses tentatives d'extension

---

521 X.SAVATIER, Les procédures de règlement des situations de surendettement des particuliers à l'épreuve de la Cour de cassation, Rapp. C.cass. 1993 p.153

522 Civ. 1ère, 31 mars 1992, Bull. civ. I n°103 ; D.1992 som. 406 obs. Fortis ; Civ. 1ère, 4 avr. 1995, Bull. civ. I, n°161

523 V.VIGNEAU, G-X.BOURIN, C. CARDINI, ouvrage précité, n°528

524 Rep. Civ., Surendettement des particuliers, n°93

même si la Cour de cassation a parfois pu retenir une interprétation favorable au débiteur, afin de faciliter son rebond.

154. Ainsi, la réduction du solde ne peut être prononcée qu'après la « vente forcée du logement principal du débiteur grevé d'une inscription bénéficiant à un établissement de crédit » ou la « vente amiable dont le principe est destiné à éviter une saisie immobilière ». Elle ne trouve pas à s'appliquer lors de la vente amiable d'un logement par pure convenance personnelle[525]. La jurisprudence a également circonscrit l'application de cette mesure à la vente du logement principal du débiteur. Elle a ainsi refusé d'en faire application à la dette résiduelle résultant de prêts destinés à l'acquisition d'une résidence secondaire[526], d'une résidence future[527] ou éventuelle qui n'a jamais constitué le logement du débiteur[528], d'un immeuble donné en location[529] ou dans lequel le débiteur ne réside plus au moment de la vente. Donc, l'immeuble financé, vendu à la demande du créancier, doit avoir été l'habitation principale du débiteur au jour de la vente. Partant de là, la Cour de cassation avait refusé d'appliquer la réduction du solde à un débiteur, séparé de fait de son conjoint, qui avait quitté le domicile conjugal et continué à régler les échéances du prêt[530]. La haute juridiction est depuis revenue sur cette solution et a admis, par un arrêt du 14 mai 2009[531], que le débiteur contraint de quitter la résidence principale de la famille puisse bénéficier de la mesure de réduction du solde.

155. En second lieu, la jurisprudence a limité l'application de la réduction du solde aux seuls prêts immobiliers ayant financé un logement principal, tout en retenant une interprétation suffisamment large de cette notion. L'objet du financement est indifférent et peut concerner l'acquisition, l'agrandissement ou la rénovation du

---

525 Civ. 1ère, 21 mars 1995, Bull. civ. I n°137 ; D.1995 som. 235 obs. Fortis

526 Pau, 19 déc. 1991, inédit

527 Civ. 1ère, 15 juin 1999, Bull. civ. I n°247 ; JCP 2000 II 10398, 1ière espèce, note Dagorne-Labbé

528 Civ. 1ère, 9 nov. 1999, Bull. civ. I n°301 ; JCP 2000 II 10398, 2ième espèce, note Dagorne-Labbé

529 Civ. 1ère, 21 fév. 1995, Bull. civ. I n°100

530 Civ. 1ère, 19 mai 1999, Bull. civ. I n°168, R.T.D.Com. 1999 p.767 obs. Paisant

531 Civ. 2ème , 14 mai 2009, Bull. civ. II, n°126 ; D.2009, Chron. C. cass. 2075, obs. Sommer ; D.2009, p.2200, obs. Henaff ; R.T.D.Com. 2009 p.630 obs.Paisant ; Rev. proc. coll. 2010, n°40, obs. S.Gjidara-Decaix

logement. Cette mesure de surendettement s'applique également aux prêts dits relais qui se substituent à ceux initialement consentis pour l'acquisition du logement[532]. Assez logiquement, la jurisprudence n'a pas étendu le champ d'application de cette mesure aux crédits à la consommation[533]. En revanche, l'appréciation de la qualité du créancier a été assouplie. Après avoir limité l'application du texte aux seuls créanciers disposant d'une sûreté inscrite sur l'immeuble[534], la Cour de cassation a accepté d'aller au-delà de la lettre du texte et de réduire la dette résultant d'un emprunt immobilier, sans distinguer entre les créanciers chirographaires et ceux bénéficiant d'une inscription[535]. En revanche, cette mesure de faveur n'est susceptible d'être imposée qu'aux établissements de crédit. La jurisprudence a exclu toute extension à d'autres catégories de créanciers, comme les organismes collecteurs des contributions patronales à l'effort de construction. Réciproquement, le débiteur est le seul à pouvoir se prévaloir de cette mesure de faveur qui ne bénéficie pas aux autres obligés à la dette immobilière tels que la caution[536], sauf à ce qu'elle sollicite à son tour le bénéfice des faveurs du surendettement. Quoi qu'il en soit, le créancier immobilier n'est pas le seul créancier susceptible de se voir imposer des sacrifices en dehors de toute situation irrémédiablement compromise. Les autres créanciers d'un débiteur surendetté sont également susceptibles de voir leurs créances, pour partie, effacées.

2 - L'effacement partiel des dettes

156. Aux termes du deuxièmement de l'actuel article L 733-7 du Code de la consommation, la commission peut, sur proposition spéciale et motivée, recommander l'effacement partiel des dettes en le combinant avec les mesures susceptibles d'être directement imposées aux créanciers par la commission. A la différence de ces dernières,

---

532 Civ 1ère, 30 mai 1995, Bull. civ. I n°227

533 Civ 1ère, 8 nov. 1994, Bull. civ. I n°325

534 Civ. 1ère, 11 oct. 1994, Bull. civ. I n°287

535 Civ. 1ère, 9 juil. 1996, Bull. civ. I n°302

536 Civ. 1ière, 15 juil. 1999, Bull. Civ. n°107 ; D.2000 JP 589 note Philippe ; JCP 1999 II 10196 note Piedelièvre ; Rép.Déf. 1999 1336 obs. Mazeaud ; Civ. 1ière, 6 nov. 2001, Bull. Civ. I n°269 ; D.2002, som. 244 obs. Revel ; RTD Com. 2002 p. 174 obs. Paisant

cette mesure de faveur demeure, pour l'heure[537], l'apanage du juge et relève de son pouvoir d'imperium en raison de l'ampleur du sacrifice imposé aux créanciers. Le texte requiert également que l'effacement partiel des dettes soit combiné aux autres mesures de surendettement imposées par la commission. Cette règle, d'origine jurisprudentielle[538], a été consacrée par la loi du 5 mars 2007 relative au droit au logement opposable. L'effacement des dettes ne peut être prononcé qu'à la condition que les autres mesures de surendettement s'avèrent insuffisantes pour mettre fin à l'endettement du débiteur à l'issue de la durée du plan.

157. Couplé aux autres mesures de réaménagement de l'endettement, l'effacement du solde de la dette doit être, même en l'absence d'une situation irrémédiablement compromise, le seul moyen de résorber la totalité de l'endettement du débiteur à l'issue de la durée du plan. La rédaction primitive de l'ancien article L 331-7-1 du Code de la consommation laissait à penser que la commission ne pouvait recommander directement l'effacement partiel, sans avoir préalablement prononcé un report des dettes[539]. Certains auteurs en avaient alors conclu que l'insolvabilité du débiteur devait être persistante[540]. La loi du 5 mars 2007 instituant le droit au logement opposable avait procédé à une première réécriture de ce texte pour mettre un terme à cette incertitude. Depuis lors, la commission dispose expressément de la faculté de recommander l'effacement partiel des dettes, dès le premier examen du dossier, sans attendre un constat préalable d'échec du moratoire. Jusqu'à la loi du 1er juillet 2010 portant réforme du crédit à la consommation, le prononcé d'un effacement partiel était subordonné à un constat d'insolvabilité du débiteur, caractérisé par l'absence de bien saisissable présentant une

---

[537] supra, note de bas de page n°504

[538] Avis, 10 janv. 2005, BICC 1er avr. 2005, rapp. Vigneau ; R.T.D.com. 2005, 424, obs. Paisant ; Civ. 2ème, 22 mars 2006, R.T.D.Com. 2006, p. 680 obs. Paisant, rev. proc. coll. 2007 p.217 obs. S.Gjidara-Decaix ; Civ. 2ème, 21 mars 2013, D. 3 avr. 2013 act., obs. Avena-Robardet

[539] Pour cette lecture de l'article L 331-7-1 : G.PAISANT, La réforme de la procédure de traitement du surendettement par la loi du 29 juillet 1998 relative à la lutte contre les exclusions, R.T.D.Com. 1998, p.743 ; Pour une lecture opposée de ce texte : G.RAYMOND, Nouvelle réforme du surendettement des particuliers et des familles, Cont. conc. cons. 1999, Chron. 10

[540] J.GHESTIN, M.BILLIAU, G.LOISEAU, Traité droit civil Le régime des créances et des dettes n°1300

valeur significative et de ressources suffisantes lui permettant de faire face à ses dettes sans que, pour autant, sa situation soit irrémédiablement compromise. Reprenant la proposition du comité de suivi de la loi du 1er août 2003, la loi du 1er juillet 2010 a supprimé cette condition de surendettement aggravé qui n'est plus nécessaire au prononcé d'une mesure d'effacement partiel des dettes[541]. Dans la même logique, cette loi a également abrogé l'interdiction de tout nouvel effacement partiel des dettes du débiteur avant l'expiration d'un délai correspondant à la durée maximale du plan. Il a ainsi été mis fin à une incohérence des textes qui autorisaient la succession de rétablissements personnels, et donc un cumul d'effacement total, mais interdisaient tout effacement partiel supplémentaire[542]. Depuis lors, le débiteur, dont la situation s'est dégradée en cours d'exécution du plan, peut solliciter une révision de sa situation et un effacement plus conséquent de ses dettes.

158. Malgré ces différentes réformes, une difficulté d'interprétation demeure sur le point de savoir si l'effacement partiel des dettes concerne l'ensemble des créanciers, chacune des dettes subissant une réduction dans des proportions identiques ; ou s'il peut se limiter à une partie d'entre elles qui seraient alors entièrement effacées. Cette question de l'interprétation à retenir permet de délimiter les domaines de l'effacement partiel et de l'effacement total. La première interprétation privilégie l'égalité des créanciers, la seconde renforce les prérogatives des commissions en les autorisant à moduler l'ampleur du sacrifice en fonction du comportement et du rôle du créancier dans la situation de surendettement. Une telle interprétation permettrait de sanctionner les créanciers pour l'octroi abusif de crédits ayant contribué à aggraver l'endettement du débiteur alors que sa situation était déjà obérée.

---

[541] Le comité de suivi de la loi du 1er août 2003 ayant pointé une inutile complexité de mise en œuvre, la loi du 1er juillet 2010 a abandonné cette notion d'insolvabilité du débiteur qui figurait à l'article L 331-7-1 du Code de la consommation laquelle s'intercalait entre le surendettement et la situation irrémédiablement compromise.

[542] S.GJIDARA-DECAIX, Le nouveau visage des procédures de surendettement des particuliers, Présentation de la loi du 1er juillet 2010 portant réforme du crédit à la consommation, rev. proc. coll. juil. août 2010, étude 20, spéc. n°21

159. Dès le lendemain du vote de la loi du 1er août 2003 instaurant la procédure de rétablissement personnel, la doctrine s'est interrogée à ce sujet[543]. La jurisprudence n'a jamais arbitré en faveur de l'une ou l'autre des interprétations même si les circulaires ministérielles des 24 mars 1999 et 12 mars 2004 ont, pendant un temps, fait prévaloir la première[544]. La loi du 1er juillet 2010 n'a pas davantage apporté de précisions sur cette question. Et, celles autrefois apportées par voie de circulaire ont disparu à compter de celles des 29 août[545] et 19 décembre 2011[546]. La circulaire du 22 juillet 2014 n'évoque pas davantage cette question[547]. Aussi, aucune solution ne prime sur l'autre et il faut sans doute se rallier à l'interprétation soutenue par Messieurs Vigneau et Bourin[548] selon laquelle celles-ci coexistent. L'effacement partiel peut aussi bien correspondre à un effacement total de certaines dettes qu'à un effacement partiel de toutes les dettes. En revanche, il serait contraire aux textes de prononcer, sous couvert d'un effacement partiel, un effacement de la totalité de l'endettement car la situation n'est pas, à ce stade, irrémédiablement compromise[549].

---

543 G. PAISANT, La réforme de la procédure de traitement du surendettement par la loi du 1er août 2003 sur la ville et la rénovation urbaine : R.T.D.Com. 2003 p.671

544 Circulaire ministérielle du 24 mars 1999 §3.4.3 al.3 « la Commission peut recommander une réduction uniforme de taux d'intérêt combinée à un effacement uniforme des créances exigibles, de façon qu'il en résulte une diminution du passif proportionnelle à la gravité de sa situation (et citent à titre d'exemple une réduction du passif de 50%, de 60 % ou de 75 %). Lorsqu'elle choisit d'appliquer aux différents créanciers des mesures distinctes (abandon de capital, annulations ou réductions de taux d'intérêt) concourant à un effacement partiel du passif du débiteur, la commission s'assure que les efforts imposés aux créanciers sont comparables. La commission apprécie alors les efforts des différents créanciers concernés en prenant comme base de comparaison les valeurs actuelles nettes des flux financiers futurs. »

545 Circulaire relative à la procédure de traitement des situations de surendettement des particuliers du 29 août 2011, disponible sur http://circulaires.legifrance.gouv.fr

546 Circulaire du 19 décembre 2011 relative au traitement des situations de surendettement NOR : JUSC1133274C, BOMJL n°2011-12 du 30 déc. 2011

547 Circulaire 2014/43700 FI du 22 juillet 2014 relative à la procédure de traitement des situations de surendettement des particuliers

548 V.VIGNEAU, G-X.BOURIN, C. CARDINI, ouvrage précité, n°535

549 Paris, 28 oct. 2008, RG n°08/000034 qui juge « qu'un paiement de 10 € à un seul créancier qui entraîne l'effacement des autres créances à 39 909 € pour un passif de 39 919 € ne constitue pas un effacement partiel au sens de l'article L 331-7-1 susvisé mais constitue un effacement total prohibé par ce texte. »

160. Ceci précisé, la commission peut assortir l'effacement partiel des dettes de contreparties et moduler son niveau en fonction des efforts réalisés par le débiteur. L'actuel article L 733-8 du Code de la consommation prévoit ainsi que l'effacement partiel, y compris celui du solde de la dette immobilière, peut être subordonné à l'accomplissement par le débiteur d'actes propres à faciliter ou à garantir le paiement de la dette. Par ce biais, le plan peut prévoir une mise en œuvre échelonnée de l'effacement partiel en fonction du respect par le débiteur de ses engagements de remboursements partiels. De même, le débiteur peut être invité à rechercher activement un emploi. Et, lorsque le débiteur est propriétaire d'un bien immobilier, l'effacement partiel des créances peut être conditionné à la cession de ce bien même si le fait d'être propriétaire d'une résidence principale n'est plus considéré comme un obstacle à l'existence d'une situation de surendettement[550].

161. L'effacement partiel entraîne libération du débiteur, pour la partie effacée, à l'issue du plan. Celui-ci reste obligé au paiement de la fraction maintenue à sa charge dont il s'acquitte selon les modalités prévues par le plan. Au cours de l'exécution du plan, toutes les mesures d'aménagement de l'endettement, y compris l'effacement partiel, demeure susceptible de révision en cas d'amélioration de la situation du débiteur. Du reste, les commissions insèrent généralement une clause de retour à meilleure fortune dans les plans de surendettement[551]. Et, même si celle-ci n'a pas été expressément stipulée, la Cour de cassation considère qu'elle est toujours sous entendue aussi bien dans les plans imposés[552] que négociés[553]. Cette position a d'ailleurs été reprise par les juridictions du fond[554]. Les créanciers sont ainsi autorisés à demander la mainlevée des mesures

---

[550] anc. art. L330-1 al.1 C.cons, modifié par la loi du 1er juillet 2010 portant réforme du crédit de la consommation, désormais art. L 711-1 C.cons.

[551] Une clause de retour à meilleure fortune est d'ailleurs prévue dans le plan type élaboré par la Banque de France et l'Association française des établissements de crédit et des entreprises d'investissement (Afecei) – F.FERRIERE et P.L. CHATAIN, Surendettement des particuliers, Dalloz référence, 3ième éd. n°61.74

[552] Civ. 1ère, 9 fév. 1994, Bull. civ. I n°59, p.46 ; Cont. conc. cons. 1994 n°107, obs. G.Raymond ; R.T.D.com. 1994 p.362 obs. G.Paisant

[553] Civ. 2ème, 16 oct. 2003, pourvoi n°02-04.142, non publié au bulletin

[554] en illustration : Cour d'Appel de Rouen, Chambre des appels prioritaires section surendettement, 15 nov. 2007, RG n°07/00398 – Cour d'Appel de Colmar, 3ième ch. Civ. A, 6 nov. 2006, RG n°05/05452

prononcées en faveur du débiteur, si la fortune vient finalement à lui sourire en cours d'exécution du plan[555]. Toutefois, à l'issue de celui-ci, la persistance d'une situation obérée justifie que le débiteur soit libéré du solde de la dette. Il a été soutenu que les dettes effacées continuaient de survivre à l'état d'obligation naturelle[556]. Mais, la Cour de cassation a admis qu'une condamnation en paiement puisse être prononcée en faveur d'un organisme de sécurité sociale malgré l'effacement de la dette[557] ; ce qui pose la question, sur laquelle nous reviendrons, de l'extinction, ou non, de l'obligation par l'effet de l'effacement de la dette. Quoi qu'il en soit, la mesure d'effacement partiel vaut régularisation de l'incident de paiement lorsque la créance a pour origine un chèque impayé[558]. L'établissement bancaire, teneur du compte, est tenu de lever l'interdiction pour que le débiteur retrouve la possibilité d'émettre des chèques[559]. En revanche, l'effacement partiel entraîne l'inscription du débiteur au fichier des incidents de paiements pendant la durée d'exécution des mesures sans pouvoir excéder sept ans[560]. L'effacement partiel est susceptible d'affecter l'ensemble des dettes, quelle qu'en soit la nature, hormis celles préservées de tout effacement. Depuis la loi du 1er août 2003, les dettes fiscales peuvent faire « l'objet de remises totales ou partielles dans les mêmes conditions que les autres dettes ». Mais ce rappel des dispositions du Livre des procédures fiscales peut apparaître superflu[561]. La question s'est posée de savoir si

[555] En ce sens : F.MACORIG-VENIER, L'effacement des dettes dans le droit du surendettement, Droit et patrimoine sept. 2009, p.50 et suivantes, spéc. p.60

[556] V.VIGNEAU, G-X.BOURIN, C. CARDINI, ouvrage précité, n°535

[557] Civ. 2ème, 25 juin 2015, pourvoi n°14-17.733

[558] anc. art. L 332-4 C. cons., nouvel art. L 733-18 C. cons. dont les dispositions seraient transférées à l'art. L 733-17 par l'article 18 sexies du projet de loi relatif à la modernisation de la justice du XXIème siècle.

[559] anc. art. R 334-18, nouvel art. R 733-18 C.cons. Toutefois, la mise à disposition de moyens de paiement demeure à la discrétion du banquier sous réserve des services bancaires de base (art. L 312-1 C.monét.fin.)

[560] anc .art. L 333-4 al.5, nouvel art. L 752-3 C.cons. L'article 43 de la loi du 17 mars 2014 a, dans un souci de cohérence avec la durée du plan, réduit la durée de l'inscription de huit à sept années à compter du 1er juillet 2016.

[561] Par ailleurs, la mention d'une remise totale de dette, dans un texte relatif à l'effacement partiel, est regrettable. Le législateur s'est maladroitement inspiré de la rédaction de l'article L 247 du Livre des procédures fiscales qui évoque une remise totale ou partielle au profit du contribuable indigent. Une rédaction inspirée des dispositions de ce texte aurait été préférable car ce texte reconnaît aux contribuables

l'effacement partiel pouvait concerner des dettes professionnelles alors même qu'elles survivent lors d'un rétablissement personnel[562]. La jurisprudence admet traditionnellement qu'une dette professionnelle, même si elle n'est pas prise en compte dans l'appréciation d'une situation de surendettement, puisse faire l'objet des mesures de surendettement. Partant de là, la Cour de cassation a considéré, par deux arrêts rendus le 21 décembre 2006[563], l'effacement partiel de dettes fiscales et sociales de nature professionnelle. Même si cette solution n'a pas surpris les commentateurs[564], elle apparaît contradictoire avec le principe du maintien des dettes professionnelles à l'issue d'un rétablissement personnel. Parmi les dettes préservées, le nouvel article L 733-7 du Code de la consommation exclut de l'effacement partiel des créances[565] celles dont le prix a été payé en lieu et place du débiteur par la caution ou coobligé, personne physique. Cette dernière précision, ajoutée par la loi du 1er juillet 2010, est issue des propositions du Comité de suivi de la loi du 1er août 2003 : son

---

indigents de bonne foi, qui ont déposé une demande auprès de la commission de surendettement faisant état de dettes fiscales et qui ne font pas l'objet d'un rétablissement personnel, le droit à bénéficier d'une remise d'impôts directs au moins équivalente à celle recommandée par la dite commission pour les autres créances.

562 Avis, 8 juil. 2016, demande n°16-70.005 : en l'espèce, il s'agissait d'une dette de cotisations et contributions sociales d'un gérant majoritaire de SARL et dont le recouvrement était poursuivi par une Urssaf : www.courdecassation.fr

563 2ème Civ. 21 déc.2006, pourvoi n°05-20.980, Bull. civ. II n°374 D. 2007 A.J 370 obs. Rondey, R.T.D.Com. 2007 p. 615 obs. Paisant ; R.D banc. fin. 2007 n°120 obs. S.Piedelièvre

564 G.PAISANT, commentaire précité

565 L'ancien article L 331-7-1 du Code de la consommation visait l'effacement de créances et non de dettes, à la différence de l'ancien article L 332-9. Partant de là, certains auteurs ont émis l'idée que la caution n'ayant pas encore payé serait libérée (en ce sens : J.CALAIS AULOY H.TEMPLE, Droit de la consommation, Précis Dalloz, 9ième éd., n°648). Cette variation de sémantique entre « effacement des créances » et « effacement des dettes non professionnelles », traduit, à notre sens, davantage la volonté du législateur de mettre à l'écart du traitement les dettes non professionnelles que de distinguer le sort de la caution selon son réglement, ou non, avant le prononcé de l'effacement. L'ordonnance n°2016-301 du 14 mars 2016 relative à la partie législative du Code de la consommation n'a pas modifié cette rédaction dans le nouvel article L 733-7. Et, le futur article L 733-4, tel qu'envisagé par l'article 58 de loi n°2016-1547 du 18 novembre 2016 relative à la modernisation de la justice du XXIème siècle, reprend cette formulation à l'identique.

objectif était de mettre fin au contournement de l'effacement des dettes par les établissements de crédit qui parvenaient à conserver un recours contre le débiteur en conditionnant l'octroi d'un prêt à la souscription d'une garantie auprès d'une société de cautionnements mutuels qui était l'une de leurs filiales[566]. De la même manière, sont insusceptibles d'effacement les différentes créances protégées par les nouveaux articles L 711-4 et L 711-5 du Code de la consommation[567]. Ces diverses catégories de créanciers protégés de la mesure d'effacement partiel des dettes sont exclues, à l'identique, de l'effacement total résultant d'une procédure de rétablissement personnel.

B - L'effacement total des dettes du consommateur placé dans une situation irrémédiablement compromise : le rétablissement personnel

162. Dans l'architecture générale du droit du surendettement, les commissions de surendettement sont chargées de filtrer les demandes afin d'éviter l'encombrement des tribunaux par des myriades de candidats à l'effacement de leurs dettes alors même qu'ils ne sont pas durablement insolvables. Le Code de la consommation n'offre donc pas au débiteur d'accès direct au juge. La commission demeure ainsi un point de passage obligé conformément au nouvel article L 712-2 de ce même Code. En premier lieu, elle est chargée d'analyser la situation du débiteur pour déterminer si celle-ci est, ou non, irrémédiablement compromise. Le nouvel article L 724-1 de ce Code fait de cette situation le critère d'ouverture du rétablissement personnel (1). Partant de cette analyse de la situation du débiteur, il lui revient ensuite d'orienter[568] le débiteur vers une forme, plutôt qu'une autre, de rétablissement personnel, selon la consistance de son patrimoine (2).

---

[566] Rapport du comité de suivi, p.35

[567] c'est-à-dire les dettes alimentaires, les réparations pécuniaires allouées aux victimes par une condamnation pénale ainsi que les amendes prononcées à cette occasion, les dettes ayant origine une fraude aux organismes de protection sociale et les créances résultant d'un prêt sur gage : infra, § n°180

[568] Le futur article L 741-1, dans sa rédaction issue de l'article 58 sexies de la loi du 18 novembre 2016 relative à la modernisation de la justice du XXIème siècle, confère à la commission le pouvoir d'imposer un rétablissement personnel sans liquidation judiciaire à compter du 1er janvier 2018.

1 - La situation irrémédiablement compromise, condition d'ouverture du rétablissement personnel

163. Pour pouvoir prétendre à un rétablissement personnel, le débiteur doit être placé dans une situation irrémédiablement compromise. Cette condition d'ouverture est spécifique au droit du surendettement. Le législateur semble s'être inspiré des dispositions, non pas du Livre VI du Code de commerce, mais de celles du Code monétaire et financier, relatives à la rupture de crédit aux entreprises[569]. Cette notion doit être soigneusement distinguée de l'état de cessation des paiements[570]. Elle se différencie également de celle d'insolvabilité notoire de la faillite civile du droit local d'Alsace Moselle[571] ; même si, à certains égards, ces deux notions sont voisines[572]. La situation n'est pas seulement obérée, elle est irrémédiablement compromise. L'insolvabilité n'est pas seulement notoire, elle est aussi insurmontable. La précarité financière et sociale du débiteur prive les créanciers du moindre espoir de paiement, que ce soit dans l'immédiat ou dans l'avenir. La situation du débiteur est tellement dégradée que son retour à meilleure fortune est inenvisageable. L'unique solution consiste alors à effacer les dettes pour lui permettre de prendre un nouveau départ.

164. Au lendemain de la loi du 1er août 2003, en l'absence de précisions apportées par le législateur, les commissions de surendettement et les juridictions de l'exécution recherchaient l'existence d'une situation irrémédiablement compromise à partir d'un portrait de la situation personnelle et financière du débiteur[573]. Dès les

---

[569] art. L 313-12 C.mon.fin.

[570] Com., 31 mars 2004, D. 2004, p. 1231, obs. V. Avena-Robardet

[571] art. L 670-1 C.com.

[572] « L'insolvabilité notoire ne se confond ni avec l'état de cessation des paiements ni avec l'état de surendettement (…) ; elle est caractérisée lorsque des faits et circonstances extérieurs, notamment des mesures d'exécution demeurées infructueuses, sont de nature à accréditer l'opinion que cette insolvabilité existe et révèlent, en outre, non seulement un arrêt matériel des paiements et une insuffisance d'actif, mais une situation patrimoniale irrémédiablement compromise et sans autre issue, notamment par l'obtention de garanties, de crédit ou de délais de paiement. » Colmar, 16 mars 1988, D. 1989 som. 4 obs. F.Derrida ; approuvé par Com. 5 déc. 1989, Bull. civ. IV n°303

[573] H.GEBHART, La procédure de rétablissement personnel ? le point de vue du juge de l'exécution, Cont. Conc. Cons. oct. 2005, p. 20

premières applications de la loi, l'absence de capacité de remboursement du débiteur s'est imposée comme le critère caractérisant une situation irrémédiablement compromise. Ainsi, était placé dans une telle situation le débiteur qui n'avait ni ressources suffisantes, ni actif réalisable, permettant d'envisager un remboursement, même partiel, de ses dettes[574]. Au contraire, le débiteur disposant de revenus suffisants pour dégager une capacité de remboursement, même infime, n'était pas confronté à une situation irrémédiablement compromise[575]. La procédure de rétablissement personnel était alors écartée au profit des autres mesures de surendettement, éventuellement combinées à un effacement partiel à l'issue du plan. Cette interprétation était, sans doute, trop restrictive : ne pouvaient prétendre au rétablissement personnel que les bénéficiaires des minima sociaux disposant de ressources couvrant, à peine, les dépenses de vie courante. La Cour de cassation a donc nuancé cette solution en précisant que l'existence d'une capacité de remboursement n'était pas, en soi, exclusive d'une situation irrémédiablement compromise[576]. Le Comité de suivi de la loi du 1er août 2003 avait d'ailleurs pointé à ce sujet « une tendance marquée des commissions de surendettement à orienter vers le rétablissement personnel les débiteurs qui ne disposent d'aucune capacité de remboursement, tandis qu'en sens opposé, on observe une tendance des juges de l'exécution à interpréter strictement la notion de situation irrémédiablement compromise en rejetant les dossiers des débiteurs qui seraient en mesure de retrouver, dans un avenir plus ou moins proche, des revenus supplémentaires[577]. » C'est pourquoi, la circulaire du 22 juillet 2014 admet que la situation irrémédiablement compromise résulte d'une capacité de remboursement nulle ou très faible combinée avec l'absence de perspectives d'amélioration à moyen terme de la situation du débiteur[578]. Les commissions de

---

574 Paris, 14 sept. 2005, juris-data n°2005-283619 ; Douai, 24 mai 2007, juris-data n°2007-337038

575 Angers, 1ière ch., 23 mai 2006, Cont. conc. cons. avril 2007, n°111 obs. G.Raymond ; Paris, 24 avril 2007, juris-data n°2007-336940 ; Rev.proc.coll. 2007 p.217 obs. S.Gjidira-Decaix

576 Civ. 2ième, 22 mai 2008, Cont. conc. cons. oct 2008, n°253 obs G.Raymond

577 Rapport du Comité de suivi, précité, p. 21

578 Circulaire 2014/43700 FI du 22 juillet 2014 relative à la procédure de traitement des situations de surendettement des particuliers p.16, § III Instruction des dossiers devant les commissions, 6° L'orientation du dossier

surendettement doivent donc rechercher s'il existe des perspectives d'amélioration de la situation du débiteur sans se limiter à la seule absence de capacité de remboursement. Pour être irrémédiablement compromise, la situation du débiteur doit donc être durablement obérée, sans perspective, pour le débiteur, de retrouver, à court ou moyen terme, un niveau suffisant de ressources lui permettant d'honorer, même partiellement, ses dettes. Pour ne pas se livrer à un « exercice divinatoire[579] » sur les chances de retour à meilleure fortune du débiteur, cette appréciation doit reposer sur des éléments tangibles. Il convient de souligner qu'au besoin, la commission peut obtenir communication « de tout renseignement de nature à lui donner une exacte information sur la situation du débiteur et l'évolution possible de celle-ci[580] ». Le juge dispose également d'un droit de communication similaire, à chaque étape de la procédure[581].

165. Lors de l'instruction des dossiers, la circulaire du 22 juillet 2014 préconise aux commissions de se référer à l'âge du débiteur[582]. Ce critère permet d'apprécier si la situation est susceptible de s'améliorer, à court ou moyen terme. L'idée de bon sens, qui sous-tend ce raisonnement, est que le redressement du débiteur, personne physique, n'est limité dans le temps que par la durée de vie[583]. Cependant, l'amélioration de la situation financière du débiteur ne dépend pas uniquement de son âge mais également de son aptitude à retrouver un emploi, eu égard à ses compétences, ou de sa capacité à se procurer des revenus supplémentaires[584]. L'âge constitue donc un indice mais il n'est pas, à lui seul, suffisant. La circulaire recommande de tenir également compte de la situation personnelle, familiale et professionnelle du débiteur, c'est-à-dire de son état de santé, du nombre d'enfants à charge et s'il dispose d'un emploi. Ainsi, n'est pas dans une situation irrémédiablement compromise un débiteur qualifié de 36 ans qui, après une période de chômage, est susceptible retrouver

---

579 V.VIGNEAU, G-X.BOURIN, C. CARDINI ; ouvr. précité , n°314

580 anc. art. L 311-3 II, nouvel art. L 712-6 C.cons.

581 anc. art. L 332-2, L 332-5-1, L 332-5-2, L 332-6 al.4 C.cons. ; nouvel art. L 733-14 in fine, art. L 742-6 C.cons.

582 Circulaire 2014/43700 FI du 22 juillet 2014 relative à la procédure de traitement des situations de surendettement des particuliers p.16

583 Rapport annuel de la Cour de cassation 1993, p.20

584 Paris 1ière Ch., 11 sept. 2007, Cont. Conc. Cons. janv. 2008 n°30 obs. G.Raymond ; Rev. proc. coll. 2008 n°148 obs. S.Gdjidira-Decaix

un emploi dans une association d'insertion alors que sa capacité de remboursement négative et son endettement sont faibles[585]. De même, une débitrice n'a pas été considérée comme étant dans une situation irrémédiablement compromise dès lors que son avenir professionnel n'était pas définitivement bloqué et pouvait encore connaître une évolution positive en raison de son âge et de l'absence de problème de santé ; ou en raison d'une augmentation prochaine des revenus à la suite de l'obtention d'une pension de réversion[586]. Partant de là, la situation irrémédiablement compromise peut se définir comme une situation d'insolvabilité durable et irréversible[587], ne présentant raisonnablement aucun espoir d'amélioration.

166. Ceci observé, le nouvel article L 724-1 du Code de consommation caractérise plutôt la situation irrémédiablement compromise de manière négative, par l'impossibilité de mettre en œuvre les mesures de traitement du surendettement. Cela a conduit la Cour de cassation à considérer, dans un avis du 10 janvier 2005, qu'un débiteur est dans une situation irrémédiablement compromise dès lors qu'il se trouve dans l'impossibilité d'apurer sa situation de surendettement par la mise en œuvre, éventuellement combinées entre elles, des différentes mesures de traitement du surendettement[588]. Aussi, dans l'architecture du surendettement, le rétablissement personnel se présente comme une procédure subsidiaire ne s'appliquant que par défaut. L'inadaptation des mesures de traitement du surendettement constitue le critère d'ouverture de cette procédure. La capacité de remboursement du débiteur doit être trop faible, voire inexistante, pour envisager l'élaboration d'un plan aboutissant à l'apurement de la totalité du passif sur une durée maximale de sept ans, y compris en prononçant un effacement du solde des dettes.

---

[585] TI Troyes, JEX, 13 déc. 2004, Cont. Conc. Cons. avr. 2005, n°77 obs. Raymond

[586] pour une espèce dans laquelle les revenus du débiteur étaient passés de 587 € à 3.011 € à la suite de l'attribution d'une pension de réversion : Poitiers, 31 janv . 2007, rev. proc. coll. déc. 2007, p.217

[587] V.VIGNEAU, G-X.BOURIN, C. CARDINI ; ouvr. précité , n°309

[588] Cass. avis, 10 janv. 2005 Bull. civ. n°1 B.I.C.C 1er avr. 2005 rapp. V. Vigneau, R.T.D.Com. 2005 p. 424 obs. G.Paisant

2 - L'orientation vers une forme, ou l'autre, de rétablissement personnel

167. Selon le nouvel article L 724-1 du Code de la consommation, s'il apparaît à la commission lors de l'examen du dossier que la situation du débiteur, personne physique, est irrémédiablement compromise ; elle recommande au juge l'ouverture d'un rétablissement personnel avec ou sans liquidation judiciaire, selon la consistance du patrimoine du débiteur. « Si elle constate que le débiteur ne possède que des biens meublants nécessaires à la vie courante et des biens non professionnels indispensables à l'exercice de l'activité professionnelle, ou que l'actif n'est constitué que de biens dépourvus de valeur marchande ou dont les frais de vente seraient manifestement disproportionnés par rapport à leur valeur vénale », la commission peut recommander[589] un rétablissement personnel sans liquidation judiciaire (a). En revanche, si le débiteur dispose d'un actif présentant une valeur vénale suffisante pour être réalisé ; la commission peut saisir le juge, après avoir obtenu l'accord du débiteur, aux fins d'ouverture d'un rétablissement personnel avec liquidation judiciaire (b).

a - Le rétablissement personnel sans liquidation judiciaire

168. Lorsque le débiteur ne possède que des biens insaisissables ou ne présentant aucune valeur marchande ; la commission peut recommander au juge un rétablissement personnel sans liquidation judiciaire. Le juge peut également prononcer d'office le rétablissement personnel sans liquidation à l'occasion des contestations élevées à l'encontre des mesures imposées par la commission[590]. Compte tenu de l'impécuniosité du débiteur, la

---

[589] Le futur article L 741-1, issu de l'article 58 sexies de la loi du 18 novembre 2016 relative à la modernisation de la justice du XXIème siècle, confère à la commission le pouvoir d'imposer un rétablissement personnel sans liquidation judiciaire à compter du 1er janvier 2018.

[590] Par maladresse rédactionnelle, l'ancien article L 330-1 du Code de la consommation, dans sa rédaction issue de l'article 68 de la loi n°2013-672 du 26 juillet 2013 de séparation et de régulation des activités bancaires évoquait un « redressement » personnel sans liquidation judiciaire. L'ordonnance n° 2016-301 du 14 mars 2016 relative à la partie législative du code de la consommation n'a pas

procédure a été épurée et réduite à sa simple expression. Selon le nouvel article L 741-2 du Code de la consommation, le juge donne force exécutoire à la recommandation de la commission en l'homologuant, après avoir en avoir vérifié la régularité et le bien fondé. En l'absence de contestation, aucune audience n'est tenue. Le juge statue de façon non contradictoire par voie d'ordonnance[591]. Pour préserver les droits des créanciers, des voies de recours ont donc été aménagées à l'encontre de la recommandation de la commission orientant vers un rétablissement personnel sans liquidation judiciaire. En premier lieu, ceux-ci disposent, en vertu du nouvel article L 741-5 du Code de la consommation, de la faculté de contester la recommandation de la commission[592]. En outre, même après l'homologation du rétablissement personnel sans liquidation judiciaire, le greffe procède à des mesures de publicité pour ouvrir aux créanciers une faculté de former tierce opposition. Ainsi, aucun sacrifice n'est susceptible d'être imposé sans que les créanciers puissent faire valoir préalablement leurs éventuelles objections. En cas de contestation des créanciers, le nouvel article L 741-6 du Code de la consommation permet au juge d'évoquer certains points. Le juge peut ainsi, avant de statuer, faire publier un appel aux créanciers pour procéder à une vérification des créances. Il s'assure également que le débiteur se trouve bien dans une situation irrémédiablement compromise, au besoin en prescrivant toute mesure d'instruction qu'il estime utile. Là encore, le juge dispose d'un droit de communication sans que puisse lui être opposé le secret professionnel.

169. Lorsque le juge est saisi d'une contestation, trois options s'offrent à lui. En premier lieu, si le juge constate que le débiteur se trouve dans une situation irrémédiablement compromise et qu'il est dépourvu de tout actif réalisable ; le juge prononce le rétablissement personnel sans liquidation judiciaire. En second lieu, si le juge

---

rectifié cette erreur puisque le nouvel article L 733-15 reprend cette formule inexacte. Le futur article L 733-13, issu de l'article de la loi du 18 novembre 2016 relative à la modernisation de la justice du XXIème siècle, ne corrigera pas davantage cette erreur.

[591] anc. art. R 334-22, nouvel art. R 741-5 C.cons.

[592] Le futur article L 741-4, issu de l'article 58 de la loi relative à la modernisation de la justice du XXIème siècle, ouvre, en contrepartie du pouvoir reconnu à la commission d'imposer un rétablissement personnel sans liquidation judiciaire à compter du 1er janvier 2018, une faculté de contestation de cette décision dans des conditions devant être précisées par décret.

constate que le débiteur se trouve dans une situation irrémédiablement compromise et que celui-ci possède des biens dont la réalisation est envisageable ; il ouvre, sous réserve de l'accord du débiteur, une procédure de rétablissement personnel avec liquidation judiciaire. En dernier lieu, si le juge constate que la situation n'est pas irrémédiablement compromise, le juge renvoie le dossier à la commission pour adoption d'un plan de surendettement. Le juge n'est donc pas tenu par une orientation du dossier par la commission qui s'avérerait trop favorable au débiteur et méconnaîtrait les droits des créanciers.

170. Lors d'un rétablissement personnel sans liquidation judiciaire, l'effet libératoire est immédiat. Lorsque le juge rend exécutoire la recommandation de la commission orientant vers un rétablissement personnel sans liquidation judiciaire, le nouvel article L741-3 du Code de la consommation indique que celui-ci entraîne l'effacement de toutes les dettes non professionnelles du débiteur ainsi que celles résultant de l'engagement que le débiteur a donné de s'acquitter solidairement ou de cautionner la dette d'un entrepreneur individuel ou d'une société. Malgré la généralité des termes employés, certaines dettes échappent à l'effacement : le texte réserve la situation des dettes protégées par les articles L 711-4 et L 711-5 du Code de la consommation[593], et celles dont le prix a été payé en lieu et place du débiteur par la caution ou le coobligé, personnes physiques. Sont également concernés par l'effacement les droits des créanciers qui n'auraient pas été avisés, par la commission, de l'orientation du dossier vers un rétablissement sans liquidation judiciaire. Le répit accordé au créancier n'est que de courte durée car le nouvel article L 741-4 du Code de la consommation précise, in fine, que les créanciers qui n'auraient pas formé tierce opposition dans le délai de deux mois à compter de la publicité de l'ordonnance rendant exécutoire la recommandation voient leurs créances éteintes. Cette précision garantit l'opposabilité de l'effacement des dettes à l'égard des créanciers taisant ; quitte à placer certains d'entre eux devant le fait accompli en raison de leur ignorance des formes de publicité légale[594].

---

[593] c'est-à-dire les dettes alimentaires, les réparations pécuniaires allouées aux victimes par une condamnation pénale ainsi que les amendes prononcées à cette occasion, les dettes ayant origine une fraude aux organismes de protection sociale et les créances résultant d'un prêt sur gage : infra § n°180

[594] V.VIGNEAU, G-X.BOURIN, C. CARDINI ; op. cit. , n°565

b - Le rétablissement personnel avec liquidation judiciaire

171. Aux côtés du rétablissement personnel sans liquidation judiciaire, il subsiste une procédure avec liquidation lorsque le débiteur dispose de biens présentant une valeur vénale suffisante. Succédant au rétablissement personnel dans sa version originelle, cette procédure de rétablissement personnel avec liquidation judiciaire a peu évolué par rapport à son état antérieur à la loi du 1er juillet 2010.

172. En premier lieu, avant de saisir le juge d'une demande d'ouverture de cette procédure, la commission doit préalablement avoir recueilli l'accord du débiteur. Le deuxièmement de l'article L 724-1 du Code de la consommation subordonne expressément l'orientation, par la commission, du dossier vers un rétablissement personnel avec liquidation judiciaire à l'accord exprès du débiteur[595]. A la différence des procédures collectives du Code de commerce ou de la faillite civile applicable en Alsace Moselle[596], le débiteur doit accepter la réalisation de l'actif qui est la contrepartie de l'effacement de ses dettes. Cette règle reprend celle applicable au rétablissement personnel dans son état antérieur à la loi du 1er juillet 2010[597]. Elle est, de prime abord, surprenante car elle permet au débiteur de se soustraire à la réalisation forcée de ses biens[598]. Toutefois, celle-ci s'explique par une logique très différente des procédures du livre VI du Code de commerce[599]. Le rétablissement personnel, même assorti

---

[595] Le nouvel article L 742-1 du Code de la consommation précise que la commission est tenue de convoquer le débiteur pour recueillir son accord préalablement à la saisine du juge aux fins d'ouverture de la procédure et que le défaut de réponse vaut refus de celle-ci.

[596] La faillite civile peut être engagée d'office par la juridiction ou à la demande du ministère public contre le gré du débiteur (art. L 670-1 C.com.).

[597] Paris, 14 déc. 2005, R.T.D.Com. 2006, 490 obs. G.Paisant

[598] Selon les services de la Banque de France, c'était fin 2005 près de 20% des débiteurs concernés par le rétablissement personnel : Statistiques de la Banque de France citées par F.FERRIERE et P-L.CHATAIN, précité, n°91.21

[599] Messieurs VIGNEAU et BOURIN soulignent ainsi que les procédures collectives instituées par le Code de commerce « ne sont pas instituées dans l'intérêt premier des débiteurs, mais d'abord dans celui de la collectivité, de l'économie nationale. C'est en raison de ce caractère d'ordre public de direction qu'elles peuvent être introduites, à la demande d'un créancier mais également du Ministère public, qui représente l'intérêt général. (....) Si le débiteur peut certes demander l'ouverture de la procédure, il n'a pas le pouvoir de la refuser. En subordonnant l'ouverture du

d'une liquidation judiciaire, est bien plus destiné à améliorer le sort du débiteur par une purge de ses dettes qu'à assurer le paiement des créanciers par une saisie collective de ses biens. Il n'est donc pas illogique que cette orientation soit subordonnée à l'accord exprès du débiteur[600]. Partant de là, c'est moins la nécessité d'un accord du débiteur qui est surprenante que l'absence de conséquences, tirées par le législateur, d'un refus du débiteur. Le nouvel article L 742-1 du Code de la consommation se cantonne, en effet, à indiquer que la commission reprend sa mission d'élaboration d'un plan à l'aide uniquement des mesures imposées et recommandées. Cette règle aboutit à une situation paradoxale : la commission est contrainte d'appliquer des mesures de traitement du surendettement, pourtant inappropriées à la situation irrémédiablement compromise du débiteur. Certains auteurs fustigent l'« illogisme »[601] de cette règle qui incite les commissions à rechercher une solution de contournement au refus du débiteur. Celles-ci peuvent être tentées de recommander, sous couvert d'un effacement partiel, l'effacement de la quasi-totalité des dettes, quitte à permettre au débiteur d'échapper à la vente forcée de ses biens. Or, l'on sait que les juridictions du fond veillent à ce que le prononcé d'un effacement partiel ne dissimule pas un effacement total des dettes[602]. Aussi, la seule véritable alternative au refus du débiteur de se soumettre à un rétablissement personnel avec liquidation judiciaire consiste à subordonner, en application du nouvel article L 733-8 du Code de la consommation, l'effacement de ses dettes à la cession préalable des biens réalisables. Les membres du Comité de

---

rétablissement personnel à l'accord du débiteur, le législateur affirme une logique bien différente, inspirée de la protection des seuls intérêts des débiteurs surendettés. L'ordre public de direction cède ici la place à un ordre public de protection tournée vers la sauvegarde des débiteurs les plus faibles. Ainsi, et malgré les apparences qu'on a voulu lui donner, le rétablissement personnel n'est pas véritablement une procédure collective de règlement des dettes. Sa finalité est de permettre aux débiteurs les plus surendettés d'échapper aux voies d'exécution forcée au profit d'une procédure d'exécution volontaire conçue dans leur intérêt propre. » V.VIGNEAU, G-X.BOURIN, C. CARDINI, op.cit. , n°549

[600] Celui-ci ne se présume pas et doit être donné par écrit (anc art. R 334-28 devenu R 742-1 C.cons.).

[601] V.VIGNEAU, G-X.BOURIN, C. CARDINI, op. cit., n°550

[602] Paris, 28 oct. 2008, RG n°08/000034 qui juge « qu'un paiement de 10 € à un seul créancier qui entraîne l'effacement des autres créances à 39 909 € pour un passif de 39 919 € ne constitue pas un effacement partiel au sens de l'article L 331-7-1 susvisé mais constitue un effacement total prohibé par ce texte. »

suivi de l'application de la loi du 1er août 2003 sont demeurés divisés quant aux conséquences à tirer d'un refus du débiteur de se soumettre à la liquidation de son patrimoine[603]. Certains étaient plutôt enclins à voir dans ce refus une nouvelle cause de déchéance[604] ; d'autres ont estimé nécessaire de créer une possibilité d'ouverture de la procédure contre le gré du débiteur par une saisine d'office de la juridiction ou sur requête du ministère public[605]. Ne faudrait-il pas uniquement abroger la disposition prévoyant la reprise, par la commission, de sa mission d'élaboration d'un plan en cas de refus du débiteur ? Certains auteurs l'ont évoqué[606]. Pour l'heure, une telle modification des textes n'est pas envisagée. Aussi, en l'état actuel du droit, le refus du débiteur n'a d'autre effet que de renvoyer le dossier à la commission pour adoption des mesures de surendettement.

173. Autrement, si la commission parvient à recueillir l'accord exprès du débiteur, ce dernier ainsi que les créanciers connus sont convoqués à une audience destinée à l'ouverture du rétablissement personnel avec liquidation judiciaire. L'article L 742-3 du Code de la consommation précise que, lors de cette audience, le juge apprécie, après avoir entendu le débiteur s'il se présente, sa bonne foi et le caractère irrémédiablement compromis de sa situation. La jurisprudence indique que le juge retire des dispositions de ce texte le pouvoir d'apprécier, même d'office, si ces deux conditions d'ouverture sont réunies[607]. Cette solution déroge au principe de présomption de bonne foi du débiteur lors de l'examen de la recevabilité de la demande de surendettement. Ainsi, lorsqu'il est saisi d'une demande d'ouverture d'un rétablissement personnel avec liquidation judiciaire, le juge peut relever d'office la mauvaise foi du débiteur[608]. Toutefois, si ce dernier apparaît de bonne foi et dans l'impossibilité de faire face à son endettement non professionnel sans

---

603 Rapport du Comité de suivi, p.24

604 V.VIGNEAU, G-X.BOURIN, C. CARDINI, ibid.

605 F.DELBANO, Quelques propos autour du rapport du comité de suivi de l'application des dispositions relatives au surendettement de loi n°2003-710 du 1er août 2003, Droit et procédures 07-08/2006, p.207 n°20

606 V.VIGNEAU, G-X.BOURIN, C. CARDINI, ibid.

607 Civ. 2e, 14 déc. 2006, pourvoi n°05-04051 ; Bull. civ. II n°355 ; D.2007 Chron. C.cass. 896 obs. Vigneau ; R.T.D.Com. 2007, p.245, obs. G.Paisant ; Dr. et patr. juin 2007, p.93 obs. F.Macorig-Venier

608 V.VIGNEAU, G-X.BOURIN, C. CARDINI, op. cit., n°581

que sa situation ne soit irrémédiablement compromise, le juge est tenu de renvoyer le dossier à la commission pour l'élaboration d'un plan d'apurement au moyen des seules mesures de surendettement[609]. En effet, dans l'architecture du droit du surendettement, le rétablissement personnel n'est qu'un mode subsidiaire de traitement de l'endettement lorsque les autres solutions sont vouées à l'échec. Autrement, si le juge constate que l'ensemble des conditions légales requises sont réunies, il prononce l'ouverture de la procédure de rétablissement personnel avec liquidation judiciaire dont les effets sont inspirés de ceux produits par une liquidation judiciaire du livre VI du Code de commerce sous réserve des adaptations rendues nécessaires pour les consommateurs. Avant de les envisager, il convient de souligner que, malgré l'instauration par la loi du 1er juillet 2010 d'un rétablissement personnel sans liquidation judiciaire, l'ancien article L 332-6-1 puis le nouvel article L 742-20 du Code de la consommation continuent de prévoir, de façon redondante avec le rétablissement personnel sans liquidation[610], la possibilité d'une ouverture avec clôture immédiate de la procédure par un même jugement si le débiteur ne possède aucun bien saisissable ou que des biens présentant une valeur marchande insuffisante. Ceci précisé, aux termes de l'alinéa deux du nouvel article L 742-7 du Code de la consommation, le jugement d'ouverture entraîne, jusqu'à la clôture de la procédure, la suspension des poursuites individuelles et l'interdiction des procédures d'exécution diligentées à l'encontre des biens du débiteur ainsi que des cessions de rémunération hormis pour les dettes alimentaires. Il emporte également suspension des mesures d'expulsion hormis celles fondées sur un jugement d'adjudication rendu en matière de saisie immobilière. Ces interdictions prennent ainsi le relais de celles attachées aux décisions de recevabilité rendue par la commission[611]. De même, l'article L 742-9 de ce Code interdit au débiteur d'aliéner ses biens sans l'accord du juge ou du mandataire, s'il en a été désigné un.

---

609 Civ. 2e, 10 nov. 2010, pourvoi n°09-67.134, Bull. civ. II n°186 ; JCP 2010, n°1210, R.D. banc. fin. 2011 n°27 obs. S.Piedelièvre ; R.L.D.C janv. 2011 p.14 obs. Paulin

610 S.PIEDELIEVRE, Les nouvelles règles relatives au surendettement des particuliers, JCP E 2010, 1676, n°32

611 Curieusement, l'ouverture du rétablissement personnel n'emporte pas, pour les créanciers antérieurs, interdiction des paiements ou de prendre toute garantie ou sûreté.

174. Lors du jugement d'ouverture, le juge peut organiser une sorte de période d'observation en désignant, conformément au nouvel article L 742-4 du Code de la consommation un mandataire parmi les personnes figurant sur une liste établie par le procureur de la République[612], ou en faisant procéder à une enquête sociale. Ce mandataire est chargé, selon l'article L 742-12 du Code de la consommation, de dresser un bilan de la situation économique et sociale du débiteur, d'évaluer les éléments d'actif et de passif de son patrimoine et de vérifier les créances. Dans cette forme de rétablissement personnel, les créances sont vérifiées. Les créanciers sont donc invités à déclarer leurs créances, dans des conditions semblables à celles organisées par les dispositions du livre VI du Code de commerce[613]. A la différence de ces dernières, les créances qui n'ont pas été déclarées dans un délai de deux mois à compter de la publication du jugement d'ouverture sont éteintes, sauf pour le créancier défaillant à être relevé de la forclusion[614]. L'extinction de la créance non-déclarée entraîne libération de la caution, à l'instar de la solution qui était applicable en matière de procédures collectives antérieurement à la loi de sauvegarde des entreprises du 26 juillet 2005[615]. Les créances déclarées sont vérifiées par le greffe ou, le cas échéant, par le mandataire. L'état des créances déclarées est notifié au débiteur et aux créanciers avec convocation à une audience destinée à l'examen des contestations[616]. Selon l'article L 742-13 du Code de la consommation, le juge statue lors de cette audience sur les éventuelles contestations de créances et, après avoir arrêté le montant des créances

612 Elle comprend des mandataires judiciaires, des huissiers de justice, des personnes morales mandataires judiciaires à la protection des majeurs, des associations familiales ou de consommateurs. anc. art. R 334-32 devenu R 742-5 C.cons.

613 Le nouvel article L 742-8 du Code de la consommation indique que le mandataire ou, à défaut, le juge procède aux mesures de publicité destinées à recenser les créanciers qui doivent déclarer leurs créances dans le délai de deux mois à compter de la publication du jugement au BODACC.

614 De façon analogue aux procédures collectives, la demande de relevé de forclusion doit être présentée au juge dans un délai de six mois à compter de la publicité du jugement d'ouverture et se fonder sur des circonstances de faits « extérieures à la volonté du créancier ». anc art. R 334-38 devenu R 742-13 C.cons.

615 S.LEDAN, Analyse comparative de la procédure de surendettement des particuliers et celle relative à la sauvegarde des entreprises, Cont. conc. cons., juin-juillet 2006, études 8 et 15, p.5

616 art. R 334-39 II et III devenu R 742-11 et suivants C.cons.

admises, se prononce sur les suites de la procédure. Lorsqu'il ressort du rapport remis par le mandataire que le débiteur ne possède rien d'autre que des biens insaisissables ou dépourvus d'une valeur marchande suffisante, le juge prononce immédiatement la clôture de la procédure pour insuffisance d'actif conformément à l'article L 742-21 du Code de la consommation. Si la situation du débiteur s'est améliorée depuis l'orientation vers un rétablissement personnel, l'article L 743-2 du même Code permet un renvoi du dossier devant la commission pour que soit adopté un plan à l'aide des seules mesures de surendettement. A titre exceptionnel, l'article L 742-24 de ce Code permet au juge, le cas échéant sur proposition du mandataire, d'établir un plan à l'aide des seules mesures de surendettement s'il estime que la liquidation judiciaire peut être évitée. Autrement, lorsque la consistance du patrimoine du débiteur le justifie, le juge prononce, en application du nouvel article L 742-14 du Code de la consommation, la liquidation judiciaire de ce patrimoine[617] dont sont exclus les biens rendus insaisissables par l'article L 112-2 du Code des procédures civiles d'exécution, ceux dont les frais de vente seraient manifestement disproportionnés au regard de leur valeur vénale ainsi que ceux qui seraient indispensables à l'exercice de l'activité professionnelle du débiteur. Le jugement prononçant la liquidation judiciaire désigne un liquidateur qui peut être le mandataire précédemment missionné. Selon l'article L 742-15 du Code de la consommation, il emporte de plein droit dessaisissement du débiteur qui perd la disposition de l'ensemble de ses biens. Ses droits et actions sont alors exercés par le liquidateur, pendant toute la durée de la procédure, à l'exception des actions ayant un caractère strictement personnel. De même, le jugement d'ouverture de la procédure emporte, conformément à l'article L 742-9 du Code de la consommation, interdiction pour le débiteur d'aliéner ses biens sans l'accord du mandataire ou, à défaut, du juge.

175. La parenté avec les dispositions de l'article L 641-9 du Code de commerce applicables à la liquidation judiciaire du professionnel est patente. Toutefois, le Code de la consommation laisse en suspens la question du sort des actes de disposition conclus sans autorisation, au mépris de l'interdiction d'aliéner. Il apparait acquis que l'acte

---

[617] Lorsque le débiteur est un entrepreneur individuel à responsabilité limitée, le patrimoine concerné est le patrimoine non affecté conformément à l'ancien article L 333-7, devenu L 711-7, du Code de la consommation.

n'encourt pas l'annulation prévue par l'article L 761-2 du Code de la consommation, faute de visa par ce texte des articles L 742-9 et L 742-15. Tout au plus, le juge pourrait, en vertu du troisièmement de l'article L 761-1 du même Code[618], déchoir le débiteur des faveurs du rétablissement personnel pour avoir procédé, sans son autorisation, à un acte de disposition ; l'exposant à une reprise des poursuites individuelles par les créanciers. Cela étant, certains auteurs ont estimé que le liquidateur pouvait solliciter l'inopposabilité de l'acte sur le fondement de l'action paulienne[619]. L'article L 742-15 de ce Code ne précise pas davantage le sort des éventuels revenus du débiteur pendant la durée de la procédure. Le débiteur les perçoit-il librement ? Il convient sans doute de raisonner par analogie avec la solution applicable lors d'une liquidation judiciaire d'un professionnel, c'est-à-dire qu'il ne devrait disposer que de la quotité insaisissable fixée par le barème de saisie des rémunérations[620].

176. L'article L 742-16 du Code de la consommation impartit au liquidateur un délai de douze mois pour procéder à la vente amiable ou, à défaut, la vente forcée des biens du débiteur selon les formes prévues par les procédures civiles d'exécution. Ce texte traduit une certaine préférence du législateur pour la vente de gré à gré qui permet la réalisation de l'actif à des conditions plus favorables pour le débiteur. La vente est réalisée sous le contrôle du juge qui l'autorise, après avoir vérifié qu'elle intervient à des conditions satisfaisantes, y compris pour les créanciers inscrits. Ainsi, en cas de vente de gré à gré d'un bien immobilier grevé d'une hypothèque ou d'un privilège, le juge détermine le montant minimum du prix de vente. La vente forcée du bien immobilier intervient selon les modalités d'une saisie immobilière sous réserve de quelques aménagements apportés aux règles de droit commun. Si celle-ci a été engagée avant l'ouverture de la procédure, elle est reprise par le liquidateur au stade où le jugement d'ouverture l'avait interrompue. En cas de vente par adjudication, le

---

618 Du reste, depuis la loi du 1er juillet 2010, ce texte précise que la déchéance peut être prononcée au cours d'une procédure de rétablissement personnel avec liquidation judiciaire.

619 V.VIGNEAU, G-X.BOURIN, C. CARDINI, op. cit, n°605. Aussi, le notaire avisé sera inspiré de consulter systématiquement le Bodacc s'il suspecte un vendeur indélicat : F.VAUVILLE, Le notaire face à la procédure collective du consommateur : le réflexe « bodacc.fr » toujours…, Rép. Def. 2011, art. 40067

620 Com. 13 avril 2010, pourvoi n°08.19074, R.D. banc. fin. 2010 ; n°153, com. S.Piedelièvre

juge détermine la mise à prix du bien à vendre. Il précise qu'à défaut d'enchères, la vente pourra se faire pour une mise à prix inférieure. Une fois les actifs réalisés, le liquidateur procède à la répartition du produit des actifs entre les créanciers, selon leur rang. Il convient de souligner qu'en présence d'une dette locative, les créances des bailleurs sont réglées prioritairement à celles des établissements et organismes de crédits, conformément à l'article L 716-1 du Code de la consommation. En revanche, aucune priorité de paiement n'est reconnue aux créanciers protégés par les articles L 711-4 et L 711-5 du Code ou aux créanciers professionnels. Le liquidateur élabore un projet de distribution qu'il notifie aux créanciers et au débiteur. En l'absence de contestation, le projet est transmis au juge qui lui confère force exécutoire. Lorsque ce projet fait l'objet d'une contestation, le liquidateur convoque les créanciers et le débiteur pour une conciliation préalable qui est, le cas échéant, homologuée par le juge. A défaut d'accord, le liquidateur transmet le projet de distribution ainsi qu'un procès-verbal exposant les difficultés au juge. Ce dernier établit l'état de distribution et ordonne, s'il y a lieu, la radiation des inscriptions sur l'immeuble.

177. Lorsque l'actif réalisé s'est avéré suffisant pour désintéresser les créanciers, le juge prononce la clôture de la procédure conformément à l'alinéa premier de l'article L 742-21 du Code de la consommation. Par analogie avec les procédures collectives du livre VI du Code de commerce, il s'agit d'une clôture par extinction du passif. Dans cette hypothèse idyllique, pratiquement d'école, l'article L 752-1 de ce même Code reconnaît au débiteur le droit d'obtenir la radiation des informations portées au fichier national des incidents de paiement ; les créanciers ayant été intégralement désintéressés[621]. Dans la plupart des cas, l'actif réalisé est insuffisant pour désintéresser les créanciers. Le juge clôture alors la procédure pour insuffisance d'actif, ce qui met fin au dessaisissement du débiteur qui retrouve la faculté de percevoir, de nouveau, l'ensemble de ses revenus. Mais surtout, la clôture du rétablissement personnel pour insuffisance d'actif, qu'elle soit prononcée ou non à la suite d'une liquidation judiciaire, entraîne une purge des dettes sous la forme d'un effacement, dont il convient d'en préciser l'étendue.

---

[621] Cette radiation est de droit malgré le fait que le débiteur a bénéficié d'une procédure de rétablissement personnel : TI Nimes, ord., 28 fév. 2008, JCP E 2008, n°20, p.10 note Ferrière

C - L'étendue de l'effacement des dettes résultant d'un rétablissement personnel

178. Bien qu'il soit destiné à remettre en selle le débiteur en reconstituant sa virginité patrimoniale, l'effacement des dettes résultant d'un rétablissement personnel n'est pas intégral. Il n'y a pas de traitement égalitaire des créanciers car seules les dettes non professionnelles sont effacées et les dettes professionnelles laissées à l'écart car ce n'est pas l'objet premier du rétablissement personnel (1). Certaines dettes sont préservées (2) même si leur maintien apparaît illusoire pour un débiteur dont la situation a été jugée irrémédiablement compromise, c'est-à-dire sans espoir d'amélioration. Ainsi, certains créanciers méritoires bénéficient d'une protection particulière. Enfin, à la différence du professionnel, le consommateur surendetté peut bénéficier de plusieurs effacements successifs de ses dettes (3).

1 - Les dettes concernées par l'effacement : les dettes non professionnelles antérieures au jugement d'ouverture

179. Selon les articles L 741-3 et 742-22 du Code de la consommation, que le rétablissement personnel ait été prononcé avec ou sans liquidation judiciaire, la clôture entraîne l'effacement des dettes non professionnelles, et uniquement de celles-ci. L'effacement ne concerne donc que les dettes domestiques qu'elles aient une origine contractuelle ou légale, privée ou publique. La loi n° 2014-366 du 24 mars 2014 pour l'accès au logement et à un urbanisme rénové a mis fin à une incertitude en arrêtant les dettes concernées par l'effacement à la date du jugement d'ouverture ou, lorsque le rétablissement intervient sans liquidation judiciaire, à la date de l'ordonnance rendant exécutoire la décision d'orientation de la commission. Cette précision clarifie le sort des créances à exécution successive, telles que les dettes locatives. Ainsi, seules les dettes nées au jour du jugement d'ouverture et soumises à l'obligation de déclaration sont effacées. Celles nées postérieurement au jugement d'ouverture survivent. Cela étant, le législateur n'a fait que consacrer une solution jurisprudentielle, très légèrement antérieure à cette loi[622].

180. Depuis la loi de modernisation de l'économie du 4 août 2008, l'effacement peut également concerner la dette de la caution lorsque l'engagement garantit celle d'un entrepreneur individuel ou d'une société. C'est la conséquence directe de l'éligibilité de cette caution aux faveurs du surendettement. Elle aboutit toutefois à une contradiction : le législateur permet l'effacement d'une dette liée à une activité professionnelle alors que le rétablissement personnel ne devrait conduire qu'à l'effacement des dettes non professionnelles. Cependant, la Cour de cassation a écarté cette objection[623].

2 - Les dettes préservées de l'effacement

181. A l'inverse, les dettes professionnelles du débiteur sont à l'écart de tout effacement (a). Et, s'inspirant des exceptions et tempéraments prévus par l'article L 643-11 du Code de commerce lors de la liquidation judiciaire d'un professionnel, l'ancien article L 332-9 transféré au L 742-22 du Code de la consommation réserve le sort de la dette acquittée par la caution ou le coobligé, personne physique (b) ou de certaines créances nécessitant une protection particulière (c).

a - Les dettes professionnelles du débiteur

182. La clôture pour insuffisance d'actif du rétablissement personnel entraîne l'effacement des dettes non professionnelles. Il en résulte que les dettes professionnelles survivent. L'effacement des dettes est donc sélectif selon la nature professionnelle[624], ou non, de la dette. Cette différence de traitement est curieuse car les dettes professionnelles peuvent faire l'objet d'un effacement partiel[625]. Une telle survie est

---

[622] Civ. 2e, 6 juin 2013, pourvoi n°12-19155, Rev. proc. coll. mars avril 2014, n°47, obs. S.Gjidira-Decaix

[623] Civ. 2e , 27 sept. 2012, pourvoi n°11-23285, Rev. proc. coll. juil. août 2013, n°102, obs. S.Gjidira-Decaix

[624] Avis n°16007, 8 juil. 2016, demande n°16-70.005 : espèce concernant une dette de cotisations et contributions sociales d'un gérant majoritaire de SARL et dont le recouvrement était poursuivi par une Urssaf.

[625] Civ. 2e , 21 déc. 2006, Bull. civ. II n°374 ; D. 2007, AJ 370 obs. Rondey, R.T.D.Com. 2007, 615, obs. G. Paisant ; R.D. banc. fin. 2007 n°120 obs. S.Piedelièvre ; Dr. et patr. juin 2007, n°92, obs. F.Macorig-Venier

difficilement compréhensible eu égard à l'ambition initiale d'affranchir le débiteur du fardeau de ses dettes. Cela étant, elle correspond à la logique de partition du traitement de l'endettement entre les procédures collectives du livre VI du Code de commerce, réservées aux professionnels, et les procédures de traitement du surendettement, réservées aux dettes domestiques des consommateurs. Cette absence de réponse globale conduit à certaines incohérences. Il n'est pas rare qu'une partie du passif lié à l'activité ne soit susceptible d'aucun traitement du fait d'une exclusion réciproque par chacune des procédures d'insolvabilité. Les dirigeants sociaux sont parfois dans la situation inconfortable de ne pouvoir prétendre au bénéfice du surendettement au seul motif que leur passif est essentiellement d'origine professionnelle[626]. Dans son rapport, le Comité de suivi de l'application de la loi du 1er août 2003 avait donc proposé d'étendre l'effacement aux dettes professionnelles[627]. Cette proposition s'est manifestement heurtée à d'importantes réticences ministérielles puisqu'elle n'a été reprise par aucun des projets de loi postérieurs à ce rapport. L'un des membres du Comité s'étonne donc « de voir combien la loi organise les conditions de son ineffectivité puisqu'en maintenant ainsi une partie du passif à la charge du débiteur, elle empêche son désendettement[628]. » D'ailleurs, le maintien de ce symbole est d'autant moins justifié qu'un alignement du sort des dettes professionnelles sur celui des dettes domestiques ne ferait qu'entériner la renonciation des créanciers à l'exercice des poursuites. Le débiteur, dont la situation a été considérée comme irrémédiablement compromise, sort de la procédure aussi insolvable qu'il y est entré : sans perspective, à court ou moyen terme, de retour à meilleure fortune. Les créanciers professionnels n'ont pas davantage de chances de recouvrement dans l'après procédure que dans l'avant puisque la situation du débiteur a été considérée comme n'étant pas susceptible de s'améliorer. De facto, ils abandonnent les poursuites du fait de l'insolvabilité persistante du débiteur. Leur sort serait donc inchangé si la solution actuelle était abandonnée. C'est du reste

[626] Dans ce cas, ne pourrait-on concevoir que les dettes personnelles d'un dirigeant, liées à l'exercice de l'activité, puissent être rattachées à la procédure collective de la personne morale dirigée ?

[627] Rapport du Comité de suivi, précité, p. 26

[628] V.VIGNEAU, G-X.BOURIN, C. CARDINI, op.cit., n°640

l'invitation récemment transmise par la Cour de cassation au législateur[629].

b - Les dettes dont le prix a été payé au lieu et place du débiteur par la caution ou le coobligé, personne physique

183. S'inspirant des dispositions du paragraphe II de l'article L 643-11 du Code de commerce dans sa rédaction antérieure à l'ordonnance du 12 mars 2014, les articles L 741-3 et L 742-22 du Code de la consommation font échapper à l'effacement les dettes dont le prix a été payé au lieu et place du débiteur par la caution ou le coobligé, personne physique[630]. Ce texte reprend à l'identique la restriction prévue au deuxièmement de l'article L 733-7 du même Code lors de la recommandation d'un effacement partiel. Ainsi, l'effacement, qu'il soit partiel ou total, ne peut concerner les dettes acquittées par la

---

[629] Dans son rapport préalable à l'avis du 8 juillet 2016, Monsieur Thomas VASSEUR, Conseiller référendaire à la Cour de cassation, note ainsi : « Plusieurs fois dénoncé comme procédant d'une malfaçon législative qu'aucune jurisprudence ne semble susceptible de corriger, il ne serait pas inutile que le législateur se demande si ce maintien du droit positif correspond à un choix délibéré de sa part. Plus largement encore, il est permis de s'interroger sur l'exclusion des dettes professionnelles dès le stade de la recevabilité : quelle en est la raison depuis que certaines dettes professionnelles sont en tout état de cause prises en compte en droit du surendettement et depuis que la réforme des procédures collectives par la loi du 26 juillet 2005 a étendu les effets du livre VI du code de commerce à toutes les personnes physiques exerçant une activité professionnelle indépendante ? Alors que les particuliers bénéficient de la procédure consumériste de traitement de leurs dettes et que les commerçants, les artisans, les agriculteurs et les personnes exerçant une profession libérale bénéficient des procédures collectives du code de commerce, il demeure quelques catégories de personnes, tel le gérant majoritaire de SARL, qui ne relèvent pas des procédures du livre de commerce mais dont l'endettement, s'il n'est que professionnel, les exclut de la procédure du code de la consommation. Plus rien ne justifie une telle exclusion. Ne serait-il pas souhaitable que l'exclusion des dettes professionnelles, tant au stade de la recevabilité à la procédure de traitement du surendettement qu'au stade des effets du rétablissement personnel soit supprimée ? Rien ne semble s'opposer désormais à une telle réforme (…). » Rapport disponible sur le site internet de la Cour de cassation : https://www.courdecassation.fr

[630] Cette précision, ajoutée par la loi du 1er juillet 2010, a permis d'empêcher le contournement de l'effacement des dettes par les établissements de crédit lesquels se préservaient un recours à l'encontre du débiteur en conditionnant l'octroi d'un prêt à la souscription d'une garantie auprès de sociétés de cautionnement mutuel qui étaient l'une de leurs filiales.

caution ou le coobligé, personne physique, en lieu et place du débiteur principal. Le maintien des droits de la caution est apparu nécessaire pour ne pas lui faire supporter définitivement la charge de la dette. D'ailleurs, la jurisprudence a refusé au débiteur qu'il puisse se prévaloir du caractère solidaire du cautionnement pour échapper au recours après paiement de la caution au motif que la dette principale est effacée[631]. Cela étant, certains auteurs ont regretté que le législateur ne se soit pas émancipé du modèle de la liquidation judiciaire pour demeurer fidèle à la logique de restauration de la dignité du débiteur[632]. La loi ne vise que les dettes dont le prix a été « payé », pour réserver le sort favorable aux seuls recours après paiement et en exclure ceux exercés avant paiement, sur le fondement de l'article 2309 du Code civil. D'ailleurs, lorsque la commission constate que le remboursement d'une ou plusieurs dettes du débiteur principal est garanti par un cautionnement, elle est tenue d'informer la caution de sa saisine et de l'inviter à justifier des sommes déjà acquittées en exécution de son engagement[633]. Partant de là, la question se pose de savoir si la caution, qui n'a pas encore été payée au moment de la clôture de la procédure, peut se prétendre libérée en raison de l'effacement de la dette garantie. La Cour de cassation a déjà jugé que, malgré leur caractère volontaire, les sacrifices consentis par les créanciers, lors du plan conventionnel de redressement, ne constituaient pas une remise de dettes susceptible d'entraîner une libération de la caution[634]. Cette solution a été étendue aux mesures recommandées qui ont été imposées par le juge aux créanciers[635]. Par conséquent, la caution ne peut se retrancher derrière l'effacement de la dette principale garantie pour échapper à son obligation de règlement car il s'agit là d'une exception personnelle au débiteur[636].

---

[631] Civ. 2ème 26 juin 2014, pourvoi n°13-14.576, L.P.A. 8 janv. 2015, 11, note T.Stéphania

[632] S.PIEDELIEVRE, Le droit à l'effacement des dettes, Rép. Def. 2004, art.37852, spec. n°29 – S.GJIDARA DECAIX, Surendettement des particuliers, J.Cl. Banque Crédit Bourse fasc. 735, n°154

[633] art. R 723-4 C.cons.

[634] Civ. 1ière, 13 nov. 1996, Bull. civ. I n°401, RTDciv. 1997, p.190 note P.Crocq ; JCP G 1997 II 22780 note Ph.Murry ; D.1997 jurisp. p. 141 Concl. Sainte Rose, note T.Moussa

[635] Civ. 1ière, 3 mars 1998, Bull.civ. I n°82 ; JCP G II 10117 note S.Piedelièvre ; R.T.D.Com. 1999 p.993 note G.Paisant

[636] V.VIGNEAU, G-X.BOURIN, C. CARDINI, op.cit., n°566

L'extinction, par voie accessoire, du cautionnement a parfois été soutenue en doctrine[637]. Toutefois, en l'état de la jurisprudence, aucune décision ne permet d'accréditer cette thèse. En revanche, il est communément admis que l'extinction de la dette résultant d'un défaut de déclaration dans le délai imparti est une exception inhérente à la dette qui a pour effet de libérer la caution, à l'instar de la solution applicable en matière de procédures collectives antérieurement à la loi de sauvegarde du 26 juillet 2005[638]. Et, une fois le créancier désintéressé, la jurisprudence maintient l'intégralité des droits de la caution à l'encontre du débiteur principal qui ne pourra lui opposer les mesures de faveur dont il a bénéficiées[639]. Il a été soutenu que le recours personnel pourrait être le seul possible puisque le recours subrogatoire a vocation à disparaître en même temps que la créance principale[640]. Cependant, la jurisprudence ayant retenu une solution inverse en droit des entreprises en difficulté[641], il apparaît plus

---

637 M.BOURASSIN, Sûretés et surendettement des particuliers, L.PA. 10 oct. 2012, p.4, spéc. n°32 et 38 : Selon cet auteur, « la pérennité des sûretés antérieures à l'engagement de la procédure de surendettement est compromise (…) en cas d'effacement total des dettes garanties. Il s'agit de causes d'extinction par voie accessoire propres au surendettement, qui ruinent l'efficacité de toutes les sûretés. (…) Dans la procédure de rétablissement personnel, l'effacement des dettes non professionnelles, à l'exception de celles visées par les articles L 333-1 et L 33-1-2 du Code de la consommation a pour effet d'éteindre les garanties et sûretés, aussi bien réelles que personnelles, qui en sont les accessoires. » Mais, de façon contradictoire, cet auteur soutient également (note n°93) que tous les recours aussi bien personnel que subrogatoire seraient maintenus en raison du double visa, par la Cour de cassation, des anciens articles 2028 et 2029 du Code civil.

638 Com. 17 juil. 1990, Bull. civ. IV n°214 et 215 ; D. 1990, 494, note Honorat ; rev. proc. coll. 1991, 110, n°2, obs. Delebecque ; R.T.D.Com. 1990, 642, n°2, obs. Martin-Serf ; Com. 12 juil. 1994, Bull. civ. IV n°260 ; Limoges, 15 mars 1990, Revue juridique du Centre-Ouest 1991, pages 458 à 461 : note M. Bayle

639 Civ. 1ière, 15 juil. 1999, Bull. civ. I n°248, JCP E 1999, p.1925 obs. D.Legeais, RTDCom. 1999 p.993 note G.Paisant ; Civ. 1ière, 28 mars 2000, Bull. civ. I n°107

640 F.MACORIG-VENIER, L'effacement des dettes dans le droit du surendettement, Dr. et patr. sept. 2009, p.54, note n°23

641 Après la clôture pour insuffisance d'actif, la caution qui a payé au lieu et place du débiteur peut poursuivre celui-ci soit en exerçant un recours subrogatoire sous réserve que le créancier ait déclaré sa créance soit en exerçant un recours personnel dès lors qu'elle a elle-même déclaré sa créance. Com. 12 mai 2009, pourvoi n°08-13.430, D.2009 AJ. 1472 obs. A.Lienhard ; R.T.D.Com. 2009 p.613 note A.Martin-Serf

vraisemblable que tous les recours de la caution soient maintenus[642]. Quoi qu'il en soit, le recours après paiement engagé par la caution sera, le plus souvent, ineffectif en raison de l'insolvabilité persistante du débiteur après l'effacement de ses dettes hormis si celui-ci est, précisément, depuis revenu à meilleure fortune.

c - La protection des créanciers méritoires

184. Par ailleurs, certains créanciers, jugés méritoires, sont protégés et exemptés des sacrifices imposés aux autres. Dans le rétablissement personnel, les droits de ces différents créanciers sont insusceptibles d'effacement. En premier lieu, le nouvel article L 711-4, du Code de la consommation exclut, sauf accord du créancier, de toute remise, de tout rééchelonnement ou effacement : les dettes alimentaires, les réparations pécuniaires allouées aux victimes d'une infraction pénale ainsi que les amendes prononcées à cette occasion, et les dettes ayant pour origine des manœuvres frauduleuses commises au préjudice des organismes de protection sociale.

185. L'exclusion des dettes alimentaires tient compte de la particularité de l'obligation alimentaire et de l'état de besoin du créancier d'aliment. Les procédés de recouvrement, qui lui sont spécifiques, sont déjà écartés de la suspension des poursuites individuelles dès la demande de surendettement. Et, le règlement s'impute sur le reste à vivre du débiteur, c'est-à-dire sur la fraction insaisissable des ressources[643]. Dans le prolongement, il était logique d'écarter la dette alimentaire du champ de l'effacement. Cette protection pouvait-elle être étendue à d'autres personnes que celles à l'égard desquelles un lien d'aliment est organisé par le Code civil ? Certains créanciers ont tenté d'échapper aux sacrifices qui devaient leur être imposés en invoquant cette exception. Les agents comptables d'établissements scolaires ont ainsi contesté l'effacement d'impayés de cantines, parfois avec succès devant les juges du fond[644]. A la suite, les hôpitaux publics l'ont également invoqué pour des dépenses de santé[645]. Dans une série de décisions, la Cour de cassation a mis un

---

[642] En ce sens : V.VIGNEAU, G-X.BOURIN, C. CARDINI, op.cit., n°566

[643] art. L 311-2 C.cons.

[644] Poitiers, 3 janv. 2006, Cont. Conc. Cons. 2006 n°242 obs. Raymond

[645] en illustration : Limoges, 17 janv. 2007, Cont. Conc. Cons. 2007 n°207 obs. Raymond

terme à cette tentative de détournement du texte en retenant une conception stricte de la dette alimentaire. Après avoir considéré, dans un avis du 8 octobre 2007[646], que les dépenses de restauration scolaire ne constituaient pas des dettes alimentaires, la Cour de cassation a exclu cette qualification pour une série de créances liées à l'entretien d'une personne, qu'il s'agisse de frais d'hospitalisation[647] ou d'hébergement en maison de retraite[648]. En réservant la protection aux créanciers d'aliments au sens du Code civil, la jurisprudence a ainsi retenu une interprétation en cohérence avec la loi pénale, l'inexécution de l'obligation alimentaire rendant le débiteur passible des peines prévues pour abandon de famille[649].

186. C'est d'ailleurs l'efficacité de la réponse pénale qui a présidé à la protection des créances indemnitaires des victimes d'infraction ainsi qu'aux amendes prononcées à cette occasion. Ainsi, les peines d'amende prononcées par les juridictions répressives sont écartées de l'effacement, la situation de surendettement ne devant pas être un motif de dispense de peine. Cette règle d'origine jurisprudentielle[650] avait été consacrée par la loi du 1er août 2003 au deuxièmement de l'ancien article L 333-1 du Code de la consommation. Elle s'inspirait d'ailleurs de l'exception prévue au paragraphe I de l'article L 643-11 du Code de commerce en matière de liquidation judiciaire des professionnels. Sont également exclues de tout effacement les « réparations pécuniaires allouées aux victimes dans le cadre d'une condamnation pénale ». Certains auteurs ont critiqué l'ambiguïté de cette formule car « une dette de réparation allouée par un juge civil » ne diffère pas « d'une dette de même nature accordée par un juge pénal[651] ». Cette expression maladroite, employée par la loi, n'a pas

---

646 Avis, 8 oct. 2007, Bull. civ. n°9 ; D. 2007, AJ 2669 obs. Rondey ; R.T.D.Com. 2008, p.193 obs. Paisant ; JCP 2007 II 10203, note Dagorne-Labbe

647 Civ. 2ème, 3 juil. 2008, D.2008, A.J 2070, R.T.D.Com. 2008 635 obs. G. Paisant

648 Civ. 2ème 19 mars 2009, pourvoi n°07-20.315, D.2009 A.J. 945

649 Sur la notion d'obligation alimentaire et ses rapports avec le droit du surendettement : G.PIGNARRE, Droit du surendettement et dettes d'aliment, JCP G 1998, I 150 ; Le Labourier-Fleury Le Gros, notion de créance alimentaire dans les procédures de surendettement, Dr. fam. 2009, Etude 22

650 La Cour de cassation avait considéré que le recouvrement des amendes pénales relevait du seul régime de l'exécution des peines et que le juge chargé du surendettement ne pouvait suspendre une mesure d'exécution forcée engagée à cet effet : Civ. 1ère 17 nov. 1998 Bull. Civ. I n°325, D 1999 somm. 206 obs. Chatain

651 J.GHESTIN, M.BILLIAU, G.LOISEAU, ouvrage précité, n°1296

manqué de susciter des difficultés d'interprétation. La Cour de cassation a ainsi été amenée à censurer une décision ayant refusé d'exclure de l'effacement une créance de dommages-intérêts, résultant d'une décision civile, fondée sur l'autorité de la chose jugée attachée à la décision pénale antérieure[652]. Si la créance indemnitaire correspond à la réparation du préjudice subi par la victime d'une infraction pénale, il importe peu qu'elle ait été prononcée par un juge civil ou à l'occasion de la condamnation pénale. En revanche, cette protection reste limitée à la seule victime de l'infraction, sans pouvoir bénéficier à l'assureur de la victime par le jeu de la subrogation[653].

187. De manière générale, la Cour de cassation refuse d'étendre la protection accordée aux créanciers méritoires à toute personne morale leur étant subrogée. Ainsi, la créance d'un organisme social intervenu volontairement dans une procédure pénale pour obtenir le remboursement de prestations indûment perçues n'a pas été préservée de l'effacement[654]. En réaction, la loi de financement de la sécurité sociale pour 2012 a complété l'ancien article L 333-1, désormais L 711-4, du Code de la consommation d'un troisièmement pour exclure les dettes ayant pour origine des manœuvres frauduleuses au préjudice des organismes de sécurité sociale qui résulte soit d'une décision de justice, soit d'une pénalité financière appliquée, à titre de sanction, par l'organisme en vertu des dispositions du Code de la sécurité sociale. C'est également en réaction à un arrêt rendu par la Cour d'appel de Paris, ayant confirmé l'effacement total de la dette d'un emprunteur gagiste et la restitution du gage par le Crédit municipal de Paris[655], que la loi du 1er juillet 2010 portant réforme du crédit à la consommation avait inséré, dans le Code de la consommation, un article L 333-1-2, désormais repris au L 711-5, pour exclure les dettes

---

[652] Civ. 2ème, 24 janv. 2008, D.2008 jurisp. p.825, note Ferrière ; ibid. A.J. Rondey

[653] Civ. 2ème, 31 mars 2011, Bull. civ. II n°80, D. 2011, actu. 1133, obs. Avena-Robardet ; R.D.banc.fin. 2011, n°110, obs. S. Piedelièvre ; Rev.proc. coll. 2011, n°127, obs. S.Gjidara-Decaix

[654] Civ. 2ème, 23 sept. 2010, Bull. Civ. II n°161, D.2010 actu. 2286 ; rev. proc. coll. 2010, n°202 obs. S.Gjidara-Decaix

[655] Paris, 13 mars 2007, RG n°06/00076 ; La Cour d'appel considérant que les prêts sur gage accordés par le Crédit municipal de Paris ne figuraient pas dans la liste des dettes exclues tant des mesures de suspension des voies d'exécution que des mesures de redressement, avait confirmé le jugement prononçant l'effacement total des créances à l'exception de celle de la Trésorerie générale de l'Assistance publique – Hôpitaux de Paris.

issues de prêts sur gage souscrits auprès des caisses de crédit municipal afin que la réalisation des gages ne puisse être empêchée ou différée. Une question identique s'est posée à propos de la créance en récupération du fonds de garantie des victimes d'infraction, conduisant certains à demander une clarification législative[656]. C'est la jurisprudence qui a finalement apporté la précision attendue en mettant la créance du fonds de garantie à l'écart de tout effacement en raison de la mission d'intérêt général de protection des victimes[657].

3 - Le cumul, par le consommateur, d'effacements successifs de dettes

188. Alors qu'il est pourtant censé permettre au débiteur de prendre un nouveau départ, le législateur ne s'est guère montré optimiste sur les chances de succès du rétablissement personnel. A la différence du Code de commerce, le Code de la consommation n'interdit pas au particulier surendetté le bénéfice successif de plusieurs effacements de dettes dès lors qu'il se trouve, à plusieurs reprises, dans une situation irrémédiablement compromise. Lors de l'examen de la loi du 1er août 2003, il est apparu qu'« interdire à une même personne de bénéficier, le cas échéant, d'une deuxième procédure de rétablissement personnel n'est pas justifié car une personne peut se trouver pour des raisons indépendantes de sa volonté, à deux moments de sa vie, dans une situation irrémédiablement compromise. Le meilleur moyen d'éviter les abus n'est pas d'instaurer un unique droit de tirage, mais de définir un critère d'éligibilité pertinent et de laisser au juge la marge d'appréciation nécessaire[658]. » La condition de bonne foi est apparue suffisante pour prévenir les éventuels abus lors de demandes successives d'un rétablissement personnel. Dans le Code de la consommation, il n'y a donc pas d'exception de récidive à l'instar de celle qui existe, pour le professionnel, dans le Code de commerce. Néanmoins, pour prévenir celle-ci, la loi du 1er juillet 2010 portant réforme du crédit à la consommation a favorisé l'accompagnement du débiteur, personne physique, après l'effacement de ses dettes. Ainsi, le

---

656 C. SEVELY-FOURNIE, La créance du fonds de garantie doit-elle céder devant l'impératif de redressement du débiteur surendetté ?, D.2015, Chron. p.1283

657 Civ. 2ème, 12 mai 2016, pourvoi n°15-13.742, Cont. conc. consom. 2016, comm. n°179 note S. Bernheim-Desvaux

658 J.F HYEST : JOAN (CR), séance 23 juil. 2003

juge peut inviter le débiteur, si sa situation l'exige, à solliciter une mesure d'aide ou d'action sociale qui peut comprendre une mesure d'accompagnement social personnalisé, dans les conditions prévues par le livre II du Code de l'action sociale et des familles[659]. L'absence de prévision d'un droit de tirage unique dans le droit du surendettement démontre un certain réalisme du législateur : même débarrassé du fardeau de ses dettes, le débiteur, personne physique, ne peut espérer un meilleur train de vie. L'effacement des dettes n'est pas, en soi, suffisant pour garantir un retour à meilleure fortune du consommateur. « Dans la majorité des cas », notent Messieurs VIGNEAU et BOURIN, « leur insolvabilité ne résulte pas d'un trop plein de dettes, mais d'un trop peu de revenus. Autant dire que la réponse au phénomène du surendettement aggravé se situe davantage sur le terrain économique et social que juridique. Mais, il est certainement plus aisé de légiférer que de créer de la richesse.[660] » Cette faculté reconnue au consommateur de pouvoir cumuler plusieurs effacements de dettes successifs est le seul signe distinctif de l'autre procédé de purge des dettes qu'est l'interdiction de la reprise des poursuites individuelles. En effet, la procédure de rétablissement professionnel, instaurée par l'ordonnance du 12 mars 2014, a bouleversé la grille de lecture traditionnelle qui permettait de les différencier à partir de la seule qualité, de professionnel ou de consommateur, du débiteur. Du reste, l'examen de l'effet libératoire procuré par l'effacement des dettes suffit à démontrer qu'il n'y a guère de différence entre celui-ci et l'interdiction de la reprise des poursuites individuelles.

---

[659] art. L 742-23 C.cons.

[660] V.VIGNEAU, G-X.BOURIN, C. CARDINI, op.cit., n°652

D - L'effacement des dettes : une extinction de l'obligation de paiement

189. Alors que l'interdiction de la reprise des poursuites individuelles emporte paralysie définitive du droit de poursuite ; l'effacement des dettes serait, pour la majorité des auteurs, une mesure plus radicale et affecterait la créance dans son principe[661]. L'effacement serait une cause d'extinction de la dette, exorbitante du droit commun[662], en dehors de tout paiement du débiteur. Par définition, effacer, c'est « faire disparaître ». La dette effacée étant éteinte, le créancier ne serait plus en droit d'exiger un paiement auprès du débiteur revenu à meilleure fortune, par un gain inespéré à la loterie ou un héritage inattendu, ultérieurement à l'effacement. L'obligation n'étant pas éteinte dans son principe, il subsisterait, après l'effacement, comme pour l'interdiction de la reprise des poursuites individuelles, une obligation naturelle dont le débiteur pourrait s'exécuter spontanément[663]. A ce sujet, l'emploi du conditionnel est de rigueur car, selon Monsieur le Professeur Taisne[664], « la réponse n'est pas simple » et « le droit positif nous offre des solutions contradictoires. (...) Sur la foi de décisions rendues en un temps où le défaut de déclaration entraînait l'extinction de la dette, le paiement volontaire d'une dette effacée ne serait pas efficace. » Tout en notant que « la condamnation de l'obligation naturelle n'est pas confirmée », cet auteur retient, in fine, la validité d'un paiement volontaire en se référant au modèle de la faillite civile. Le paiement effectué spontanément par le débiteur serait donc valable. Il ne s'agit pas que

---

[661] Ainsi, pour Messieurs VIGNEAU et BOURIN, « il s'agit d'une mesure radicale dont le caractère définitif a pour effet d'éteindre l'obligation à la dette, et qui, sur un plan théorique, a un effet plus vigoureux que l'interdiction de reprendre les poursuites individuelles du droit des procédures collectives des entreprises, laquelle prive le créancier de son droit d'agir en justice mais n'éteint pas la dette. »

[662] L'effacement des dettes n'est pas visé comme cause d'extinction de l'obligation, aussi bien par l'ancien article 1234 du Code Civil que par les nouveaux articles de ce Code issus de l'ordonnance n° 2016-131 du 10 février 2016 portant réforme du droit des obligations.

[663] V.VIGNEAU G-X BOURIN C.CARDINI, ouvrage précité, n°537, n°574 ; F.MACORIG-VENIER, L'effacement des dettes dans le droit du surendettement, Droit et patrimoine septembre 2009, p.50 et suivantes, spéc. p. 61 ; G.MORRIS BECQUET, L'insolvabilité, P.U. Aix-Marseille, 2002, préface H.CROZE, n°394 et s., p. 359 et s.

[664] J.-J. TAISNE, Le paiement des créances éteintes, op. cit.

d'une hypothèse d'école puisque le débiteur y trouve un intérêt : retrouver l'accès au crédit en obtenant son retrait du fichier national des incidents de paiement[665] ou conserver son logement en paralysant le jeu de la clause résolutoire d'un bail d'habitation[666]. Dans ce cas, il serait curieux de considérer le paiement spontané par le débiteur d'une dette effacée comme dépourvu de cause alors que celui-ci intervient dans l'intérêt du débiteur. Aussi, malgré l'effacement, le paiement spontané paraît insusceptible de répétition, à l'instar de ce qui a été jugé en matière de prescription[667]. Ce débat entourant la survie, ou non, de l'obligation se cristallise dans les rapports juridiques avec la caution qui n'a pas encore payé. Pour une partie de la doctrine, l'extinction de la dette résultant de son effacement favoriserait la libération de la caution en lui reconnaissant une exception inhérente à la dette. Mais cette lecture a contrario des articles L 741-3 et 742-22 du Code de la consommation divise profondément la doctrine[668]. Il serait curieux qu'une mesure de faveur accordée au débiteur uniquement en raison de son insolvabilité persistante puisse déboucher sur une libération de la caution dont l'engagement a précisément pour

[665] Le maintien de l'inscription s'oppose en pratique souvent à un accès au crédit des débiteurs dont les dettes ont pourtant été effacées. En illustration : Question n°94520 M.TIAN Dominique J.O.AN 16 mai 2006 - Réponse ministérielle J.O.AN 9 janv. 2007

[666] L'effacement d'une dette locative n'a pas pour effet d'emporter une paralysie du jeu d'une clause résolutoire acquise avant son prononcé : Civ. 2ème, 18 fév. 2016, pourvoi n°14-17.782, Gaz. Pal. 12 avr. 2016, note S. Piedelièvre

[667] sur l'impossibilité d'agir en répétition de l'indu à la suite du paiement d'une dette éteinte par prescription : Com. 1er juin 2010, pourvoi n°09-14.353, Bull.civ. IV n°3947, RL.D.C. 2010/74 obs. Pouliquien

[668] En faveur du maintien des droits du créancier à l'encontre de la caution, L.Aynès et P.Crocq, les sûretés, la publicité foncière, LDGJ, 7e éd., 2013 n°137 ; F. MACORIG-VENIER, Le rétablissement professionnel, Dossier : « Ordonnance du 12 mars 2014 : une nouvelle métamorphose », Dr et pat. juil. août 2014, p. 52 spéc. p. 60 ; F.PEROCHON, op. cit., n°1441 ; Contra : Ph. SIMLER, Cautionnement, garantie autonomes, garanties indemnitaires, Lexis Nexis, 4 éd., 2008, n°725 ; M.BOURASSIN, Sûretés et surendettement des particuliers, L.PA. 10 oct. 2012, p.4, spéc. n°32 et 38 ; F.REILLE, Une nouvelle procédure qui n'en est pas une : le rétablissement professionnel, rev. proc. coll. mars avril 2014, étude 22, spéc. n°16 ; P.PETEL, Entreprises en difficulté : encore une réforme ! , JCP E 2014, 1223, spéc n°23 ; T. STEPHANIA, la procédure de rétablissement sans liquidation judiciaire en droit des entreprises en difficulté, JCP E 2014, 1345 ; A.JACQUEMONT R. VABRES, Droit des entreprises en difficulté, 9ième éd., Manuel, Lexis-Nexis, n°1094 ; P.M LE CORRE, op. cit., n°594.71

objet de prémunir le créancier d'un risque d'insolvabilité du débiteur principal[669]. Une telle analyse, si elle venait à prospérer en jurisprudence, serait de nature à paralyser le crédit et retirerait tout intérêt à cette sûreté personnelle. Elle méconnaitrait, en outre, l'objet de l'effacement des dettes : remédier à l'insolvabilité du débiteur principal. Dans une logique humaniste, le législateur a permis une libération du débiteur durablement insolvable et confronté, de bonne foi, à une situation irrémédiablement compromise. En revanche, il n'a jamais entendu libérer la caution sauf à ce qu'elle soit, elle-même, confrontée à une situation irrémédiablement compromise et obtenir, elle aussi, l'effacement de ses dettes. Il paraît plus plausible que « l'effacement pour cause de rétablissement (puisse être) au contraire tenu en jurisprudence comme personnel au débiteur [670] ». Partant de là, il faudrait considérer que l'effacement des dettes emporte seulement extinction de l'obligation de paiement du débiteur principal, sans affecter les rapports juridiques entre le créancier et la caution.

190. Quoi qu'il en soit, à l'égard du débiteur principal, l'extinction de l'obligation de paiement nous apparaît irréversible. Rien ne permet de retenir une autre interprétation des textes, comme celle soutenue par Messieurs les Professeurs GHESTIN, BILLIAU et LOISEAU[671] attribuant à l'effacement le caractère « d'une mesure provisoire n'excluant pas, en cas de retour à meilleure fortune, une mainlevée de la mesure. » A l'appui de cette thèse, ces auteurs invoquaient un arrêt de la première chambre de la Cour de cassation, du 9 février 1994, ayant retenu l'existence d'une clause implicite de retour à meilleure fortune dans les plans de surendettement[672]. Outre le fait qu'elle serait contraire aux textes, reconnaître une telle réversibilité de l'effacement serait « incompatible[673] » avec l'objectif de réinsertion du débiteur et le condamnerait de nouveau à l'exclusion sociale alors que celui-ci vise au contraire, par la reconstitution d'une virginité patrimoniale[674],

---

[669] art. 2288 C.Civ.

[670] J.-J. TAISNE, Le paiement des créances éteintes, op. cit.

[671] J.GHESTIN, M.BILLIAU, G.LOISEAU, Traité de droit civil, Le régime des créances et des dettes, LGDJ, n°1295

[672] Civ.1[ière], 9 févr. 1994, Bull.civ. I n°59 ; Cont. Conc. Cons. 1994 n°107, note G.Raymond ; R.T.D.Com. 1994 p.362 note G.Paisant

[673] Cécile CHABAS, L'inexécution licite du contrat, Bibliothèque de droit privé T.380, LGDJ, spéc. n°217

[674] « le rétablissement personnel (...) permet au débiteur personne physique de repartir avec un patrimoine n°2, vide certes, mais qui ne demande, et c'est là tout

à favoriser sa réinsertion. Certes, la clause de retour à meilleure fortune permet aux créanciers de solliciter la mainlevée des mesures prononcées en faveur du débiteur lorsque sa situation s'améliore. Mais celle-ci ne concerne que les plans de surendettement, c'est-à-dire les hypothèses dans lesquelles la situation du débiteur n'a pas été considérée comme irrémédiablement compromise. D'ailleurs, le Code de la consommation ne prévoit pas une telle remise en cause de l'effacement des dettes après la clôture du rétablissement personnel, à la différence de celle du rétablissement professionnel. Il a, tout au plus, été prévu l'hypothèse d'une amélioration de la situation du débiteur en cours de procédure. L'article L 743-2 du Code de la consommation reconnaît, dans ce cas, au juge la faculté de renvoyer le dossier à la commission s'il apparaît que le débiteur n'est plus dans une situation irrémédiablement compromise et que celle-ci s'est améliorée[675]. Le retour à meilleure fortune intervenu après le prononcé de l'effacement des dettes n'a donc pas pour effet de rétablir les droits des créanciers. Pour autant, il faut considérer qu'un paiement spontané par le débiteur reste toujours possible car la jurisprudence la plus récente malmène l'analyse traditionnelle de l'effacement en une cause d'extinction de l'obligation exorbitante du droit commun.

191. Dans un arrêt du 27 février 2014[676], la deuxième chambre civile de la Cour de cassation a considéré que l'extinction de la créance résultant de l'effacement n'équivalait pas à un paiement permettant le transfert de propriété. Partant de là, le créancier, titulaire d'une clause de réserve de propriété, peut librement revendiquer le bien en possession du débiteur malgré l'effacement de la dette. Autrement dit, la clause de réserve de propriété continue de produire ses effets alors même que le débiteur est libéré de l'obligation dont elle est la source. En outre, la même deuxième chambre civile de la Cour de cassation sème encore le trouble, dans un arrêt du 25 juin 2015[677]. Alors qu'il

---

l'espoir du législateur, qu'à se remplir. » : C.HUGON, L'approche théorique de la procédure de rétablissement personnel, Cont. conc. cons. oct. 2005, p.15 n°14

[675] V.VIGNEAU, G-X.BOURIN, C. CARDINI, op.cit., n°644 : « Le magistrat peut ainsi se raviser en fonction d'un changement d'analyse de sa part, provoqué ou non, par un retour à meilleure fortune. »

[676] Civ. 2ème, 27 fév. 2014, arrêt n°310, pourvoi n°13-10.891, D. 2014, Act. p.717 ; LPA 19 mai 2014, p.7 note T.Stéphania ; Rev. proc. coll. 2014 comm. 112 note S.Gjidara-Decaix ; D. 2014, 1081 note D.R.Martin ; R.T.D.Civ. 2014, 370, obs. H. Barbier

[677] Civ. 2ème, 25 juin 2015, arrêt n°1063, pourvoi n°14-17.733

n'avait pas contesté sa dette devant le Tribunal des affaires de sécurité sociale une dette née d'un indu de prestations sociales ; la Cour de cassation a considéré que le débiteur n'était plus recevable à invoquer, pour la première fois, le moyen tiré d'un effacement de cette dette à raison d'un rétablissement professionnel et qu'il s'agit là d'une erreur matérielle pouvant être réparée par les juges du fond. Certes, l'arrêt n'est qu'une application des dispositions de l'article 616 du Code de procédure civile puisque les moyens nouveaux ne sont pas recevables devant la Cour de cassation. Mais, les hauts magistrats n'ont pas vu dans l'effacement un moyen de pur droit tiré de l'extinction de la dette susceptible, au sens de l'article 619 du Code de procédure civile, d'être invoqué pour la première fois. L'effacement serait ainsi une mesure de faveur à laquelle le débiteur pourrait renoncer, à l'instar de la prescription. Cette décision conduit à penser qu'un débiteur pourrait valablement de nouveau s'engager, après l'effacement de ses dettes, à s'acquitter de celles-ci si la fortune vient de nouveau à lui sourire, ce qui ne manque pas de surprendre pour un texte d'ordre public. Cette solution gagnerait toutefois à être confirmée en jurisprudence. En attendant, « le recouvrement forcé d'une dette effacée n'est donc pas à exclure, mais pour ce qu'il vaut : de la part de l'ancien créancier, un audacieux coup de poker.[678] »

E - La conformité de l'effacement des dettes au droit fondamental de propriété

192. En raison de l'ampleur des sacrifices imposés aux créanciers, la question s'était posée de savoir, dès le lendemain de la loi du 1er août 2003 si l'effacement des dettes était, ou non, contraire au droit au respect des biens, garanti par l'article 1er du protocole additionnel à la Convention de sauvegarde des droits de l'homme et des libertés fondamentales. Il est communément admis que la notion de biens doit être interprétée largement et que sa protection couvre l'ensemble des droits patrimoniaux, y compris les créances[679]. La Cour européenne des droits de l'homme n'a jamais eu à se prononcer sur la conformité

---

678 J.-J. TAISNE, Le paiement des créances éteintes, Dr. et patr. déc. 2014, p.51, Dossier « Réforme du droit des entreprises en difficulté : nouveau rebond pour le débiteur ? », Actes du colloque organisé par le Centre René Demogue, Université de Lille II, le 23 mai 2014

679 J.F RENUCCI Traité de droit européen des droits de l'homme, LGDJ, n°399

du droit français de l'insolvabilité à l'égard de la garantie du droit au respect des biens[680]. Cela étant, la conformité de certains droits nationaux a été critiquée, parfois avec succès devant la Cour[681]. L'examen de cette question s'avère donc cruciale car les juridictions ont, dans un tel cas, le devoir de neutraliser l'application des dispositions nationales qui leur seraient contraires.

193. Une partie de la doctrine, attachée au principe de la force obligatoire du contrat, s'est montrée critique à ce sujet. Selon Messieurs les Professeurs GHESTIN, BILLIAU et LOISEAU, l'effacement des dettes est l'une des mesures les « plus contestables de ce début du 21ième siècle si l'on considère que l'effacement atteint la créance en plus du droit de poursuite des créanciers (...). Cela reviendrait à ériger l'insolvabilité en cause d'extinction autonome des dettes. En d'autres termes, parce que le débiteur ne pourrait payer, il n'aurait pas à payer son créancier qui peut cependant être, lui aussi, de bonne foi. Le créancier se trouverait ainsi privé de sa légitime attente. L'article L 332-9 alinéa 2, interprété dans ce sens, serait manifestement incompatible avec l'article 1er du protocole additionnel à la Convention de sauvegarde des Droits de l'Homme et des libertés fondamentales. » Au soutien de leur analyse, ces auteurs se réfèrent

680 Fiche pays pour la presse, France, janv. 2014, www.echr.coe.int, onglet « presse »

681 Dans un arrêt du 6 octobre 2011, Agrokompleks c. Ukraine, concerant une procédure pour insolvabilité engagée par une société privée (Agrokompleks JSC) contre la plus grande raffinerie de pétrole d'Ukraine (LyNOS), aux fins de recouvrer ses créances. Agrokompleks se plaignait notamment du manque d'équité de la procédure pour insolvabilité, alléguant que les tribunaux n'avaient été ni indépendants ni impartiaux en raison des pressions politiques intenses qui avaient entouré l'affaire, les autorités de l'Etat ayant eu fortement intérêt à ce qu'elle connût une certaine issue. La Cour a retenu une la violation de l'article 1 du Protocole n°1 additionnel à la Convention : il n'a pas été ménagé de juste équilibre entre les exigences de l'intérêt général et la nécessité de protéger le droit de la société requérante au respect de ses biens. (Fiche thématique « Sociétés : victimes ou coupables », rubrique « Procédure pour insolvabilité », disponible sur le site internet de la Cour : www.echr.coe.int). Dans un autre arrêt De Luca c. Italie (n° 43870/04) du 24 septembre 2013, la Cour a considéré que portait atteinte au droit du requérant au respect de ses biens l'impossibilité de recouvrer une dette reconnue par un jugement définitif contre une autorité locale en redressement judiciaire. Pour cela, la Cour retient que le manque de ressources d'une commune, donc d'un organe de l'Etat ne saurait justifier qu'elle omette d'honorer les obligations découlant d'un jugement définitif rendu en sa défaveur (Note d'information de la Cour européenne des droits de l'homme n°166 – Août-Septembre 2013)

aux travaux de Madame Cécile CHABAS, consacrés à l'inexécution licite du contrat[682], qui livre l'analyse suivante : « La jurisprudence de la Cour européenne des droits de l'homme considère qu'il n'y a expropriation que lorsqu'il y a dépossession définitive et complète de la créance. On pense alors à l'effacement total des dettes en matière de surendettement. En ce qui concerne cette expropriation, pour être conforme à la Convention européenne, la mesure en cause doit d'abord répondre à un objectif d'intérêt public : le contrôle juridictionnel alors exercé est assez proche de celui de l'erreur manifeste d'appréciation, tel qu'entendu en droit public. Autrement dit, seul le caractère déraisonnable d'une décision est sanctionné. Mais le plus intéressant, c'est qu'il doit exister, en outre, un rapport de proportionnalité entre les moyens employés et le but visé, la disproportion ne donnant lieu à sanction que si elle est manifeste. On le voit, certaines inexécutions licites manifestement disproportionnées risquent d'être sanctionnées par la Cour européenne des droits de l'homme. »

194. Au contraire, pour Messieurs Vigneau et Bourin, l'atteinte aux droits des créanciers serait parfaitement justifiée et la conformité aux règles européennes assurée par la condition de bonne foi prévue par le droit du surendettement. « Une impérieuse raison d'intérêt général – la lutte contre l'exclusion et la sauvegarde de la dignité des personnes et des familles – justifie l'atteinte portée par la législation sur le désendettement aux principes supra-législatifs de droit de propriété, d'intangibilité des conventions et de réparation du préjudice des victimes d'actes fautifs. Mais cette atteinte n'est légitime qu'autant que le débiteur ne spolie pas sciemment ses créanciers et n'instrumentalise pas les procédures de désendettement pour les priver de leurs droits constitutionnellement et conventionnellement protégés. D'où la nécessité constitutionnelle de subordonner l'application du dispositif de traitement du surendettement aux débiteurs de bonne foi. La condition de bonne foi s'avère capitale en ce qu'elle légitime la spoliation des droits des créanciers par la procédure de surendettement.[683] » C'est pourquoi, selon ces auteurs, « la procédure de surendettement confère au débiteur un droit à ne pas honorer ses engagements lorsque sa situation financière ne lui permet plus de

[682] Cécile CHABAS, L'inexécution licite du contrat, Bibliothèque de droit privé T.380, LGDJ – spéc. n°394

[683] V.VIGNEAU, G-X.BOURIN, C.CARDINI, op.cit.,, n°77

poursuivre la bonne exécution de ses obligations sans risquer d'entraîner pour lui des conséquences néfastes. Protection contre les accidents de la vie, mais aussi parfois contre sa propre inconséquence, elle autorise le débiteur à ne pas payer ses dettes, simplement parce qu'il ne le peut plus et qu'il est de bonne foi.[684] » L'exigence de bonne foi du débiteur surendetté serait donc garante de la conformité du droit à l'effacement des dettes aux principes supranationaux.

195. L'atteinte aux droits des créanciers est également justifiée par le motif impérieux poursuivi : la lutte contre l'exclusion sociale. C'est le droit à la dignité de la personne surendettée qui légitime les sacrifices imposés aux créanciers. Du reste, l'article 1er du protocole additionnel, tout en affirmant que toute personne a droit au respect de ses biens, autorise la privation de propriété dès lors que celle-ci intervient pour cause d'utilité publique, dans les conditions prévues par la loi et les principes généraux du droit international. L'on peut douter que l'effacement des dettes soit une expropriation pour cause d'utilité privée, comme il a été parfois affirmé. Le législateur a souhaité donner une « seconde chance » aux personnes condamnées à l'exclusion sociale par la gravité de leur surendettement en les autorisant à reconstituer leur virginité patrimoniale. C'est d'ailleurs pourquoi, la Cour de cassation a reconnu aux dispositions du Code de la consommation une valeur « d'ordre public économique de protection sociale »[685]. De plus, la Cour européenne interprète parfois les dispositions de la Convention et de ses protocoles à la lumière d'autres textes internationaux, comme la Charte sociale européenne[686]. Or, selon l'article 30 de la Charte, toute personne a droit à la protection contre la pauvreté et l'exclusion sociale. Partant de là, le fait de vivre en situation d'exclusion sociale a été considéré comme une atteinte à la dignité de l'être humain. La lutte contre l'exclusion fait donc partie intégrante des préoccupations des Etats signataires[687]. Les Etats doivent prendre les mesures nécessaires pour protéger leurs ressortissants indigents. L'effacement des dettes participe à la réalisation de ce droit, et constitue une expropriation pour la cause d'utilité publique de lutte contre l'exclusion sociale.

---

684 V.VIGNEAU, G-X.BOURIN, C.CARDINI, op.cit., n°23

685 Avis, 14 déc. 1994, Bull civ. 1994, avis n°25

686 J.F RENUCCI, précité, n°377

687 ibid. n°450 et suivants

196. Pour autant, la conformité de l'atteinte portée au droit aux biens ne se déduit pas de ce seul objectif, fût-il reconnu d'utilité publique. Toute ingérence dans la jouissance d'un droit garanti par la Convention doit poursuivre un but légitime[688]. En cela, l'atteinte à un droit conventionnellement protégé doit satisfaire à un principe de proportionnalité : un juste équilibre doit être maintenu entre les exigences de l'intérêt général et les impératifs du droit protégé. Dès lors que cet équilibre est rompu, la personne concernée subit une charge disproportionnée, incompatible en soi avec le droit protégé[689]. L'effacement total des dettes, adossé au rétablissement personnel, nous paraît pouvoir passer avec succès l'épreuve du contrôle de proportionnalité. En effet, les créanciers n'ont aucune « espérance légitime » d'être, un jour, désintéressés ; le débiteur étant durablement insolvable, sans espoir de revenir à meilleure fortune[690]. Du reste, si ce dernier devient prévisible, sa situation n'est plus irrémédiablement compromise et le rétablissement personnel doit être écarté au profit des mesures de traitement du surendettement. Partant de là, l'effacement des dettes résultant d'un rétablissement personnel ne nous apparaît pas sérieusement contestable au titre des droits garantis par les normes supranationales. Pour les mêmes raisons, il ne l'est pas davantage sur le terrain constitutionnel.

197. Dans un arrêt du 19 décembre 2013[691], la deuxième Chambre civile de la Cour de cassation a refusé de transmettre la question prioritaire de constitutionnalité posée au Tribunal d'instance de Brive-la-Gaillarde, critiquant la conformité de l'effacement des dettes sans liquidation judiciaire aux droits et libertés garantis par les articles 6, 16 et 17 de la Déclaration des droits de l'homme et du citoyen du 26 août 1789. Pour les Hauts magistrats, l'effacement des dettes résultant d'un rétablissement personnel sans liquidation judiciaire n'a ni pour objet ni pour effet d'entraîner la privation du droit de propriété du créancier au sens de l'article 17 de la Déclaration des droits de l'homme et du citoyen du 26 août 1789. Pour justifier les mesures limitant ou faisant obstacle au recouvrement des créances par leurs titulaires, la Cour indique qu'il est loisible au législateur de limiter les

---

[688] ibid. n°408

[689] ibid. n°411

[690] C.CHABAS, thèse précitée, n°390

[691] Civ. 2e, 19 déc. 2013, arrêt n°1955, T n°13-40.065, Rev. proc. coll. 2014, n°46, obs. S.Gjidara-Decaix

conditions d'exercice de ce droit pour des motifs d'intérêt général. La Cour rappelle également que le dispositif du surendettement « répond à un objectif d'intérêt général de lutte contre la précarité et l'exclusion sociale en permettant le traitement de la situation de surendettement des débiteurs en grande précarité dont la situation, irrémédiablement compromise, rend impossible l'apurement du passif par l'adoption d'autres mesures ». Elle souligne encore que la procédure « présente un caractère subsidiaire lui ôtant tout caractère d'automaticité » et « est entourée de garanties permettant au créancier de la contester pour la préservation de ses droits. » La Cour de cassation en conclut que l'atteinte portée aux droits du créancier est proportionnée à l'objectif poursuivi. Mais encore, en tout dernier lieu, dans une décision du 17 novembre 2016[692], le Conseil constitutionnel a encore estimé que le législateur n'avait pas, en permettant aux commissions de surendettement d'imposer un effacement total ou partiel d'une créance sans l'intervention du juge, porté une atteinte disproportionnée au droit de propriété au regard de l'objectif poursuivi de règlement des situations de surendettement. L'effacement des dettes issu d'un rétablissement personnel, sans liquidation du patrimoine du débiteur ne porte donc pas atteinte au droit de propriété : il doit en être, par analogie, de même pour l'effacement des dettes résultant d'une procédure de rétablissement professionnel.

§ 2 - Les modalités d'effacement des dettes du petit professionnel

198. Le rétablissement professionnel serait, pour les rédacteurs de l'ordonnance, une mesure en faveur d'un rebond plus rapide du débiteur[693]. Pour accélérer la purge des dettes, la procédure de rétablissement professionnel a été réduite à sa plus simple expression en s'affranchissant des lourdeurs inutiles d'une liquidation judiciaire : aucune réalisation d'actif ni de vérification du passif (A). Mais à la

---

[692] Cons. Constit., déc. D-C n°2016-739, 17 nov. 2016 : JO 19 nov. 2015, cons. 73 à 79

[693] C.Champalaune, préc : « il a été prévu d'offrir au débiteur, personne physique, dont les actifs sont notoirement insuffisants, une possibilité de rebond rapide en lui faisant bénéficier de la règle de la « purge des dettes » mais cela, sans ouvrir une procédure collective, nécessairement lourde et onéreuse. Cette « purge », connue en cas de clôture d'une liquidation judiciaire pour insuffisance d'actif prendra la forme juridique d'un effacement des dettes. »

différence du rétablissement personnel, l'étendue de l'effacement des dettes est ici limitée aux seules dettes mentionnées lors de la clôture de la procédure (B).

A - Le rétablissement professionnel : une procédure subsidiaire réduite à sa plus simple expression

199. Inspirée de la procédure consumériste de rétablissement personnel sans liquidation judiciaire, le rétablissement professionnel se présente comme une procédure volontariste, dont le débiteur dispose du monopole de la demande. L'article L 645-3 du Code de commerce indique ainsi que le débiteur qui sollicite l'ouverture d'une procédure de liquidation judiciaire peut, par le même acte, requérir l'ouverture de la procédure de rétablissement professionnel. Selon ce texte, la juridiction ouvre cette procédure après s'être assurée que les conditions légales en sont réunies. Elle sursoit à statuer sur la demande d'ouverture de la procédure de liquidation judiciaire faite concomitamment[694]. Le rapport au Président de la République relatif à l'ordonnance du 12 mars 2014 précise que les créanciers n'ont pas l'initiative de cette procédure qui « ne peut être la conséquence d'une assignation ». Il présente le rétablissement professionnel comme une alternative à la liquidation judiciaire lorsque « l'actif est d'une valeur telle que l'ouverture d'une procédure de liquidation judiciaire, même simplifiée, serait une mesure disproportionnée ».

200. Volontariste, la procédure de rétablissement professionnel est également minimaliste. Le rétablissement professionnel est d'une durée très limitée, quatre mois, car il s'agit uniquement de s'assurer de la faible consistance du patrimoine du débiteur et de sa bonne foi. L'article L 645-4 du Code de commerce ne prévoit aucune possibilité de prorogation. Elle ne présenterait d'ailleurs aucun intérêt puisqu'aucun actif n'est réalisé et les créances ne sont pas vérifiées, le gage des créanciers étant trop maigre[695]. Le rétablissement professionnel n'emporte donc aucun des effets traditionnellement attachés à une procédure de liquidation judiciaire. Le rétablissement professionnel n'entraîne ni « dessaisissement du débiteur, ni représentation collective des créanciers par un mandataire, avec les conséquences connues d'une telle discipline collective », souligne le

---

[694] art. R 645-2 C.com.

[695] P.M LE CORRE, op. cit., n°594.32

rapport au Président de la République. La procédure de rétablissement professionnel est donc dépourvue de discipline collective (1) et a été recentrée sur une mission d'enquête simplement destinée à s'assurer que le débiteur satisfait à toutes les conditions légales (2).

1 - Une procédure dépourvue de discipline collective

201. Les créanciers ne sont pas soumis à la rigueur de la discipline collective. Il n'y a ni arrêt des poursuites individuelles, ni interdiction des paiements. L'article L 645-6 du Code de commerce prévoit seulement, si des poursuites sont exercées, une possibilité de report du paiement des sommes dues dans la limite de quatre mois, c'est-à-dire la durée de la procédure. Cette suspension provisoire des poursuites a pour but de différer l'exigibilité de la dette en attendant son effacement et la libération du débiteur. Et, pour mettre le débiteur à l'abri d'un éventuel contournement contractuel par les créanciers, le texte a pris soin d'écarter toute stipulation qui lui serait contraire. Par ailleurs, les créanciers n'ont pas l'obligation de déclarer leurs créances puisque celles-ci ne sont pas vérifiées. Cependant, les créanciers sont simplement invités à communiquer au mandataire le montant de celles-ci, dans un délai de deux mois, avec indication des sommes à échoir et de la date des échéances. Pour cela, l'article L 645-8 du Code organise une information, sans formalisme particulier[696], par le mandataire des créanciers connus lors l'ouverture du rétablissement professionnel à partir de la liste des créances remise par le débiteur. Toutefois, à la différence de la déclaration de créance, cette communication n'est assortie d'aucune sanction. Cette dernière n'aurait, au demeurant, présenté aucun intérêt puisque la créance communiquée est vouée à l'effacement. D'ailleurs, le créancier défaillant, dont la créance a été effacée par le jugement de clôture du rétablissement personnel, demeure dispensé de la déclaration en cas d'ouverture d'une liquidation judiciaire pour description incomplète de l'actif ou du passif[697].

---

[696] L'article R 645-10 du Code prévoit que cette information intervient par lettre simple, dans un souci de réduction du coût de la procédure.

[697] P. ROUSSEL-GALLE, le rétablissement professionnel : de l'effacement des dettes au rebond, réf. précité, spéc. n°19

2 - Une procédure recentrée sur une mission d'enquête

202. En dehors de ses aspects non-collectifs, cette procédure d'insolvabilité est entièrement construite autour d'une mission d'enquête, confiée à un juge-commis, dont l'objet est de s'assurer de la bonne foi du débiteur et de la sincérité des déclarations relatives à la consistance de son patrimoine[698]. La juridiction désigne un juge commis chargé d'une mission d'enquête destinée à recueillir les informations relatives à la consistance, active et passive, du patrimoine du débiteur. Selon l'alinéa deux de l'article L 645-4 du Code de commerce, le juge-commis est assisté dans sa mission d'un mandataire judiciaire qui est désigné par la juridiction[699]. Le cas échéant, l'article L 645-7 du même Code autorise le mandataire à accomplir tous les actes nécessaires à la conservation des droits du débiteur et à en rendre compte au juge commis, sans délai. Bien que l'étendue des pouvoirs du mandataire n'ait pas été précisée par le décret d'application[700], il a été évoqué l'engagement d'actions en recouvrement de créances que le débiteur aurait négligées[701]. Pour que le juge commis puisse disposer de toutes les informations nécessaires à l'accomplissement de sa mission, l'article L 645-5 de ce Code lui étend le large droit de communication reconnu au juge-commissaire

---

[698] Si celles-ci s'avèrent inexactes ou mensongères, une procédure de liquidation judiciaire peut être ouverte avec, cette fois, dessaisissement du débiteur.

[699] Cette procédure étant par définition impécunieuse, le mandataire est rémunéré au moyen du fonds de financement destiné à ces procédures. art. L 663-3-1 C.com.

[700] L'article R 645-8 du Code de commerce évoque simplement la remise d'un rapport au juge commis.

[701] Monsieur Canet évoque ainsi la saisine du juge commis aux fins de suspendre les poursuites d'un créancier au cours de la procédure. Il évoque également la possibilité d'exercer certains actes de gestion comme entamer, si le débiteur est passif, toute procédure nécessaire à la conservation d'un actif. Tel est le cas pour l'action en recouvrement de créances. Cependant, l'exercice d'une telle action impliquerait une répartition du produit de ces actions et, par voie de conséquence, une transformation du rétablissement professionnel en une liquidation judiciaire. Or, tel n'étant pas l'objet du rétablissement professionnel, il est probable que les mandataires négligent, à leur tour, d'actionner les débiteurs du débiteur. P. Canet, Le rétablissement professionnel : le point de vue du praticien, dossier spéc. « 2014 : un nouveau souffle pour les procédures collectives », rev proc. coll. mars- avr. 2014, étude 23, p. 65

par l'article L 623-2. Il transmet au mandataire les informations et documents nécessaires à l'accomplissement de sa mission.

203. Après la remise du rapport du mandataire, le juge commis recueille l'avis du ministère public et, renvoie l'affaire devant le tribunal pour que soit, selon l'article L 645-10 du Code de commerce, prononcée la clôture du rétablissement professionnel ou l'ouverture d'une procédure de liquidation judiciaire s'il apparaît que le débiteur ne satisfait plus aux conditions du rétablissement professionnel. Aux termes de l'alinéa deux de l'article L 645-9 du Code, une liquidation judiciaire peut être ouverte s'il s'avère que les conditions d'ouverture du rétablissement professionnel n'étaient pas réunies dès l'origine ou ne le sont plus depuis. En dehors de la défaillance d'une des conditions révélée par l'enquête[702], il s'agit de prendre en compte l'amélioration de la situation du débiteur, revenu à meilleure fortune en cours de rétablissement professionnel, notamment à la suite d'une dévolution successorale intervenue postérieurement à l'ouverture du rétablissement professionnel[703]. Il faut garder à l'esprit qu'à ce stade, la liquidation judiciaire n'est pas encore ouverte. Partant de là, les biens successoraux, acquis en cours de rétablissement professionnel mais avant l'ouverture de la liquidation judiciaire, seront happés par l'effet réel de cette procédure sans pouvoir bénéficier de la protection offerte par l'article L 641-9 IV du Code de commerce[704]. Mais, si le débiteur n'a pas eu la malchance de revenir à meilleure fortune dans le court laps de temps de la procédure de rétablissement professionnel, rien ne commande d'ouvrir une liquidation judiciaire et le tribunal peut prononcer la clôture de la procédure de rétablissement professionnel. Cette clôture entraîne, selon l'article L 645-11 du Code de commerce, l'effacement des dettes du professionnel sans liquidation de son patrimoine, à l'instar du rétablissement personnel sans liquidation du patrimoine du consommateur. Pour autant, l'effacement des dettes n'est ici ni total ni irrémédiable et il convient d'en préciser son étendue.

---

[702] comme l'ouverture d'une instance prud'homale en cours d'enquête à la suite, par exemple, d'une demande en requalification d'une convention de stage en contrat de travail.

[703] P.M LE CORRE, Premiers regards sur l'ordonnance du 12 mars 2014 réformant le droit des entreprises en difficulté, D.2014, p.733, spéc. n°43

[704] F. PEROCHON, op. cit., n°1443

B - L'étendue de l'effacement des dettes résultant d'un rétablissement professionnel

204. L'article L 645-11 du Code de commerce cantonne l'effacement aux dettes nées antérieurement au jugement d'ouverture du rétablissement professionnel, portées à la connaissance du juge commis et qui ont fait l'objet de l'information par le mandataire judiciaire, signalées à ce titre par le jugement de clôture (1). Cependant, « pour prévenir les risques d'abus », souligne le rapport au Président de la République relatif à l'ordonnance du 12 mars 2014, « l'effacement ne concerne que des créances précises et peut être remis en cause ultérieurement ». Aussi, la procédure de rétablissement professionnel se distingue des procédures consuméristes, dont elle est inspirée, par le fait que l'effacement accordé peut être remis en cause après la clôture dans les circonstances prévues par l'article L 645-12 du Code de commerce (2).

1 - Un effacement cantonné aux seules dettes signalées lors de la clôture

205. Tout d'abord, l'effacement ne concerne que les dettes antérieures à l'ouverture de la procédure de rétablissement professionnel. Le texte ne distingue pas, à la différence du rétablissement personnel, selon la nature professionnelle, ou non, des dettes. En revanche, survivent les dettes qui n'ont pas été signalées par le débiteur[705], ainsi que celles nées postérieurement au jugement d'ouverture. Ces créanciers sont donc libres de reprendre les poursuites à l'encontre du débiteur après la clôture de la procédure de rétablissement professionnel, et ce jusqu'à extinction de leurs droits par la prescription. Ils conservent ainsi le droit d'exiger un paiement si la fortune vient de nouveau à sourire au débiteur. Dès lors, le débiteur a tout intérêt de n'omettre aucune créance susceptible d'être effacée car, à défaut, le créancier conserverait le pouvoir d'en exiger le paiement. Ceci observé, les dettes effacées sont mentionnées dans le

[705] Cependant, le défaut de communication par le créancier du montant de la dette n'empêche pas son effacement pour le montant porté à la connaissance du juge commis. Le cas échéant, pour la partie non communiquée de la dette qui n'avait pas vocation à survivre, une requête en rectification d'erreur matérielle demeure envisageable, selon les modalités prévues par le Code de procédure civile, afin de l'adjoindre au dispositif du jugement de clôture.

jugement de clôture lequel comporte l'état chiffré des créances effacées[706]. Toutefois, afin de ne pas exposer de frais dans cette procédure impécunieuse, il n'a été prévu aucune notification du jugement aux créanciers lesquels peuvent, tout au plus, obtenir un extrait certifié conforme du jugement[707] ; ce qui laisse en suspens la question de leur éventuelle voie de recours[708].

206. Afin de protéger certains créanciers, l'article L 645-11 du Code de commerce met certaines dettes à l'écart de l'effacement[709]. Il s'agit, en premier lieu, des dettes de subsistance : les créances salariales et alimentaires. Pour les premières, il était logique de les exclure car l'absence de salariés est une condition d'éligibilité au rétablissement professionnel. Pour les secondes, leur maintien s'inspire de la protection prévue dans la procédure consumériste de rétablissement personnel par l'article L 711-4 du Code de la consommation. Autrement, le texte se borne à renvoyer aux situations de reprise des poursuites individuelles, après la clôture pour insuffisance d'actif d'une liquidation judiciaire, prévues par les paragraphes I et II de l'article L. 643-11 du Code. Sont mises à l'écart de l'effacement, les créances ayant pour origine une condamnation pénale du débiteur, celles résultant de droits attachés à la personne du créancier ainsi que celles ayant pour origine des manœuvres frauduleuses commises au préjudice des organismes de protection sociale. De même, survivent les créances des coobligés et garants, lorsque ceux-ci ont payé à la place du débiteur. Il faut sans doute considérer que c'est par pure maladresse rédactionnelle que les rédacteurs de l'ordonnance du 12 mars 2014 ont visé le premièrement du paragraphe I de l'article L 643-11 qui, depuis cette ordonnance du 12 mars 2014, concerne non plus la condamnation pénale du débiteur, transférée au deuxièmement, mais « les actions portant sur les biens acquis au titre d'une succession

---

[706] Les dettes effacées sont ensuite portées à la connaissance des créanciers par une insertion au BODACC : art. R 645-17 et R 645-19 C.com.

[707] art. R 645-18 C.com.

[708] En faveur de la reconnaissance d'une tierce opposition aux créanciers : P.M. LE CORRE, op. cit., n°594.73

[709] L'article 99 de la loi n° 2016-1547 du 18 novembre 2016 relative à la modernisation de la justice du XXIème siècle remplace à l'article L 645-11 les mots : « créances des salariés, les créances alimentaires » par les mots : « dettes correspondant aux créances des salariés, aux créances alimentaires » ce qui accrédite la thèse du maintien de l'obligation dans son principe, l'effacement entraînant seulement extinction de l'obligation de paiement.

ouverte pendant la liquidation ». Il serait surprenant que les créanciers effacés puissent agir sur des biens successoraux acquis au cours de la procédure de rétablissement professionnel[710], alors même que cette dévolution successorale justifierait l'ouverture d'une procédure de liquidation judiciaire.

207. Nous ne reprendrons pas ici les développements déjà consacrés aux effets juridiques attachés à l'effacement des dettes que ce soient dans les rapports avec les créanciers ou avec la caution qui n'a pas encore payé. Ceux-ci sont pleinement transposables. Nous rappellerons simplement que le débiteur définitivement libéré peut valablement, s'il revient à meilleure fortune après la clôture de la procédure de rétablissement professionnel, réaliser un paiement spontané sans que les créanciers soient en droit de l'exiger. Il faut également souligner que cette reconstitution accélérée de la virginité patrimoniale du débiteur dans les procédures impécunieuses est davantage destinée à ramener la durée moyenne des procédures françaises d'insolvabilité à celle préconisée par les standards européens[711] qu'à remettre en selle le débiteur ayant échoué de bonne foi. Il s'agit de purger les dettes au plus vite, sans se soucier de l'avenir du débiteur dans l'après procédure[712]. Aussi, « l'effacement sélectif des dettes (...) est loin d'être suffisant pour assurer la

---

[710] En faveur de cette lecture : P.M. LE CORRE, op. cit., n° 594.72 ; Contra : F. PEROCHON, op. cit., n°1444

[711] La Commission européenne, dans une recommandation du 12 mars 2014 relative à une nouvelle approche en matière de défaillances et d'insolvabilité des entreprises (Recomm. n°2014/135/UE, 12 mars 2014, C(2014) 1500 : JOUE n°L74, 14 mars 2014, p.65), incite différents Etats membres de l'Union à prendre, dans un délai d'un an, des mesures appropriées pour « *réduire les effets négatifs d'une faillite sur les chances futures d'un entrepreneur de recréer une entreprise, notamment en les libérant de leurs dettes après trois ans au maximum.* » http://europa.eu/rapid/press-release_IP-14-254_fr.htm . Monsieur le Professeur Le Corre évoque le « boulet » des dossiers impécunieux qui représentent plus de 40 % des procédures collectives ouvertes en France soit environ 27.000 dont 20.000 sont des procédures sans salariés. P.M. Le Corre, Premiers regards sur l'ordonnance du 12 mars 2014 réformant le droit des entreprises en difficulté, D.2013 p.733 spéc n°39 p.741

[712] N.LEBLOND, L'expérience du surendettement des particuliers, Dr. et patr. déc. 2014, p.71, Dossier « Réforme du droit des entreprises en difficulté : nouveau rebond pour le débiteur ? », Actes du colloque organisé par le Centre René Demogue, Université de Lille II, le 23 mai 2014. Cet auteur évoque d'ailleurs « un enterrement discret et définitif du débiteur ».

réinsertion économique du débiteur.[713] » D'ailleurs, l'effacement des dettes du professionnel garantit d'autant moins le rebond que celui-ci est susceptible d'être remis en cause.

2 - La remise en cause de l'effacement des dettes du professionnel

208. A la différence de celui résultant d'une procédure consumériste de rétablissement personnel, l'effacement des dettes attaché à la clôture d'un rétablissement professionnel demeure une mesure de faveur réversible. Il n'est pas ici question de rétracter l'effacement des dettes par l'insertion d'une clause de retour à meilleure fortune dans le jugement de clôture[714]. Il s'agit plutôt de déchoir le débiteur qui a triché s'il apparaît, après la clôture du rétablissement professionnel, qu'il a obtenu le bénéfice de cette procédure par une description incomplète de son actif ou de son passif par l'ouverture d'une liquidation judiciaire. Pour cela, le tribunal doit être saisi par une requête du ministère public ou sur assignation d'un créancier. En pareille hypothèse, l'article L 645-12 du Code de commerce précise que le tribunal peut fixer la date de cessation des paiements à la date du jugement d'ouverture du rétablissement professionnel ou la faire rétroagir jusqu'à dix-huit mois avant la date de ce jugement. Les droits des créanciers effacés sont alors pleinement rétablis et ceux-ci sont dispensés de déclarer leur créance à la procédure de liquidation judiciaire, désormais ouverte, excepté en cas d'évolution du montant de leur créance a évolué depuis. Cette résurrection des créances effacées permet aux créanciers de revenir dans le giron de la liquidation judiciaire. Le retour à meilleure fortune du débiteur profite alors encore aux créanciers dans les seules hypothèses de reprise des poursuites individuelles ou sur les biens ou droits acquis au titre d'une succession après l'ouverture d'une liquidation judiciaire. En dehors de ces hypothèses, il n'est plus un motif de satisfaction des créanciers.

[713] L.-C. HENRY et. M. ANDRE, La nouvelle procédure de rétablissement, rev. proc. coll. juil- août 2014, étude 31, p.54, spéc. n°19

[714] T. STEPHANIA, la procédure de rétablissement sans liquidation judiciaire en droit des entreprises en difficulté, JCP E 2014, 1345

Conclusion du Chapitre 2

209. Le débiteur, personne physique, bénéficie d'un droit à l'effacement de ses dettes dès lors qu'il est durablement insolvable et de bonne foi, et ce qu'il s'agisse d'un consommateur ou d'un professionnel. Dans l'un et l'autre cas, pour la grande majorité des auteurs, l'effacement des dettes emporterait des effets plus radicaux que l'interdiction de la reprise des poursuites individuelles après la clôture pour insuffisance d'actif d'une liquidation judiciaire. Il est fréquemment soutenu que l'effacement des dettes serait une cause, exorbitante du droit commun, d'extinction de l'obligation. Mais cette thèse ne semble pas, pour l'heure, avoir les faveurs de la jurisprudence. Aussi, il est douteux que l'effacement de la dette du débiteur principal puisse emporter libération de la caution qui n'a pas encore payé, comme il est également souvent soutenu. Du reste, l'effacement des dettes n'était pas mentionné parmi les causes d'extinction de l'obligation de l'ancien article 1234 du Code civil. Il ne l'est pas davantage au titre des nouvelles dispositions du Code civil issues de l'ordonnance n° 2016-131 du 10 février 2016 portant réforme du droit des obligations. Il faudrait donc en conclure que l'effacement des dettes emporterait seulement extinction de l'obligation de paiement du débiteur insolvable puisque l'exécution spontanée du devoir moral de payer ses dettes resterait possible. Pour autant, il appartient encore à la jurisprudence de confirmer cette lecture des textes car, en l'état, les solutions posées s'avèrent contradictoires. En tout état de cause, dans les rapports avec la caution, l'extinction de l'obligation de paiement du débiteur n'a pas d'incidence. Malgré ce qui est parfois soutenu, il n'y a guère de différence entre effacement des dettes et paralysie des poursuites : dans un cas comme dans l'autre, l'extinction de l'obligation de paiement du débiteur ne libère pas pour autant la caution qui n'a pas encore payé, cette exception étant purement personnelle.

Conclusion du Titre 2

210. En somme, les deux formes de purge des dettes se ressemblent davantage qu'elles ne se différencient car la procédure de rétablissement professionnel, créée par l'ordonnance du 12 mars 2014, a altéré le critère de distinction à partir de la seule qualité, de consommateur ou de professionnel, du débiteur. Tout au plus, celle-ci influe encore sur le bénéfice successif de plusieurs purges. Le professionnel ne peut obtenir cette mesure de faveur que tous les cinq ans tandis que le consommateur peut y avoir recours plusieurs fois, sans condition de délai entre deux purges. Cette différence s'explique par les logiques opposées du droit du surendettement et celui des entreprises en difficulté. D'un côté, le droit à la dignité humaine commande de ne pas laisser poursuivre une personne durablement insolvable et de remettre les compteurs à zéro autant de fois que cela s'avère nécessaire. De l'autre, le droit à l'échec du professionnel ne peut, pour maintenir une certaine moralité des affaires, être permanent. Mais, hormis cela, les effets produits par l'interdiction de la reprise des poursuites individuelles et l'effacement des dettes sont parfaitement identiques. Ces deux formes de purge des dettes éteignent identiquement l'obligation de paiement du débiteur, privant son retour à meilleure fortune de tout effet juridique. Dans l'un et l'autre cas, les créanciers ne peuvent plus rien exiger d'un débiteur revenu à meilleure fortune hormis dans les situations où leurs créances sont juridiquement protégées par le jeu des exceptions légales.

Conclusion de la Partie I

211. La purge des dettes du débiteur, personne physique, de bonne foi et durablement insolvable, entraîne l'extinction de son obligation de paiement en cas de retour à meilleure fortune, et ce malgré le principe d'intégration des biens nouveaux au gage commun des créanciers résultant de l'article 2284 du Code civil. Cette situation est alors privée d'effet dans les rapports juridiques avec les créanciers. Indépendamment de cela, en droit public, elle reste encore un critère de récupération du soutien financier octroyé à une personne en difficulté. En droit privé, elle peut aussi intégrer les rapports contractuels sous la forme d'une clause éponyme adossée à une remise de dette. Mais tout ceci n'est que symbolique, voire anecdotique, tant la purge des dettes constitue un obstacle définitif à la satisfaction des créanciers. Partant de là, les créanciers ne peuvent plus rien exiger d'un débiteur revenu à meilleure fortune. Tout au plus, peuvent-ils espérer, sans doute vainement, un paiement spontané du débiteur qui, le cas échéant, leur resterait acquis. Bien sûr, aujourd'hui, la loi reconnaît des effets juridiques au retour à meilleure fortune en cours d'exécution d'un plan ; mais quels seront les effets concrets de cette modification du Code de commerce ? Il est sans doute trop tôt pour le dire. On constate simplement un manque d'enthousiasme des praticiens pour utiliser cette nouvelle possibilité.

212. Ceci observé, la purge des dettes offre t'elle un réel nouveau départ ou n'est-elle pas plutôt une fuite en avant ? Dans la mesure où la prospérité ne se décrète pas mais dépend avant tout des circonstances économiques, n'y a-t-il pas quelque chose d'illusoire à inciter le débiteur à retenter sa chance alors même que, sans capital de départ, il est quasi assuré d'échouer de nouveau ? En perpétuelle quête d'un retour à meilleure fortune, le chef d'entreprise n'est-il pas condamné à devoir rebondir en permanence d'une forme d'activité à une autre, pourvu que ce soit sans fraude et pas avant cinq ans ? Pour répondre à ces questions, il nous faut examiner les différentes mesures prises en faveur du rebond pour déterminer si la purge des dettes offre, ou non, une chance suffisamment sérieuse de revenir à meilleure fortune.

Partie II - Le rebond du débiteur

213. Dans un dessein de convergence des réglementations nationales, la Commission européenne a invité les Etats-membres de l'Union, par différentes recommandations et en dernier lieu celle du 12 mars 2014[715], à « offrir une seconde chance aux entrepreneurs honnêtes ayant connu la faillite ». Partant du postulat que celui qui échoue tire les leçons de ses propres échecs pour mieux se relever, la Commission a invité les Etats membres à mettre en place une politique de la seconde chance. Pour décliner celle-ci, le législateur français a adopté, dans son droit interne, différentes mesures en faveur du rebond. A cette occasion, ce ne sont plus les conséquences juridiques produites par les situations de retour à meilleure fortune qui sont envisagées mais les mesures mises en place pour y parvenir. Promouvoir le rebond du débiteur, c'est susciter l'apparition d'une situation de retour à meilleure fortune au bénéfice exclusif du débiteur. C'est pour répondre à cet objectif européen que le législateur français a adopté, dans son droit interne, des mesures incitatives au rebond (Titre 1) ou encore a levé les entraves à celui-ci (Titre 2).

[715] Recomm.12 mars 2014 n°2014/135/UE, J.O.U.E 14 mars 2014, L74/65

Titre 1 - Les mesures incitatives au rebond

214. Afin d'accroître le nombre d'entreprises en difficulté sauvées et promouvoir leur rebond, le législateur a adopté une série de mesures favorisant la « reprise interne[716] » de la société en difficulté (Chapitre 1). La reprise interne est un concept doctrinal désignant une forme de poursuite d'activité par le débiteur car c'est la même personne morale qui continue d'exploiter l'entreprise en changeant de mains, le nouvel associé entré au capital en prenant alors le contrôle[717]. Celle-ci s'oppose à la « reprise externe[718] » qui désigne la cession globale de l'entreprise à un tiers lorsque le débiteur est dans l'impossibilité de redresser l'activité. Nous écarterons donc, comme hors de propos, l'offre de reprise présentée par un associé ou actionnaire qui débouche sur une cession de l'entreprise sans continuation de l'activité par la personne morale liquidée. Il leur est en effet possible de présenter des offres car l'interdiction posée à l'article L 642-3 du Code de commerce se limite aux seuls dirigeants de droit ou de fait ainsi qu'à ces proches parents, laissant à l'écart les anciens dirigeants ainsi que les associés de la personne morale[719], sauf fraude[720]. Ceci précisé, dans la solution de reprise interne, l'activité de la personne morale, qui subsiste, se poursuit ce qui permet un règlement plus significatif des créanciers que par la seule répartition du prix de cession. Favorable aux créanciers, cette solution crée également des conditions propices au rebond de la société en difficulté.

---

[716] F. PEROCHON, ouvrage précité, n°978

[717] E. BROCARD, La cession des droits sociaux et l'entreprise en difficulté, rev. sociétés avr. 2015, p.217

[718] F. PEROCHON, op. cit., n°1128, n°1232

[719] S. PIEUCHOT, Reprise interne : incompatibilités de principe et dérogation, Actes du colloque organisé par le CRDP de l'Université de Caen le 12 avril 2013 : « Les montages à l'épreuve et au service du droit des entreprises en difficulté », Etude 21, rev. proc. coll. mai juin 2013 : Selon cet auteur, ce qui n'est pas interdit est nécessairement autorisé.

[720] Com. 23 sept. 2014, Bull. civ. IV n°136 ; D. 2014, act. 1935, obs. A. Lienhard ; Rev. soc. 2014, obs. P. Roussel-Galle ; JCP E 2014, 1637, n°2 obs. P. Pétel ; Rec. proc. coll. 2014, n°164 obs. J.-J. Fraimout

215. Outre cela, le législateur français a adopté, en réponse aux impulsions de la Commission européenne, diverses mesures destinées à créer un choc psychologique en stimulant, par le droit, la création d'entreprise afin d'encourager ceux qui ont échoué à retenter rapidement leur chance. Pour cela, le législateur a facilité la réinstallation de l'entrepreneur individuel en adoptant des mesures de simplification de la création d'entreprise et de limitation du risque patrimonial (Chapitre 2).

Chapitre 1 - Les mesures destinées à favoriser la « reprise interne » d'une société en difficulté

216. Les procédures de sauvegarde et de redressement judiciaire ont pour finalité commune la poursuite de l'activité du débiteur. L'article L 620-1 du Code de commerce précise que la procédure de sauvegarde est « destinée à faciliter la réorganisation de l'entreprise afin de permettre la poursuite de l'activité économique, le maintien de l'emploi et l'apurement du passif ». L'alinéa 2 de l'article L 631-1 du Code de commerce indique, dans des termes similaires, que la procédure de redressement judiciaire est « destinée à permettre la poursuite de l'activité de l'entreprise, le maintien de l'emploi et l'apurement du passif ». Même si ce dernier texte ne reprend pas l'objectif de réorganisation de l'entreprise, ces procédures tendent toutes deux à favoriser la poursuite d'activité par un réaménagement de l'endettement éventuellement assorti, en cas de disparition des fonds propres, d'un apport supplémentaire d'argent frais. La « recapitalisation[721] » d'une société en difficulté est, en effet, la clé de voute d'un plan de sauvegarde ou de redressement car elle favorise un retour rapide à l'équilibre financier[722] et le refinancement de la société

---

721 Dérivé du mot capital, le terme de « recapitalisation » est un néologisme du droit des sociétés qui désigne l'apport purement volontaire d'argent frais pour renflouer une société en difficulté : « on parle de recapitalisation lorsqu'une société souffre d'anémie financière et que l'on décide de lui injecter une nouvelle dose de fonds propres, un peu à la manière d'une transfusion sanguine. » (M.COZIAN, A.VIANDIER, F.DEBOISSY, Droit des sociétés 28e éd. Lexis Nexis – n°261)

722 Maître Jeannerot, administrateur judiciaire, souligne ainsi : « Tout plan d'apurement du passif (plan de sauvegarde ou plan de redressement) repose sur un retour à la rentabilité le plus rapidement possible car, d'une part, la période d'observation est limitée, et d'autre part, les clients peuvent être inquiets, en particulier si les concurrents de l'entreprise encouragent à cette inquiétude. Sauf cas très particuliers, le remboursement du passif va reposer sur la capacité de l'entreprise à dégager des excédents en termes de trésorerie en premier lieu par une activité bénéficiaire, par une meilleure gestion du besoin en fonds de roulement, par d'éventuelles réalisations d'actifs et par un effort financier des associés pour contribuer au renforcement des fonds propres. Il est donc important que le déficit de l'activité soit résorbé et que le retour à l'équilibre économique soit la priorité. Deux grands cas de figure se présentent à nous : Si ce déficit provient de certains contrats

sur le long terme. Ainsi, les associés ou actionnaires d'une société en difficulté sont le plus souvent contraints de choisir entre devoir « mettre la main à la poche » ou accepter de se sacrifier pour permettre l'entrée au capital d'un tiers disposé à le faire. Aussi, en cas de refus des associés ou actionnaires de renflouer de la société en difficulté, le sauvetage de cette dernière nécessite l'entrée au capital de tiers disposés à réaliser le nécessaire apport d'argent frais. Cette prise de contrôle de la société en difficulté s'accompagne d'un remplacement des associés ou actionnaires en place par d'autres soit au moyen d'une cession des droits sociaux, soit par leur éviction à l'issue d'une recomposition du capital social. Certes, les réformes successives du droit des entreprises en difficulté, et notamment l'ordonnance du 12 mars 2014[723], n'ont cessé de faciliter la solution de la reprise interne de la société en levant les obstacles juridiques à l'arrivée d'un tiers au capital s'engageant à exécuter le plan[724]. Toutefois, un obstacle juridique subsistait encore. Il était jusqu'alors impossible d'imposer aux associés ou actionnaires de se sacrifier pour le sauvetage de la société en difficulté. L'article 238 de la loi n°2015-990 du 6 août 2015 pour la croissance, l'activité et l'égalité des chances économiques a levé ce dernier obstacle en introduisant, dans la procédure de redressement judiciaire, un dispositif d'éviction forcée des associés ou actionnaires.

---

ou marchés et que leur terme ou leur résiliation permettent un retour mécanique à l'équilibre, le déficit a un caractère conjoncturel. Il en est de même lorsque l'entreprise a un « trou d'activité » pendant une durée prévisible. Dans ce type de situation, la réorganisation de l'entreprise consiste dans des mesures d'adaptation qui, en général, pourront être mises en œuvre rapidement avec des effets positifs à court terme sur l'exploitation et la trésorerie de l'entreprise. Si le déficit provient d'une activité de l'entreprise qui doit être arrêtée ou modifiée considérablement pour parvenir à un retour à l'équilibre, le déficit est structurel. Les mesures seront importantes et impacteront l'entreprise en profondeur. » P. JEANNEROT, le choix entre les procédures, la procédure de sauvegarde ou le redressement judiciaire ?, étude 3, Dossier « Le nouveau droit des entreprises en difficulté version 2014 », Cahiers dr. entr. jan. fév. 2015 p.19

[723] A. CERATI-GAUTHIER, La promotion de la « reprise interne » dans l'ordonnance du 12 mars 2014, JCP E 2014, Etude 1435

[724] G. COUTURIER, Droit des sociétés et droit des entreprises en difficulté, Lextenso Editions,coll. « Bibliothèque de droit des entreprises en difficulté », Tome 2, spéc. n°514 et suivants

217. Pour sa part, la procédure de liquidation judiciaire est destinée, selon l'article L 640-1 du Code, à tout débiteur dont le redressement est impossible pour « mettre fin à l'activité de l'entreprise ou à réaliser le patrimoine du débiteur par une cession globale ou séparée de ses droits ou de ses biens. » Quel que soit le mode retenu de réalisation de l'actif, le débiteur a bien, dans cette procédure, vocation à cesser son activité et la personne morale à disparaître. Or, retouchant l'article 1844-7 du Code civil, l'ordonnance du 12 mars 2014 a reporté la dissolution de la société de l'ouverture à la clôture pour insuffisance d'actif de la liquidation judiciaire. Partant de là, la société ne disparaît plus dans l'hypothèse, certes rare, d'une clôture par extinction du passif. Cette faculté de survie d'une société à sa liquidation judiciaire conduit à devoir envisager, contre toute attente, « le redressement de l'entreprise en liquidation judiciaire[725] » (Section 2).

Section 1 - La survie de la société après la clôture pour extinction du passif de sa liquidation judiciaire

218. La disparition de la personnalité morale d'une société lors de sa liquidation judiciaire a été le théâtre d'une « histoire législative tourmentée[726] », selon les termes de Monsieur le Professeur Legros (§1). En maintenant la personnalité morale jusqu'à la clôture pour insuffisance d'actif de la liquidation judiciaire, l'ordonnance du 12 mars 2014 contient les germes d'une renaissance de la société liquidée en cas de clôture pour extinctif du passif (§2).

§ 1 - Les tourments du moment de la dissolution de la société, objet d'une liquidation judiciaire

219. Tergiversant sur les solutions à apporter, le législateur est revenu à plusieurs reprises sur le maintien, ou non, de la personnalité morale de la société en cas de liquidation judiciaire de cette dernière. Les anciens articles 1865 à 1872 du Code civil laissaient intact la personne morale à l'issue d'une faillite. Faute de texte, la jurisprudence admettait la survie de la société à la liquidation de ses

---

725 P. PETEL, Le redressement de l'entreprise en liquidation judiciaire, in « Le droit privé à la fin du XXe siècle », Etudes offertes à Pierre Catala, Litec, 2001

726 J.-P. LEGROS, Le domaine d'application de l'article 1844-7 7° du Code civil, Mélanges Tricot, Dalloz-Litec, 2011, p.507

biens même si la poursuite de l'activité lui était interdite[727]. Revenant sur cette solution, la loi n°78-9 du 4 janvier 1978 posait en principe qu'une liquidation de biens d'une société débitrice entraînait sa dissolution[728]. Abrogée par l'article 218 de la loi n°85-98 du 25 janvier 1985[729], cette cause de dissolution a été immédiatement réintroduite par la loi n°88-15 du 5 janvier 1988 relative au développement et à la transmission des entreprises. Cette dernière loi ajoutait également comme cause de dissolution la cession totale des actifs car, sous l'empire de la loi du 25 janvier 1985, le redressement judiciaire pouvait déboucher sur l'adoption d'un plan de cession. La cession totale des actifs s'opérant depuis la loi de sauvegarde du 26 juillet 2005 par voie de liquidation, cette loi avait supprimé cette référence devenue obsolète. L'article 1844-7 du Code civil prévoyait alors la dissolution de la société dès le jugement ordonnant la liquidation judiciaire. Toutefois, cette dissolution anticipée posait davantage de difficultés qu'elles n'en résolvaient. Tout d'abord, avant la loi de sauvegarde, aucun texte ne permettait le maintien des organes sociaux, ce qui donna lieu à une abondante jurisprudence concernant leurs pouvoirs[730]. La difficulté avait pour origine la délicate

---

[727] Com. 18 avr. 1969, pourvoi n°66-13.721, Bull. civ. IV n°126 ; Rev. sociétés 1970, 95, note F.Derrida ; Com. 16 nov. 1993, Bull. civ. IV n°413 ; Bull. joly 1994 p.89

[728] Déjà, à cette époque, Michel Jeantin se demandait « si une telle solution ne pêche pas par un trop grand automatisme. N'est-ce pas parfois utile, après une liquidation de biens, de reprendre la structure juridique pour développer une nouvelle activité ? » M. JEANTIN, La réforme du droit des sociétés par la loi du 4 janvier 1978, D.1978 Chron. p.173 et suivants n°33

[729] Monsieur Robert BADINTER, Garde des sceaux, justifiait ainsi le revirement de position : « le 7° de l'article 1844-7 du Code civil soulève des difficultés. En effet, l'ouverture de la procédure de liquidation de biens ne met pas fin à la personnalité puisqu'elle doit survivre pour les besoins de la liquidation. De plus, s'il y a clôture pour extinction du passif, la personne retrouve sa pleine capacité (…). Le problème doit être examiné en fonction de la spécificité de la procédure collective qui, même au stade de la liquidation, n'implique pas de dissolution de la personne morale. La clôture pour insuffisance d'actif en cas de cession ou de liquidation permettra la radiation au registre du commerce et des sociétés, ce qui est une mesure de nature réglementaire. Elle n'empêchera pas la survie de la personne morale pour les besoins de la liquidation. » J.O.A.N, Débats 11 avr. 1994, p.1401

[730] Com. 3 juin 1997, Bull. civ. IV n°173, D.1998 p.348 note Kenfack, Bull. Joly 1997 p.768 note Calendini, Dr. sociétés 1997 n°139 note Bonneau ; Com. 17 juil. 2001, Bull. civ. IV n°152, D.2001 A.J. 2519 obs. Lienhard, JCP E 2002, 121, n°7

articulation entre les règles du droit des sociétés et celles du droit des entreprises en difficulté et la nécessité de faire cohabiter le liquidateur amiable avec le liquidateur judiciaire[731]. L'unique solution de contournement, admise en jurisprudence[732], consistait en la désignation d'un mandataire ad'hoc. A défaut, l'ancien dirigeant était privé de toute faculté d'interjeter appel du jugement d'ouverture et de capacité à agir. Cette solution avait, du reste, valu à la France une condamnation par la Cour européenne des droits de l'homme pour atteinte au droit d'accès à un tribunal[733]. La loi de sauvegarde avait tenté de remédier à cette situation en prévoyant, au paragraphe II de l'article L 641-9 du Code de commerce, le maintien des fonctions du dirigeant. Autre effet « indésirable » de la dissolution dès l'ouverture de la liquidation judiciaire, la clôture pour extinction du passif ne remet pas en cause la disparition de la société dont la personnalité morale ne subsiste que pour les besoins de la liquidation[734]. La doctrine avait suggéré de modifier ce texte de sorte à différer la dissolution à la date de clôture des opérations de liquidation[735]. Remédiant à l'occasion manquée lors de l'ordonnance du 18 décembre 2008, la loi d'habilitation du 2 janvier 2014 avait prévu de « supprimer les obstacles à une clôture de la procédure pour extinction du passif, comme celui résultant de la dissolution de plein droit de la société dès l'ouverture de la procédure prévue au 7° de l'article 1844-

obs. P. Pétel, Dr. sociétés 2001 n°158 note Bonneau ; Com. 15 mai 2001, Act. proc. coll. 2001 n°138 obs. Bonneau, JCP E 2002, n°2, 75, note J.P Legros

731 Sur l'ensemble des difficultés suscitées, sous l'état du droit antérieur à la loi de sauvegarde, par la dissolution d'une société lors d'une procédure de liquidation judiciaire : G. COUTURIER, thèse précitée, n°847

732 Com. 16 mars 1999, Bull. civ. IV n°66, D. 2000 513 note Kenfack ; Civ. 3e, 31 mai 2000, Bull. civ. III n°120, D. 2000 AJ 355, obs. Boizard, R.T.D.Com. 2000 p.680 obs. M.-H. Monsérié-Bon, Bull. Joly 2000 p.987 obs. F.-X. Lucas ; Civ. 2e 4 juil. 2002, Bull. civ. II n°157 ; Dr. soc. 2003 n°91 note J.-P. Legros ; Com. 21 mars 2006, Bull. civ. IV n°76, D.2006 A.J. 1043 obs. A. Lienhard

733 C.E.D.H, 8 mars 2007, D.2007 AJ 871 obs. Lienhard ; Bull. joly sociétés 2007, p.820 note F.X Lucas

734 Com. 26 oct. 1999, pourvoi n°97-12.640, Bull. civ. IV n°196 ; D. 1999 AJ.77 obs. A.Lienhard ; Bull. Joly janv. 2000, n°8, p.49 obs. P.Le Cannu ; Rép. Def. 2000, 997 obs. D.Gibirila ; L.P.A 14 mars 2000 p.11 note J.L. Courtier, JCP E 2000 n°4 p.128 obs. P.Pétel

735 J. VALLANSAN, Liquidation d'une société et représentation de la personne morale par ses dirigeants, Bull. Joly 2002, 1154 ; F.-X. LUCAS, Pour en finir avec la peine de mort infligée aux sociétés, Bull. joly sociétés mai 2008, éditorial, p.371

7 du Code civil. » L'ordonnance du 12 mars 2014 a donc modifié le septièmement de l'article 1844-7 du Code civil pour préciser : « la société prend fin (...) par l'effet d'un jugement de clôture de liquidation judiciaire pour insuffisance d'actif ». La dissolution de la société a ainsi été reportée de l'ouverture à la clôture de la liquidation judiciaire, revenant à la situation antérieure à la loi de 1978. Ce report a entrainé plusieurs conséquences. En premier lieu, il n'a plus été nécessaire de prévoir le maintien en fonction du dirigeant social. L'aménagement apporté à la règle du dessaisissement au paragraphe II de l'article L 641-9 du Code de commerce par la loi de sauvegarde a donc été supprimé. L'ordonnance du 12 mars 2014 a toutefois maintenu la possibilité de désigner un mandataire ad'hoc. Tirant les conséquences de la survie de la personnalité morale jusqu'à la clôture pour insuffisance d'actif de la liquidation judiciaire, l'ordonnance du 26 septembre 2014 a modifié l'article L 641-3 du même Code pour remettre à la charge des dirigeants les obligations en matière d'arrêté et d'approbation des comptes annuels et organiser une modalité de décharge du liquidateur des conséquences pénales lorsque ces obligations ne sont pas respectées. En théorie, une société, dont la liquidation judiciaire a été prononcée, pourrait reprendre son activité après la clôture de cette procédure pour extinction du passif[736]. Cette personne morale pourrait donc retrouver la voie de la prospérité. Pour autant, existe-t-il un « avenir[737] » pour la société ayant survécu à une liquidation ?

[736] P.M LE CORRE, op. cit., n°553.15

[737] D.VOINOT, L'avenir de la société en liquidation judiciaire, Dr. et patr. déc. 2014, p.66, Dossier « Réforme du droit des entreprises en difficulté : nouveau rebond pour le débiteur ? », Actes du colloque organisé par le Centre René Demogue, Université de Lille II, le 23 mai 2014

§ 2 - Les ferments d'une renaissance de la société après la clôture pour extinction du passif d'une liquidation judiciaire

220. De prime abord, la liquidation judiciaire, dont l'objet est de mettre fin à l'activité de l'entreprise qui ne peut être redressée, ne laisse guère de place à un redémarrage de l'activité après une clôture par extinction du passif : la société n'est plus, à l'issue des opérations de liquidation, qu'une coquille vide. Pour désintéresser les créanciers, tous les éléments composant le fonds exploité ont, en principe, été réalisés. Or, même si la société survit après la réalisation de ses actifs ; la poursuite d'activité risque de s'avérer impossible. Ceci pourrait donc justifier une dissolution de la société sur le fondement distinct du deuxièmement de l'article 1844-7 : l'extinction de l'objet social. Cette cause de dissolution est étroitement liée à la définition de l'objet social par les statuts[738]. Si ceux-ci se cantonnent à viser l'exploitation d'un fonds depuis réalisé, la société est dissoute de plein droit[739] sauf à élargir la définition trop restrictive de l'objet social par une modification statutaire ou, plus simplement, à acquérir un nouveau fonds à exploiter. Aussi, un redémarrage de l'activité d'une société ayant survécu à sa liquidation judiciaire apparaît guère envisageable sauf, éventuellement, à ce que l'objet social puisse encore être poursuivi avec des biens omis ou qui n'ont pu être réalisés. Ainsi, très exceptionnellement, une reprise de l'activité pourrait s'avérer possible à partir d'éléments conservés par le débiteur. Il faut dire qu'à l'heure du tout numérique, les données informatiques, et plus particulièrement celles d'un fichier clientèle[740], constituent une excellente base de départ pour envisager le redémarrage d'une activité liquidée.

221. Ceci souligné, Monsieur le Professeur Voinot esquisse comme hypothèse d'application la « reprise interne » de la société liquidée[741].

---

[738] M.COZIAN, A.VIANDIER, F.DEBOISSY, op. cit., n°485

[739] Pour la cessation d'exploitation d'un fonds de commerce de supermarché et de station-service : Com., 30 mars 2016, pourvoi n°14-13729 ; Pour le rejet de la demande de dissolution d'une société exploitant une maison de retraite après la cession du fonds de commerce dès lors que son objet social n'était pas circonscrit à cette seule activité : Com. 20 nov. 2012, pourvoi n°11-27.835, Bull. civ. IV n°210, Bull. Joly soc. 2013, §13, p.8 note J.F Barbièri

[740] Ce propos peut être illustré par l'exemple du redémarrage de l'activité de la Camif, célèbre entreprise de vente par correspondance, à partir de son seul fichier clientèle.

[741] D.VOINOT, op. cit.

Effectivement, la réalisation d'un « coup d'accordéon », opération sur laquelle nous reviendrons et qui suppose une acceptation par les associés de leur sacrifice au profit du tiers repreneur, en cours de liquidation judiciaire pourrait permettre à une société de sortir indemne de cette procédure tout en préservant ses actifs. Cela étant, cette hypothèse a peu de chance de se produire car une liquidation judiciaire n'est prononcée qu'en raison de l'impossibilité de redresser la société en difficulté. Il serait donc surprenant qu'un tiers accepte de réaliser un apport d'argent frais supplémentaire dans une société dont la situation a été jugée irrémédiablement compromise. Aussi, la survie de la société dont la liquidation judiciaire a été clôturée par extinction du passif n'est sans doute qu'un mirage. S'il y a, dans ce principe, incontestablement les ferments d'une possible renaissance de la société ; ceux-ci sont insuffisants pour laisser entrevoir une possibilité réelle et sérieuse de retour à meilleure fortune de la société autrefois liquidée. Il est plus probable que le tiers désireux de prendre le contrôle d'une société en difficulté se manifeste plus en amont, à l'occasion d'une procédure de sauvegarde ou de redressement judiciaire, bien qu'il soit toujours difficile d'imposer à des associés ou actionnaires, non disposés à quitter l'entreprise, l'impératif de sauvetage de la société en difficulté.

Section 2 - Le sauvetage d'une société en difficulté par le sacrifice des associés et actionnaires

222. Jusqu'alors, les atteintes portées par le droit des entreprises en difficulté aux droits des associés ou actionnaires demeuraient minimes. Pour ne pas dissuader les dirigeants et associés de les solliciter, les procédures de prévention ne comportent aucune mesure de contrainte. De la même manière, la procédure de sauvegarde, volontariste et respectueuse des droits des actionnaires, ne peut aboutir à leur éviction sans leur consentement. Toutefois, la procédure de redressement judiciaire, marquée par l'existence d'un état de cessation des paiements, comporte aujourd'hui des mesures de coercition suffisantes pour permettre au tribunal d'imposer le sauvetage d'une société y compris en chassant ses associés, actionnaires ou dirigeants contre leur grè. Ainsi, si aucun sacrifice ne peut être imposé aux associés ou actionnaires dans les procédures volontaristes (§1), il en va tout autrement dans la procédure de redressement judiciaire (§2).

§ 1 - Un sacrifice accepté dans les procédures volontaristes

223. Les procédures volontaristes, comme la sauvegarde, sont soucieuses du respect des droits des associés. Aussi, l'alinéa premier de l'article L 626-3 du Code de commerce pose le principe de l'examen préalable du projet de plan prévoyant une modification du capital par l'assemblée générale extraordinaire ainsi que, le cas échéant, des assemblées spéciales comme celles des obligataires[742]. Ainsi, le tribunal ne dispose pas du pouvoir de décider, en lieu et place des associés ou actionnaires, des modifications requises par le plan[743] ou de procéder à une augmentation de capital[744]. Les associés ou actionnaires ne peuvent subir d'augmentation de leurs engagements, même pour satisfaire à l'obligation de reconstitution des capitaux propres. Les articles L 223-42 et L 225-248 du Code de commerce écartent cette obligation dès lors que la société est soumise à une procédure de sauvegarde ou de redressement judiciaire ; et ce même si l'alinéa deux de l'article L 626-3 de ce Code rappelle qu'en cas de modification du capital proposée par l'administrateur, l'assemblée est d'abord appelée à rétablir les capitaux propres[745]. La question s'était posée de savoir si ce rappel, inséré lors de la loi du 25 janvier 1985, imposait, ou non, une reconstitution des capitaux propres avant l'adoption d'un plan de continuation. Si certaines juridictions du fond

[742] Paris, 28 janv. 2011, Rev. sociétés 2012, 165, note Y. Gaudemet, Dr. sociétés 2012 n°69 note J.P Legros. Sur le rejet du pourvoi formé à l'encontre de cet arrêt et l'admission de la tierce opposition du représentant de la masse des obligatoires à l'encontre du jugement arrêtant le plan de sauvegarde d'une société prévoyant une opération de coup d'accordéon : Com. 10 juil. 2012, Bull. civ. IV n°158, Rev. sociétés 2012, p.536, obs. Henry ; Dr. sociétés 2012 n°215 obs. J.P. Legros, Bull. Joly Soc. 2012 p.810 obs. F.-X. Lucas

[743] Com. 2 juil. 2013, pourvoi n°12-18.902, Bull. civ. IV n°113, Gaz. pal. 29 sept. 2013 n°272, p.25 note C. Lebel ; Bull. Joly Entr. Diff. nov. 2013 356 note M.-H. Monsèrié-Bon ; rev. proc. coll. janv. fév. 2014, comm. n°6 note P. Cagnoli

[744] Com. 15 janv. 1991, pourvoi n°89-15.822, Bull. civ. IV n°27, Rev. soc. 1991 p.393 note Y.Guyon, Bull. Joly 1991, 425, note P.Le Cannu ; Versailles, 13 juin 2002, JCP E 2002, n°50, p.1992

[745] F.-X. LUCAS, L'ordonnance du 12 mars 2014 et le droit des sociétés, Bull. Joly sociétés juin 2014, p.403 : pour cet auteur, il aurait été préférable d'abroger purement et simplement les deux premiers textes.

avaient refusé d'adopter un plan sans rétablissement préalable[746] ; la Chambre criminelle de la Cour de la cassation écarta une application aussi stricte du texte[747] et la Chambre commerciale lui emboîta le pas en admettant implicitement la validité d'un plan de continuation malgré le défaut de reconstitution des capitaux propres[748]. Partant de là, la grande majorité des auteurs[749] ont considéré que la reconstitution des capitaux propres ne s'imposait que si le plan comportait une modification du capital. Toutefois, Monsieur le Professeur Le Corre maintient qu'il doit être satisfait à cette obligation légale, en toutes hypothèses, sauf à la vider de sa substance[750].

224. C'est dans ce contexte que l'ordonnance 12 mars 2014 a permis au tribunal de forcer la main des minoritaires opposés à une reconstitution des capitaux propres. Pour cela, les rédacteurs de l'ordonnance se sont inspirés de la sanction de l'abus de minorité. L'article L 631-9-1 du Code de commerce permet ainsi à l'administrateur de contrer le refus des minoritaires en demandant au tribunal la désignation d'un mandataire ad'hoc chargé de convoquer l'assemblée et de voter la reconstitution en lieu et place des associés opposants lorsque le projet de plan prévoit une modification de capital en faveur d'un repreneur s'engageant à exécuter le plan de redressement. Il convient de relever immédiatement que ce texte est d'une application limitée au seul redressement judiciaire, laissant à l'écart les procédures volontaristes telles que la sauvegarde. Au lendemain de l'ordonnance, la doctrine avait exprimé des doutes sur l'efficacité de ce texte face à l'attitude d'associés ou actionnaires désertant sciemment l'assemblée générale pour empêcher l'atteinte du quorum et toute prise de décision. Dans ce cas, la qualité

---

[746] T.G.I., Ch. com. Béthune, 26 sept. 1986, rev. proc. coll. 1987 n°2, p.51, obs. B.Soinne ; T.Com. Nanterre, 8 déc. 1987, JCP 1988, II, 21019 note A.Viandier

[747] Crim. 27 avr. 1987, rev. proc. coll. 1988, n°3, p.314 obs. B.Soinne

[748] Com., 6 mars 1990, D. 1990, jurispr. p.218 note F.Derrida ; JCP E 1990 II 15891 note G.Bolard, Rev. proc. coll. 1991, p.292 obs. B.Soinne

[749] F. DERRIDA, P. GODE et J.-P. SORTAIS, Redressement et liquidation judiciaires des entreprises, Dalloz, 3e éd., n°443 p.317 ; D.GIBIRILLA, Droit des entreprises en difficulté, Defrénois, n°511 ; A. CERATI-GAUTHIER, L'associé dans la loi de sauvegarde des entreprises, rev. soc. 2006, p.305 ; G. COUTURIER, op. cit., n°523, p.301

[750] P.M. LE CORRE, op. cit., n°511.23, n°531.23

d'« opposant » paraissait délicate à établir[751]. Mais l'article R 631-34-6 du Code, inséré par le décret du 30 juin 2014, a prévu de manière opportune que le procès-verbal des délibérations mentionne le sens du vote de chacun et comporte en annexe une feuille de présence. Sur la base de cette dernière, le président du tribunal pourrait toujours tirer toutes les conséquences des éventuels faux-fuyants destinés à empêcher l'atteinte du quorum. Ceci précisé, ce texte ne permet de forcer la main que des minoritaires récalcitrants sans pouvoir imposer la reconstitution des capitaux propres à une majorité opposée à son principe[752]. En outre, ce texte n'est pas un fondement permettant d'imposer une opération de reprise interne car il ne va pas au-delà de la stricte reconstitution des capitaux propres à hauteur de la moitié du capital social[753]. L'assemblée décide donc souverainement. Et l'éventuel refus par l'assemblée de rétablir les fonds propres justifie, tout au plus, un rejet du plan si, sans cette reconstitution, il n'y a aucune possibilité sérieuse pour l'entreprise d'être sauvegardée[754]. De même, si l'équilibre d'un plan adopté repose sur une reconstitution écartée, par la suite, par l'assemblée ; ce refus fonderait une résolution du plan pour inexécution des engagements, conformément de l'article L 626-27 I du Code de commerce[755]. Autrement dit, en sauvegarde, les associés ou actionnaires ne peuvent être contraints de recapitaliser une société en difficulté pas plus qu'ils ne peuvent être évincés s'ils n'y consentent pas expressément (A). Cela étant, la voie de la reprise interne avait déjà été ouverte aux créanciers en leur permettant de participer à une recapitalisation d'une entreprise en difficulté par la voie d'une conversion de créances en capital (B).

---

[751] F. –X. LUCAS, pourra-t-on assimiler un associé absent à un associé opposant ? Bull. Joly Entrep. diff. 2014, 111 ; M.-H. MONSERIE-BON, Les retouches apportées au « droit des sociétés en difficulté », Dr. et patr. juil-août 2014, p. 69

[752] A. CERATI-GAUTHIER, La promotion de la reprise interne dans l'ordonnance n°20144-326 du 12 mars 2014, JCP E 2015, 1435, spéc. n°10

[753] P. PETEL, Entreprises en difficultés : encore une réforme, JCP E 2014, 1223, n°17

[754] pour le rejet d'un plan de sauvegarde en raison de l'insuffisance des fonds propres : Com. 18 mars 2014, Bull. civ. IV n°55, Bull. Joly 2014, p.410, note J.-F Barbieri

[755] Com., 8 oct. 2003, pourvoi n°00-19.657

A - Une éviction consentie par le biais d'un coup accordéon

225. Certes, l'article L 626-3 du Code de commerce rappelle, en son deuxième alinéa, que l'assemblée peut être appelée à décider la réduction et l'augmentation de capital en faveur d'une ou plusieurs personnes s'engageant à exécuter le plan. Ce texte évoque la réalisation d'un « coup d'accordéon » qui, par référence au fonctionnement de cet instrument de musique[756], combine, dans une double décision, réduction et augmentation de capital[757]. Le capital social est d'abord réduit[758], au besoin jusqu'à zéro, pour apurer les pertes avant d'être immédiatement rétabli par une augmentation. Cette double modification du capital, en des sens opposés, peut effectivement déboucher sur une « valse » des actionnaires au profit du tiers repreneur s'engageant à exécuter le plan[759]. Toutefois, en sauvegarde, aucune atteinte ne peut être portée aux droits des associés ou actionnaires. Ceux-ci doivent donc accepter leur éviction. L'alinéa deux l'article L 626-3 du Code de commerce, qui se borne à rappeler la faculté de réaliser un coup d'accordéon, n'est pas un fondement permettant d'imposer cette opération de reprise interne. Il ne permet pas de contrer une éventuelle opposition des associés ou actionnaires, ni même de déroger au principe d'une décision prise à la majorité qualifiée. Tout au plus, l'ordonnance du 12 mars 2014 a facilité l'adoption d'un tel projet en assouplissant les majorités requises. En droit commun, l'assemblée générale extraordinaire statue à la majorité des deux tiers des actionnaires présents ou représentés[760], sous réserve

---

[756] S.SYLVESTRE-THOUVENIN, Le coup d'accordéon ou les vicissitudes du capital, Thèse Paris I, 2002

[757] R.MORTIER, La réalisation d'un coup d'accordéon, JCP E 2011, Etude 1365

[758] Le coup d'accordéon mené « à l'envers » en faisant débuter l'opération par l'augmentation de capital revient à faire supporter les pertes aux nouveaux arrivants. Pour cette raison, le droit fiscal l'analyse comme une donation indirecte au profit des actionnaires ou associés en place au moment de la réalisation de l'opération : Com. 3 mars 2009, pourvois n°07.20.871, 08.13278, n°08.13279 ; JCP N 2009, 46, note J. Ledan

[759] ce qui prive de tout intérêt les dispositions réputant non écrites les clauses d'agrément car celle-ci n'ont vocation à jouer que lors de la cession des droits sociaux et non lors de leurs remplacements par d'autres, comme lors d'un coup d'accordéon.

[760] La minorité de blocage est du tiers plus une voix.

de l'atteinte d'un quorum fixé à un quart sur première convocation et à un cinquième sur seconde convocation[761]. Pour neutraliser les minorités de blocage et faciliter l'adoption des modifications prévues par un plan de sauvegarde ou de redressement judiciaire, l'article L 626-16-1 du Code, inséré par l'ordonnance, permet au tribunal d'assouplir les règles de quorum et majorité prévues en droit commun. Lors du jugement d'arrêté de plan, le tribunal peut ainsi permettre à l'assemblée de statuer, sur première convocation, à la seule majorité des voix dont disposent les associés ou actionnaires représentés dès lors que ceux-ci possèdent au moins la moitié des parts ou actions ayant le droit de vote[762]. A l'origine, cet assouplissement des règles de droit commun ne concernait que les assemblées convoquées après le jugement d'arrêté de plan. Désormais[763], cette mesure est applicable aux assemblées visées par l'article L 626-3 du Code de commerce appelées à statuer sur le projet de plan. Mais, en sauvegarde, rien n'a été prévu pour contrer l'éventuelle hostilité à un projet de reprise interne. L'opération de coup d'accordéon est, dans ce cas, délicate à mettre en œuvre[764]. Ceci étant, si une majorité qualifiée parvient à se dégager, l'ensemble des actionnaires seront évincés par le jeu des mécanismes sociétaires ce qui n'a pas manqué de susciter des difficultés en jurisprudence. Même si les solutions posées sont aujourd'hui solidement ancrées, il reste opportun de les rappeler pour comprendre les raisons justifiant une éviction des actionnaires à l'issue d'une opération de coup d'accordéon.

226. Dans un « coup d'accordéon », le capital social est d'abord réduit, au besoin jusqu'à zéro si la société présente un actif net négatif, pour apurer les pertes. Cette réduction est immédiatement suivie d'une augmentation destinée à rétablir les capitaux propres, conformément à l'article L 224-2 du Code de commerce. Très tôt, la jurisprudence avait été appelée à se prononcer sur la validité de cette modification du capital. La Cour de cassation avait ainsi admis, dès un arrêt du 29

---

[761] art. L 225-96 C.Com.

[762] Sur deuxième convocation, le quorum et la majorité de droit commun retouvent pleine application.

[763] L'article 99 de la loi n°2016-1547 du 18 novembre 2016 relative à la modernisation de la justice du XXIème siècle a complété l'article L 626-3 du Code pour étendre l'assouplissement des règles de quorum et majorité de l'article L 626-16-1 aux assemblées générales appelées à statuer sur le projet de plan.

[764] Anne FAUCHON, L'opération-accordéon, in Liber amicorum Ph. Merle, Dalloz, 2013 p. 253

janvier 1894[765], la validité d'une réduction de capital motivée par les pertes immédiatement suivie d'une augmentation de capital. Toutefois, la question s'était posée de savoir si une société pouvait survivre à la disparition, fusse pendant un instant de raison, de son capital social. La doctrine était divisée à ce sujet[766], avant que la restructuration des sociétés sidérurgiques Usinor Sacilor ne donne l'occasion à la jurisprudence de l'aborder. Rongée par les pertes, la situation financière désastreuse de cette entreprise avait rendu nécessaire une double opération de coup d'accordéon qui, en l'espèce, avait consisté en une annulation des actions existantes, pour apurer une partie des pertes, suivie d'une augmentation de capital en numéraire, assortie d'une priorité de souscription pour les actionnaires originels[767], et une seconde réduction de capital destinée à apurer le solde des pertes. La Cour d'appel de Versailles ayant validé l'opération[768], la Chambre commerciale de la Cour de cassation était consécutivement saisie d'un pourvoi par les minoritaires ainsi évincés. C'est dans ce contexte que la Cour de cassation a posé, dans un arrêt

---

[765] D.P. 1894, p.313 note Lacour

[766] SYLVESTRE, thèse précitée, n° 79 et 80 ; DE JUGLART, Traité de droit commercial : les sociétés, deuxième partie, refondue par DU PONTAVICE, DUPICHOT et MAY, 1982, n°818-1 et les notes citées ; P.DIDIER, La réduction de capital à zéro, Mélanges AEDBF 1997, p. 171 ; M.BOIZARD, La réduction de capital à zéro, Rev.soc. 1999, p.735

[767] Il convient de rappeler que, pour préserver les actionnaires de la dilution consécutive à une augmentation de capital, l'article L 225-132 du Code de commerce reconnaît un droit préférentiel de souscription aux actions nouvellement créées. Ceux-ci peuvent ainsi souscrire par priorité, pendant un délai garanti qui ne peut être inférieur à cinq jours de bourse, à un nombre proportionnel d'actions nouvelles à la participation déjà détenue dans le capital. Simple faculté offerte aux actionnaires, ceux-ci peuvent renoncer à exercer leur droit ou le céder pendant la durée de la souscription préférentielle. Ce droit, qui permet aux actionnaires en place de se maintenir, s'accommode mal avec la logique de prise de contrôle inhérente à une opération de reprise interne. Il est donc fréquent que l'assemblée générale soit appelée à renoncer collectivement à ce droit en le supprimant dans les conditions prévues à l'article L 225-135 du Code de commerce. Tous les actionnaires sont alors privés de la faculté de souscrire à l'augmentation de capital, qui est réservée au seul repreneur désigné en vertu de l'article L 225-138 de ce même Code. Cette suppression emporte donc des conséquences extrêmes pour les actionnaires lesquels sont évincés de la société à l'issue de l'opération. Aussi, cette question du maintien, ou non, du droit préférentiel de souscription est centrale lors d'une opération de coup d'accordéon.

[768] Versailles, 29 nov. 1990 D.1991, jurispr. p.133

du 17 mai 1994[769], le principe de la conformité du coup d'accordéon à l'intérêt social dès lors que la « survie de la société légitimait la réduction de capital à zéro réalisée, dans le contexte d'un actif net négatif, sous condition suspensive d'une augmentation de capital destinée à amener celui-ci au montant légal », et ce alors que la dissolution anticipée avait été préalablement écartée. Les minoritaires soutenaient encore que l'opération procédait à leur égard d'une augmentation des engagements prohibée par l'article 1836 du Code civil car elle leur imposait de réaliser un apport d'argent frais supplémentaire pour demeurer dans la société. Relevant que la mesure critiquée n'avait pas imputé de dettes au delà des apports et que les actionnaires avaient conservé la faculté de souscrire à l'augmentation de capital, les hauts magistrats ont approuvé la Cour d'appel d'avoir ainsi fait ressortir qu'aucune obligation nouvelle n'avait été mise à leur charge.

227. Malgré ce revers, un actionnaire reprit les mêmes arguments dans un contentieux tendant à l'exécution forcée d'une promesse d'achat d'actions disparues à la suite d'une opération de coup d'accordéon. Dans cette espèce, l'actionnaire, privé de ses droits à l'issue de l'opération, soutenait que la réduction de capital à zéro constituait une expropriation illégale au motif qu'elle lui imposait de souscrire à l'augmentation de capital pour demeurer dans la société, contrevenant ainsi au principe d'interdiction d'augmentation des engagements. Par un arrêt du 10 octobre 2000[770], la Chambre commerciale de la Cour de cassation, tout en réaffirmant la conformité de l'opération « commandée par les pertes de la société et la survie de celle-ci » à l'intérêt social, écarta l'argument en relevant que le maintien du droit préférentiel de souscription excluait qu'il y ait eu éviction d'actionnaires contre leur gré. Partant de là, pour les hauts magistrats, la réduction de capital ne constituait pas une atteinte au droit de propriété de l'actionnaire mais la sanction de son obligation de contribuer aux pertes sociales dans la limite de leurs apports. En outre, reprenant à son compte une redécouverte doctrinale des dispositions de l'article 1833 du Code civil[771], cet actionnaire

[769] Com. 17 mai 1994, rev. sociétés 1994, p. 485 obs. S.Dana-Demaret

[770] Com. 10 oct. 2000, JCP E 2001, p.85 note A.Viandier

[771] D.SCHMIDT, De l'intérêt commun des associés, J.C.P. E 1994, I, 404 : Selon son auteur, « *l'intérêt d'un associé dans la société est de retirer de l'enrichissement collectif un enrichissement individuel ; cet intérêt est le même pour chacun des associés : il leur est commun.* »

soutenait encore qu'une mesure portant atteinte à l'intérêt commun des associés ne pouvait être justifiée par sa seule conformité à l'intérêt social, le premier étant distinct du second. Là encore, après avoir rappelé que « l'intérêt commun est le même pour chaque associé et permet à chacun d'eux de retirer un bénéfice personnel à proportion du bénéfice collectif », les hauts magistrats ont approuvé la Cour d'appel d'avoir considéré que « la réduction de capital ne portait pas atteinte à l'intérêt commun mais sanctionnait une obligation essentielle des associés de contribuer aux pertes à proportion de leurs apports. »

228. Même si certains, en doctrine, doutaient de la survie du droit préférentiel de souscription[772] à la réduction de capital à zéro, le maintien de cette faculté de « rebond » des actionnaires, selon l'expression employée par Monsieur le Professeur Viandier[773], semblait être jusqu'alors une condition de validité du coup d'accordéon[774]. La restructuration du capital de la société L'Amy SA, premier fabricant français de montures de lunettes, a donné l'occasion à la Chambre commerciale de la Cour de cassation d'aborder cette délicate question de l'éviction des actionnaires. Confrontée à d'importantes difficultés financières, cette société avait convenu avec ses principaux créanciers qu'une autre société, de droit anglais, (KLG) procéderait à sa recapitalisation avec prise de contrôle par ce tiers. En exécution de cet accord, une assemblée générale extraordinaire avait décidé de mener un coup d'accordéon assorti d'une suppression du droit préférentiel de souscription réservant l'augmentation de capital au seul repreneur. Les minoritaires évincés à l'issue de l'opération ont donc contesté celle-ci. Confirmant en cela un jugement du Tribunal de

[772] Madame DANA DEMARET (note sous Cass. Com. 17 Mai 1994, Rev. Soc. 1994, p.491) avait exprimé des doutes sur la survie du droit préférentiel de souscription à la réduction de capital à zéro puisque ce droit se trouvait privé de son support. Pour sa part, Madame BOIZARD, (La réduction du capital social à zéro, Rev. Soc. 1999, p. 735) soutenait que « si l'actionnaire a perdu son droit sur une valeur, il n'a pas perdu ses droits sociaux, ses droits contre la société et notamment celui de participer aux assemblées générales. » La Cour de cassation n'a arbitré en faveur ni de l'une, ni de l'autre de ces thèses, se bornant à souligner que la suppression du droit préférentiel de souscription relève de la décision souveraine de l'assemblée générale.

[773] Expression utilisée par Monsieur le Professeur Alain Viandier dans son commentaire de l'arrêt du 10 octobre 2000.

[774] C'était du reste l'opinion exprimée par les autorités boursières saisie dès 1994 de cette question : Bull. COB 1994 n°286

Commerce de Lons-le-Saunier, la Cour d'appel de Besançon, dans un arrêt du 2 décembre 1998[775], valida l'opération au motif que le repreneur n'avait pas pris part au vote et que les majoritaires avaient été évincés dans les mêmes conditions que les minoritaires assurant ainsi l'égalité entre les actionnaires. Dans leur pourvoi, les minoritaires évincés critiquèrent l'opération en invoquant l'atteinte portée à l'intérêt commun des associés et à l'interdiction de l'augmentation des engagements mais surtout, celle portée à leur droit de propriété constitutive d'une expropriation pour cause d'utilité privée du fait de la suppression du droit préférentiel de souscription. Dans un arrêt rendu le 18 juin 2002[776], la Chambre commerciale de la Cour de cassation rejeta le pourvoi au motif que l'opération, décidée par l'assemblée générale des actionnaires pour reconstituer les fonds propres et assurer la pérennité de l'entreprise sans cela condamnée au dépôt de bilan, était conforme à l'intérêt social et n'avait pas nui à l'intérêt des actionnaires dès lors que tous, majoritaires et minoritaires, auraient subi le même sort que ce soit par la réalisation de l'opération ou un dépôt de bilan. Rappelant que la réduction de capital à zéro ne constituait pas, par ailleurs, une atteinte au droit de propriété des actionnaires mais la sanction de leur obligation de contribuer aux pertes ; les hauts magistrats ont approuvé les juges du fond de n'avoir retenu aucune atteinte à l'intérêt commun des associés par des considérations tirées de la seule conformité de l'opération à l'intérêt social, ni aucune expropriation illégale. La suppression du droit préférentiel de souscription n'altérait en rien la validité de l'opération : celle-ci tirait sa légitimité de la décision collective de l'assemblée générale, peu importe qu'elle soit adoptée à la majorité des deux tiers[777] ou à la majorité simple si l'assemblée est convoquée en exécution d'un plan[778]. Partant de là, la suppression du droit préférentiel de souscription équivaut à un « suicide collectif[779] » et conduit à une exclusion des actionnaires de leur propre fait au profit d'un tiers repreneur. En vérité, seule une suppression du droit

---

[775] Besançon 2 déc. 1998 Rev. Sociétés 1999 p 362 note Th.Le Bars

[776] Com. 18 juin 2002, Bull. civ. IV n°108 ; JCP E 2002, 1556, note A.Viandier ; JCP 2002 II, 10180 note H.Hovasse ; Rev. dr. banc. fin. 2002, n°207 note A.Couret ; Bull. joly 2002, 1221, note S. Sylvestre-Thouvenin

[777] art. L 225-96 C.com.

[778] art. L 626-16-1 C.Com.

[779] H.HOVASSE, note sous Cass., Com., 18 Juin 2002, J.C.P 2002, II, 10180

préférentiel de souscription irrégulière serait susceptible d'affecter la validité d'un coup d'accordéon.

229. Cette solution jurisprudentielle admettant l'éviction des actionnaires à l'issue de cette opération a été majoritairement approuvée en doctrine[780] encore qu'un auteur ait pu qualifier l'opération de « sale coup »[781] pour les actionnaires. En déclarant celle-ci conforme à l'intérêt social, en raison de l'impératif de « survie de la société » ou, selon, de « pérennité de l'entreprise[782] », la Chambre commerciale de la Cour de cassation s'est inscrite dans la continuité de sa jurisprudence voyant un abus de minorité dans le refus de procéder à une nécessaire augmentation de capital[783]. Il convient de rappeler que l'intérêt social est un principe de bonne gouvernance d'une société, une « boussole[784] » orientant le juge selon les termes du Professeur Pirovano. L'intérêt social, c'est l'intérêt de l'entreprise, personnifiée dans la société, distinct de celui de ses associés ou actionnaires. Le coup d'accordéon est nécessairement conforme à l'intérêt social car il rétablit l'équilibre financier et assainit les comptes d'une société confrontée à une situation financière obérée[785]. Ceci observé, si l'activité n'est plus viable ; l'opération

---

[780] M.BOIZARD, La réduction du capital social à zéro, Rev. Sociétés 1999, p.740 n°12 ; F.Kendérian, La contribution aux pertes sociales, Rev. Sociétés 2002, p. 617

[781] D.COCHET, Le coup d'accordéon ou les affres de l'infinitésimal, R.J.Com. 2004, p. 135 : Cet auteur critique la légalité d'une réduction jusqu'à zéro sur la base d'une lecture littérale de ce texte, l'article L 224-2 du Code de commerce ne permet qu'une réduction au-dessous du montant du capital social minimum et non sa suppression pure et simple, même pour un instant de raison. Il y aurait, de son point de vue, une contradiction à ne retenir que la valeur comptable de la société alors même que celle-ci conserve encore une valeur économique en raison du potentiel humain, industriel et commercial lui restant attaché.

[782] Cette substitution terminologique dans l'arrêt L'Amy du 18 juin 2002 n'entraîne aucun changement sur le plan du principe affirmé : B.COHEN, La validité du « coup d'accordéon », D.2003, p.410, n°8

[783] Com. 9 mars 1993, JCP E 1993, II, 448, note A.Viandier ; JCP N 1993, II, p 293 note J.F Barbieri ; D 1993, JP p.363, note Guyon

[784] A.PIROVANO, La « boussole » de la société ? Intérêt commun, intérêt social, intérêt de l'entreprise, D. 1997 Chron. 187

[785] Les hauts magistrats ont ainsi approuvé une cour d'appel ayant admis la légitimité d'une opération de coup d'accordéon réalisée dans le contexte d'un redressement judiciaire ayant abouti à un plan de continuation ; en considérant que l'intérêt de la société, notamment au regard de sa crédibilité financière pour les fournisseurs, la réussite du plan de redressement par continuation et donc la survie à

n'est alors plus conforme à l'intérêt social. De toute évidence, ce dernier ne commanderait pas la poursuite d'une activité déficitaire ou rendue obsolète par une évolution des techniques[786]. Partant de ce constat, certaines juridictions du fond ont d'ailleurs admis l'opposition d'un associé à la réalisation d'un coup d'accordéon lorsque l'exploitation n'est plus viable et que le rétablissement d'équilibre poursuivi est purement apparent, les associés devant de toute manière continuer à prendre en charge les déficits[787]. Mais, en dehors de cette hypothèse, la remise en cause d'une opération de coup d'accordéon apparaît délicate, et ce y compris au titre d'un abus de majorité. Pour cela, il faudrait parvenir à établir que la décision a été prise dans l'unique dessein de favoriser les majoritaires au détriment des minoritaires ce qui suppose la démonstration d'une volonté délibérée de les exclure pour s'assurer le contrôle de la société[788]. Or, le péril menaçant une société confrontée à une situation d'actif net négatif exclut, en principe, que cette condition puisse être réunie[789]. La jurisprudence l'a néanmoins retenu dans des circonstances particulières où l'opération, bien que réalisée pour reconstituer les capitaux propres perdus, avait également permis à un actionnaire majoritaire de se soustraire à son engagement de rachat d'actions d'un actionnaire minoritaire[790]. Elle pourrait également l'admettre au titre d'une fraude à la loi, notamment en cas de suppression irrégulière du

---

long terme de la société, nécessitait un assainissement de sa situation financière : Com., 25 Janvier 2005, pourvoi n°02-18269, R.J.D.A. 2005, n°573

[786] il serait vain d'espérer le rebond d'une activité de fabrication de machines à écrire.

[787] Montpellier, 18 juin 2002, R.J.D.A. 2004, n°981

[788] Aix, 13 fév. 2014, Bull. Joly 2014, p.325 note B. Brignon

[789] pour une absence d'abus de majorité dans le contexte d'une perte de capitaux propres : Com. 15 juin 2010, pourvoi n°09-10.961, R.J.D.A 2010 n°1084, L.P.A. 31 janv. 2011 note Martron. Monsieur Sylvestre relevait déjà avant cet arrêt : *«Il est de fait que l'abus de majorité peut être difficilement invoqué en présence d'un coup d'accordéon. Par sa nature même, l'opération se prête mal à une telle allégation et la jurisprudence n'a jamais retenu l'existence d'un tel abus lors des précédentes décisions rendues à propos de coup d'accordéon. Si la réduction de capital est conforme à l'intérêt social puisqu'elle conduit à l'apurement du passif, c'est également le cas de la décision de l'augmenter qui emporte reconstitution de l'actif. Toute décision qui renforce la structure financière de la société peut difficilement être considérée comme contraire à l'intérêt social. »* note sous CA Versailles, 16 dec. 2004, Bull. Joly 2005, §156 p 701, spéc. n°14

[790] Com. 28 fév. 2006, Dr. sociétés 2006, n°75, note Hovasse

droit préférentiel de souscription[791]. Mais dès lors que ce droit est maintenu, il paraît difficile, pour les minoritaires, de remettre en cause l'opération dès lors que leur éviction n'est que la conséquence technique de l'opération et non son objectif. Dans cette hypothèse, l'actionnaire se voit simplement offrir un choix entre sortir de la société les mains vides ou réaliser un apport d'argent frais supplémentaire pour y demeurer. Et, s'il décide de ne pas souscrire à l'augmentation de capital, l'actionnaire s'exclut de lui-même de la société et perd logiquement les droits attachés à la qualité d'associé[792].

230. En revanche, les majoritaires peuvent invoquer un abus de minorité lorsque le refus de reconstituer les capitaux propres est uniquement motivé par des considérations égoïstes[793]. A cette fin, les majoritaires peuvent s'appuyer sur les informations contenues dans le rapport remis par les organes sociaux lors de l'assemblée générale extraordinaire appelée à voter les modifications de capital requises par le plan[794]. Sur la base de ce document, il est possible au juge d'apprécier les raisons ayant motivé l'opération et si les associés disposaient, ou non, de toutes les informations nécessaires pour se prononcer[795]. C'est pourquoi, la Cour de cassation requiert « des informations claires, spécifiques et circonstanciées sur les motifs, l'importance et l'utilité de l'opération au regard des perspectives d'avenir de la société[796] ». Dès lors que ces informations établissent la nécessité de restructurer le capital, l'opération est conforme à l'intérêt social sans que les minoritaires puissent invoquer un abus de

---

791 Com., 1er juil. 2008, JCP E 2009, 1145, note Th. Léobon

792 pour l'extinction des droits procurés par un pacte d'actionnaires : Com. 31 mars 2015, pourvoi n°14-11.735, rev. soc. nov. 2015, p. 669, note S. Sylvestre

793 Pour un abus de minorité d'un associé refusant systématiquement l'augmentation de capital, rendue nécessaire par la perte des capitaux propres, dans l'unique dessein d'exercer sa vindicte à l'égard de son ancienne compagne coassciée : Paris, 11 avr. 2012, JCP E 2012, 1312

794 Ce rapport doit contenir les motifs de l'augmentation de capital, la marche des affaires sociales depuis le début de l'exercice social et le cas échéant le montant maximal de l'augmentation de capital. art. L 225-129 C.Com. al.1 ; art. L 225-139 C.Com.

795 Com. 27 mai 1997, Bull. civ. IV n°159, D. 1998, som. 182 obs. Hallouin, D.Affaires 1997 836, Dr. sociétés 1997 n°142 obs. D.Vidal.

796 Com., 27 mai 1997, op. cit.

majorité[797]. Mais si les informations fournies s'avèrent insuffisantes[798], les minoritaires sont fondés à refuser l'augmentation de capital destinée au rétablissement des capitaux propres, sans qu'aucun abus de minorité puisse leur être reproché[799]. Un éventuel abus de majorité demeure ainsi délicat à établir dès lors que l'opération a été menée pour recapitaliser une société confrontée à une situation financière délicate du fait de la perte de ses capitaux propres.

231. Dans ce contexte, assortir le coup d'accordéon d'une suppression du droit préférentiel de souscription permet à un « repreneur » de prendre le contrôle de l'entreprise, sans risque sérieux d'une remise en cause ultérieure de l'opération par les minoritaires. Cela étant, elle suppose qu'une majorité suffisante d'actionnaires accepte de se sacrifier pour la pérennité de l'entreprise. Le tribunal ne dispose, dans une procédure volontariste comme la sauvegarde, ni du pouvoir d'imposer une mesure aussi radicale à la minorité de blocage, ni de celui de surmonter l'opposition d'une majorité des actionnaires. Quoi qu'il en soit, même dans l'hypothèse d'une suppression du droit préférentiel de souscription, les associés évincés qui disposent par ailleurs de la qualité de créancier de la société pourront toujours tenter de maintenir dans une position minoritaire au sein de la société, par la voie d'une conversion de leurs créances en capital.

---

797 Versailles, 20 mai 1999, Bull. Joly 2000, p189 note S.Thouvenin ; R.D. banc. et fin. 1999, 248, obs. M.Germain et M.A Frison-Roche, R.T.D.com. 2000 962 obs. Chazal et Reinhard

798 Dans ce cas, les minoritaires peuvent toujours mettre en œuvre la procédure d'injonction de faire organisée par l'article L 238-1 du Code de commerce.

799 Com. 20 mars 2007, Bull. civ. IV n°97, D. 2007 A.J. 952 obs. A.Lienhard, Dr. sociétés 2007 n°87 note H.Lécuyer, Bull. Joly 2007 p.745 note D.Schmidt, JCP E 2007 1755 note A.Viandier ; D.GIBIRILA, Le refus d'un actionnaire minoritaire de voter une augmentation de capital, R.L.D.A juin 2007, 979 ; A. CERATI-GAUTHIER, Reconstitution du capital social et abus de minorité, R.L.D.A juin 2007, 980

B - Une dilution accordée au profit des créanciers : la conversion de créances en capital

232. Pour élargir les possibilités de refinancement d'une société en difficulté, le législateur a admis qu'un créancier puisse souscrire à une augmentation de capital par simple conversion de sa créance en titres sociaux. Depuis l'ordonnance du 24 juin 2004 portant réforme du régime des valeurs mobilières, l'article L 225-128 du Code de commerce permet ainsi une libération de l'apport en numéraire au moyen d'une compensation avec une dette certaine, liquide et exigible détenue sur une société. En lieu et place du paiement convenu, le créancier reçoit des titres de la société débitrice. La souscription à l'augmentation de capital et la libération de l'apport sont alors réalisées par simple compensation avec le montant nominal de la créance. Cette incorporation de la dette au capital s'apparente à une novation de créance par changement d'objet[800], ou encore une dation en paiement[801], encore qu'une juridiction du fond a pu exclure toute intention de nover d'un créancier qui avait subi la conversion dans un cadre judiciaire, plus qu'il ne l'avait consenti, emportant ainsi le maintien de l'engagement de la caution[802]. Même si aucun apport d'argent frais n'est réalisé à cette occasion, l'apport est bien libéré en numéraire car l'apport d'une créance n'est rien d'autre que celui d'une somme d'argent[803]. Toutefois, l'évaluation de cet apport peut susciter quelques difficultés. Le principe du nominalisme monétaire implique que la créance soit convertie pour son montant en nominal. Lorsque seule une partie de la dette est remise ; la conversion intervient pour le solde de la créance. Une difficulté se pose néanmoins lorsqu'une partie de la dette est convertie et que le paiement du solde est

---

[800] Novation, Rep. Civ. Dalloz, n°43

[801] La doctrine est elle même divisée quant à la nature juridique de la dation en paiement : En faveur de l'analyse d'une novation par changement d'objet LEOTY, La nature juridique de la dation en paiement : la dation en paiement, un paiement pathologique, R.T.D.Civ. 1975, p.12 ; D.HIEZ, La nature juridique de la dation en paiement, une modification de l'obligation aux fins de paiement, R.T.D.Civ. 2004, p.199 ;

[802] Paris, pôle 5, 6° ch., 24 sept. 2010, RG n°08/02231, JCP E 2011, 1782, note J.P Legros

[803] M.COZIAN, A.VIANDIER, F.DEBOISSY, ouvrage précité, n°117

simplement rééchelonné. Selon certains auteurs[804], un calcul d'actualisation de la créance serait à réaliser afin d'éviter de rompre l'égalité des créanciers[805]. Au contraire, pour Monsieur le Professeur Le Corre, en l'absence de texte dérogeant au principe du nominalisme monétaire, il conviendrait d'en demeurer au strict montant de la créance[806]. Mais cette question ne semble pas, pour l'heure, rejaillir en jurisprudence.

233. Apparue outre-Atlantique, la titrisation des créances, ou « debt for equity swap[807] », s'est diffusée par contagion en Europe[808], favorisée en France par la création de la fiducie-gestion[809] qui a apporté le support juridique manquant à ces opérations complexes. Expérimentée lors des procédures des sociétés Eurotunnel[810] et Autodis[811], le droit des entreprises en difficulté s'est approprié, à la suite de l'ordonnance du 24 juin 2004, cette solution alternative aux mesures traditionnelles de rééchelonnement de l'endettement. Délaissée lors du vote de la loi de sauvegarde du 26 juillet 2005[812], la

---

[804] R.DAMMANN et G.PODEUR, La conversion de créances en capital dans les entreprises en difficultés, Bull. Joly. Sociétés, Déc. 2009, p.1129, spéc. p.1131

[805] Le créancier partiellement converti peut obtenir, par le biais des dividendes, un paiement plus rapide que celui initialement prévu par le plan si la société renoue avec les bénéfices pendant son exécution.

[806] P.M LE CORRE, op. cit., n°511.22

[807] G.BURGALA et N.MORELLI, Le debt for equity swap, JCP G 2010, 1016

[808] Les Echos, 20 avr. 2010, p.29

[809] N.PICARROUGNE E.DHENNEQUIN, La fiducie comme outil d'organisation de l'actionnariat, in « Les utilisations pratiques de la fiducie-gestion », Dr. et patr. mars 2012 p. 66

[810] La procédure de sauvegarde, dont a bénéficié de ce groupe très lourdement endetté, a donné lieu à une conversion d'une grande partie de la dette en capital. En l'absence de tout texte, la solution avait alors consisté en une cession des créances à une nouvelle société GET avec un paiement pour partie en numéraire et pour partie en obligations remboursables en actions. De très nombreuses décisions ont été rendues dans cette affaire, notamment sur la toute autre question de la recevabilité d'une tierce opposition d'un créancier à l'encontre des jugements d'ouverture : Com., 30 juin 2009, rev. proc. coll. 2009 n°3 p.1 obs. Menjuncq ; D.2009 AJ 1886 obs. A.Lienhard ; RTDCom. 2009 p.625 obs. J.-L. Vallens

[811] Dans l'affaire Autodis, le plan offrait à la quasi-totalité des créanciers une option entre une remise intégrale et une conversion en instruments financiers pouvant donner accès au capital d'une autre structure du groupe.

[812] Le projet de loi de sauvegarde prévoyait initialement d'indiquer que le plan pouvait comprendre non seulement des délais et remises mais également de nouveaux crédits, avances des fournisseurs ou de trésorerie, ou des apports en

conversion de créances en capital a fait son entrée aux articles L 626-30-2 et L 626-32 du Code de commerce lors de l'ordonnance du 18 décembre 2008 en permettant aux comités de créanciers d'adopter un projet de plan comportant une telle mesure lorsque le débiteur est une société par actions dont tous les actionnaires ne supportent les pertes qu'à hauteur de leurs apports[813]. L'article 58 de la loi du 22 octobre 2010 de régulation bancaire et financière a ensuite étendu, à l'article L 626-5 du Code de commerce, la conversion de créances en capital aux procédures ne donnant pas lieu à réunion des comités de créanciers[814]. Pour ces dernières, les créanciers sont consultés individuellement et chacun doit accepter par écrit la proposition du mandataire de conversion de leurs créances en titres donnant ou pouvant donner accès au capital. Le défaut de réponse, dans le délai de trente jours à compter de la réception de la proposition du mandataire, vaut refus. Le principe est ici inversé par rapport à celui applicable aux délais et remises en raison du nécessaire affectio societatis attaché à la qualité de tout associé. Jusqu'alors, l'initiative de la conversion était laissée au débiteur. Mais l'ordonnance du 12 mars 2014 a modifié les articles L 626-30-2 et L 626-31 du code précité pour permettre aux créanciers de soumettre aux comités un « projet de reprise interne hostile » en présentant un plan concurrent à celui proposé par le débiteur, facilitant d'autant l'accès des créanciers au capital d'une société en difficulté[815]. Un créancier financier, intéressé par une opération de reprise interne, pourrait donc prendre l'initiative d'une incorporation de créances au capital en proposant un plan concurrent à celui présenté par la société débitrice. Cela étant, lorsque le tribunal homologue les accords de conversion de créances en capital, l'article L 626-18 du Code lui

---

capitaux. Lors de la discussion du projet de loi à l'Assemblée nationale, les députés avaient ajouté à cette liste la conversion de créances en capital. Lors de l'examen du texte au Sénat, cette liste a été supprimée pour éviter toute difficulté d'interprétation liée à son caractère exhaustif ou non. P. De Lannoy, La conversion des créances en capital : un oubli dans la loi de sauvegarde, in Regards croisés de praticiens sur la loi de sauvegarde : L.P.A 17 fév. 2006 p.41

813 Il en résulte que la société en commandite par actions ne serait pas concernée par la conversion de créances en capital.

814 B.GRELON, La loi de sauvegarde revisitée par la loi n°2010-1249 dite de régulation bancaire et financière du 22 octobre 2010, Rev. soc. janv. 2011, p.11 n°20

815 J.-J. FRAIMOUT, Des plans plus attractifs pour les créanciers ?, Dossier « 2014 : un nouveau souffle pour les procédures collectives », rev. proc. coll. mars avr. 2014, étude 19

impose de s'assurer que ceux-ci ne portent pas atteinte aux intérêts des autres créanciers et que la modification du capital a été acceptée par l'assemblée générale extraordinaire de la société. Le paiement en actions reste donc subordonné au consentement des assemblées par le jeu des dispositions protectrices de l'article L 626-3 du Code de commerce. Ainsi, associés ou actionnaires ne peuvent se voir imposer une entrée des créanciers au capital non désirée. D'ailleurs, pour éviter une dilution trop significative, les associés peuvent encore avoir recours aux mesures de protection prévues par le droit des entreprises en difficulté. Ainsi, l'ordonnance du 12 mars 2014 a ajouté à l'article L 626-3 du Code de commerce la précision selon laquelle, lorsque le projet de plan prévoit une augmentation de capital, les associés peuvent bénéficier de la compensation à concurrence du montant de leurs créances admises et dans la limite de la réduction dont elles sont l'objet dans le projet de plan. Il s'agit notamment des créances détenues par les associés au titre d'un solde de compte courant. L'article L 626-17 du même Code admettait déjà cette possibilité pour faciliter la libération immédiate d'un apport non libéré. L'ordonnance du 12 mars 2014 l'a généralisé pour limiter l'impact de la dilution consécutive à l'augmentation de capital.

234. Autrement, ce procédé qui allie restructuration de l'endettement et recapitalisation de la société en difficulté opère à la manière d'un mariage de raison avec les créanciers, consenti par les associés ou actionnaires pour d'évidentes raisons de survie[816]. Dans les faits, la conversion de créances en capital ne concerne que des sociétés d'une taille significative, cotées en bourse, conservant intact, malgré un important endettement, leur potentiel économique et leur capacité à créer de la richesse et à dégager des bénéfices. Mais, dans ces sociétés, tous les créanciers ne vont pas partager le même intérêt pour la conversion de créances en capital : celle-ci intéressera principalement les créanciers financiers, tels que les établissements de crédit, les cessionnaires de leurs créances ou les obligataires alors que les fournisseurs et créanciers publics rechercheront avant tout un paiement immédiat. Et, parmi les créanciers financiers, leur intérêt pour une conversion variera selon qu'ils sont ou non en position

[816] J.L. MERCIER et F. KOPF, Le devoir de favoriser le redressement de l'entreprise : les mécanismes conventionnels, in « Les devoirs de l'actionnaire dans les entreprises en difficulté », Actes du colloque organisé les 8 et 9 avril 2016 à Deauville par l'Association Droit et Commerce, Gaz. Pal. 6 juin 2016, p.47

d'obtenir un paiement par la voie d'un accord de subordination[817]. Cette convention, dérogatoire au droit commun, hiérarchise les créanciers de même rang en instaurant un ordre de priorité de paiement entre eux ; les seniors étant prioritaires sur les autres créanciers, comme les juniors ou les « mezzaneurs[818] » lesquels perçoivent en contrepartie un supplément d'intérêts. En présence de tels accords, les comportements sont variables d'un créancier à un autre. Les créanciers seniors cherchent principalement à obtenir le remboursement de leurs crédits tandis que les juniors, lesquels n'ont rien ou peu à espérer, utilisent leurs créances pour acquérir des titres donnant accès au capital leur permettant d'obtenir un paiement plus lointain, après retour à meilleure fortune. Le droit des entreprises en difficulté donnant plein effet aux accords de subordination[819], la conversion de créances en capital offre une réelle alternative aux créanciers subordonnés qui, autrement, ne pourraient espérer le moindre paiement. La prise de participation dans le capital permet aux créanciers convertis, une fois la restructuration du capital achevée, d'espérer d'éventuelles retombées de dividendes si la société vient à renouer avec les bénéfices. Pour des fonds spéculatifs intéressés par l'entreprise en tant que valeur boursière, le paiement en actions peut s'avérer une lucrative opération financière. C'est la perspective du retour à meilleure fortune, qui se traduira dans une amélioration de la valorisation financière et boursière de l'entreprise, qui est au cœur du changement de relation avec les créanciers[820]. La conversion de

[817] Il s'agit d'une convention tripartite, débiteur, créancier subordonné et créancier prioritaire combinant la technique de la cession d'antériorité au profit du créancier senior et celle de la stipulation pour autrui. Sur cette convention, le lecteur peut se référer au rapport du 107e Congrès des Notaires de France ; Le financement : les moyens de ses projets, la maîtrise des risques, Association du congrès des Notaires de France, in Rapport troisième commission : Développer, p.579

[818] issu de l'italien « mezzo » qui signifie « au milieu de », les créances « mezzanine » désignent une tranche de créances comprises entre les créanciers seniors et les fonds propres, créance des actionnaires remboursée en dernier lieu.

[819] La loi du 22 octobre 2010 de régulation bancaire et financière avait complété le deuxième alinéa de l'article L 626-30-2 pour prévoir la prise en compte des accords de subordination entre les créanciers conclus avant l'ouverture de la procédure. L'ordonnance du 12 mars 2014 a reconduit cette prise en compte des accords de subordination. Sur cette question : F.X LUCAS, La subordination des créances à l'épreuve des procédures collectives, rev. proc. coll. 2013, étude 13, p.73

[820] G.COUTURIER, Les créanciers et la sauvegarde financière de l'entreprise en difficulté, Bull. Joly n°7-8 2010, p.683, spéc. n°7 : « Pour le comprendre, » souligne

créances en capital opère alors à la manière d'une clause de retour à meilleure fortune puisque le créancier renonce dans l'immédiat à tout paiement, même partiel et rééchelonné, en contrepartie d'hypothétiques dividendes si le débiteur vient à renouer avec les bénéfices[821]. Mais ce pari sur l'avenir de la société en difficulté reste audacieux car le créancier s'expose à perdre la valeur de sa créance si sa situation financière poursuit sa dégradation jusqu'à rendre impossible la poursuite de l'activité. Au surplus, associer de la sorte les créanciers au retour à meilleure fortune de leur débiteur en les intégrant au capital d'une société en difficulté n'est pas sans danger pour le tissu économique car la conversion de créances en capital offre aux créanciers, notamment financiers, la faculté de s'accaparer des valeurs sans aucune autre forme de contrôle ou de régulation que celle de la volonté des actionnaires. Un créancier financier intégré au capital n'est pas, dans son comportement, un actionnaire stable procédant aux investissements d'avenir mais éphémère, recherchant le moyen de retirer la meilleure plus-value possible dans les meilleurs délais, quitte à démanteler une partie de l'entreprise en réalisant certains actifs. En s'engageant de la sorte dans la voie d'une « financiarisation[822] » du droit des procédures collectives, le législateur a apporté le fondement attendu par le courant d'analyse

---

cet auteur, « il faut rompre avec la conception nécessairement antagoniste entre l'intérêt de l'entreprise et l'intérêt des créanciers dans le cadre d'une procédure collective. Pour les créanciers, la valeur de l'entreprise est à la fois l'assiette de leur droit de gage, dans une conception patrimoniale et statique, mais également la condition de leur retour à meilleure fortune, dans une perspective économique et dynamique. La valeur de l'entreprise au moment de la procédure de sauvegarde étant fréquemment inférieure à la valeur de la totalité de sa dette, les créanciers ont tout intérêt à s'associer à la procédure de sauvegarde et à conclure avec le débiteur un accord qui contribuera à la préservation de la valeur de l'entreprise, le remboursement de leur créance étant lié à sa capacité à créer de la richesse. » L'intérêt d'une conversion de créances est alors clairement perceptible : « les propositions formulées par le débiteur à ses créanciers dans le projet de plan de sauvegarde tiennent nécessairement compte de la valeur prévisionnelle de l'entreprise puisque le remboursement des créanciers repose sur la continuité de l'exploitation et sur un retour à meilleure fortune rendu possible après restructuration. »

[821] En ce sens, R.DAMMANN G.PODEUR, La conversion de créances en capital dans les entreprises en difficulté, Bull. Joly. Déc. 2009, p.1129, spéc. p.1133

[822] Formule empruntée à Monsieur Stéphane CAVET : S.CAVET, Coeur défense : et la Cour de cassation créea le droit du débiteur en difficulté, Rev. Lamy D.Aff. mai 2011, n°3417

économique du droit pour réaliser des opérations de « loan to own[823] », ce qui a suscité de vives critiques[824], et consacré la notion de « propriété résiduelle[825] » des créanciers.

235. Malgré les dommages qu'elle est susceptible d'infliger au tissu économique, la conversion de créances en capital reste une solution acceptable de sauvetage d'une société très lourdement endettée par ses créanciers dès lors qu'elle n'aboutit pas au transfert du contrôle de l'entreprise. La décision d'incorporation au capital revenant in fine à l'assemblée générale extraordinaire, les associés ou actionnaires sont assurés de ne pas être évincés contre leur gré et de se voir imposer une solution de reprise interne par les créanciers[826]. Cela étant, ce principe de souveraineté des associés ou actionnaires peut être écarté lors d'une procédure de redressement judiciaire. L'impératif de sauvetage de l'entreprise en difficulté prévaut alors sur les intérêts des associés, actionnaires ou dirigeants lesquels peuvent faire l'objet d'une éviction forcée en cas d'opposition à une solution de reprise interne.

§ 2 - Un sacrifice imposé dans la procédure de redressement judiciaire

236. L'approche à l'égard des associés, actionnaires et dirigeants est différente lors d'une procédure impérative comme celle de redressement judiciaire. L'impératif de sauvetage de la société en difficulté, découlant de l'état de cessation des paiements qui caractérise cette procédure, légitime les atteintes portées aux droits des associés. Aussi, cette procédure multiplie les atteintes portées à l'endroit des associés, et ce afin de permettre au tribunal d'imposer une solution de reprise interne[827]. En premier lieu, elle comporte un dispositif d'éviction du dirigeant adossé à un mécanisme de cession

---

[823] S.VERMEILLE, peut-on prêter pour posséder (« loan to own ») en droit français ? JCP E 2009, 1709

[824] G.TEBOUL, La dépossession des actionnaires comme mode de traitement des difficultés des entresprises, JCP E 2009, 2171

[825] Sur cette notion : A.PIETRANSCOTA et S.VERMEILLE, Le droit des procédures collectives confronté à l'analyse économique du droit : perspective d'avenir ? R.J.Com. mars avr. 2010, p.104

[826] R. DAMMANN et G. PODEUR, Le rééquilibrage des pouvoirs au profit des créanciers résultant de l'ordonnance du 12 mars 2014, D. 2014, p.752

[827] E. BROCARD, La cession des droits sociaux et l'entreprise en difficulté, rev. soc. avr. 2015, p.217, spéc n°12

forcé des parts ou actions détenues par un dirigeant (A). Ce premier dispositif a été complété par un second permettant de forcer le refus opposé par une assemblée générale d'adopter une modification du capital nécessaire au sauvetage de l'entreprise y compris en faveur d'un tiers s'engageant à exécuter le plan (B).

A - L'éviction forcée des dirigeants

237. Sous l'empire de la loi de sauvegarde du 26 juillet 2005, l'article L 626-4 du Code de commerce permettait, lorsque la sauvegarde de l'entreprise le nécessitait, de subordonner l'adoption du plan au remplacement du ou des dirigeants et, le cas échéant, d'ordonner la cession des parts ou titres sociaux, le prix étant alors fixé à dire d'expert. « Repoussoir incongru[828] » dans la procédure de sauvegarde, l'ordonnance du 18 décembre 2008 avait décidé de transférer cette disposition à l'article L 631-19-1 du Code pour en réserver l'application à la seule procédure de redressement judiciaire. Depuis lors, le tribunal peut, à la demande exclusive du ministère public[829], subordonner l'adoption du plan de redressement à l'éviction d'un ou plusieurs dirigeants[830]. Dans les mêmes conditions, il peut également prononcer l'incessibilité des parts ou titres détenus par les dirigeants de droit ou de fait et décider que le droit de vote attaché à ces titres sera exercé par un mandataire[831]. Mais encore, il peut ordonner la cession forcée des parts sociales, le prix étant alors fixé à dire d'expert. Le recours à ces différentes mesures contraignantes est entouré de garanties procédurales destinées à préserver les droits de la

---

[828] Formule empruntée à Madame le Professeur Françoise Pérochon : F. Pérochon, op. cit., n°1137

[829] Sous l'empire de l'ancien article L 621-59 du Code, ce droit de saisine était également ouvert à l'administrateur avant d'être supprimé lors du vote de la loi de sauvegarde des entreprises.

[830] Le texte n'exige pas que la cession forcée des droits sociaux soit achevée au jour de l'adoption du plan ; le tribunal pouvant désigner un mandataire ad'hoc pour l'exercice des droits de vote correspondants jusqu'à l'achèvement des opérations de cession : Com. 26 janv. 2016, pourvoi n°14-14742, Bull. Joly Soc. mai 2016, p. 287 note J.-P. Dom, Gaz. Pal. 12 avr. 2016, note C. Lebel

[831] D. GIBIRILA, Le sort des droits sociaux des dirigeants d'entreprises en difficulté, Journal des sociétés n°98 mai 2012, p.45

défense[832]. De plus, leur application est écartée lorsque le débiteur exerce une profession libérale réglementée. Pour justifier cette exception, il a été avancé le fort intuitus personae caractérisant l'activité de ces personnes dont la mise à l'écart ne permettrait pas le sauvetage de celle-ci[833], raison apparaissant peu convaincante à certains auteurs[834]. Souvent critiquée en raison de l'atteinte frontale portée au droit de propriété, ces mesures d'exclusion n'en sont pas moins justifiées par un motif d'intérêt général : protéger l'entreprise et ses emplois de l'influence néfaste d'un dirigeant. C'est d'ailleurs pour cette raison que l'article L 631-19-1 du Code a été déclaré conforme à la Convention européenne des droits de l'homme[835]. Toutefois, la Cour de cassation avait jugé suffisamment sérieuse et transmis au Conseil Constitutionnel une question prioritaire de constitutionnalité concernant ce texte en objectant d'une atteinte disproportionnée et injustifiée au droit de propriété au regard de l'objectif de redressement de l'entreprise et d'une discrimination entre les dirigeants ordinaires et ceux exerçant une activité professionnelle réglementée[836]. Mais, par une décision du 7 octobre 2015[837], le Conseil constitutionnel a écarté ces moyens rappelant l'objectif d'intérêt général de poursuite de l'activité de l'entreprise, les garanties procédurales entourant la mise en œuvre de cette mesure d'éviction résultant d'une demande réservée au ministère public et la faculté du dirigeant d'éviter la cession forcée de ses droits sociaux en renonçant à l'exercice des fonctions de direction. La très haute juridiction argue également d'une différence de traitement, entre les professions libérales réglementées et les autres entreprises, justifiée par l'autorisation nécessaire à l'exercice de ces activités.

---

[832] L'article R 631-34-1 du Code impose ainsi au ministère public de présenter au tribunal une requête écrite motivée afin que le dirigeant puisse la motivation du recours à une telle mesure : Com. 22 mai 2013, pourvoi n°12-15.305, Bull. civ. IV n°349 ; D. 2013 p.1343 obs. A. Lienhard ; Rev. soc. 2013 p.521 note P. Roussel-Galle ; JCP E 2013 n°1357 note A. Cerati-Gauthier

[833] Rapp. J.-J. Hyest, n°335, p.258

[834] F.PEROCHON, ibid.

[835] Com. 12 juil. 2005, pourvoi n°03.14-045, D.2005 2071 obs. A.Lienhard ; rev. sociétés 2006 162 obs. F.X. Lucas

[836] Com. 7 juil. 2015, n°14-29.630, JCP E 2015, act. 683 ; Rev. soc. sept. 2015 note L. C. Henry

[837] Cons. Constit., déc. Q.P.C n°2015-486, 7 oct. 2015 : J.O.R.F 9 oct. 2015 ; Bull. Joly déc. 2015 p. 658 note F. Mélin

238. Ceci observé, une jurisprudence solidement établie écarte logiquement l'application de cette mesure d'exclusion à l'associé majoritaire non dirigeant ou à celui qui a cessé de l'être lors du prononcé de cette mesure[838]. Pourtant, il semblait opportun d'étendre ce mécanisme de retrait forcé aux associés ou actionnaires qui, au-delà même de la simple minorité de blocage, refusaient d'adopter une modification du capital nécessaire au sauvetage de l'entreprise en difficulté. Un courant doctrinal préconisait donc d'étendre la cession forcée des dirigeants aux associés et actionnaires[839], parfois même avant l'état de cessation des paiements afin d'éviter les dégâts occasionnés par une procédure collective[840]. Toutefois, une telle extension rendait nécessaire quelques précautions pour ne pas encourir le risque d'une censure constitutionnelle du fait d'une atteinte illégitime au droit de propriété des associés et actionnaires.

B - L'éviction forcée des associés et actionnaires

239. Il avait été prévu dans le projet initial de l'ordonnance du 12 mars 2014 une mesure permettant au tribunal, lors d'une procédure de redressement judiciaire, d'ordonner soit la cession de l'entreprise ; soit celle des parts sociales ou titres sociaux des associés ou actionnaires détenant le contrôle de l'entreprise et refusant d'adopter une modification du capital au profit d'un tiers s'engageant à exécuter le plan[841]. En raison de garanties insuffisantes, cette dépossession forcée avait été écartée de la version finale de l'ordonnance et renvoyée à un texte ultérieur[842]. Cela a été l'objet de l'article 238 de la loi n°2015-

---

838 Com. 12 juil. 2005, pourvoi n°03.14-045, op. cit. ; Com. 19 fév. 2008, JCP E 2008, 1716 note A. Cerati-Gauthier ; ibid. 2062 n°14 obs. P. Pétel ; Com. 9 fév. 2010, pourvoi n°09-10.800, rev. soc. 2010 p.194 obs. P. Roussel-Galle ; JCP E 2010 1561, obs. J.-P. Legros ; Com. 26 mai 2013, pourvoi n°12-15.305, D.2013 1343 obs. A.Lienhard ; rev. sociétés 2013 p.521, obs. P. Roussel-Galle

839 G.TEBOUL, La dépossession des actionnaires comme mode de traitement des difficultés d'une entreprise, JCP E 2009, 2171

840 S.VERMEILLE A.BEZERT, L'éviction des actionnaires en amont de la cessation des paiements : un impératif pour lutter contre l'excès d'endettement, D.2013, 2045

841 L'article 35 du projet d'ordonnance prévoyait initialement de compléter en ce sens le paragraphe I de l'article L 631-19 du Code.

842 P.-M. LE CORRE, Premiers regards sur l'ordonnance du 12 mars 2014 réformant le droit des entreprises en difficulté, D. 2014 p.733 spéc. n°32

990 du 6 août 2015 pour la croissance, l'activité et l'égalité des chances économiques lequel a inséré, à l'article L 631-19-2 du Code de commerce, un mécanisme alternatif d'augmentation forcée du capital ou de cession forcée des titres ayant échappé à la censure, tant redoutée, du Conseil constitutionnel[843]. Ce texte prévoit, en cas de refus par les assemblées générales d'adopter une modification du capital social en faveur de personnes s'engageant à exécuter le plan, deux mesures de contrainte : le tribunal peut désigner un mandataire chargé de convoquer l'assemblée compétente et de voter l'augmentation de capital en lieu et place des associés ou actionnaires ayant refusé la modification de capital ; ou ordonner la cession forcée des parts ou actions des associés ou actionnaires ayant refusé l'augmentation.

240. En raison de l'ampleur de l'atteinte portée aux droits des associés et actionnaires, le champ d'application de ce texte est particulièrement restreint. Outre une application limitée à la seule procédure de redressement judiciaire, ne sont concernées que les entreprises d'une taille significative puisque l'effectif total doit être d'au moins cent cinquante salariés, ce seuil étant le cas échéant apprécié au niveau du groupe. A l'instar de la mesure d'éviction des dirigeants, l'application de ce dispositif est écartée lorsque le débiteur exerce une activité professionnelle libérale soumise à un statut législatif ou réglementaire. Mais surtout, la disparition de cette entreprise doit être de nature à causer un trouble grave à l'économie nationale ou régionale et au bassin d'emploi. Ce critère, entouré d'un certain flou, a été critiqué pour son manque d'objectivité et un risque d'arbitraire[844]. Pour les tenants de l'analyse économique du droit, il aurait été préférable de lui substituer celui de la valeur de l'entreprise, le sauvetage d'une société au détriment de ses actionnaires ne se justifiant que s'il permet de préserver davantage de valeur que la liquidation judiciaire[845]. Quoi qu'il en soit, ce critère du trouble économique grave renvoie incontestablement à l'objectif de préservation de l'emploi fixé à la procédure de redressement

---

[843] Cons. Constit., déc. n°2015-715, 5 août 2015 : J.O.R.F 7 août 2015

[844] G.TEBOUL, Le volet « entreprises en difficulté » du projet de loi Macron, Gaz. Pal. 11 12 mars 2015, p.4

[845] S. VERMEILLE, Le volet droit des faillites de la loi « Macron » : une intention louable au départ, mais un résultat dangereux à l'arrivée, D. 2015 p.382

judiciaire[846]. Autre condition posée par ce texte, la modification du capital refusée par l'assemblée générale doit être l'unique solution pour éviter ce trouble et permettre la poursuite de l'activité. Ainsi, le tribunal doit, avant d'avoir recours aux mesures d'augmentation ou de retrait forcé, préalablement examiner les possibilités de cession totale ou partielle de l'entreprise. Il en découle un principe de subsidiarité[847], les mesures de contrainte ne pouvant être employées qu'en cas d'impossibilité d'adopter le projet de plan de redressement sans celles-ci et à défaut de toute possibilité de cession de l'entreprise.

241. Concernant le dispositif d'augmentation forcée de capital, celle-ci intervient à hauteur du montant prévu par le plan, sans pouvoir l'excéder, et doit être réalisée dans les trente jours suivants la délibération. La libération de l'augmentation de capital peut intervenir par compensation avec les créances détenues sur la société dans la limite du montant admis au passif. Pour limiter l'impact de la dilution, le texte prend soin de préciser qu'un droit préférentiel de souscription est reconnu aux actionnaires proportionnellement à la fraction du capital détenu. Ainsi, ceux désireux de se maintenir conservent la faculté de souscrire à l'augmentation de capital imposée, ce qui exclut toute dilution forcée à leur égard.

242. De manière plus contraignante encore, le tribunal peut ordonner, au profit des personnes qui se sont engagées à exécuter le projet de plan, la cession de tout ou partie de la participation détenue dans le capital par les associés ou actionnaires ayant refusé la modification de capital et qui détiennent, directement ou indirectement, une fraction du capital leur conférant une majorité ou une minorité de blocage dans les assemblées générales de cette société. Le texte inclut également l'hypothèse de l'actionnaire ou associé détenant à lui seul une majorité en vertu d'une convention de vote non contraire à l'intérêt de la société. Les clauses d'agrément sont, à cette occasion, réputées non écrites. Les associés ou actionnaires, autres que ceux pour lesquels la cession forcée a été ordonnée, disposent du droit de se retirer de la société et de demander simultanément le rachat de leurs droits sociaux par les cessionnaires. A défaut d'accord entre les parties sur la valeur des titres sociaux ou actions dont la cession a été ordonnée ou objet du retrait, l'évaluation est déterminée à la date la plus proche de la

---

[846] art. L 631-1 al.2 C.com.

[847] P.-M. LE CORRE, La loi Macron et le droit des entreprises en difficulté, Gaz. Pal. 18 20 oct. 2015, p.7 spéc. n°14

cession par un expert désigné, à la demande de la partie la plus diligente, de l'administrateur ou du ministère public, par le président du tribunal statuant en la forme des référés. L'Autorité des marchés financiers est également consultée lorsque la société est cotée en bourse. Le tribunal statue par un seul et même jugement sur la cession et sur la valeur des droits sociaux cédés. Il désigne, dans ce jugement, un mandataire de justice chargé de passer les actes nécessaires à la réalisation de la cession ordonnée et d'en verser le prix aux associés ou actionnaires cédants. L'évaluation des titres sera, sans nul doute, critiquée par les associés écartés lorsque l'expert retiendra une valeur nulle au motif, très fréquent en pratique, que le passif cumulé est largement supérieur à la valeur de l'entreprise. Aussi, le texte prend soin de préciser que l'ordonnance de désignation de l'expert n'est pas susceptible de recours. Cela étant, cette précaution procédurale ne permettra pas d'échapper aux interminables querelles concernant la valeur à retenir, et ce d'autant plus que le tribunal statue par un jugement unique à l'égard duquel l'appel est largement ouvert, nuisant à l'efficacité globale du dispositif[848].

243. Outre les strictes conditions de fond posées, le recours à ces mesures coercitives est entouré de garanties procédurales. A la différence de la mesure d'éviction des dirigeants, le ministère public partage l'initiative avec l'administrateur judiciaire et le tribunal ne peut être saisi avant un délai de trois mois suivant le jugement d'ouverture. Lorsqu'il n'est pas à l'initiative de la demande, les débats ont lieu en présence du ministère public. Le tribunal doit entendre les associés ou actionnaires concernés, les représentants du personnel ou à défaut ceux des salariés, les créanciers, ainsi que les tiers s'engageant à exécuter le plan. Enfin, l'appel à l'égard des décisions statuant sur les mesures de contrainte est largement ouvert par le sixièmement bis ajouté à l'article L 661-1 du Code de commerce : au débiteur, à l'administrateur, au mandataire judiciaire, aux représentants et délégués du personnel et, à défaut, des salariés, aux associés et actionnaires parties à la cession et aux cessionnaires, ainsi qu'au ministère public.

244. Enfin, le dispositif est assorti de diverses garanties destinées à interdire au « repreneur » une revente rapide de la participation acquise dans le capital ou à s'assurer de l'exécution des engagements pris. A cet effet, le tribunal subordonne l'adoption du plan à

---

[848] G.TEBOUL, op. cit.

l'engagement des souscripteurs des parts ou actions ou aux bénéficiaires de la cession forcée de conserver les parts ou actions pendant un temps précisé par le tribunal ne pouvant excéder celle du plan. Le tribunal peut également subordonner l'adoption du plan à l'obtention d'une garantie de paiement du prix au comptant par les bénéficiaires de la cession forcée lesquels s'exposent, à défaut de paiement, à la résolution de la souscription ou de la cession des parts sociales. Le tribunal peut, aussi, en cas de défaillance d'un associé ou actionnaire souscripteur ou cessionnaire, prononcer la résolution du plan avec condamnation du défaillant à réparer le préjudice causé. Dans ce cas, le prix payé par le soucripteur reste acquis à la procédure collective. Le respect des engagements est vérifié par le commissaire à l'exécution du plan qui, le cas échéant, a qualité pour agir contre les souscripteurs avec un devoir d'information des représentants du personnel. Cela étant, pour permettre une adaptation du plan à une évolution de la situation, il a été prévu que le tribunal puisse modifier le plan conformément aux dispositions des articles L 626-26 et L 626-31, dernier alinéa, du Code de commerce.

245. Ces strictes conditions et nombreuses garanties dont le texte est assorti ont été, pour le Conseil constitutionnel, un gage suffisant pour écarter toute atteinte au droit de propriété des associés ou actionnaires évincés. Rappelant que le législateur poursuit un objectif d'intérêt général en encourageant la poursuite d'activité des entreprises, le Conseil égraine, dans sa décision du 5 août 2015[849], ces différentes garanties pour en conclure que les deux dispositifs de dilution et de cession forcées institués par le législateur, qui contribuent par ailleurs à préserver les droits des créanciers, ne portent pas une atteinte manifestement disproportionnée au droit de propriété des associés et actionnaires. En tout état de cause, pour bon nombre d'auteurs[850], ce dispositif d'éviction forcé sera davantage utilisé comme moyen de pression à l'encontre d'associés ou actionnaires récalcitrants qui refusent de « mettre la main à la poche » que pour véritablement imposer un « tiers repreneur ».

---

[849] Cons. Constit., déc. n°2015-715, 5 août 2015 : JO 7 août 2015, cons. 139 à 146

[850] Ph. ROUSSEL-GALLE, Brèves observations sur la cession forcée d'actions d'une entreprise en redressement judiciaire, in Dossier Réflexions collectives sur la loi Macron, Rev. soc. nov. 2015, p.636 ; A. JACQUEMONT R. VABRES, Droit des entreprises en difficulté, 9e éd., Coll. Manuel, Lexis Nexis, n°786

Conclusion du Chapitre 1

246. Pour répondre aux recommandations de la Commission européenne invitant à faciliter l'adoption des plans de restructuration pour augmenter le nombre d'entreprises viables sauvées, le législateur français a favorisé la « reprise interne » de la société en difficulté. Dans ce contexte, le report de la dissolution de la société liquidée de l'ouverture à la clôture de la procédure, destiné à remédier aux errements passés, a créé les conditions juridiques d'une renaissance de la société liquidée. En raison des dispositions protectrices de l'article L 626-3 du Code de commerce, le sauvetage d'une société en difficulté pouvait se heurter, jusqu'alors, à l'obstacle du refus, par les associés ou actionnaires, de la restructuration du capital social nécessaire à l'apport d'argent frais. Affecté par le syndrome « Florange », le législateur a cherché à surmonter cet obstacle pour imposer la préservation d'un bassin d'emploi et l'impératif du sauvetage aux associés en permettant la reprise de l'entreprise en difficulté par un tiers s'engageant à exécuter le plan. Il est trop tôt pour savoir si ce dispositif sera efficace. Mais il est d'ores et déjà acquis que l'écueil redouté de l'inconstitutionnalité a été évité et a posé les bases d'un véritable « devoir de l'actionnaire d'une société en difficulté[851] ».

---

[851] F.-X. LUCAS, Le devoir de l'actionnaire d'une société en difficulté : les dispositifs légaux, in « Les devoirs de l'actionnaire dans les entreprises en difficulté », Actes du colloque organisé les 8 et 9 avril 2016 à Deauville par l'Association Droit et Commerce, Gaz. Pal. 6 juin 2016, p.50

Chapitre 2 - Les mesures destinées à faciliter la réinstallation de l'entrepreneur individuel après la purge des dettes

247. En réponse aux préoccupations exprimées par la Commission européenne dans ses recommandations, le législateur français a adopté diverses mesures destinées à créer un choc psychologique en stimulant, par le droit, la création d'entreprise. Par là même, il a également facilité la réinstallation de ceux ayant précédemment échoué. En 2007, Monsieur François Hurel avait ainsi été chargé d'élaborer des propositions pour « une meilleure reconnaissance du travailleur indépendant[852] ». Partant du constat du retard pris par la France dans ce domaine[853], le rapport remis le 10 janvier 2008 invitait le législateur à promouvoir la création d'entreprise en allégeant les formalités entourant la création et le fonctionnement d'une entreprise. Pour cela, ce rapport préconisait d'instaurer un régime spécifique de « l'auto-entrepreneur[854] » afin de faciliter la création d'une très petite

---

[852] Dans une lettre de mission du 18 octobre 2007, le Secrétaire d'Etat chargé du commerce, de l'artisanat et des petites et moyennes entreprises, Monsieur Hervé NOVELLI, avait chargé Monsieur François HUREL, Délégué général de la Compagnie nationale des commissaires aux comptes d'effectuer des propositions de modification de la législation tendant à améliorer le statut de l'entrepreneur individuel. Le rapport final, encore disponible sur le site internet de la documentation française (http://www.ladocumentationfrancaise.fr/) formulait différentes propositions dont celle d'instaurer un statut de « l'auto-entrepreneur ».

[853] Le rapport mettait l'accent sur le nombre limité en France d'entrepreneurs individuels par rapport au nombre total d'entreprise : sur 2,9 millions d'entreprises françaises, seulement 50% seraient des entreprises individuelles dont seule une partie d'entre elles pourrait se classer dans la catégorie des auto-entrepreneurs. Le nombre d'entreprises individuelles est également plus faible par comparaison à d'autres pays : sur les 23,5 millions d'entreprises américaines, 76 % sont des auto-entrepreneurs ; sur 3,6 millions d'entreprises anglaises, 75 % sont des auto-entrepreneurs ; et sur environ 3 millions d'entreprises espagnoles, 70 % sont des travailleurs indépendants.

[854] Le rapport indique (p.9) que le terme d'auto-entrepreneur est un néologisme construit à partir de la traduction de termes employés pour désigner un professionnel indépendant. L'auto entrepreneur est celui qui crée une activité pour répondre à un besoin immédiat sans nécessairement s'inscrire dans une perspective de long terme.

entreprise de manière ultra simplifiée, sans aucune contrainte administrative ni capital minimal de départ. Le dispositif proposé reposait sur une série de mesures de simplification administrative, en permettant à chaque porteur de projet de pouvoir tester son idée en toute liberté[855]. L'objectif était également de permettre à celui qui avait échoué ou étant sans emploi de retenter facilement sa chance. Par une promotion de la culture de « l'échec », il s'agissait d'« encourager l'esprit d'entreprise et permettre le rebond[856] ». Désireux de « libérer les énergies nécessaires à la relance de la croissance française » et d'offrir à tous la possibilité de « transformer leur talent en argent », les pouvoirs publics ont alors repris à leur compte cette proposition en l'insérant dans le projet de loi de modernisation de l'économie lequel a abouti la loi éponyme du 4 août 2008. L'engouement pour ce régime fût immédiat[857]. Appuyé par une importante promotion des organismes chargés de l'accompagnement des créateurs d'entreprise[858], il a immédiatement séduit de nombreux candidats. Le succès était également libraire puisque de nombreux

---

Ce sont des « self-employment » ou des « autonomos », c'est-à-dire des créateurs d'activités et non d'entreprises.

855 La finalité poursuivie était également de réintroduire dans le circuit économique certaines activités dissimulées, comme le commerce en ligne.

856 Partant du constat qu'il faut créer en France « à la fois cette culture de l'échec qui nous manque, mais aussi savoir reconnaître à celui qui a eu le courage d'entreprendre le droit de pouvoir le refaire en profitant évidemment de son expérience. Cela fera émerger des conditions de tolérance et offrir à nouveau une chance à ceux qui le souhaitent », le rapport préconise « un recours au travail indépendant, associé à la capacité d'exercer une activité après une formation qualifiante, et également associé à l'autorisation par le juge de créer une activité indépendante sous contrôle judiciaire permettrait d'offrir une chance nouvelle (…) pour celui qui a déjà créé et connu l'échec ou celui qui vient de purger une peine privative de liberté ou qui connaît une interdiction bancaire ou une interdiction de gérer. »

857 Dès février 2010, on dénombrait 342.000 auto-entrepreneurs, générant un chiffre d'affaires moyen de 3700 euros par trimestre (Les échos du 23 février 2010 : www.lesechos.fr). Quoiqu'un rapport d'information sénatorial notait, avec un certain réalisme, que les statistiques étaient surestimées car les déclarations de création d'activité ne débouchait pas toujours sur une réelle activité mais restait à l'état de projet. E.Lamure, Doc. Sénat n°174, 16 déc 2009 – D 7 janv. 2010 Act., note X.Delpech

858 Outre le site officiel (www.lautoentrepreneur.fr), l'Agence Pour la Création d'Entreprise (www.apce.com)_assurait la promotion de ce dispositif.

ouvrages lui ont été consacrés[859]. Toutefois, cet enthousiasme général a conduit certains à douter de cette « révolution de l'auto-entrepreneur[860] » qui présentait tous les signes d'une « ruée vers l'or » des temps modernes[861]. Ce dispositif n'était pas tant un statut juridique à part entière qu'une série de mesures de simplification administrative, sociale et fiscale destinées à stimuler la création de très petites entreprises. La loi de modernisation de l'économie du 4 août 2008 ne posait aucune définition de cette forme d'activité, préférant, au terme d'« auto-entrepreneur », celui d'entrepreneur individuel ou de travailleur indépendant[862]. Du point de vue économique, il est question d'une très petite entreprise, demeurant soumise au régime fiscal de la micro-entreprise. Du point de vue juridique, l'auto-entrepreneur, aujourd'hui micro-entrepreneur, restait un entrepreneur individuel. Aucun capital de départ n'a été légalement imposé même s'il reste indispensable pour envisager sérieusement certaines activités[863]. Il ne peut avoir aucun associé puisque l'activité n'est pas exercée sous une forme sociétaire, par l'intermédiaire d'une personne morale. Tout au plus, le conjoint peut concourir à l'activité sous le statut du conjoint collaborateur. Mais surtout, la responsabilité de l'auto-entrepreneur restait illimitée et son patrimoine intégralement engagé auprès de ses créanciers. Aussi, ce premier dispositif a été complété par un second destiné à renforcer l'offre de protection juridique du patrimoine privé de l'entrepreneur individuel en limitant le droit de gage des créanciers professionnels.

248. A la suite de la loi de modernisation de l'économie, une nouvelle impulsion politique était donnée pour élargir l'offre juridique à destination de l'entrepreneur individuel désireux de protéger ses

---

[859] C.-A. Duplat, L'auto-entrepreneur : mode d'emploi, Guid'utile, ed. Vuibert – P. Colombie, Auto-entrepreneur - Fiscal, Social, Juridique, Comptable ; Dossiers Pratiques Francis Lefebvre, 2ième éd., Ed. Francis Lefebvre ; X.Delpech, Auto-entrepreneur Micro-entrepreneur, 2015-2016, éd. Delmas express

[860] Lise CASAUX-LABRUNEE, La révolution de l'auto-entrepreneur, Semaine social Lamy, 9 nov. 2009, p. 5

[861] Le magazine « Alternatives économiques » de mai 2010 titraient ainsi : « Auto-entrepreneurs : Arnaque ou miracle ? »

[862] sous le titre 1er « mobiliser les entrepreneurs », le chapitre 1er a uniquement pour titre « instaurer un statut de l'entrepreneur individuel »

[863] Même en tant qu'auto-entrepreneur, il est difficile d'imaginer un boulanger sans farine ni levain ou machine à pétrir, un maçon sans béton ni truelle, un plombier sans outils, ou un commerçant sans stock, ni caisse enregistreuse.

actifs privés. Partant du postulat d'une renonciation trop fréquente, en France, à un projet de création d'entreprise par crainte des conséquences sur leur patrimoine personnel, les pouvoirs publics avaient souhaité renforcer les possibilités de protection patrimoniale offertes à l'entrepreneur individuel, personne physique. En réalité, l'obstacle était plus psychologique que juridique car l'entrepreneur individuel disposait déjà de moyens pour protéger son patrimoine privé au travers de la société unipersonnelle à responsabilité limitée ou de la déclaration notariée d'insaisissabilité[864]. Certes ni l'une, ni l'autre de ces offres juridiques n'avait vraiment été plébiscitée[865] et l'exercice sous forme individuelle restait souvent préféré. Le formalisme trop contraignant entourant la société et la protection trop limitée résultant de la déclaration notariée d'insaisissabilité[866] avait été à l'époque avancée pour expliquer ces réticences. Dans une lettre de mission du 17 juillet 2008, un parlementaire, Monsieur de Xavier de Roux, était chargé « de procéder à l'analyse des difficultés qui seraient posées par la création d'un patrimoine d'affectation ». En réalité, ce concept de patrimoine d'affectation n'était pas nouveau. Il reprenait une ancienne proposition doctrinale[867], redécouverte[868] sous le concept de « pro-personnalité[869] ». Sur la base de ce rapport[870], un projet de

[864] Institué par la loi n°2003-721 du 1er août 2003, ce premier dispositif de protection patrimoniale de l'entrepreneur individuel est codifié aux articles L 526-1 et suivants du Code de commerce

[865] Au cours des débats parlementaires, il a été avancé que l'EURL ne représentait que 6,2 pour cent du nombre total d'entreprises tandis que plus de 74 pour cent des créations d'entreprise s'effectuaient sous forme d'entreprises individuelles et que seules 12 000 déclarations avaient été publiées depuis la déclaration Rapp. A.N. n°2298, fév. 2010, par L. de la Raudière

[866] A cet égard, la modification de l'article L 526-1 du Code de commerce par l'article 206 de la loi n° 2015-990 du 6 août 2015 pour la croissance, l'activité et l'égalité des chances économiques qui a rendu de plein droit insaisissable la résidence principale de l'entrepreneur individuel pour toutes les créances professionnelles nées à partir du 7 août 2015, hors fraude fiscale, n'offre toujours qu'une protection limitée aux seuls biens immobiliers non affectés à un usage professionnel.

[867] Cl.CHAMPAUD, L'entreprise personnelle à responsabilité limitée, rapport du groupe d'étude chargé d'étudier la possibilité d'introduire l'EPRL dans le droit français, R.T.D.Com. 1979, p.579

[868] A.-L. THOMAT-RAYNAUD, L'unité du patrimoine : essai critique, Défrenois, 2007 ; Ph. DUPICHOT, L'unicité du patrimoine aujourd'hui : JCP N 2009, 1356

[869] notamment lors du 105e congrès des notaires : Propriétés incorporelles de l'entreprise, rapport du 105ième congrès des notaires de France, ACNF, 2009, n°4410

loi[871] était déposé à l'Assemblée nationale lequel a conduit à la loi n°2010-658 du 15 juin 2010 instituant l'entrepreneur individuel à responsabilité limitée. Rompant avec le principe séculaire d'unité du patrimoine[872], le statut de l'entrepreneur individuel à responsabilité limitée a permis à un entrepreneur individuel, personne physique, de scinder son patrimoine en deux en affectant l'un son activité professionnelle, l'autre non. La constitution d'un patrimoine professionnel, dit affecté[873], distinct du patrimoine privé, procure alors une protection équivalente à celle obtenue par une société à responsabilité limitée, sans avoir recours à la personnalité morale. En cas d'échec, l'entrepreneur individuel est alors placé sur un pied d'égalité avec celui choisissant une forme d'exercice social unipersonnelle[874]. Ce statut a pris place aux articles L 526-6 et suivants du Code de commerce, parmi les dispositions du livre V

---

et suivants ; O.Savary et E.Dubuisson, Proposition pour un statut de l'entrepreneur individuel : le concept de pro-personnalité : Dr. et patr. avr. 2009, p.38

870 X.DE ROUX, La création d'un patrimoine d'affectation, in L'entrepreneur individuel à responsabilité limitée, sous la direction de François TERRE collection Droit 360°, Litec, annexe 1 p. 225

871 Projet de loi n°2665 déposé à l'Assemblée nationale le 17 janv. 2010

872 Résultant des articles 2284 et 2285 du Code civil qui indiquent, d'une part, que celui qui s'est obligé personnellement est tenu sur l'ensemble de ses biens présents et à venir et que, d'autre part, les biens du débiteur sont le gage général des créanciers, le principe d'unité du patrimoine, dégagé par Aubry et Rau (C.Aubry et C.Rau, Cours de droit civil français, T.6, 5e éd., § 573), implique qu'un individu, sujet de droits, ne peut être titulaire que d'un patrimoine, réceptacle naturel de l'ensemble de ses droits et obligations. La personne physique qui exploite une entreprise individuelle répond de l'ensemble de ses dettes sur la totalité de son patrimoine, sans distinction entre les actifs professionnel et privé. Les poursuites des créanciers s'exercent tout autant sur les biens personnels que professionnels. Et, lorsque l'entrepreneur individuel est soumis à une procédure collective ; l'effet réel de celle-ci entraîne la saisie collective de l'ensemble de ses biens.

873 Abandonnant ainsi le concept de « propersonnalité » : E.DUBUISSON, La non-adoption de la propersonnalité, in Dossier : Le patrimoine professionnel d'affectation (premières analyses de l'EIRL), Dr. et patr. avr. 2010, p.75

874 Nous citerons un extrait du discours prononcé par Monsieur Hervé NOVELLI devant l'Assemblée Nationale lors de l'adoption de ce texte qui démontre ce souci du législateur de promouvoir le rebond après un échec : « Aujourd'hui, nous avons l'occasion de mettre fin à ce qui est, disons-le, un véritable scandale français. Un scandale qui voulait qu'un artisan, un commerçant, un professionnel libéral ou un agriculteur puisse, après un revers de fortune, perdre l'ensemble de ses biens personnels et se trouver littéralement à la rue, ruiné, sans possibilité de rebondir. »

relatives aux effets de commerce et aux garanties, au sein d'un titre II et dans un chapitre VI intitulé « De la protection de l'entrepreneur individuel et du conjoint» dont il constitue la seconde section. Ces textes ont été complétés d'un décret, dont les dispositions ont pris place aux articles R 526-3 et suivants du Code de commerce, et d'un arrêté du 29 décembre 2010 codifié aux articles A 526-1 et suivants du même Code précité. L'affectation patrimoniale marque un tournant dans la conception de la personnalité juridique. Du fait de l'entorse apportée au principe d'unité du patrimoine, bon nombre de dispositions, centrées sur la personne du débiteur et non l'un de ses patrimoines, devaient être adaptées, et notamment celles du Livre VI du Code de commerce. La loi du 15 juin 2010 a donc habilité le Gouvernement à prendre, par voie d'ordonnance, les mesures nécessaires pour adapter les diverses dispositions concernées. Tel a été l'objet de l'ordonnance n°2010-1512 du 9 décembre 2010[875].

249. Ces deux dispositifs ont été remaniés par la loi n°2014-626 du 18 juin 2014 relative à l'artisanat, au commerce et aux très petites entreprises[876] : le premier en profondeur, le second à la marge. Ainsi, « l'auto-entrepreneur » est devenu, depuis le 1er janvier 2016, le « micro-entrepreneur ». Il doit être observé que ce dispositif, profondément rénové, est sujet à d'incessants ajustements techniques le plus souvent adoptés non par des lois retouchant le droit des affaires et le Code de commerce, mais par des lois financières modifiant le statut social dans le Code de la sécurité sociale. Ce premier dispositif est donc, par nature, instable. Ceci observé, ces deux dispositifs qui ont pour point commun d'élargir l'offre juridique à destination des créateurs d'entreprise, y compris ceux souhaitant se réinstaller après un échec, ont connu des destins diamétralement opposés. Si le dispositif du micro-entrepreneur a été clairement plébiscité (Section 2), celui de l'entrepreneur individuel à responsabilité limitée a été totalement désavoué (Section 1).

---

[875] JORF n°0286 du 10 décembre 2010 page 21617

[876] JORF n°0140 du 19 juin 2014 page 10105

Section 1 - Le désaveu de l'entrepreneur individuel à responsabilité limitée

250. Le régime de l'entrepreneur individuel à responsabilité limitée a été adopté pour stimuler la création d'entreprise en offrant une alternative intermédiaire entre l'exercice en société unipersonnelle à responsabilité limitée et celui en nom personnel. En permettant à l'entrepreneur individuel de distinguer son patrimoine privé de son patrimoine professionnel, le législateur espérait créer un choc psychologique, notamment auprès de ceux ayant précédemment échoué, en proposant une protection équivalente à celle procurée par l'interposition d'une personne morale. Toutefois, ce dispositif n'a pas rencontré le succès escompté. La raison en est simple : il repose sur le vœu pieu d'une séparation parfaite des patrimoines (§1). Or, en présence d'une procédure d'insolvabilité, celle-ci reste poreuse, le législateur ne s'étant pas affranchi du modèle sociétaire (§2).

§ 1 - Un régime bâti sur le vœu pieu d'une séparation des patrimoines

251. Le patrimoine affecté ne se distingue guère du modèle de la société unipersonnelle à responsabilité limitée dont il est, pour l'essentiel, inspiré (A). La constitution d'un patrimoine affecté a pour effet de limiter le droit de gage des créanciers professionnels à ce seul patrimoine. Le gage des créanciers est alors clairement délimité : les créanciers professionnels ont pour unique gage le patrimoine affecté ; les autres, le patrimoine non affecté. Cela étant, cette séparation des patrimoines n'est pas totalement étanche et peut être remise en cause si l'entrepreneur à responsabilité limitée n'a pas observé certaines obligations (B).

A - Un patrimoine affecté construit sur le modèle de la société unipersonnelle à responsabilité limitée

252. L'alinéa premier de l'article L 526-6 du Code de commerce reconnaît à « tout entrepreneur individuel » la faculté d'« affecter à son activité professionnelle un patrimoine séparé de son patrimoine personnel, sans création d'une personne morale ». Ce texte est complété, depuis le 1er janvier 2013, par la faculté reconnue à l'entrepreneur à responsabilité limitée de constituer plusieurs patrimoines affectés. Il en résulte un droit à la constitution d'un ou plusieurs patrimoines affectés (1), à l'image de celui à la création d'une ou plusieurs sociétés. D'ailleurs, les formalités de création d'un patrimoine affecté s'inspirent du formalisme sociétaire et notamment des statuts d'une société (2). Cependant, à la différence de ces sociétés où l'apport peut être symbolique faute de capital social minimal, l'entrepreneur à responsabilité limitée est tenu d'affecter les éléments indispensables à l'exercice de l'activité afin d'assurer aux créanciers un gage minimal[877]. La composition du patrimoine affecté est donc déterminée, de manière obligatoire, par la loi (3). A différence du capital social d'une société, immuable en l'absence de décision de l'assemblée générale, la composition du patrimoine affecté est susceptible de fluctuer au cours de l'activité. Il était donc essentiel d'informer les créanciers de l'évolution de leur gage (4).

1 - Le droit à la constitution d'un ou plusieurs patrimoines affectés

253. A l'instar du chef d'entreprise qui peut être à la tête de plusieurs sociétés, l'entrepreneur individuel, personne physique (a), dispose d'un droit à constituer un ou plusieurs patrimoines affectés à une activité (b).

a - Un droit réservé à l'entrepreneur individuel, personne physique

254. De par la généralité des termes employés, l'article L 526-6 du Code consacre un droit de tout entrepreneur individuel à protéger son patrimoine privé en constituant un patrimoine séparé, dédié à l'activité professionnelle. Ce droit est ouvert à tous, quelle que soit la nature de l'activité exercée : commerciale, artisanale, libérale[878] ou agricole[879],

---

[877] « Le dispositif est optionnel (et) respectueux de la liberté de l'entrepreneur...(Il) garantit que les biens purement professionnels constitueront le gage des créanciers, tandis que l'entrepreneur peut moduler une partie de son niveau d'engagement financier. » Rapport A.N. n°2298 par L. de La Raudière, p.31

[878] T.MONTERAN, « Profession libérale. Le choix de l'EIRL » in « EIRL et droit des entreprises en difficulté : l'épreuve de vérité », Rev. proc. coll mars avr. 2011, article 26 p.100

y compris à l'auto-entrepreneur[880]. D'ailleurs, dans le même temps, le législateur ouvrait l'accès de la profession de commerçant à l'enfant mineur[881]. En revanche, ce régime est exclusivement réservé aux personnes physiques. Les personnes morales ne peuvent avoir recours au patrimoine affecté comme support à leur organisation patrimoniale[882]. Cette exclusion s'étend aux associés, personnes physiques, car l'activité professionnelle est alors exercée par la société et non par les associés[883]. L'associé indéfiniment et solidairement tenu au passif social ne peut donc avoir recours au patrimoine affecté pour neutraliser le jeu de la responsabilité illimitée[884]. Corollaire de la liberté reconnue, aucune contrainte n'est imposée concernant le moment de la constitution du patrimoine affecté. Celle-ci peut intervenir dès la création d'entreprise ou ultérieurement, en cours d'exploitation, sans que les créanciers puissent réellement s'y opposer.

255. En effet, la déclaration d'affectation leur est presque toujours opposable. Sur ce terrain, l'article L 526-12 du Code de commerce distingue la situation du créancier antérieur de celle du créancier postérieur à la déclaration d'affectation. L'alinéa premier de ce texte

---

879 J-F BARBIERI, « EIRL : l'agriculteur à responsabilité limitée », in « EIRL et droit des entreprises en difficulté : l'épreuve de vérité », Rev. proc. coll mars avr. 2011, article 27 p.101

880 V.LEGRAND, « L'auto-entrepreneur EIRL », L.P.A 25-26 avr. 2011

881 Abandonnant le principe séculaire interdisant à l'enfant mineur, même émancipé, d'être commerçant en raison de son immaturité ; la loi du 15 juin 2010 a également réécrit l'article L 121-2 du Code de commerce en autorisant le mineur émancipé à être commerçant sur autorisation soit du juge des tutelles au moment de la décision d'émancipation, soit du président du tribunal de grande instance après avoir été émancipé. La loi a également aménagé les dispositions du Code civil (art. 389-8, 401 C.civ.) pour prévoir qu'un mineur puisse être autorisé par ses représentants légaux, selon son statut, à accomplir seul les actes nécessaires à la création et à la gestion d'une entreprise individuelle. En revanche, il ne peut accomplir seul aucun acte de disposition.

882 Elles disposent pour cela d'autres outils comme la fiducie-gestion.

883 J.PRIEUR, « La création de l'EIRL », Dr. et pat. avr. 2011, p.52

884 La personne qui a choisi d'agir dans le cadre d'une société, notamment l'associé d'une société en nom collectif, n'est plus un entrepreneur individuel. Elle ne peut donc pas recourir au statut de l'EIRL ni cumuler les avantages conférés par la société et ceux offerts à l'entrepreneur individuel par le chapitre VI du livre cinquième du Code de commerce comprenant la déclaration d'insaisissabilité d'une part, et le statut de l'EIRL d'autre part. Rép. min n°81046, J.O.A.N. 4 sept. 2010, p.9981

indique, tout d'abord, que la déclaration est opposable de plein droit à tous les créanciers dont les droits naissent postérieurement à son dépôt. La limitation du droit de gage général ne leur cause aucun grief. Logiquement, la déclaration d'affectation leur est pleinement opposable. Pour leur part, les créanciers antérieurs sont susceptibles de subir, si la déclaration d'affectation leur devient opposable, une réduction significative de leur droit de gage général du fait de la scission du patrimoine de leur débiteur. Cette question a donc été particulièrement discutée lors de l'examen du texte. Cette possibilité avait été, dans un premier temps, écartée par le projet de loi, afin « de ne pas léser les créanciers existants qui ont contracté avec l'entrepreneur en pensant que leur créance serait gagée sur la totalité du patrimoine[885] ». En première lecture, l'Assemblée nationale avait souhaité rendre la déclaration d'affectation opposable aux créanciers antérieurs. Au contraire, le Sénat s'était montré hostile à une telle solution car il doutait de sa constitutionnalité[886]. Une solution de compromis s'est imposée en Commission mixte paritaire s'inspirant du droit d'opposition reconnu aux créanciers antérieurs à une réduction de capital social non motivée par les pertes[887]. Dans la version finalement retenue, l'alinéa deux de l'article L 526-12 indique donc que la déclaration d'affectation est opposable aux créanciers dont les droits sont nés antérieurement à son dépôt, à la double condition que l'entrepreneur à responsabilité limitée le mentionne dans la déclaration d'affectation et qu'il en informe les créanciers concernés, dans des formes précisées par décret, en leur ouvrant une faculté d'opposition. Cette disposition a été validée par le Conseil constitutionnel, dans sa décision du 10 juin 2010[888], qui a repris les deux conditions précitées en réserve d'interprétation[889].

---

[885] Rapp. AN n°2298, févr. 2010, par L. de la Raudière, p.29

[886] « L'opposabilité aux créanciers antérieurs revient à réduire de façon imprévisible et éventuellement très significative, selon l'ampleur de l'affectation, leur gage, remettant en cause l'équilibre des contrats qu'ils ont conclus avec les entrepreneurs (...) et on peut s'interroger sur la constitutionnalité d'une telle disposition. » J.-J. Hyest, Rapp. Sénat n°262, mars 2010, p.48

[887] art. L 223-34 C.com.

[888] Cons. Constit. 10 juin 2010, JO 16 juin 2010, Sur cette décision : S.Mouton, « La modernisation du droit constitutionnel de propriété : à propos de la constitutionnalisation du droit de propriété des créanciers », D. 2010, p.2553

[889] Les termes de cette réserve d'interprétation démontre que les craintes exprimées par le Sénat étaient légitimes : « s'il est loisible au législateur de rendre la

256. Cela étant, cette action en inopposabilité a un régime relativement complexe et demeure entourée d'incertitudes juridiques malgré les précisions apportées par le décret d'application. En effet, l'entrepreneur à responsabilité limitée qui entend rendre la déclaration d'affectation opposable aux créanciers antérieurs est tenu de les informer de son intention par une notification dans le délai d'un mois suivant le dépôt de la déclaration d'affectation[890]. Les créanciers disposent alors d'un délai d'un mois à compter de la première présentation de l'avertissement pour former opposition auprès de la juridiction compétente[891]. Une première question se pose immédiatement concernant la juridiction compétente, ratione materiae, pour connaître de l'opposition du créancier. L'article R 526-8 du Code de commerce n'apporte guère de précisions puisqu'il se borne à viser « le tribunal compétent selon les règles de droit commun ». Ce renvoi au droit commun semble faire référence à la répartition des contentieux entre les juridictions civiles et commerciales selon la nature et le montant de la dette concernée. L'action serait donc dévolue, au gré de la nature des créances et des patrimoines concernés, soit aux tribunaux d'instance[892] ou de grande instance[893], soit aux tribunaux de commerce[894]. Ensuite, le texte est totalement muet sur les motifs susceptibles de fonder l'opposition. A minima, le créancier aurait à établir une réduction illégitime du droit de gage de nature à compromettre le recouvrement de la créance, faute de quoi il

---

déclaration d'affectation opposable aux créanciers dont les droits sont nés antérieurement à son dépôt, c'est à la condition que ces derniers soient personnellement informés de la déclaration d'affectation et de leur droit de former opposition ; que, sous cette réserve, le deuxième alinéa de l'article L 526-12 du Code de commerce ne porte pas atteinte aux conditions d'exercice du droit de propriété des créanciers garanti par les articles 2 et 4 de la Déclaration des droits de l'homme et du citoyen de 1789. »

890 art. D 526-9 C.com.

891 art. R 526-8, R 526-10 C.com.

892 Si l'une des parties, créancier ou débiteur, est civile et que la créance de nature mixte porte sur une somme inférieure à dix mille euros. art L 221-4 C.O.J.

893 Si l'une des parties, créancier ou débiteur, est civile et que la créance de nature mixte porte sur une somme supérieure à dix mille euros. art L 213-3 R 213-3 C.O.J.

894 si les deux parties, créancier et débiteur, sont commerçantes et que la créance a une nature commerciale : art L 723-3 C.com.

serait dépourvu de tout intérêt à agir[895]. Quoique laisse à penser la sémantique retenue, l'opposition d'un créancier n'a pas pour effet d'interdire la constitution d'un patrimoine affecté[896]. D'ailleurs, même si celle-ci prospère, la déclaration d'affectation n'est pas ipso facto inopposable. Cette action connaît une étape intermédiaire, inspirée des dispositions relatives à la réduction de capital non motivée par les pertes[897], puisque le juge ordonne « soit le remboursement des créances, soit la constitution de garanties, si l'entrepreneur individuel en offre et si elles sont jugées suffisantes », sans que le texte ne précise d'ailleurs les critères devant être satisfaits par une garantie pour qu'elle soit jugée suffisante. Est-ce que la garantie doit être proportionnelle au montant de la créance ? Certains auteurs l'ont soutenu[898]. Mais un certain flou demeure. Quoi qu'il en soit, le paiement du créancier opposant ou l'offre de garantie suffisante éteint les causes de l'opposition et rend la déclaration d'affectation pleinement opposable. Ce n'est qu'à défaut de remboursement ou de constitution des garanties ordonnées que le créancier opposant retrouve l'intégralité de son gage et peut appréhender la totalité des biens et droits dont son débiteur est titulaire. Ce mécanisme en deux temps permet ainsi à l'entrepreneur à responsabilité limitée d'imposer une réduction du droit de gage à ses créanciers malgré l'opposition de l'un d'entre eux[899]. Comme on peut le constater, les créanciers n'ont pas réellement le pouvoir de s'opposer à la constitution d'un patrimoine affecté. En outre, le gage des créanciers peut être d'autant plus segmenté que la loi reconnaît, par ailleurs, à l'entrepreneur à responsabilité limitée la faculté de constituer plusieurs patrimoines affectés.

---

[895] F. VAUVILLE, Commentaire de la loi du 15 juin 2010 relative à l'entrepreneur individuel à responsabilité limitée, Rép. Déf. 2010, §39144, p.1664

[896] art. L 526-12 al. 5 C.com.

[897] art. L 223-34 C.com.

[898] D.LEGEAIS, « Le gage des créanciers dans l'EIRL », Rép. Def. 2011, art. 39215, p.561

[899] S. PIEDELIEVRE, « L'entreprise individuelle à responsabilité limitée », Rép. Def. 2010, p.1417, art.39134, spéc n°14 ; F. PEROCHON, art. préc., spéc n°10 pour qui « tout est fait pour que la scission du patrimoine soit opposable très vite et à la quasi-totalité des créanciers. Le débiteur peut ainsi restreindre unilatéralement et avec une large efficacité le gage de ses créanciers antérieurs. »

b - Un droit à constituer de multiples patrimoines affectés

257. Depuis le 1er janvier 2013, l'entrepreneur à responsabilité limitée est autorisé à constituer plusieurs patrimoines affectés[900]. Le principe de la libre entreprise commandait certainement de placer l'entrepreneur à responsabilité limitée sur un pied d'égalité avec le mandataire social qui peut être à la tête de plusieurs sociétés. A un patrimoine affecté, d'autres peuvent être adossés. Bien loin de la logique financière conduisant à la constitution d'un groupe de sociétés, il s'agissait plus modestement d'assurer à l'entrepreneur à responsabilité limitée un revenu suffisant en l'incitant à la pluri-activité[901]. Il peut ainsi, comme on a pu le suggérer[902], tester une nouvelle activité, plus incertaine et risquée, sans pour autant compromettre la pérennité de la première. Néanmoins, ce droit à la création de multiples patrimoines affectés n'a été assorti d'aucune véritable condition ou limite et présente de sérieux risques de dérives.

258. En effet, rien n'oblige l'entrepreneur à responsabilité limitée à exercer des activités distinctes. Elles peuvent être complémentaires l'une de l'autre, sous réserve qu'un même bien, droit ou obligation n'entre dans la composition que d'un seul patrimoine affecté[903]. Un plombier chauffagiste ou un maçon couvreur peut constituer des patrimoines affectés différents pour distinguer ses activités. Ce défaut d'exclusion des activités complémentaires est source d'abus. Même si les dénominations utilisées pour chaque affectation de patrimoine doivent, en principe, être distinctes[904] ; cette obligation n'a été assortie d'aucune réelle sanction[905]. Partant de là, il est aisé pour un entrepreneur à responsabilité limitée indélicat d'entretenir une confusion entre les activités exercées et les patrimoines concernés pour se soustraire aux poursuites de ses créanciers. Dans cette

---

[900] art. 14 II de loi n°2010-658 du 15 juin 2010 relative à l'EIRL

[901] Pour bon nombre d'auteurs, l'entreprise individuelle à responsabilité limitée est une entreprise de subsistance et non de croissance.

[902] E.DUBUISSON, M.GERMAIN, « Pourquoi recourir au régime de l'EIRL ? » ouvrage précité p.21 n°43

[903] art. L 526-6 C.Com.

[904] art. R 526-3 C.com.

[905] à l'instar de l'obligation d'incorporer les mots « entrepreneur individuel à responsabilité limitée » ou les initiales « EIRL » à la dénomination

hypothèse, sauf à pouvoir démontrer l'existence d'une fraude ou d'un manquement grave aux règles d'affectation[906], les créanciers pourraient bien se trouver démunis. Les « garde-fous destinés à contrebalancer la responsabilité limitée de l'entrepreneur (...) pour la sécurité des créanciers[907] » pourraient donc s'avérer insuffisants à les préserver de ces risques de dérives, bien réels.

259. La difficulté se précise encore dans le contexte d'une liquidation judiciaire. Malgré l'existence d'une procédure collective, l'entrepreneur à responsabilité limitée pourrait bien être autorisé à rebondir, de patrimoine en patrimoine, au grand dam de ses créanciers. En principe, le dessaisissement du débiteur interdit l'exercice de toute nouvelle activité en cours de procédure[908]. Cela étant, l'article L 680-3 du Code de commerce limite les effets de la procédure collective de l'entrepreneur à responsabilité limitée au seul patrimoine concerné par cette procédure. De son côté, en cas de liquidation judiciaire, le paragraphe trois de l'article L 641-9 du même Code autorise la poursuite d'une activité exercée dans un patrimoine différent de celui visé par la procédure. La combinaison de ces deux dispositions pourrait-elle autoriser le rebond successif, de patrimoine en patrimoine, au gré des procédures ? Cette question divise la doctrine. Pour les uns, suivant en cela les précisions du rapport au Président de la République, le débiteur ne demeure in bonis qu'au titre de patrimoines affectés constitués avant l'ouverture de la procédure. Ce serait là une règle de bon sens destinée à éviter un détournement de la clientèle et des actifs du patrimoine affecté concerné par la liquidation judiciaire au préjudice des créanciers[909]. Pour les autres,

---

[906] En ce sens, D.MARTIN, L'affectation d'un patrimoine : constitution du patrimoine, réf précité, spéc n°69 : « les créanciers d'une activité X risquent de ne pas partager la même vision que l'entrepreneur de la composition de leur gage si un bien qu'ils croyaient affecté au patrimoine de cette activité X se retrouve en fait dans le patrimoine de l'activité Y du même entrepreneur. »

[907] V.LEGRAND, L'avènement des multiples patrimoines de l'EIRL : les avantages de la schizophrénie ou le risque de paranoïa, L.P.A. 2 janv 2013, p.12 spéc. 15

[908] Il est interdit, en droit commun, au débiteur d'exercer au cours de la liquidation judiciaire l'une des activités mentionnées à l'article L 640-2 à l'exclusion d'une activité salariée. C'est seulement après la clôture de la procédure que l'entrepreneur peut créer une nouvelle activité non salariée dès lors qu'aucune sanction n'a été prononcée à son encontre (Rép. min. n°21053 JO Sénat Q 3 mars 2005 p. 617 ; Rép. min. Justice n°2059 JOAN Q 15 janv. 2008 p.382).

[909] Ph.PETEL, « L'adaptation des procédures collectives à l'EIRL », JCP E 2011 1071 spéc. p.20

cette solution serait « contraire à l'objectif de rebond si souvent mis en avant par le législateur[910] » et n'aurait pas « d'assise juridique au regard du principe d'indépendance des patrimoines[911] ». En effet, le texte ne distingue pas selon la date de constitution du nouveau patrimoine affecté qui peut intervenir avant comme après l'ouverture de la procédure. Néanmoins, il serait choquant que l'entrepreneur à responsabilité limitée puisse rebondir, de la sorte, au mépris des droits des créanciers. Il faut donc espérer une solution protectrice des créanciers en jurisprudence.

2 - Des formalités de constitution inspirées des statuts d'une société

260. Même si le patrimoine affecté n'a pas recours à la personnalité morale, l'entrepreneur à responsabilité limitée est soumis à des formalités rappelant celles des statuts d'une société. La constitution d'un patrimoine affecté repose, pour l'essentiel, sur une déclaration d'affectation (a) complétée d'un état descriptif des biens et droits affectés (b).

a - Une déclaration d'affectation

261. L'article L 526-7 du Code de commerce soumet la constitution d'un patrimoine affecté au dépôt d'une déclaration d'affectation auprès du registre de publicité légale auquel l'entrepreneur individuel est tenu de s'immatriculer[912]. Lorsque la personne est immatriculée à deux registres de publicité légale ; la formalité est accomplie au registre choisi par l'entrepreneur à responsabilité limitée, avec mention portée à l'autre. Lorsque la personne n'est pas soumise à l'obligation de s'immatriculer à un registre de publicité légale, la déclaration est effectuée auprès d'un registre spécial tenu au greffe du tribunal de commerce du lieu de leur établissement principal[913].

---

910 F.PEROCHON, « Les patrimoines de l'EIRL », Rev. proc. coll. janv. fév. 2011, p.101 spéc. n°20

911 En ce sens, P.M LE CORRE, opt. cit., n°572.25

912 Il s'agit du répertoire des métiers, par exemple, pour les artisans, du registre du commerce et des sociétés pour les commerçants et du registre spécial des agents commerciaux.

913 Ce registre spécial est régi par les articles R 526-15 et suivants du Code de commerce.

Concrètement, ce dépôt intervient auprès des organismes faisant office de centre de formalités des entreprises[914]. Il n'est assorti d'aucune autre mesure de publicité à l'instar d'une insertion dans un journal d'annonces légales[915]. L'article L 526-8 du même Code charge d'ailleurs le centre de formalités des entreprises de s'assurer de la remise d'un dossier complet comprenant, a minima, la déclaration d'affectation et l'état descriptif des biens affectés. Le cas échéant, elle doit également comporter les documents attestant du respect des formalités requises pour l'affectation de certains biens[916]. Pour chacune de ces formalités, un modèle type facultatif est gratuitement mis à disposition[917]. Le centre de formalités des entreprises est chargé d'un contrôle administratif du contenu du dossier. La remise d'un dossier incomplet donne lieu à un refus du dépôt de la déclaration qui n'est pas transmise au registre chargé de la publicité légale. Cette sanction poursuit un légitime dessein de protection des intérêts des créanciers[918]. On peut regretter l'absence de voie de recours à l'encontre d'un refus d'enregistrement de la déclaration d'affectation[919]. Néanmoins, la vérification se limite à la remise d'un dossier complet sans appréciation sur la régularité ou la sincérité de la déclaration souscrite[920].

---

914 Pour les artisans et commerçants, la déclaration d'affectation s'effectue auprès des chambres consulaires compétentes. Pour les exploitants agricoles, le dépôt intervient auprès de la chambre d'agriculture compétente. Art. R 123-1 et suivants C.Com.

915 Contrairement à la déclaration d'insaisissabilité : art. L 526-2 C.com.,

916 Il s'agit de l'acte notarié, ayant fait l'objet d'une publicité foncière, recevant l'affectation d'un immeuble et de l'accord express du conjoint commun en biens ou du coïndivisaire pour l'affectation d'un bien commun ou indivis : art. L 526-9 à L 526-11 C.com.

917 art. A 526-1 et suivants C.Com.

918 D.MARTIN, L'affectation d'un patrimoine : constitution du patrimoine, in L'entrepreneur individuel à responsabilité limitée, sous la direction de François TERRE, Litec collection Droit 360°, p. 25 spéc. n°66

919 A notre sens, la contestation serait à élever auprès du juge commis à la surveillance du registre du commerce et des sociétés, y compris lors d'une inscription au registre spécial, par application combinée par des articles R 123-139 et R 526-24 du Code.

920 Ainsi, il ne peut apprécier si la composition du patrimoine affecté comprend les éléments nécessaires à l'activité. art. R 123-18 C.com.

262. La déclaration d'affectation recense l'ensemble des informations relatives à l'identification du patrimoine affecté[921] : l'identité complète et le domicile de l'entrepreneur à responsabilité limitée ; la dénomination utilisée pour l'exercice de l'activité professionnelle à laquelle le patrimoine est affecté, comprenant au moins son nom ou son nom d'usage[922]; l'adresse de l'établissement où est exercée l'activité professionnelle à laquelle le patrimoine est affecté ou, à défaut d'établissement, l'adresse du local d'habitation où l'entreprise est fixée ; l'objet de l'activité professionnelle à laquelle le patrimoine est affecté étant précisé que la modification de celui-ci donne lieu à mention au registre auprès duquel la déclaration a été déposée[923]. Elle comporte, le cas échéant, la mention de l'opposabilité de la déclaration d'affectation aux créanciers dont les droits sont nés antérieurement à son dépôt. Pour faciliter le changement de domiciliation de l'entrepreneur à responsabilité limitée, la loi n° 2014-626 du 18 juin 2014 relative à l'artisanat, au commerce et aux très petites entreprises a complété l'article L 526-7 du Code en précisant que la déclaration d'affectation est transférée par l'organisme chargé de la tenue du registre au lieu d'installation sans frais, ni nouvelle vérification.

b - L'état descriptif des biens et droits affectés

263. L'article L 526-8 du Code de commerce prévoit, outre la déclaration d'affectation, l'établissement d'un état descriptif des biens, droits, obligations ou sûretés affectés à l'activité professionnelle, en nature, qualité, quantité et valeur réelle[924]. Seuls les biens et droits mentionnés à cet état intègre le patrimoine affecté pour constituer le gage exclusif des créanciers professionnels. Afin de rendre ce statut plus attractif pour les entrepreneurs individuels déjà en activité, la loi n°2014-626 du 18 juin 2014 relative à l'artisanat, au commerce et aux très petites entreprises a complété l'article L 526-7

[921] art. R 526-3 C. com.

[922] Celle-ci est immédiatement précédé ou suivi des mots " entrepreneur individuel à responsabilité limitée " ou des initiales " EIRL " art. L 526-6 al. 4 C.com.

[923] art L 526-8 2°) C.com.

[924] L'article R 526-4 du Code prévoit les centres de formalités des entreprises tiennent gratuitement à disposition le modèle type de déclaration d'affectation et d'état descriptif des biens affectés résultant l'arrêté du 19 décembre 2010, codifié en annexe de l'article A 526-1 du Code. Ce modèle présente, à la manière d'un bilan, la composition active et passive du patrimoine affecté.

pour lui permettre de reprendre, en guise d'état descriptif des biens affectés, le contenu de son dernier bilan pendant le délai de trois mois suivant la clôture des comptes.

264. Cet état descriptif doit être une photographie fidèle de la composition du patrimoine affecté. L'article L 526-10 du Code de commerce pose donc le principe selon lequel tout élément d'actif affecté, autre que des liquidités, doit être valorisé. Cette évaluation est requise que ce soit lors de la constitution du patrimoine affecté ou, ultérieurement, à l'occasion de l'affectation complémentaire d'un actif. Lorsque l'affectation concerne des biens d'une valeur inférieure à trente mille euros[925], l'entrepreneur procède directement à l'estimation qui est réalisée sous sa seule responsabilité. En revanche, lorsque l'affectation concerne un bien d'une valeur supérieure à trente mille euros, l'évaluation est confiée à un expert choisi parmi une liste de professionnel agréé[926]. Ce professionnel établit un rapport[927] qui doit être annexé à la déclaration d'affectation[928]. L'état descriptif reposant sur une déclaration de l'entrepreneur, il était essentiel « d'éviter les surévaluations de nature à fausser la perception de la consistance du patrimoine affecté[929] ». C'est pourquoi, l'entrepreneur est responsable sur l'ensemble de ses patrimoines, affecté et non affecté, pendant cinq ans à hauteur de la différence entre la valeur réelle du bien et celle déclarée au moment de l'affectation que celle-ci se soit avérée supérieure à celle proposée par l'expert ou qu'elle ait été faussée par l'entrepreneur. Dans son principe, cette responsabilité

[925] Le décret du 29 décembre 2010 a repris le montant initialement proposé par les députés : art. D 526-5 C.com.

[926] Il peut s'agir un commissaire aux comptes, un expert-comptable ou une association de gestion et de comptabilité. Si l'évaluation concerne un immeuble ; celle-ci est réalisée par un notaire.

[927] Ce rapport doit décrire le mode d'évaluation retenu et en justifier (art. R 526-6 C.Com.). Les professionnels sont responsables de l'évaluation retenue que ce soit à l'égard de l'entrepreneur individuel ou des tiers dans les conditions de droit commun.

[928] Compte tenu de l'importance qu'il revêt, le rapport d'évaluation de l'actif affecté doit, lorsqu'il est requis, accompagner la déclaration d'affectation lors de son dépôt.

[929] rapp. Sénat n°362, mars 2010 par J.-J. Hyest p.46

étendue s'inspire de celle prévue en matière d'apports en nature dans les sociétés à responsabilité limitée[930].

3 - La composition obligatoire du patrimoine affecté

265. A la différence de la société unipersonnelle à responsabilité limitée, la loi fixe un capital minimal en retenant une composition d'origine du patrimoine affecté. Selon l'article L 526-6 alinéa 2 du Code de commerce, le patrimoine affecté est composé de l'ensemble des biens, droits, obligations ou sûretés dont l'entrepreneur individuel est titulaire, nécessaires à l'exercice de l'activité professionnelle et peut comprendre également ceux utilisés pour l'exercice de son activité professionnelle, qu'il décide d'y affecter.

a - Les biens nécessaires et les biens utilisés

266. L'emploi de l'indicatif dans la première phrase du texte, par opposition à la simple possibilité laissée dans la seconde, ne laisse aucun doute. Certaines affectations sont obligatoires ; d'autres ne sont que facultatives. Les biens nécessaires à l'exercice de l'activité doivent figurer au patrimoine affecté tandis que l'entrepreneur à responsabilité limitée demeure libre d'affecter ou non les biens simplement utiles. Selon les travaux préparatoires[931], cette distinction s'inspire directement de la notion d'actif professionnel du droit fiscal. Doctrine et jurisprudence fiscale la définissent comme l'ensemble des éléments, dont la nature même implique une utilisation professionnelle, qui sont inscrits au bilan en tant qu'actif immobilisé ou qui figurent au registre des immobilisations[932]. Les actifs nécessaires à l'activité professionnelle seraient donc des actifs professionnels par nature, c'est-à-dire ceux sans lesquels l'exercice de l'activité ne saurait objectivement se concevoir. Partant de là, une première définition a été avancée sur la base d'une distinction entre

---

[930] art. L223-9 C.Com. les modalités d'évaluation de l'apport en nature varient selon un seuil fixé, de manière identique, par décret à 30.000 euros : art. D 223-6-1 C.com. ; Sur le rapprochement entre l'EURL et l'EIRL : J-F. BARBIERI, « EIRL, un statut opportun pour l'entrepreneur et ses partenaires ? Réflexions liminaires. », Bull. jol. soc. mars 2011 , § 104, p.227

[931] En ce sens, Rapp. A.N. n°2298, p.28 ; Rapp. Sénat. n°362, p.40

[932] Mémento Fiscal, éd. Francis Lefebvre, Bénéfices non commerciaux : n°13270

les biens professionnels « par nature » et ceux « par destination »[933] : les premiers échappent à la volonté de l'entrepreneur en raison de leur caractère indispensable à l'activité ; les seconds constituent des accessoires, non indispensables à l'activité, dont l'absence ne nuirait pas à son bon fonctionnement. Quoi qu'il en soit, la subtilité de cette distinction a nécessité, dans le silence de la loi, des précisions qui ont été apportées par décret[934]. L'article R 526-3-1 du Code a ainsi prévu que « les biens, droits, obligations et sûretés nécessaires à l'exercice de l'activité professionnelle s'entendent de ceux qui, par nature, ne peuvent être utilisés que dans le cadre de cette activité ». Ce faisant, est entérinée la référence aux critères fiscaux, souhaitée par le législateur. Pour déterminer si un bien doit être ou non affecté, il convient de comparer l'objet de l'activité à la fonction première de l'élément considéré[935]. Il en est ainsi du fonds de commerce et de tous les éléments qui le composent comme la clientèle et l'achalandage, le droit au bail[936] ou la licence de débit de boissons[937]. La doctrine fiscale y intègre également les brevets et les droits de propriété intellectuelle dont l'exploitation est l'objet même de l'activité[938]. Le contrat de franchise a également vocation à intégrer le patrimoine affecté lorsqu'il est le support principal de l'activité. Une solution identique s'impose, par analogie, pour tous les éléments essentiels d'un fonds commercial, artisanal, libéral ou même agricole. Parallèlement, les biens utiles à l'activité professionnelle ne lui sont pas indispensables. Ce sont notamment les biens à usage mixte qui peuvent être employés à la fois à titre personnel et professionnel. Le véhicule de tourisme, utilisé tout autant pour les déplacements privés que professionnels, constitue un parfait exemple[939]. En tout état de

---

933 En ce sens : S.PIEDELIEVRE, « L'entreprise individuelle à responsabilité limitée », Rép. Def. 2010, § 39134, p.1417, n°10 ; D.GIBIRILA, « L'entreprise individuelle à responsabilité limitée après les textes de décembre 2010 », Bull. Jol. sociétés mars 2011, 105, p.234, spéc. n°23

934 décret n°2012-122 du 30 janvier 2012

935 J.PRIEUR, « La création de l'EIRL », réf. précitée, p.53

936 C.E, 17 oct. 1990, n°56991, R.J.F. 12/90 n°1434

937 C.E., 28 déc. 2007, n°271895, R.J.F. 03/08 n°266

938 En dehors de cette hypothèse, l'exploitant est en droit de gérer dans le cadre de son patrimoine privé les brevets et autres droits intellectuels dont il est titulaire D. adm. 4B –122 n°5 et 6

cause, que l'affectation soit obligatoire ou facultative, l'alinéa deux de l'article L 526-6 du Code de commerce ajoute, in fine, qu'un même bien, droit ou sûreté ne peut entrer dans la composition que d'un seul patrimoine affecté. Cette exclusivité de l'affectation permet ainsi d'éviter une dispersion du gage entre les différents patrimoines affectés d'un entrepreneur à responsabilité limitée.

b - L'affectation d'un immeuble

267. La nature de l'affectation est plus délicate à déterminer lorsqu'il s'agit d'un immeuble. Si l'on se réfère à la doctrine fiscale, suivant en cela la logique du législateur, l'immeuble ne serait pas un actif professionnel par nature. Il serait donc un bien simplement utile dont l'affectation est purement facultative. Le législateur est resté muet sur cette question et n'apporte de précisions qu'à propos des terres agricoles, à l'alinéa trois de l'article L 526-6 du Code, pour les exclure de l'affectation obligatoire. Ainsi, l'exploitant agricole, propriétaire des terres utilisées pour l'exploitation, est dispensé de les affecter[940]. Pour le reste, le législateur n'envisage l'affectation d'un immeuble que pour en préciser le formalisme[941]. Cela étant, une lecture a contrario de cet alinéa trois a conduit, une partie de la doctrine[942], à considérer que l'immeuble spécialisé constitue un bien nécessaire dont l'affectation est obligatoire. Ainsi, l'avocat a indéniablement besoin du local prévu pour recevoir sa clientèle. Il en est de même du pas de porte du commerçant ou de l'atelier de l'artisan. Et, on ne saurait davantage concevoir « un hôtel, un théâtre, un cinéma ou un garage »

---

939 A notre sens, il en serait tout autrement du véhicule utilitaire qui peut s'avérer nécessaire à l'exercice d'une activité artisanale. Toutefois, il n'est pas certain que le gage des créanciers y gagne car le véhicule professionnel est rarement la propriété de l'entrepreneur individuel qui peut avoir recours à un crédit-bail.

940 sans doute par analogie avec le régime fiscal des terres agricoles : art.38 sexdecies D,I, ann. III C.G.I.

941 L'article L 526-9 du Code impose, sous peine d'inopposabilité de l'affectation, que celle-ci soit reçue par un acte notarié soumis aux formalités de publicité foncière, le cas échéant avec un état descriptif de division. Et, sous la même sanction, l'article L 526-11 du Code requiert l'accord exprès du conjoint ou des coïndivisaires en cas d'affectation d'un bien communs ou indivis.

942 J.PRIEUR, La création de l'EIRL, réf. précitée, p.54

sans affectation d'un local adapté[943]. En réalité, rien n'oblige l'entrepreneur à responsabilité limitée à offrir ce gage de valeur aux créanciers. L'affectation peut n'être que partielle, notamment si l'immeuble est à usage mixte, ou ne porter que sur un bail, y compris loué à soi-même[944]. Et, rien n'interdit que l'entrepreneur puisse cumuler les protections en ayant recours à une déclaration d'insaisissabilité[945], encore que l'insaisissabilité soit désormais de plein droit s'il s'agit de la résidence principale de l'entrepreneur individuel[946].

c - La question de l'affectation d'un bien commun ou indivis

268. Enfin, les textes envisagent l'affectation de biens commun ou indivis, dont certains peuvent s'avérer indispensables à l'activité. L'on songe, en particulier, à l'artisan ou au commerçant, marié sous le régime de la communauté légale, dont le fonds a le statut de bien commun. Or, l'article L 526-11 du Code de commerce soumet l'affectation de cette catégorie de biens à une double condition : l'entrepreneur à responsabilité limitée doit justifier de l'accord exprès du conjoint ou des coïndivisaires et de leur information préalable sur les droits des créanciers. De prime abord, ces dispositions viseraient à subordonner l'affectation au consentement du conjoint ou des coïndivisaires. En réalité, ce texte se borne à reprendre l'obligation d'information de l'époux commun en biens, déjà prévue par l'article L 526-4 du même Code. C'est pourquoi le modèle type prévu[947] s'est

---

943 Ph.REGNE, Le patrimoine affecté de l'entrepreneur individuel à responsabilité limitée, Rép. Def. 2011, art. 39214, spéc. n°12

944 Indépendamment de la controverse civiliste relative à la validité du contrat du contrat conclu avec soi-même, sur laquelle nous reviendrons, la doctrine fiscale admet la déductibilité du revenu d'un loyer professionnel lorsque l'immeuble appartient au redevable, fiscale : D.adm. 5G-3123 n°5 – En ce sens, D.Faucher, Le bail fiscal, Bull. Cridon, 1er-15 déc. 2007, n°23

945 en ce sens : J.VALLANSAN, « EIRL et déclaration d'insaisissabilité : « l'entrepreneur barricadé » in « EIRL et droit des entreprises en difficulté : l'épreuve de vérité », Rev proc coll mars avr. 2011, article 22, p.92

946 art. L 526-1 C.com. dans sa rédaction issue de l'art. 206 de la loi n°2015-990 du 6 août 2015 pour la croissance, l'activité et l'égalité des chances économiques

947 Pour l'E.I.RL : art. R 526-7 et A 526-1 annexe III C.com ; pour l'information du conjoint commun en biens : art. R 123-121-1 et A 123-63 annexe 1-2 C.com.

inspiré de cette obligation d'information. Cela étant, compte tenu de la nature des droits accordés aux créanciers, un éventuel refus d'affectation d'un conjoint ou d'un coïndivisaires mériterait d'être pris en compte dès lors qu'il est justifié[948]. D'ailleurs, le juge pourrait toujours autoriser l'affectation, nonobstant un refus, d'un bien indispensable à l'activité[949].

269. Quoi qu'il en soit, ces formalités doivent être observées, à peine d'inopposabilité de l'affectation[950]. A défaut, le conjoint ou le coïndivisaire, non avisé, n'a pas à subir les effets de l'affectation. L'article L 526-11 ne précise pas si cette sanction est de nature à priver les créanciers du patrimoine affecté de leur droit de gage exclusif sur le bien irrégulièrement affecté. L'on peut le penser. Il apparaît acquis que les créanciers du conjoint n'ayant pas donné son accord peuvent continuer à appréhender le bien nonobstant son affectation[951]. Partant de là, certains auteurs ont considéré que le bien, dont l'affectation est inopposable au conjoint ou coïndivisaire, demeurerait dans le patrimoine non affecté de l'entrepreneur à responsabilité limitée où il constituerait le gage exclusif des créanciers de ce patrimoine[952]. Il serait donc, par ricochet, à l'abri des poursuites des créanciers du patrimoine affecté qui seraient ainsi privés de l'exercice de leur gage. Il convient néanmoins d'attendre une confirmation jurisprudentielle de cette solution.

---

[948] L.C. HENRY, « EIRL : quid des biens communs et des biens indivis affectés ? » art . 23, in « EIRL et des droits des entreprises en difficulté : l'épreuve de vérité », Rev. proc. coll. mars avr. 2011, Dossier 15

[949] Pour les biens indispensables, à l'instar du fonds de commerce, un recours serait possible sur le fondement des articles 217 du Code civil pour les biens communs et 815-5 du Code civil pour les biens indivis. En ce sens : Ph.SIMLER, « EIRL et communauté de biens entre époux », JCP G 2011, 4 ; J.-P. SENECHAL, « L'affectation des biens communs et indivis », B.J.E. mars 2011, p.62, spéc p.63

[950] La doctrine s'accorde pour considérer que l'inopposabilité prévue par l'article L 526-11 du Code de la sécurité sociale de la nullité instituée par l'article 1422, alinéa 2, du Code civil.

[951] F.VAUVILLE, art. précité, spéc. p.1661

[952] P.M LE CORRE, ouvrage précité n°042.88 ; M.SENECHAL, « Le patrimoine affecté à l'épreuve du droit des procédures collectives », Dr. et patr. 2010, n°191, p.89 et s., spéc. p ;93

270. En outre, tout en assimilant biens communs et biens indivis lors de leur affectation, l'article 526-11 du Code ne précise pas l'étendue des droits reconnus aux créanciers. La doctrine considère de manière unanime que l'affectation d'un bien commun est protectrice des intérêts du conjoint car elle introduit une dérogation à la règle de l'article 1413 du Code civil. Les biens communs régulièrement affectés constituent le gage exclusif des créanciers du patrimoine affecté ; tandis que les autres biens communs échappent totalement à leur gage car ils relèvent du patrimoine non affecté de l'entrepreneur à responsabilité limitée. En revanche, la doctrine est divisée concernant l'application des dispositions de l'article 815-17 du Code civil aux biens indivis affectés. Pour certains auteurs, ceux-ci ne peuvent directement être saisis par les créanciers du patrimoine affecté que s'ils sont, par ailleurs, créanciers de l'indivision ; c'est-à-dire dont les droits sont antérieurs à l'apparition de l'indivision. A défaut, ils ont la nature de créanciers indivisaires et doivent préalablement provoquer le partage[953]. Pour une autre partie de la doctrine, l'exclusivité du gage reconnue par l'article L 526-12 du Code de commerce emporterait nécessairement dérogation aux dispositions de l'article 815-17 du Code civil, à l'instar de celle déjà admise à l'article 1413 de ce même Code. En effet, selon ces auteurs[954], l'accord exprès des coïndivisaires constitue une autorisation d'utiliser le bien à titre privatif. Celui-ci devient alors le gage exclusif des créanciers du patrimoine affecté, privant les créanciers des autres indivisaires de l'exercice de leurs droits sur ce bien[955]. La solution apparaît donc incertaine au regard des biens indivis. Tout au plus, les difficultés suscitées par l'affectation d'un bien indivis ne sont pas susceptibles de se démultiplier puisque l'article L 526-11 du Code de commerce reprend à l'identique l'interdiction posée par l'alinéa deux, in fine, de l'article L 526-6 d'affecter un même bien commun ou indivis à différents patrimoines affectés.

[953] F.VAUVILLE, art. précité, spéc. p.1661

[954] F. PEROCHON, « Les patrimoines de l'EIRL », Rev. proc. coll. janv. fév. 2011, Dossier 13, p.101, spéc. n°19

[955] En ce sens, L.C. HENRY, art. préc., spéc. n°15

4 - Les modifications de composition du patrimoine affecté et l'information des tiers

271. A différence du capital social d'une société, immuable en l'absence de décision de l'assemblée générale, la composition du patrimoine affecté est susceptible de fluctuer au cours de l'activité. Il était donc essentiel d'informer les créanciers de l'évolution de leur gage. A cette fin, l'article L 526-14 du Code impose à l'entrepreneur à responsabilité limitée de publier chaque année son bilan[956], ou le document comptable simplifié s'il est soumis au régime de la micro-entreprise, et ce dans les six mois de la clôture de l'exercice, auprès du registre qui a déjà reçu la déclaration d'affectation. Cette publication permet d'actualiser la composition et la valeur du patrimoine affecté. Pour garantir le respect de cette obligation, celle-ci a été assortie d'une sanction équivalente à celle prévue pour les sociétés à responsabilité limitée[957]. L'entrepreneur à responsabilité limitée défaillant peut être contraint de publier, à la demande du ministère public ou de tout intéressé, par une injonction prononcée par le juge des référés sous astreinte[958].

272. Cette actualisation périodique de la composition du patrimoine ne dispense pas l'entrepreneur à responsabilité limitée de déclarer toute nouvelle affectation. De la même manière qu'un associé peut procéder à un nouvel apport lors d'une augmentation de capital, l'entrepreneur à responsabilité peut affecter un bien nouveau à l'activité. L'alinéa deux de l'article L 526-10 du Code requiert, à cet effet, l'établissement d'une déclaration complémentaire lorsqu'il s'agit d'un bien, autre que des liquidités. Celle-ci est souscrite selon les mêmes modalités que la déclaration initiale. Lorsqu'elle concerne un bien d'une valeur supérieure à trente mille euros, la déclaration doit donc être accompagnée d'une évaluation réalisée par un tiers de confiance. Là encore, ces règles s'inspirent de celles régissant

---

[956] Pour alléger les formalités de publicité, la loi n° 2014-626 du 18 juin 2014 relative à l'artisanat, au commerce et aux très petites entreprises a limité à l'article L 526-14 l'obligation au seul bilan en supprimant le visa des comptes annuels.

[957] art. L 232-22 et L 232-24 C.com.

[958] L'on peut regretter que l'absence de publication des comptes n'ait été visée à l'article L 526-12 comme motif de rétablissement du droit de gage général sur l'ensemble des patrimoines de l'entrepreneur à responsabilité limitée. En ce sens : F. Pérochon, art. préc., spéc. n°30

l'augmentation de capital dans les sociétés à responsabilité limitée[959]. La question s'est posée de savoir si ce formalisme devait être observé lors du remplacement d'un bien affecté par un autre, comme lors du renouvellement de machines obsolètes. Dans le silence des textes, la doctrine est demeurée partagée. Certains auteurs ont soutenu que les créanciers professionnels pouvaient prétendre à un report automatique de leur gage sur les biens nouveaux par le jeu de la subrogation réelle[960]. D'autres se sont montrés plus réservés à ce sujet compte tenu du caractère obligatoire de la déclaration complémentaire[961]. Quoi qu'il en soit, lorsque le bien renouvelé figure à l'actif du bilan lors de la publication des comptes annuels, celui-ci intègre automatiquement le patrimoine affecté par le jeu de l'actualisation. Réciproquement, le bien remplacé, qui n'est plus utile à l'activité, disparaît du bilan et quitte le patrimoine affecté.

273. Reste à savoir si, en dehors de cette hypothèse, le retrait d'un bien du patrimoine affecté est possible. Même si le législateur n'envisage que la renonciation complète à l'affectation, la désaffectation d'un bien a clairement été admise au cours des débats parlementaires, excepté si le bien est nécessaire à l'activité[962]. Toutefois, le législateur n'a pas pris soin d'assortir la désaffectation d'un bien d'une faculté d'opposition au profit des créanciers, à l'instar de celle prévue lors de la réduction de capital non motivée par les pertes[963]. Cela étant, le retrait d'un bien nécessaire à l'activité pourrait constituer un manquement grave aux obligations inhérentes au patrimoine affecté qui permet de rétablir le droit de gage général des créanciers sur la totalité des patrimoines, conformément à l'article L 526-12 du Code de commerce.

---

959 art. L 223-33 C.com.

960 S.PIEDELIEVRE, art. précité

961 B. MALLET-BRICOUT, L'affectation d'un patrimoine : fonctionnement et cessation, in L'entrepreneur individuel à responsabilité limitée, sous la direction de François TERRE, Litec collection Droit 360°, p. 46 spéc. n°89

962 « il n'est pas possible de, sous peine de manquement aux règles d'affectation, de retirer un bien nécessaire à l'activité professionnelle. En revanche, concernant un bien utilisé, le retrait est possible et apparaîtra dans les comptes annuels. » : Rapp. Sénat précité p.49.

963 art. L 223-34 C.com., le législateur s'était déjà inspirée de celle pour organiser les conditions de l'opposabilité de la déclaration d'affectation aux créanciers antérieurs, comme il a déjà pu être observé : art. L 526-12 C.com.

B - Une séparation non étanche entre les patrimoines de l'entrepreneur individuel

274. L'intérêt principal de la constitution d'un patrimoine affecté est de limiter le droit de gage des créanciers professionnels par une scission du patrimoine de l'entrepreneur individuel en des masses distinctes. Seul le patrimoine affecté répond des dettes nées de l'activité professionnelle : les créanciers professionnels ne peuvent agir qu'à l'égard de ce seul patrimoine qui leur est offert en gage. Partant de là, les autres créanciers peuvent agir à l'encontre des biens demeurés dans le patrimoine non affecté. A moins de contrevenir à certaines obligations, l'entrepreneur à responsabilité limitée est, en principe, assuré de ne pas devoir répondre au-delà des forces du patrimoine affecté. Cela étant, ce qui est ainsi gagné en protection, est réciproquement perdu en crédit. Et, pour en retrouver, l'entrepreneur à responsabilité limitée peut être amené à renoncer, en partie, à cette protection.

1 - Une limitation du gage des créanciers, patrimoine par patrimoine

275. L'entrepreneur à responsabilité limitée n'est plus tenu sur l'intégralité de ses droits et biens. L'article L 526-12 du Code de commerce traduit cela par deux propositions dérogeant aux articles 2284 et 2285 du Code civil : « les créanciers (...) dont les droits sont nés à l'occasion de l'exercice de l'activité professionnelle à laquelle le patrimoine est affecté (qui) ont pour seul gage général le patrimoine affecté » et, « les autres créanciers (...) ont pour seul gage général le patrimoine non affecté. » Les créanciers professionnels ont alors pour seul gage le patrimoine affecté et ne peuvent plus appréhender l'actif demeuré dans le patrimoine non affecté. Réciproquement, les créanciers domestiques ont pour unique gage le patrimoine non affecté. Dès lors, les créanciers ne disposent de droits que sur le patrimoine qui constitue leur gage, à l'exclusion de tout autre. Ce cloisonnement du droit de gage général a conduit à circonscrire les poursuites individuelles en posant un « principe de saisissabilité différenciée[964] ». L'article L 161-2 du Code des procédures civiles d'exécution limite ainsi le droit à l'exécution forcée aux « biens sur lesquels le créancier a un droit de gage général tel que défini par l'article L 526-12 du Code de commerce. »

276. A partir de là, les créanciers professionnels ne peuvent exercer leurs poursuites que sur les biens affectés, à l'exclusion de ceux demeurés dans le patrimoine non affecté. L'entrepreneur à responsabilité limitée bénéficie ainsi d'une immunité d'exécution, d'un droit « à ne pas être saisi[965] » dans ce patrimoine. En principe, les créanciers professionnels devraient disposer d'un gage suffisant puisque le patrimoine affecté doit, a minima, contenir les biens nécessaires à l'activité. Cependant, ils peuvent se heurter à deux séries de difficultés. En premier lieu, ceux-ci sont contraints de diviser leurs poursuites en l'absence de possibilité de saisie globale, à l'instar de celle du fonds de commerce[966]. L'exécution sur le patrimoine affecté ne peut donc intervenir que de manière fractionnée, bien par bien. Mais surtout, l'exécution forcée pourrait s'avérer impossible car les biens affectés peuvent appartenir à des tiers. En effet, rien n'oblige l'entrepreneur à responsabilité limitée à détenir les biens nécessaires en pleine propriété. Le patrimoine affecté peut ne comporter que des contrats portant mise à disposition des biens nécessaires à l'activité[967] : le matériel nécessaire peut être acquis en crédit-bail ou sous réserve de propriété, le fonds de commerce pris en location-gérance depuis le patrimoine non affecté de l'entrepreneur à responsabilité limitée[968] et les créances déjà cédées par un affacturage. Dans un tel contexte, le gage des créanciers est bien maigre sans que cela puisse être reproché à l'entrepreneur à responsabilité limitée puisque les biens nécessaires ont été affectés. Par ailleurs, celui-ci

---

[964] O.SALATI, « La loi n°2010-658 du 15 juin 2010 relative à l'entrepreneur individuel à responsabilité limitée et le principe de saisissabilité : une menace de plus sur le droit au recouvrement ? », Procédures nov. 2010, étude 8

[965] L. LAUVERGNAT, « L'entrepreneur individuel et ses créanciers : existe-t-il un droit de ne pas être saisi ? », JCP G 2013, 1367

[966] art. L 143-5 C.com. : L'on peut s'étonner d'une telle omission alors même que le patrimoine affecté est susceptible d'une cession globale ou d'un apport en société (art. L 526-17 C.com).

[967] En ce sens, M.-H. MONSERIE-BON, « Brèves réflexions sur les contrats et l'EIRL » : B.J.E mars 2011, p.65, sépc. n°6

[968] Notamment si le conjoint a refusé l'affectation de ce bien commun.

n'est pas tenu au-delà des forces du patrimoine affecté[969] tant qu'aucune faute de gestion n'a conduit à l'insuffisance d'actif de ce patrimoine[970]. Cette situation n'est, au final, guère différente de celle du gérant d'une entreprise unipersonnelle à responsabilité limitée constituée du capital social minimal d'un euro. Au passage, ce qui est ainsi gagné en protection, est réciproquement perdu en crédit pour l'entrepreneur à responsabilité limitée ; ce qui pourrait le conduire à renoncer, en partie, à cette protection en consentant des sûretés. Nous reviendrons, plus avant, sur cette question.

277. Côté patrimoine non affecté, le fractionnement des poursuites individuelles, patrimoine par patrimoine, a conduit le législateur à aménager certaines règles. Ainsi, en matière de saisie attribution, l'article L 162-2 du Code des procédures civiles d'exécution a logiquement cantonné, lors de la saisie d'un compte bancaire, la mise à disposition automatique d'une somme insaisissable, équivalente au montant du revenu de solidarité active, à la saisie des comptes du patrimoine non affecté de l'entrepreneur à responsabilité limitée. Mais surtout, il convenait de reconnaître aux créanciers domestiques un droit de regard sur les revenus procurés par l'activité, demeurés dans le patrimoine affecté. L'entrepreneur à responsabilité limitée fixant librement le montant des revenus prélevés dans le patrimoine affecté[971], ceux-ci pouvaient être indument conservés, en tout ou partie, dans le patrimoine affecté pour les soustraire aux poursuites des créanciers domestiques. Aussi, en cas d'insuffisance du patrimoine non affecté, l'article L 526-12 du Code de commerce reconnaît, in fine, aux créanciers domestiques le droit d'appréhender le bénéfice réalisé lors du dernier exercice clos, demeuré dans le patrimoine affecté. Ce droit reste d'une application délicate. Un bénéfice n'est pas, en soi, un bien saisissable. Celui-ci étant fongible dans le patrimoine affecté, sa saisie suppose son identification préalable laquelle ne peut intervenir qu'à l'aide des comptes annuels pour autant que ceux-ci aient été déposés[972]. En outre, le texte évoque

---

[969] Contrairement au patrimoine fiduciaire (art. 2025 al.2 C.civ.)

[970] La clôture pour insuffisance d'actif de la liquidation judiciaire de la liquidation judiciaire du patrimoine affecté expose l'entrepreneur individuel à responsabilité limitée à la sanction de responsabilité pour insuffisance d'actif, tout comme le dirigeant social.

[971] art. L 526-18 C.com.

[972] art. L 526-14 C.com.

le bénéfice du dernier exercice clos ce qui exclut les bénéfices laissés en réserve et qui n'ont pas été distribués lors des exercices antérieurs. Partant de là, certains auteurs ont avancé que les sommes figurant sur le compte professionnel pouvaient être saisies dans la limite du montant du dernier bénéfice[973]. D'autres ont soutenu que les biens affectés à titre complémentaire pouvaient être appréhendés à hauteur du dernier bénéfice constaté[974]. Ce droit de poursuites des créanciers domestiques suscite donc des difficultés sérieuses. Mais son existence démontre que l'étanchéité des patrimoines n'est pas parfaite et qu'elle peut être remise en cause par les créanciers.

2 - Le rétablissement du droit de gage général des créanciers en cas de fraude ou de manquement grave aux obligations inhérentes au patrimoine affecté

278. A l'instar de tout commerçant, l'entrepreneur à responsabilité limitée est soumis à diverses obligations. Dans l'exercice de l'activité à laquelle le patrimoine est affecté, l'entrepreneur à responsabilité limitée est ainsi tenu d'utiliser une dénomination incorporant son nom, précédé ou immédiatement suivi des mots : « Entrepreneur individuel à responsabilité limitée » ou des initiales : « EIRL »[975]. Et, sous peine de perdre le bénéfice de la séparation des patrimoines, il est tenu d'affecter les éléments indispensables à l'activité[976], d'ouvrir dans un établissement de crédit un compte exclusivement dédié à l'activité à laquelle le patrimoine est affecté et de tenir une comptabilité autonome[977]. A titre de sanction, l'article L 526-12 du Code de commerce rétablit le droit de gage général des créanciers sur la totalité des droits et biens, tous patrimoines confondus, en cas de fraude ou de manquement grave de l'entrepreneur à responsabilité limitée aux obligations comptables, bancaires ou aux règles d'affectation. Toutefois, le législateur n'a pas intégré, dans le champ d'application

[973] S.PIEDELIEVRE, art. préc., n°24

[974] D.LEGEAIS, Le gage des créanciers dans l'EIRL, Rép. Def. 2011, §39125, p.560, spéc. p.564

[975] art. L 526-6 al. 3 C.com.

[976] art. L 526-6 C.com.

[977] art. L 526-13 C.com.

de cette sanction, la méconnaissance de l'obligation d'identification[978].

279. Faute de précisions légales, les contours des notions de fraude ou de manquement grave demeurent encore flous. En premier lieu, la fraude n'est qu'une application à l'entrepreneur à responsabilité limitée de l'adage « fraus omnia corrumpit ». Il s'agit vraisemblablement de la fraude paulienne[979]. La constitution d'un patrimoine affecté n'étant pas en elle-même frauduleuse, elle suppose la démonstration d'une intention de nuire aux créanciers. Indépendamment de la tromperie dans l'évaluation de l'actif affecté qui fait l'objet d'un texte autonome[980], il s'agit d'une affectation patrimoniale abusive, dans un but d'organisation d'insolvabilité[981], consistant à affecter un bien inutile à l'activité pour le soustraire aux poursuites des créanciers personnels[982]. Réciproquement, le transfert systématique de l'intégralité des recettes du patrimoine affecté vers le patrimoine non affecté pour les soustraire aux poursuites des créanciers professionnels serait frauduleux[983].

280. A la différence de la fraude, le manquement grave aux règles d'affectation ou aux obligations comptables et bancaires reposent sur des considérations objectives à partir des principes fondamentaux régissant la constitution ou le fonctionnement du patrimoine affecté. Il y a nullement lieu de rechercher si l'entrepreneur s'est, ou non, sciemment soustrait à l'obligation concernée. La gravité de l'atteinte s'apprécie de manière objective à partir des éléments essentiels au fonctionnement régulier du patrimoine affecté. Il n'y a donc pas

---

978 Néanmoins, le manquement à cette obligation pourrait être constitutif de fraude lorsqu'il vise à tromper le partenaire sur la consistance du gage offert : en ce sens, F.Pérochon, op. cit., n°28

979 WICKER et SAUTONIE-LAUGUIONIE, « La fraude de l'E.I.R.L », Bull. Jol. ent. diff. 2011, p.224

980 art. L 526-10 C.com. cf infra

981 D.GIBIRILA, op. cit. spéc. n°33

982 Toutefois, le Sénat a vu dans cette hypothèse un manquement grave aux règles d'affectation, car dans il y aurait « affectation abusive de biens non nécessaires à l'activité professionnelle ni même utilisés dans l'exercice de celle-ci ». Rapp. Sénat n°362, mars 2010, par J.-J Hyest, p.49,

983 T.REVET, Rapport introductif, Dossier « L'EIRL : la nouvelle donne pour l'entrepreneur », Dr. et patr. avr. 2011, p.44 spéc. p.49

matière à interprétation pour le juge dans ce domaine[984]. Constitue un manquement grave : l'absence d'affectation d'un bien indispensable à l'activité ou l'affection d'un même bien dans différents patrimoines[985]. De même, lors d'un changement d'activité, l'omission de procéder à une déclaration modificative est constitutive d'un manquement grave lorsqu'elle a pour effet de laisser à l'écart du patrimoine affecté les biens nécessaires à la nouvelle activité. La même logique prévaut pour les atteintes aux obligations comptables et financières. Sont sanctionnés par un rétablissement du droit de gage général le défaut de tenue d'une comptabilité et l'absence d'ouverture de comptes bancaires dédiés. Le patrimoine affecté a été exploité sans compte bancaire professionnel, ni comptabilité. Il en est de même lorsque plusieurs patrimoines affectés ont été constitués sans ouverture de comptes bancaires distincts, ni tenue d'une comptabilité autonome.

281. La question la plus prégnante demeure celle de la portée, à l'égard des créanciers, du rétablissement du droit de gage sur l'intégralité des patrimoines : bénéficie-t-il seulement au créancier victime de la fraude ou à l'ensemble des créanciers ? Les dispositions de l'article L 526-12 du Code de commerce ne sont pas sans rappeler celles de l'article L 643-11 VI du même Code qui autorisent la reprise des poursuites individuelles par tous ; peu importe que la fraude ait été commise « à l'égard d'un ou de plusieurs créanciers ». Par analogie, il n'est pas illogique de considérer que l'extension du droit de gage bénéficie à tous. Cela étant, une confirmation jurisprudentielle serait la bienvenue car certains auteurs estiment curieux que la fraude puisse bénéficier aux créanciers qui n'ont pas été victime de celle-ci[986]. La situation est différente en cas de manquement grave de l'entrepreneur à responsabilité limitée à ses obligations. A la différence de la fraude, celui-ci porte atteinte aux intérêts de l'ensemble des créanciers professionnels ayant pour seul gage ce patrimoine. Chacun dispose donc d'un intérêt à agir et est recevable à se prévaloir d'une cause de rétablissement du droit de gage intégral. Pour cette raison, le

---

984 B. MALLET-BRICOUT, art. précité, in L'entrepreneur individuel à responsabilité limitée, sous la direction de François TERRE, Litec collection Droit 360°, p. 46 spéc. n°89

985 S.SCHILLER, « L'EIRL et les créanciers », dossier : « L'EIRL : la nouvelle donne pour l'entrepreneur » Dr. et patr. avr. 2011 spéc. p59

986 S.PIEDELIEVRE, art. précité, n°24 ; F.PEROCHON, art.précité, n°28

manquement grave, une fois retenu, nous paraît devoir opérer « erga omnes » à la manière d'une déchéance[987] de la déclaration d'affectation. Toutefois, selon certains auteurs, l'article L 526-12 instaurerait une inopposabilité de la déclaration d'affectation[988], s'appuyant pour cela sur la lettre du texte qui évoque à plusieurs reprises cette sanction. A suivre cette thèse, le rétablissement du droit de gage n'opérerait qu'à l'égard du créancier se prévalant d'un manquement. Les précisions jurisprudentielles s'avéreront, sur ce point, salutaires.

282. Indépendamment des dispositions de l'article L 526-12, les créanciers publics ont été dotés de prérogatives exorbitantes du droit commun destinées à la lutte contre les fraudes. Ceux-ci sont autorisés, sous le contrôle du juge, à appréhender la totalité des biens et droits de l'entrepreneur à responsabilité limitée en cas de manœuvres frauduleuses ou d'inobservations graves et répétées des obligations fiscales ou sociales ayant rendu impossible le recouvrement des impositions et cotisations dues. Cet arsenal, issu du Livre des procédures fiscales[989] et du Code de la sécurité sociale[990], s'inspire la responsabilité solidaire du dirigeant et de la société à responsabilité limitée[991]. La procédure spécifique prévue à cet effet en reprend d'ailleurs les traits essentiels[992].

---

[987] La déchéance se définit comme « la perte d'un droit, d'une fonction, d'une qualité ou d'un bénéfice, encourue à titre de sanction, pour cause d'indignité, d'incapacité, de fraude. » Vocabulaire Juridique, Gérard Cornu, Association Henri Capitant PUF

[988] F.PEROCHON, art.précité, n°28 ; L'inopposabilité se définit comme « la sanction d'un acte frauduleux » frappant « d'une inefficience limitée, distincte de la nullité (erga omnes), qui prive un acte juridique frauduleux d'effet mais seulement à l'égard de certaines personnes. »

[989] art. L 273 B Liv.Proc.Fisc.

[990] art. L. 133-4-7 C.S.S

[991] art. L 267 L.P.F. , art. L 243-3-2 C.S.S.

[992] procédure à jour fixe : art. R 267-1 et R 273 B-1 L.P.F.

3 - La renonciation à la séparation des patrimoines lors de la constitution de sûretés

283. Quelle que soit la forme de la protection patrimoniale, les créanciers peuvent toujours contourner celle-ci au moyen des sûretés. Lors de l'examen de la loi du 15 juin 2010, cette question, pourtant jugée « cruciale pour l'avenir du régime[993] », a rapidement été éludée ; le législateur ayant préféré s'en remettre aux organismes de caution mutuelle, comme OSEO[994] ou la SIAGI, identifiés comme source de crédit pour l'entrepreneur à responsabilité limitée. C'est pourquoi, l'article L 526-6 du Code a d'ailleurs envisagé l'affectation d'une sûreté dont pouvait être titulaire l'entrepreneur à responsabilité limitée. Un amendement, adopté par l'Assemblée nationale, avait d'ailleurs tenté d'interdire le cumul de sûretés lorsqu'un créancier dispose déjà de celle accordée par une société de caution mutuelle. La commission mixte paritaire lui a substitué un simple renforcement de l'obligation d'information de la caution, en modifiant l'article L 313-21 du Code monétaire et financier[995]. En dehors de cela, le législateur a renoncé à légiférer sur cette question en raison d'un engagement informel des banques, révélé par une réponse ministérielle intervenue après le vote du texte[996], de ne pas solliciter de garanties

---

[993] M. Hervé Novelli, Secrétaire d'état aux petites et moyennes entreprises, séance AN 17 fév. 2010 : « Beaucoup d'entre vous ont posé, à juste titre, cette question cruciale pour l'avenir de ce nouveau régime : comment empêcher les banques de reconstituer leurs sûretés au travers des cautions personnelles, garanties des dirigeants ou autres pratiques qui pèsent aujourd'hui sur l'entrepreneur ? »

[994] Lors de la présentation du projet à l'Assemblée nationale, Hervé Novelli déclarait devant les députés : « la solution repose dans une large mesure sur le recours au cautionnement solidaire d'organismes tels Oséo (...) Oséo offrira des garanties à 70 pour cent pour les prêts à la création et des garanties plus faibles pour les autres types de prêts »

[995] Ce dernier texte imposait déjà aux établissements bancaires, souhaitant obtenir une sûreté d'un entrepreneur individuel, de l'informer de la possibilité de proposer en garantie les biens nécessaires à l'exploitation. Depuis lors, les établissements de crédit sont également contraints de l'informer de la possibilité « de solliciter une garantie auprès d'un établissement de crédit, d'une entreprise d'assurance habilitée à pratiquer les opérations de caution ou d'une société de caution mutuelle ».

[996] « les biens affectés à l'activité professionnelle peuvent constituer les seuls gages des créanciers professionnels (...) en conséquence, le Gouvernement a souhaité que l'entrepreneur individuel à responsabilité limitée ait accès au crédit sans avoir à constituer des sûretés sur ses biens personnels ou apporter la garantie de ses proches. » : rép. min. n°80164 Hunault, JOAN 19 oct. 2010 p.11390

complémentaires à celles des organismes de caution[997]. Aussi, dans le silence des textes, la doctrine est demeurée divisée sur le point de savoir si un patrimoine de l'entrepreneur à responsabilité limitée pouvait valablement garantir une dette née dans un autre de ses patrimoines. Une partie de la doctrine lui a dénié cette faculté car, selon ces auteurs, l'admettre reviendrait à mettre à néant la protection patrimoniale souhaitée par le législateur et serait donc contraire à l'esprit de la loi[998]. Néanmoins, les précisions originelles du projet de loi, qui permettait d'accréditer cette thèse[999], ont été abandonnées au cours du vote de la loi. Et, dans la version définitive de l'article L 526-12 du Code de commerce, il n'y a plus que l'emploi de l'adjectif « seul », pour qualifier le droit de gage général des créanciers, qui laisse encore à penser que les créanciers professionnels doivent se contenter du patrimoine affecté. L'argument de texte apparaît, néanmoins, bien faible pour sérieusement soutenir qu'une sûreté octroyée sur un patrimoine en garantie d'un autre constituerait une atteinte à l'ordre public de protection[1000]. De même, ne résiste pas à l'analyse l'argument selon lequel l'article L 526-15 de ce même Code n'autoriserait qu'une renonciation intégrale au patrimoine affecté et non une renonciation in favorem[1001], à l'instar de la déclaration d'insaisissabilité[1002]. En vérité, en l'absence d'interdiction légale expresse, rien ne paraît s'opposer à la constitution de sûretés sur un patrimoine différent de l'entrepreneur à responsabilité limitée. Du

---

[997] Cet engagement a été au final formalisé dans une « charte pour l'accès au crédit de l'EIRL » signée le 31 mai 2011 entre le secrétaire d'Etat chargé des PME et la Fédération française des banques, dont on ne peut que douter du caractère obligatoire.

[998] B. SAINTOURENS, « L'entrepreneur individuel à responsabilité limitée : Commentaire de la loi n°2010-658 du 15 juin 2010 », Rev. soc. 2010, p.351, n°57

[999] Ainsi, les différents alinéas de l'article L 526-11, résultant du projet et devenu par la suite l'article L 526-12 précisait à l'origine que les créanciers professionnels « ont pour seul gage le patrimoine affecté à l'exclusion de tout autre bien et droit de l'entrepreneur » et que l'entrepreneur est responsable sur la totalité de ses biens et droits en cas de (...) non-respect des règles (...) de séparation des patrimoines. »

[1000] P.THERY, « L'accès au crédit de l'EIRL : garantir et exécuter », Rép. Déf. Juin 2011, art. 39216, p.569, spéc n°3

[1001] F.VAUVILLE, art. précité, p.1666 ; F.ROUSSEL, EIRL et droit du crédit et des sûretés, le financement, in L'entrepreneur individuel à responsabilité limitée, Litec, coll. Droit 360 p. 93 spéc. p.109 n°259

[1002] art. L 526-3 C.Com.

reste, cette faculté a été clairement admise au cours des débats parlementaires[1003]. Une majorité d'auteurs s'accorde donc sur ce point[1004]. Mais les opinions divergent selon la nature de la sûreté concernée[1005].

284. La validité d'une sûreté réelle a clairement été retenue. Celle-ci opère affectation spéciale d'un bien au profit d'un créancier et produit, à son égard, les effets d'une renonciation à la séparation des patrimoines[1006]. En revanche, bon nombre d'auteurs estiment que l'« auto-cautionnement[1007]» par l'entrepreneur à responsabilité limitée serait contraire aux principes du droit des obligations et des sûretés. En effet, le cautionnement est fondé sur une relation contractuelle tripartite dans laquelle une personne, dénommée caution, s'engage envers un créancier à exécuter l'obligation d'un débiteur principal s'il n'y satisfait pas lui-même[1008]. Partant de là, la jurisprudence avait interdit le cumul des qualités de débiteur et de caution[1009]. Or, « la caution est une personne physique et non un patrimoine », comme a pu le souligner Monsieur le Professeur Simler[1010]. L'opération juridique serait donc impossible pour l'entrepreneur à responsabilité

[1003] H.Novelli, séance AN 17 fev. 2010 : « je précise que le patrimoine d'affectation concerne le seul gage général, il n'interdit pas la prise de sûretés spécifiques sur l'un ou l'autre des patrimoines. Il n'en faut pas moins limiter autant que possible le recours à des sûretés personnelles ou réelles sur le patrimoine non affecté. » Rapport Laure de La Raudière « si le patrimoine affecté limite le gage général des créanciers, il n'interdit évidemment pas à un prêteur, par exemple une banque, demander des garanties sur les biens personnels. La garantie personnelle (cautionnement) ou réelle (nantissement ou hypothèque), ne se confond pas avec le gage général. »

[1004] S.SCHILLER, « L'EIRL et les créanciers », dossier : « L'EIRL : la nouvelle donne pour l'entrepreneur » Dr. et patr. avr. 2011 p.61 ; F.PEROCHON, « EIRL, un patrimoine peut en garantir un autre, la validité des sûretés constituées au titre d'un patrimoine de l'EIRL en garantie des dettes de l'autre patrimoine », art. 25, in « EIRL et des droits des entreprises en difficulté : l'épreuve de vérité », Rev. proc. coll. mars avr. 2011, Dossier 15

[1005] en ce sens, F.MACORIG-VENIER, Observations sur l'EIRL et les sûretés, Bull. Joly Soc. mars 2011

[1006] J.LAURENT, art. précité, spéc. p.45

[1007] formule employée par Madame PEROCHON, art précité, op. cit.

[1008] art. 2288 C.civ.

[1009] Cass. Com., 28 avr. 1964, R.T.D.Civ. 1965 p.116 obs. Chevalier

[1010] P.SIMLER, « EIRL et communauté de biens entre époux », JCP G 2011, n°4 p.11 et suivant

limitée, sauf à admettre la validité du contrat avec soi-même[1011]. Elle aurait supposé une adaptation des dispositions du Code civil relatives aux sûretés par l'ordonnance du 9 décembre 2010 dont l'absence s'oppose, selon Madame le Professeur Macorig-Venier[1012], à la validité de « l'auto-cautionnement ». Toutefois, pour Monsieur le Professeur Thèry[1013], rejoint en cela par d'autres auteurs[1014], cette difficulté ne serait pas insurmontable si l'on considère que la démultiplication des patrimoines entraîne une évolution du cautionnement qui ne serait plus seulement l'adjonction d'un second débiteur mais celle d'un second patrimoine. Quoi qu'il en soit, cette question pourrait ne jamais se poser puisque les établissements bancaires se sont engagés, par une charte d'accès au crédit, à ne solliciter aucune garantie complémentaire à celle des organismes de caution mutuelle.

285. Partant de là, l'étanchéité des patrimoines, comme clé d'une dynamique de la création d'entreprise, s'avère un vœu pieu tant la question de l'accès au crédit tourne très vite à la « quadrature du cercle[1015] ». Elle suppose également que l'entrepreneur à responsabilité limitée ait scrupuleusement veillé au respect de cette séparation des patrimoines. En dépit de la volonté du législateur de protéger le patrimoine privé de l'entrepreneur à responsabilité limitée, force est de constater que l'étanchéité des patrimoines est imparfaite et peut céder face à l'épreuve d'une procédure collective.

§ 2 - Une porosité des patrimoines lors du traitement des difficultés de l'entrepreneur à responsabilité limitée

286. L'approche traditionnelle des procédures d'insolvabilité, d'ordinaire centrée sur la personne du débiteur, a été bouleversée par le fait qu'un entrepreneur à responsabilité limitée puisse être à la tête de plusieurs patrimoines. Le sujet de la procédure ne devait plus être le débiteur, dans son ensemble, mais uniquement le patrimoine

---

[1011] en faveur, F.TERRE, La personne et ses patrimoines ou l'EIRL, JCP E 2011, 1011 spéc.n°9 ; contra : J.LAURENT, Les mutations non translatives – à propos de l'EIRL : Droit et patr. nov 2012 p.40 et svtes, déc. 2012 p.48 et svtes

[1012] F.MACORIG-VENIER, opt. cit., spéc n°28

[1013] P.THERY, op. cit., spéc n°6

[1014] N. BORGA, l'EIRL et les sûretés, B.J.E. mars 2011

[1015] P.THERY, op. cit

concerné. Leur démultiplication rendait nécessaire une « désincarnation[1016]» des procédures lesquelles devaient se concentrer sur le seul patrimoine en difficulté. Pour cela, il convenait d'adapter les dispositions du Livre VI de Code de commerce ainsi que celles du Code de la consommation. L'ordonnance n°2010-1512 du 9 décembre 2010 s'est acquittée de cette tâche en regroupant, dans un titre VIII du Code de commerce, les dispositions particulières à l'entrepreneur à responsabilité limitée aux articles L 680-1 à L 680-7. Elle a également inséré, dans le Code de la consommation, quelques dispositions particulières au traitement de la situation de surendettement de l'entrepreneur à responsabilité limitée figurant aux nouveaux articles L 711-7 et L 711-8. Tous ces textes tirent, pour l'essentiel, les conséquences de la pluralité des patrimoines.

287. La première d'entre elles est fixée par l'article L 680-1 du Code de commerce qui retient un principe général d'application, « patrimoine par patrimoine », des dispositions du livre VI. Que l'entrepreneur à responsabilité limitée soit à la tête d'un seul patrimoine affecté ou de plusieurs, chaque patrimoine est appréhendé de manière autonome selon le principe : « à chaque patrimoine, sa procédure[1017] ». Ce principe limite a priori le périmètre de la procédure au seul patrimoine qui constitue le gage des créanciers (A). Néanmoins, l'effet de la procédure est susceptible d'être étendu aux autres patrimoines de l'entrepreneur à responsabilité limitée si celui-ci n'a pas scrupuleusement observé la séparation des patrimoines (B).

A - L'appréhension des difficultés de l'entrepreneur à responsabilité limitée, patrimoine par patrimoine

288. Cette application distributive des procédures d'insolvabilité, selon les patrimoines, permet le cumul, par l'entrepreneur à responsabilité limitée, d'une procédure collective avec des mesures de traitement du surendettement (1) tout comme celui de procédures collectives entre elles (2).

[1016] M-H MONSERIE-BON, L'entrepreneur individuel à responsabilité limitée et le droit des entreprises en difficulté, Bull. Joly Soc. mars 2011 étude 10, spéc. p.271 n°8

[1017] J.VALLANSAN, L'EIRL en difficulté, Les principes de l'ordonnance du 9 décembre 2010 portant adaptation du droit des entreprises en difficulté et des procédures de traitement des situations de surendettement à l'EIRL, Rev. proc. coll. janv. fév. 2011, étude 2, n°7

1 - Un cumul possible de procédures d'insolvabilité différentes

289. Conséquence directe de la scission des patrimoines, des procédures d'insolvabilité de différentes natures sont cumulables : l'entrepreneur à responsabilité limitée est à la fois éligible aux procédures collectives du Livre VI du Code de commerce pour les dettes professionnelles du patrimoine affecté et aux mesures de surendettement pour les dettes domestiques attachées au patrimoine non affecté. Or, l'article L 711-3 du Code de la consommation exclut, en principe, les personnes relevant du Livre VI du Code de commerce du bénéfice des dispositions protectrices du surendettement. Afin de les rendre applicables à l'entrepreneur à responsabilité limitée pour le traitement des dettes apparues dans le patrimoine non affecté, des aménagements ont été apportés à ce principe. L'article L 711-7 du Code de la consommation reconnaît ainsi l'éligibilité, aux procédures de traitement du surendettement, du débiteur qui a procédé à une déclaration d'affectation. Il précise également que les dispositions de ce code s'appliquent aux situations de surendettement résultant uniquement des dettes non professionnelles attachées au patrimoine non affecté. Certains auteurs ont déduit de ce texte un principe d'exclusion du traitement des dettes professionnelles[1018], revenant sur une solution pourtant acquise en droit du surendettement. En vérité, ce texte rappelle simplement que la situation de surendettement s'apprécie à partir des seules dettes non professionnelles. Il s'inscrit dans une logique de partition des patrimoines, et donc des procédures : à chaque patrimoine, sa procédure et à chaque procédure, ses dettes. D'ailleurs, cette interprétation est confortée par le cantonnement par l'alinéa deux de l'article L 711-7 du Code de la consommation, en miroir aux articles L 680-2 et L 680-3 du Code de commerce, de l'application des dispositions intéressant les biens, droits et obligations du débiteur ou des créanciers aux seuls éléments du patrimoine non affecté.

[1018] En ce sens : Malika DOUAOUI-CHAMSEDDINE L'adaptation du droit du surendettement à l'EIRL », rev. droit banc. et fin. janv. fév. 2011, Etude 4, spéc. n°23 ; Corinne REGNAUT-MOUTIER, EIRL : adaptation de la règle « faillite sur faillite ne vaut », in « EIRL et droit des entreprises en difficulté : l'épreuve de vérité », Rev proc coll mars avr. 2011, article 18 qui évoque un principe d'exclusion « spéciale »

290. Il convient de rappeler l'obligation d'information mise à la charge de l'entrepreneur à responsabilité limitée par l'article L 711-8. La commission de surendettement doit ainsi être informée, par son intermédiaire, de l'existence de toute procédure collective non préventive que ce soit lors du dépôt de la demande de surendettement, lorsque la procédure est déjà en cours, ou avant la mise en œuvre des mesures de traitement du surendettement, si la procédure collective est ouverte après le dépôt d'un dossier. Le débiteur doit alors indiquer à la commission auprès de quelle juridiction la procédure collective a été ouverte. Il s'agit d'assurer une coordination des procédures pour mettre en place, selon le rapport au Président de la République, des mesures de traitement adaptées aux perspectives de revenus professionnels du débiteur. Néanmoins, il est pour le moins curieux que les rédacteurs de l'ordonnance n'aient pas mené cette logique à son terme. En effet, l'avant-projet d'ordonnance avait reconnu à la commission la faculté de solliciter auprès de la juridiction chargée de la procédure collective un rapport sur l'état d'avancement de la procédure ainsi que sur la situation économique du débiteur, notamment au regard de ses revenus. Ces précisions ont été gommées du texte final, supprimant toute passerelle entre les juges de la procédure et les commissions de surendettement. Et, tout aussi curieusement, l'obligation de concours du débiteur n'a été assortie d'aucune réelle sanction. Aussi, l'articulation entre procédures d'insolvabilité s'annonce délicate car celle-ci repose exclusivement sur la bonne volonté du débiteur. Néanmoins, selon Madame Douaoui-Chamseddine[1019], l'omission de déclarer à la commission l'existence d'une procédure collective, que celle-ci ait été sciemment dissimulée ou omise par simple négligence, fonderait la déchéance du débiteur de la procédure de surendettement pour absence de bonne foi. En effet, l'entrepreneur à responsabilité limitée demeure soumis aux conditions de recevabilité du droit commun, et notamment à l'exigence de bonne foi. Sur ce point, la logique de séparation des patrimoines doit conduire les commissions à apprécier cette condition au regard du seul patrimoine non affecté. La constitution d'un patrimoine affecté est, en soi, sans incidence sur la bonne foi de l'entrepreneur à responsabilité limitée qui, à la suite d'une chute de ses revenus, se trouve dans une situation de surendettement. En revanche, la constitution d'un patrimoine affecté dans un but

[1019] Malika DOUAOUI-CHAMSEDDINE, op. cit., n°12

d'organisation d'insolvabilité, pour placer certains biens à l'abri des poursuites des créanciers domestiques, serait de nature à priver le débiteur du bénéfice de la bonne foi.

2 - Un cumul possible de procédures collectives au titre de patrimoines différents

291. Outre le cumul possible de procédures d'insolvabilité différentes, la démultiplication des patrimoines permet également le cumul de procédures collectives entre elles, au titre de patrimoines affectés différents. Jusqu'alors, le principe d'unicité de la procédure, que traduit l'adage « faillite sur faillite ne vaut », interdisait toute ouverture d'une nouvelle procédure à l'égard d'un débiteur tant que la précédente n'a pas été clôturée. L'entrepreneur à responsabilité limitée pouvant constituer plusieurs patrimoines affectés relevant des procédures du Livre VI du Code de commerce, l'ordonnance du 9 décembre 2010 a donc ajouté aux articles L 620-2, L 631-2 et L 640-2 du Code de commerce, pour chacune des procédures de sauvegarde, de redressement et de liquidation judiciaire, la réserve suivante : « à moins qu'il ne s'agisse de patrimoines distincts de l'entrepreneur individuel à responsabilité limitée ». Une procédure collective peut ainsi être ouverte pour chaque patrimoine de l'entrepreneur à responsabilité limitée affecté à une activité relevant des procédures du Livre VI du Code de commerce. Un entrepreneur à responsabilité limitée peut donc bénéficier d'autant de procédures collectives distinctes qu'il a affecté à ses activités de patrimoines différents[1020]. Cela étant, l'unicité de la procédure continue de prévaloir dans chacun des patrimoines pris isolément. Si plusieurs procédures collectives sont susceptibles d'être ouvertes à l'égard d'un entrepreneur à responsabilité limitée, chaque patrimoine n'est susceptible que d'une seule procédure.

292. Les conditions d'ouverture sont appréciées « patrimoine par patrimoine », conformément au principe d'application distributive posé par l'article L 640-1 du Code de commerce. L'état de cessation des paiements se détermine par comparaison de l'actif disponible au passif exigible du seul patrimoine en difficulté, indépendamment de

---

[1020] Rapport au Président de la République : « il faut permettre à l'entrepreneur individuel à responsabilité limitée de bénéficier d'autant de procédures collectives qu'il n'a de patrimoines abritant une activité professionnelle. »

l'éventuelle prospérité du débiteur dans un autre de ses patrimoines[1021]. La procédure ouverte peut, selon la gravité des difficultés éprouvées, être une procédure préventive, de sauvegarde, de redressement ou de liquidation judiciaire. Toutefois, il n'a pas été prévu d'articulation entre les procédures ouvertes à l'égard de patrimoines distincts de l'entrepreneur à responsabilité limitée. Lorsque les activités cumulées sont commerciales et artisanales, les différentes procédures peuvent relever de la compétence d'une même juridiction consulaire si les activités sont toutes exercées en un même lieu. En revanche, lorsque les activités cumulées sont, tour à tour, artisanales ou commerciales et agricoles ou libérales, il y a nécessairement dualité de compétence. Les procédures collectives relèvent respectivement, pour chacun des patrimoines, des juridictions consulaires et de droit commun. Or, aucune passerelle n'a été prévue entre les différentes juridictions ce qui conduit à un risque de contrariété de décisions. Un regroupement des procédures auprès d'une unique juridiction aurait pourtant été préférable[1022]. De même, il aurait été judicieux de prévoir la désignation d'un mandataire commun pour l'ensemble des procédures collectives des différents patrimoines d'un même entrepreneur à responsabilité limitée[1023]. Dans ces situations, il y a un vide juridique regrettable. Quoi qu'il en soit, c'est bien la détermination du périmètre de la procédure collective qui constitue l'enjeu essentiel car elle permet d'éprouver l'étanchéité des patrimoines.

1021 B.SAINTOURENS, EIRL : adaptation des conditions d'ouverture des procédures collectives, rev. proc. coll. mars avr. 2011, p.80

1022 D.DEMEYRE, « Caractère collectif de la procédure et entrepreneur individuel à responsabilité limitée », rev. proc coll. mai-juin 2012 p.96, dossier 19 ; Selon cet auteur, « cette multiplication des procédures surtout lorsqu'elles dépendent d'un même tribunal aura pour effet d'augmenter les coûts de manière artificielle ainsi que la durée des procédures. Un traitement simplifié et unique des liquidations judiciaires des activités d'une même personne sous la forme d'une EIRL, regroupées dans une seule procédure aurait été souhaitable. A l'heure actuelle, ce regroupement n'est pas prévu par la loi. »

1023 Quoi qu'il en soit, les textes ne semblent pas l'exclure. Monsieur Le Corre ne mentionne pas d'incompatibilité à ce sujet (P.M Le Corre, opt. cit., n°351.61). Et, le ministère public pourrait prendre l'initiative de cette demande au travers du pouvoir de proposition dont il dispose (art. L 621-4 al.5, art. L. 631-9 al.2, art. L 641-1 al. 3 C.com.).

B - Le périmètre de la procédure collective de l'entrepreneur à responsabilité limitée

293. Les dispositions du Livre VI du Code de commerce s'appliquant patrimoine par patrimoine, les effets de la procédure collective sont cantonnés à celui dans lequel l'activité en difficulté a pris siège (1). Néanmoins, ce périmètre initial de la procédure est susceptible d'être étendu aux autres patrimoines de l'entrepreneur à responsabilité limitée si celui-ci a démérité la protection procurée par la loi, en abusant de l'affectation patrimoniale (2).

1 - Le cantonnement des effets de la procédure collective au seul patrimoine en difficulté

294. Toute une série de dispositions sont ainsi destinées à garantir « l'étanchéité de la procédure[1024] » à l'égard des autres patrimoines du débiteur. L'article L 680-2 du Code de commerce précise que les dispositions des titres I à VI intéressant la situation économique ou les biens, droits ou obligations du débiteur, entrepreneur à responsabilité limitée, doivent être comprises comme visant le patrimoine affecté de l'activité en difficulté ou, si l'activité est exercée sans affectation de patrimoine, du seul patrimoine non affecté. Ainsi, les effets de la procédure collective sont cantonnés au seul patrimoine dans lequel l'activité a son siège. Ce n'est donc plus le débiteur, dans son ensemble, qui est appréhendé par la procédure mais uniquement le patrimoine concerné. D'ailleurs, l'article L 680-4 du Code de commerce indique que les références faites au débiteur dans les dispositions du livre VI s'entendent en tant qu'il exerce l'activité en difficulté et est titulaire du patrimoine qui se rattache à celle-ci, à l'exclusion des autres. En cas de procédure collective visant un patrimoine affecté, le patrimoine non affecté ne subit pas les effets de la procédure. Réciproquement, la procédure qui concernerait un patrimoine non affecté n'aurait pas d'impact sur l'activité exercée au sein d'un patrimoine affecté[1025]. Aussi curieux que cela puisse

---

[1024] formule empruntée à Madame le Professeur Vallansan : J. VALLANSAN, art. préc., n°27

[1025] L'article L 680-5 du Code de commerce envisage la situation particulière de l'ouverture d'une procédure collective touchant un patrimoine non affecté alors qu'un patrimoine affecté a cessé de produire effet, dans les termes de l'article L 526-15 du Code de commerce, en raison soit du décès soit de la renonciation de

paraître, les textes ont envisagé la possibilité qu'une activité ait pu prendre siège dans le patrimoine non affecté en attendant que l'entrepreneur à responsabilité limitée soit autorisé à constituer plusieurs patrimoines affectés. Ceci étant désormais possible, ces précisions s'avèrent obsolètes.

295. Symétriquement, côté créanciers, l'article L 680-3 du Code de commerce précise que les droits et obligations des créanciers de l'entrepreneur à responsabilité limitée sont déterminés dans les limites du seul patrimoine affecté à l'activité en difficulté, ou si l'activité est exercée sans affectation de patrimoine, du seul patrimoine non affecté. Ces dispositions reprennent, en écho, celles de l'article L 526-12 qui limite les droits des créanciers au seul patrimoine offert en gage. Seuls les créanciers ayant pour gage le patrimoine concerné par la procédure sont soumis aux effets de la discipline collective : arrêt des poursuites individuelles, interdiction des paiements et déclaration de créance au passif. Les créanciers ayant pour gage un autre patrimoine peuvent librement continuer d'appréhender l'actif compris dans ce patrimoine, indépendamment de la procédure. Cela étant, lorsqu'une procédure est ouverte au titre d'une activité exercée au sein d'un patrimoine non affecté, l'ensemble des créanciers qui ont ce patrimoine en gage commun sont alors soumis à la discipline collective, peu importe qu'ils soient domestiques ou professionnels.

296. Partant de ces principes, le périmètre de la procédure est circonscrit au seul patrimoine affecté à l'activité. L'effet réel ne concerne que les biens, droits et obligations mentionnés à la déclaration d'affectation ainsi que ceux s'étant depuis ajoutés soit à l'occasion de l'actualisation du patrimoine affecté lors de la publication des comptes, soit à la suite d'une affectation complémentaire. Or, l'entrepreneur à responsabilité limitée peut détenir, dans le patrimoine affecté, certains biens faisant partie d'un

---

l'entrepreneur à responsabilité limitée. L'hypothèse envisagée concerne celle de l'exercice d'activités distinctes dans chacun des patrimoines. Les créanciers, qui disposaient d'un droit de gage général sur le patrimoine affecté ayant disparu, conservent l'exclusivité de leur droits jusqu'à extinction du passif de l'ancien patrimoine. Dans l'intermède, les éléments d'actifs de ce patrimoine sont considérés comme étant hors procédure. En revanche, lorsque l'activité exercée dans le patrimoine est poursuivie dans le patrimoine non affecté, après la cessation d'affectation, il y a réunion des patrimoines. Cette disposition du second alinéa du texte précité est destinée à prémunir les créanciers à l'encontre d'une renonciation effectuée dans le seul but de soustraire une partie des biens aux effets de la procédure collective.

autre patrimoine qu'il est autorisé à soustraire de la procédure au moyen d'une action en reprise. Lors de l'inventaire réalisé après l'ouverture de la procédure, le débiteur fait ainsi figurer les biens compris dans un autre patrimoine que celui concerné par la procédure[1026]. Il peut alors demander la reprise de ceux-ci, après accord du mandataire et acquiescement de l'administrateur ou, à défaut, du juge-commissaire[1027]. Bien que calquée sur le régime de la revendication par un tiers propriétaire[1028], cette action s'apparente davantage à la reprise d'un bien propre par le conjoint époux commun en biens[1029]. Dans le cas présent, la reprise ne peut concerner que des biens utiles à l'exclusion des biens nécessaires indûment demeurés dans un autre patrimoine, ce qui exposerait en outre l'entrepreneur à responsabilité limitée à une extension de la procédure à ses autres patrimoines pour manquement grave à la composition du patrimoine affecté[1030].

297. Dès lors, si le patrimoine concerné par la procédure est en principe le seul à être appréhendé, c'est également la totalité de ce patrimoine qui s'y trouve soumis. Les organes de la procédure peuvent ainsi remettre en cause les actes ayant manipulé la composition du patrimoine affecté afin de reconstituer l'actif qui constitue le gage des créanciers. En effet, tout acte emportant transfert d'un patrimoine vers un autre, comme la désaffectation ou la réaffectation, est, dans le contexte d'une procédure collective, par nature suspicieux. L'article L 680-6 du Code de commerce interdit donc toute affectation ou modification d'affectation d'un bien compris dans le patrimoine visé par la procédure pendant toute la durée de celle-ci, sous peine de nullité absolue. Cette interdiction est plus rigoureuse que l'interdiction d'aliéner du droit commun car celle-ci ne peut être aménagée au moyen d'une autorisation du juge-

[1026] art. L 622-6 al. 1 C.com.

[1027] art. L624-19 C.com.

[1028] Par l'effet du renvoi opéré à l'article L 624-9 du Code, la demande doit ainsi être présentée dans les trois mois du jugement d'ouverture. Il ne s'agit pas à proprement parler d'une action en revendication car elle s'inspire de celle ouverte à l'époux commun en biens pour ses biens propres.

[1029] art. L 624-5 C.Com.

[1030] Ph. ROUSSEL-GALLE, « EIRL : contracter et revendiquer… avec soi-même… quelle drôle d'idée… », art. 24, in « EIRL et des droits des entreprises en difficulté : l'épreuve de vérité », Rev. proc. coll. mars avr. 2011, Dossier 15

commissaire[1031]. Tout au plus, l'entrepreneur à responsabilité limitée est autorisé à prélever des revenus dans le patrimoine affecté pour autant que sa consistance le permette[1032]. Dans le prolongement de cette interdiction, toute modification d'affectation intervenue avant l'ouverture de la procédure peut également être remise en cause. Un cas de la nullité de période suspecte, spécifique à l'entrepreneur à responsabilité limitée[1033], a donc été créé au onzièmement de l'article L 632-11 du Code de commerce. Ainsi, toute affectation ou modification d'affectation intervenue au cours de la période suspecte, dont il résulterait un appauvrissement du patrimoine visé par la procédure au bénéfice d'un autre patrimoine, est frappée d'une nullité de plein droit. Dès lors, la procédure appréhende tout le patrimoine affecté mais rien que ce patrimoine.

2 - L'extension des effets de la procédure aux autres patrimoines de l'entrepreneur à responsabilité limitée

298. L'entrepreneur à responsabilité limitée doit encore, pour que les effets de la procédure demeurent cantonnés au seul patrimoine concerné, ne pas avoir démérité le cloisonnement patrimonial en abusant de l'affectation. Si tel est le cas, les effets de la procédure sont susceptibles de s'étendre aux autres patrimoines demeurés in bonis soit par le prononcé d'une réunion des patrimoines (a) ; soit par le prononcé d'une sanction à l'encontre de l'entrepreneur individuel (b).

a - Le risque de réunion des patrimoines

299. En premier lieu, c'est la procédure collective, en elle-même, qui est susceptible d'être étendue aux autres patrimoines de l'entrepreneur à responsabilité limitée. En droit commun, l'article L 621-2 du Code de commerce permet l'extension des effets d'une procédure d'une

---

[1031] art. L 622-7 C.com.

[1032] Madame le Professeur Saint Alary Houin souligne à ce sujet : « Il semble qu'il ait toute liberté pour le faire et, malgré l'ouverture de la procédure, il conserve cette prérogative. On imagine mal l'absence de tout contrôle des organes de la procédure sur ces versements, car s'ils sont très importants, le patrimoine affecté sera vidé de sa substance et le gage des créanciers du patrimoine réduit d'autant. »

[1033] G.BLANC, « EIRL : nullités de la période suspecte », art. 29, in « EIRL et des droits des entreprises en difficulté : l'épreuve de vérité », Rev. proc. coll. mars avr. 2011, Dossier 15

personne à une autre en cas de confusion des patrimoines ou de fictivité d'une personne morale. Cette dernière sanctionne l'abus de la personnalité morale. Or, le patrimoine affecté fonctionne sans recours à celle-ci ; la fictivité n'a donc pas matière à s'appliquer dans ce domaine. La procédure n'est donc susceptible d'être étendue que pour confusion des patrimoines. L'ordonnance du 9 décembre 2010 a ainsi ajouté un alinéa trois à l'article L 621-2 qui énonce : « Dans les mêmes conditions, un ou plusieurs autres patrimoines du débiteur, entrepreneur individuel à responsabilité limitée peuvent être réunis au patrimoine visé par la procédure, en cas de confusion avec celui-ci ». Il ressort, à première lecture, une évolution sémantique dans la rédaction du texte : l'utilisation du verbe « réunir » a été préférée à celui d'« étendre » pour mieux différencier la réunion des patrimoines de l'entrepreneur à responsabilité limitée de l'extension d'une procédure à plusieurs personnes[1034]. Cela étant, cette action en réunion des patrimoines n'est rien d'autre qu'une action en confusion des patrimoines, spécifique à l'entrepreneur à responsabilité limitée. Celle-ci est donc soumise aux conditions prétoriennes habituelles : l'existence de flux financiers anormaux ou la démonstration d'une imbrication des patrimoines[1035].

300. La réunion des patrimoines étend l'emprise de la procédure collective à chacun des patrimoines confondus. Les organes de la procédure appréhendent alors les patrimoines demeurés in bonis et les effets de la procédure, notamment la discipline collective, s'étendent aux créanciers des autres patrimoines confondus. En outre, les organes de la procédure conservent les droits dont disposaient les créanciers avant l'ouverture de la procédure collective. A ce titre, ils sont fondés à remettre en cause l'étanchéité des patrimoines au travers d'une extension du droit de gage général à l'ensemble des biens et droits de l'entrepreneur à responsabilité limitée sur le fondement de l'alinéa 9 de l'article L 526-12 du Code de commerce. L'alinéa trois de l'article L 621-2 énonce ainsi : « il en va de même lorsque le débiteur a commis un manquement grave aux règles prévues au deuxième alinéa de l'article L 526-6 ou aux obligations prévues à l'article L 526-13 ou

---

[1034] A LIENHARD, Code des procédures collectives commenté, 2013, commentaire sous art. L 621-2 C.com

[1035] PM LE CORRE, op. cit., n°213.28 : Toutefois, la jurisprudence retient ce critère en présence de personnalités juridiques distinctes ce qui n'est pas le cas en présence d'un patrimoine affecté à l'activité en difficulté.

encore une fraude à l'égard d'un créancier titulaire d'un droit de gage général sur le patrimoine visé par la procédure ». Ce texte rappelle que la déclaration d'affectation n'emporte valablement séparation des patrimoines qu'à certaines conditions comme la tenue d'une comptabilité ou l'ouverture d'un compte bancaire distinct. Il rappelle également que l'entrepreneur à responsabilité limitée est tenu d'affecter les biens nécessaires à l'activité, comme il lui est fait défense d'affecter un même bien à plusieurs patrimoines affectés. Quant à la fraude, il s'agit d'un moyen de lutter contre toutes les formes d'abus de l'affectation patrimoniale[1036]. Reste la question délicate de la portée de la fraude. A suivre la lettre du texte de l'article L 621-2, celle-ci peut concerner un unique créancier. Un auteur s'est alors étonné qu'un préjudice individuel puisse fonder une action au bénéfice de l'intérêt collectif des créanciers[1037]. Néanmoins, cette solution ne serait pas illogique si l'on réfère à la reprise des poursuites individuelles après clôture pour insuffisance d'actif qui peut intervenir en cas de fraude à l'égard d'un seul ou de plusieurs créanciers[1038]. C'est pourquoi, il a été vu dans ce rappel des dispositions de l'article L 526-12 une forme de résurrection de l'extension-sanction, abrogée depuis la loi de sauvegarde du 26 juillet 2005[1039]. Toutefois, cette transposition de ce texte dans le livre VI apparaît incomplète. Aucune précision n'a été apportée par l'ordonnance sur le sort du créancier antérieur à la constitution du patrimoine affecté dont la déclaration d'affectation a été déclarée inopposable. Or, à défaut de remboursement ou de constitution de garantie suffisante, ce créancier voit son droit de gage général rétabli sur l'intégralité des biens et droits de son débiteur. Dans le contexte d'une procédure collective, il serait donc un créancier « hors procédure », libre d'exercer des poursuites individuelles à l'encontre des biens relevant du patrimoine non affecté. Cela étant, si ce créancier entend faire valoir ses droits dans la procédure, l'application combinée des articles L 526-12 et L 680-1 du Code de commerce conduit logiquement à le soumettre aux

---

[1036] supra n°276

[1037] en ce sens P.M LE CORRE n°213.54

[1038] Il est d'ailleurs curieux que les rédacteurs de l'ordonnance ne soient pas davantage inspirés, à l'article L 621-2, de la rédaction retenue à l'article L 643-11 du Code.

[1039] J.VALLANSAN, L'EIRL en difficulté, Rev. proc. coll. janv. fev. 2011, étude 2, p.10 spéc. n°30

effets de la discipline collective et notamment à l'obligation de déclarer sa créance[1040]. Cet exemple démontre encore que l'étanchéité des patrimoines est imparfaite lorsque l'entrepreneur à responsabilité limitée a manqué ou tenté de se soustraire à ses obligations. Le patrimoine non affecté n'est donc jamais à l'abri des poursuites, notamment si des manquements sont relevés.

b - La contagion des effets de la procédure aux autres patrimoines par le prononcé d'une sanction

301. En effet, les organes de la procédure peuvent, à titre de sanction, mettre à la charge du patrimoine non affecté de l'entrepreneur à responsabilité limitée tout ou partie du passif. Sur ce terrain, l'entrepreneur à responsabilité limitée a été placé sur un pied d'égalité avec le dirigeant de la personne morale de droit privé. Il tombe sous le coup d'une action en responsabilité pour insuffisance d'actif. L'article L 651-2 du Code de commerce prévoit ainsi que le tribunal peut, dans les mêmes conditions qu'un dirigeant de droit ou de fait, condamner l'entrepreneur à responsabilité limitée à tout ou partie d'une insuffisance d'actif née de la liquidation judiciaire d'un patrimoine affecté ; les sommes dues s'imputant sur son patrimoine non affecté. Le fait générateur de cette responsabilité pour insuffisance d'actif est commun avec celui du dirigeant de la personne morale : la faute de gestion du chef d'entreprise. La plupart des fautes déjà retenues en jurisprudence sont pleinement transposables : poursuite abusive d'une exploitation déficitaire, incompétence manifeste du chef d'entreprise, souscription d'emprunts allant au-delà des capacités de remboursement, inobservations des obligations fiscales et sociales. Cela étant, le particularisme de l'entrepreneur à responsabilité limitée pourrait conduire à l'émergence de fautes de gestion spécifiques, comme le prélèvement de revenus allant au-delà des forces du patrimoine affecté[1041]. Mais, les rédacteurs de l'ordonnance n'ont pas pris en compte ce particularisme lors de l'adaptation de l'article L 651-2. A la lecture de ce texte, l'on note immédiatement que

[1040] F. MACORIG-VENIER, EIRL : les créanciers de l'EIRL en difficulté, in « EIRL et droit des entreprises en difficulté : l'épreuve de vérité », Rev. proc. coll. mars avr. 2011, article 20

[1041] Malika DOUAOUI-CHAMSEDDINE, « Les actions en responsabilité pour insuffisance d'actif et en extension s'appliqueront-elles à l'EIRL ? » R.L.D.A. nov. 2010, 43

l'obligation de contribuer à l'insuffisance d'actif est à la charge exclusive du patrimoine non affecté, identifié comme le siège du patrimoine personnel de l'entrepreneur à responsabilité limitée. Aussi, si l'entrepreneur à responsabilité limitée n'y prête pas attention, il pourrait être privé de l'étanchéité des patrimoines[1042]. Toutefois, le texte demeure imprécis. Aucune contribution n'a été mise à la charge des autres patrimoines affectés, constitués depuis le 1er janvier 2013. Cette carence, qui résulte de l'assimilation de l'entrepreneur à responsabilité limitée aux dirigeants sociaux, a suscité certaines interrogations en doctrine. Ainsi, l'entrepreneur à responsabilité limitée, dont le patrimoine non affecté serait insolvable, pourrait-il afficher en toute impunité une certaine prospérité dans ses autres patrimoines affectés, au grand dam des créanciers[1043] ? Rien n'est moins sûr car si les créanciers ne peuvent appréhender directement les autres patrimoines, l'organisation d'insolvabilité au sein du patrimoine non affecté exposerait l'entrepreneur à responsabilité limitée aux sanctions pénales de la banqueroute. Il ne s'agit pas de la seule imperfection du texte. La responsabilité pour insuffisance d'actif joue également de manière unilatérale, sans réciprocité, et ne concerne que celle apparue dans un patrimoine affecté. Aucune contribution n'est susceptible d'être mise à la charge d'un patrimoine affecté au titre d'une insuffisance d'actif résultant d'une activité professionnelle exercée dans le patrimoine non affecté.

302. Ces remarques sont transposables à la reprise des poursuites individuelles après clôture pour insuffisance d'actif, autre sanction patrimoniale prévue par l'article L 643-11 du Code[1044]. Selon le paragraphe VI de ce texte, le tribunal peut autoriser la reprise des poursuites individuelles sur les biens compris dans le patrimoine non affecté, en cas de fraude à l'égard d'un ou plusieurs créanciers. Ce texte a donné lieu à une controverse doctrinale concernant la période

---

1042 A. MARTIN-SERF ; « EIRL : attention aux actions en responsabilité pour insuffisance d'actif ! », art. 31, in « EIRL et des droits des entreprises en difficulté : l'épreuve de vérité », Rev. proc. coll. mars avr. 2011, Dossier 15

1043 P.PETEL, l'adaptation des procédures collectives à l'EIRL, JCP E 2011, 1071, n°15

1044 G.BERTHELOT, « EIRL : attention à la reprise des poursuites après la clôture pour insuffisance d'actif ! » art. 32, in « EIRL et des droits des entreprises en difficulté : l'épreuve de vérité », Rev. proc. coll. mars avr. 2011, Dossier 15

de réalisation de la fraude qui nous importe peu au cas présent[1045]. Pour le reste, les auteurs s'accordent à considérer que, comme pour la responsabilité pour insuffisance d'actif, cette sanction est à la charge exclusive du patrimoine non affecté en laissant les autres à l'écart. La logique retenue est identique : le patrimoine non affecté est le siège du patrimoine privé. Et, là encore, il n'y a pas de réciprocité lorsque l'activité est exercée dans le patrimoine non affecté. Faut-il en déduire que les rédacteurs de l'ordonnance n'ont pas souhaité entraver le rebond de l'entrepreneur à responsabilité limitée, pourtant auteur d'une fraude, à l'aide de ses autres patrimoines affectés ? Rien n'est moins sûr car le défaut de reprise des poursuites individuelles sur les autres patrimoines affectés s'explique davantage par l'assimilation de l'entrepreneur à responsabilité limitée au dirigeant social que d'une réelle volonté de faciliter son rebond. Quoi qu'il en soit, un nouvel échec dans un autre de ses patrimoines l'exposerait assurément aux sanctions prévues pour la récidive qui, aux termes du troisièmement du paragraphe III de ce texte, reste appréciée en la personne de l'entrepreneur à responsabilité limitée, « au titre de l'un quelconque de ses patrimoines », peu importe que les liquidations judiciaires successives aient concerné des patrimoines différents. Et, dans le silence du texte, la question reste posée de savoir si, en cas de récidive, la reprise des poursuites individuelles concerne uniquement le patrimoine non affecté ou intervient également à l'égard des autres patrimoines affectés constitués par l'entrepreneur à responsabilité limitée ? L'on peut le penser car il serait curieux que la fraude et la récidive reçoivent un traitement différent. Du reste, une application combinée des paragraphes III et VI de l'article L 643-11 pourrait justifier une telle solution.

303. En revanche, bien qu'il soit une personne physique, la reprise des poursuites individuelles demeure interdite lorsque l'entrepreneur à responsabilité limitée a été sanctionné de faillite personnelle ou condamné pénalement pour banqueroute. En effet, même si ces

[1045] Selon Monsieur le Professeur PETEL (Ph.PETEL, art. précité, spéc. p.23), la fraude devrait concerner des actes postérieurs au jugement d'ouverture ; la fraude antérieure relevant pour sa part de l'action en réunion des patrimoines. Au contraire, pour Monsieur le Professeur Le Corre (P.M LE CORRE, opt. cit., n°592.66), cette distinction serait inopportune ; le texte ne distinguant pas en fonction de la date de la fraude. Par ailleurs, la reprise des poursuites individuelles ne présente d'intérêt que si l'action en réunion des patrimoines n'a pas été engagée par le liquidateur. Elle interviendrait donc en relais, en cas d'inaction du liquidateur.

sanctions lui sont applicables[1046], l'entrepreneur à responsabilité limitée a été traité comme un dirigeant social. Faute d'adaptation des premièrement et deuxièmement de l'article L 643-11, paragraphe III, qui ne visent que le débiteur, personne physique ; le patrimoine non affecté demeure à l'abri des créanciers de la même manière qu'un dirigeant n'est tenu au passif social qu'au travers de la responsabilité pour insuffisance d'actif[1047]. Cette logique d'assimilation de l'entrepreneur à responsabilité limitée au dirigeant social se retrouve d'ailleurs à l'identique dans les dispositions faisant encourir les sanctions de faillite personnelle et de banqueroute. L'article L 653-3 du Code de commerce, texte applicable aux personnes physiques, retient, en son paragraphe II, trois séries de faits[1048] correspondant à un détournement des biens du patrimoine affecté[1049] ; qui ne sont que la transposition de trois des cas énoncés à l'article L 653-4 concernant le dirigeant social[1050]. Comme pour ce dernier, la faillite personnelle est également encourue lorsque l'entrepreneur à responsabilité limitée n'a pas acquitté les sommes mises à sa charge sur le fondement de la responsabilité pour insuffisance d'actif[1051]. Cette logique d'assimilation se poursuit sur le terrain de la banqueroute. L'article L 654-9 premièrement du Code de commerce a été complété pour

---

1046 Il s'agit d'une personne physique exerçant une activité commerciale, artisanale ou agricole au sens des articles L 653-1 et L 654-1 du Code de commerce.

1047 En ce sens, F.VAUVILLE, opt. cit., p.151

1048 «Peuvent en outre, sous la même réserve, être retenus à l'encontre d'un entrepreneur individuel à responsabilité limitée les faits ci-après : 1° avoir disposé des biens du patrimoine visé par la procédure comme s'ils étaient compris dans un autre de ses patrimoines ; 2° sous le couvert de l'activité visée par la procédure masquant ses agissements avoir fait des actes de commerce dans un intérêt autre que celui de cette activité ; 3° avoir fait des biens ou du crédit de l'entreprise visée par la procédure un usage contraire à l'intérêt de celle-ci à des fins personnelles ou pour favoriser une autre personne morale ou entreprise dans laquelle il était intéressé directement ou indirectement. »

1049 C.SAINT ALARY HOUIN, « EIRL et procédures collectives », in Dossier « l'EIRL : la nouvelle donne pour l'entrepreneur », Dr. et patr. avr. 2011, p.63

1050 L'on peut s'étonner que cette transposition n'ait pas été étendue, moyennant adaptation, jusqu'au deux derniers cas de faillite personnelle prévus au quatrièmement et cinquièmement de l'article L 653-4 : avoir poursuivi abusivement, dans un intérêt personnel, une exploitation déficitaire qui ne pouvait conduire qu'à la cessation des paiements de la personne morale ; et avoir détourné ou dissimulé tout ou partie de l'actif ou frauduleusement augmenté le passif de la personne morale.

1051 art. L 653-6 C.com.

incriminer le détournement de tout ou partie de l'actif du patrimoine visé par la procédure[1052]. Mais surtout, l'article L 654-14 du Code a été adapté pour étendre la banqueroute du dirigeant social qui a organisé son insolvabilité pour se soustraire à une condamnation au passif social à l'entrepreneur à responsabilité limitée qui, dans le même objectif, a manipulé la composition de ces patrimoines et sciemment appauvri son patrimoine non affecté.

304. En somme, le statut de l'entrepreneur individuel à responsabilité limitée ne permet pas une séparation totalement étanche entre les patrimoines. « Toute l'efficacité du dispositif d'affectation patrimoniale est subordonnée à la rigueur et à la discipline de l'entrepreneur », souligne Madame le Professeur Saint Alary Houin[1053]. En effet, celui-ci doit scrupuleusement observer la séparation des patrimoines s'il entend que celle-ci ne soit pas ultérieurement remise en cause. Par ailleurs, l'efficacité du cloisonnement patrimonial dépend également de l'attitude des banquiers qui, avant d'accorder le moindre crédit, peuvent être tentés de contourner la protection patrimoniale en exigeant une caution. Tout cela explique sans doute le désaveu de ce régime. Ses principaux détracteurs lui reprochent son inutile complexité par rapport à la société unipersonnelle dont elle est finalement assez proche[1054]. N'aurait-il pas mieux valu simplifier le fonctionnement de cette société ? C'est sans doute l'enseignement à retenir car les entrepreneurs n'y ont que très peu recours. Selon l'INSEE, le seuil de dix mille entrepreneurs à responsabilité limitée était à peine atteint fin 2012 alors que l'objectif initial était fixé à cent mille[1055]. Les

---

[1052] Il a été regretté que cette adaptation ait pris place parmi les dispositions de la section II relative aux autres infractions alors qu'elle aurait pu prendre place directement à l'article L 654-2 2° traitant principalement de la banqueroute : En ce sens, J.LASSERRE CAPDEVILLE, EIRL : adaptation des sanctions, art.21 , in « EIRL et des droits des entreprises en difficulté : l'épreuve de vérité », Rev. proc. coll. mars avr. 2011, Dossier 15

[1053] C.SAINT ALARY HOUIN, art. précité, p.71

[1054] J.-F. BARBIERI, « EIRL, un statut opportun pour l'entrepreneur et ses partenaires ? », in Dossier « EIRL, nouveaux régards », Bull. Joly Soc. mars 2011 §104 p.227

[1055] En 2012, 4.041 entreprises individuelles à responsabilité limitée ont été créées. Alors qu'en 2011, un quart des 6 040 EIRL créées existaient déjà auparavant sous un autre statut, la quasi-totalité des EIRL créées en 2012 sont réellement nouvelles. Olivier Filatriau et Véronique Batto, division Répertoire statistique et autres

pesanteurs de ce dispositif, qui n'apportait au surplus aucune protection supplémentaire par rapport à une exploitation sous forme sociétaire, ont eu raison de lui et il n'a pas eu le succès escompté. C'est au contraire la souplesse du régime de l'auto-entrepreneur, désormais micro-entrepreneur, qui explique, pour l'essentiel, le succès rencontré.

Section 2 - Le plébiscite du régime du "micro-entrepreneur", anciennement dénommé "auto-entrepreneur"

305. La loi n°2014-626 du 18 juin 2014 relative à l'artisanat, au commerce et aux très petites entreprises a remanié en profondeur le régime de l'« auto-entrepreneur » pour le transformer, au 1er janvier 2016, en un « micro-entrepreneur ». Cela étant, les raisons du succès n'ont pas disparu : la première d'entre elles, la dispense d'immatriculation auprès des registres légaux, s'est simplement transformée en une affiliation de plein droit à un régime unique de la micro-entreprise (§1) ; la seconde, des prélèvements obligatoires réalisés au plus près de la perception des recettes, a été maintenue avec quelques ajustements techniques (§2).

§ 1 - Une raison transformée : de la dispense d'immatriculation aux registres légaux à l'affiliation de plein droit au régime du « micro-entrepreneur »

306. En tout premier lieu, malgré une certaine liberté d'installation, il convient d'observer que les activités éligibles à ce régime sont circonscrites aux activités commerciales ou artisanales ainsi qu'à certaines professions indépendantes. En effet, l'auto-entrepreneur, aujourd'hui micro-entrepreneur, doit relever du régime de la micro-entreprise, c'est-à-dire réaliser un chiffre d'affaires n'excédant certains seuils[1056] pour être éligible à la franchise de taxe à la valeur ajoutée. Partant de là, certaines professions, soumises de plein droit à cette taxe par la réglementation fiscale, ne peuvent être exercées en

---

infrastructures, Le nouveau statut d'entrepreneur individuel à responsabilité limitée, disponible www.insee.fr

[1056] Les seuils de chiffre d'affaires sont de 82.300 € pour les activités de vente de marchandises, d'objets ou d'aliments à emporter ou à consommer sur place ou de fourniture de logement et 32.900 € pour les activités de services. art. 50-0 C.G.I.

qualité de micro-entrepreneur[1057]. Celui-ci doit également exercer une activité conduisant à son affiliation à l'un des régimes d'assurance vieillesse suivants : soit au régime social des indépendants, pour les professions artisanales et commerciales ; soit, pour les professions indépendantes, la caisse interprofessionnelle de prévoyance et d'assurance vieillesse. De cette obligation d'affiliation à l'une ou l'autre de ces caisses de sécurité sociale découle une série d'exclusion. Le micro-entrepreneur ne peut donc être ni exploitant agricole, ni exercer bon nombre de professions libérales réglementées lesquelles relèvent d'un organisme spécifique de retraite[1058]. Toutefois, l'article 15 de la loi n°2015-1702 du 21 décembre 2015 de financement de sécurité sociale pour 2016 a assoupli cette règle en prévoyant, à l'article L 133-6-8 du Code de la sécurité sociale, une possibilité d'extension par décret du régime de la micro-entreprise à d'autres organismes de retraite.

307. Indépendamment de ces restrictions, l'article 8 I de la loi de modernisation de l'économie du 4 août 2008 avait prévu, à l'article L 123-1-1 du Code de commerce, une dispense d'immatriculation au registre du commerce et des sociétés pour les personnes physiques exerçant, à titre principal ou complémentaire, une activité commerciale tant qu'elles demeuraient éligibles au régime fiscal de la micro-entreprise[1059]. L'article 8 II de cette même loi dispensait également d'immatriculation au répertoire des métiers l'auto-entrepreneur exerçant une activité artisanale par l'ajout d'un paragraphe V à l'article 19 de la loi n°96-603 du 5 juillet 1996 relative au développement et à la promotion du commerce et de l'artisanat.

[1057] comme celles de marchands de biens, lotisseurs ou agents immobiliers lesquels sont soumis à la taxe à la valeur ajoutée immobilière ; ou encore de certaines activités commerciales ou non commerciales comme la location d'immeubles nus à usage professionnel ou les opérations réalisées à titre professionnel sur les marchés à terme et d'options négociables ou sur bons d'option

[1058] L'exploitant agricole étant affilié pour le régime vieillesse auprès des caisses de mutualité sociale agricole, l'avocat auprès de la caisse nationale des barreaux, les officiers ministériels ou encore les médecins auprès de caisses autonomes.

[1059] Toutefois, la dispense d'immatriculation était réservée aux seuls créateurs. Les personnes déjà en activité ne pouvaient demander à se « désimmatriculer » pour devenir auto-entrepreneur, même si le chiffre d'affaire n'excédait pas les seuils de la micro-entreprise : Rép. min. N°37632 JOAN Q 10 fév. 2009 p.1314. En revanche, l'entrepreneur individuel en activité satisfaisant aux conditions du régime fiscal de la micro-entreprise s'est vu reconnaître une faculté d'option pour le versement libératoire de charges sociales et d'impôt sur le revenu.

Evoquant une mesure « dangereuse[1060] », la doctrine avait alors pointé du doigt une conséquence oubliée de la dispense accordée à l'auto-entrepreneur : la perte du bénéfice du statut des baux commerciaux, le législateur ayant omis d'assouplir concomitamment la condition posée par l'article L 145-1 du Code de commerce. Cette dispense d'immatriculation avait également suscité de vives critiques de la part du monde artisanal, dénonçant une concurrence déloyale et un contournement des conditions d'aptitude pour l'exercice des métiers de l'artisanat. En effet, la vérification des conditions d'aptitude n'est réalisée que lors de l'immatriculation d'un artisan au répertoire des métiers. Aussi, un décret n°2010-249 du 11 mars 2010 modifiant le décret n°98-246 du 2 avril 1998 relatif à la qualification artisanale et au répertoire des métiers avait imposé à l'auto-entrepreneur de mentionner, lors de la déclaration d'activité, la qualification professionnelle détenue pour les métiers relevant de l'artisanat ou, à défaut, un engagement d'employer une personne disposant de la qualification requise. En outre, l'article 67 de la loi de finances rectificative du 30 décembre 2009 avait réintroduit, à compter du 1er avril 2010, l'obligation d'immatriculation pour les auto-entrepreneurs exerçant une activité artisanale « à titre principal » ; réservant la dispense d'immatriculation au répertoire des métiers aux seules activités exercées à titre complémentaire. Par la suite, un décret n°2010-733 du 29 juin 2010 avait encore limité les situations dans lesquelles l'activité artisanale pouvait être exercée à titre complémentaire : la poursuite du suivi d'une formation initiale, la perception d'une pension de retraite, d'un salaire ou un traitement pour une activité égale au moins à un mi-temps, ou l'exercice d'une ou plusieurs activités non salariées non artisanales. Et, lorsque le revenu artisanal devenait supérieur à la moitié de l'ensemble des revenus d'activité ou des pensions de retraite, le décret prévoyait que la dispense d'immatriculation cessait de s'appliquer et l'auto-entrepreneur était tenu de s'inscrire au répertoire des métiers.

308. Pour autant, les risques, avérés ou prétendus, de dérives de ce régime, que ce soient entre terme de salariat déguisé[1061] ou de

---

[1060] A.REYGROBELLET, L'« auto-entrepreneur » : vers un statut de l'activité indépendante, R.L.D.A. mars 2009 p.77

[1061] La Chambre criminelle de la Cour de cassation a ainsi retenu l'infraction de travail dissimulé par dissimulation d'emplois salariés à l'encontre de dirigeants d'une société qui avaient eu recours à d'anciens salariés pour réaliser, sous le régime de l'auto-entrepreneur, une activité de démarchage téléphonique auprès de

distorsion de concurrence ont finalement eu raison de cette dispense. Face aux abus constatés, un projet de loi sur l'artisanat, le commerce et les très petites entreprises avait envisagé d'instaurer une sortie progressive du dispositif sous forme de seuils intermédiaires avec une limitation dans le temps de son bénéfice. En réaction à ce projet, un mouvement des « poussins » était apparu et une mission parlementaire, confiée à Monsieur Laurent Grandguillaume, avait été chargée de proposer une solution de compromis par une réforme globale du statut de l'entrepreneur individuel[1062]. La loi n°2014-626 du 18 juin 2014 relative à l'artisanat, au commerce et aux très petites entreprises, a entièrement refondu, en ses articles 24 à 26 le régime de l'auto-entrepreneur. La dispense d'immatriculation au registre du commerce et des sociétés prévue par l'article L 123-1-1 a été supprimée et l'obligation d'immatriculation rétablie pour les nouveaux adhérents au régime avec un délai de régularisation pour les auto-entrepreneurs déjà en exercice. Cette obligation d'immatriculation s'impose depuis le 19 décembre 2014, soit six mois à compter de la publication de la loi et les auto-entrepreneurs en activité disposaient jusqu'au 19 décembre 2015 pour procéder à leur immatriculation. L'article 22 I du loi du 18 juin 2014 a également rétabli l'obligation d'immatriculation au répertoire des métiers pour les artisans en supprimant la dispense qui avait été insérée à l'article 19 de la loi n°96-603 du 5 juillet 1996 relative à la promotion du commerce et de l'artisanat. Ce retour à l'obligation d'immatriculation permettait, en outre, de répondre aux doléances des chambres consulaires désireuses de s'assurer de l'aptitude professionnelle des auto-entrepreneurs. D'ailleurs, ceux-ci étaient jusqu'alors exemptés du stage de préparation à l'installation par un aménagement apporté à l'article 2 de la loi n°82-1091 du 23 décembre 1982 relative à la formation professionnelle des artisans. Reprenant à son compte la proposition du rapport Grandguillaume, l'article 28 I de la loi du 18 juin 2014 rétablit également l'obligation de se soumettre à ce stage en supprimant la dispense accordée jusqu'alors à l'auto-entrepreneur.

---

particuliers ou de professionnels réalisée avec leur propre matériel informatique et téléphonique mais dans les locaux de leur ancien employeur. Crim., 15 déc. 2015, pourvoi n°14-85.638, publié au bulletin

[1062] Rapport « Entreprises et entrepreneurs individuels – Passer du parcours du combattant au parcours de croissance », 17 déc. 2013. Pour une présentation détaillée du rapport, X. Delpech, Entrepreneuriat individuel : remise du rapport Grandguillaume, D.2014, 7

Corollaire du rétablissement de l'obligation d'immatriculation, le principe d'allégement des formalités administratives lors d'une création d'entreprise est également abandonné. Celles-ci avaient été réduites à leur plus simple expression : la déclaration d'activité pouvait être souscrite en ligne par l'intermédiaire d'un portail internet dédié[1063], et ce sans avoir à fournir la moindre pièce justificative à l'exception d'une unique pièce d'identité. Le décret n°2015-731 du 24 juin 2015 relatif aux formalités administratives nécessaires à l'exercice des activités économiques des personnes relevant du régime prévu par l'article L 133-6-8 du Code de la sécurité sociale met fin à cette mesure de simplification en rétablissant l'obligation de fourniture des pièces justificatives requises lors de toute immatriculation. L'allégement des formalités avait conduit, à l'origine, à poser un principe de gratuité en exonérant l'auto-entrepreneur de la taxe pour frais de chambre prévue aux articles 1600, 1601 et 1601-A du Code général des impôts. Là aussi, la loi du 18 juin 2014 relative à l'artisanat, au commerce et aux très petites entreprises a rétabli ces taxes corrélées à l'obligation d'immatriculation.

309. Mais surtout, les articles 24 à 26 de cette loi a prévu, à compter du 1er janvier 2016, une affiliation de plein droit au régime micro-social de tous les entrepreneurs individuels relevant du régime micro-fiscal par l'institution d'un régime unique, fiscal et social, de la micro-entreprise. Il en résulte, au 1er janvier 2016, une disparition du régime de « l'auto-entrepreneur » au profit de celui du « micro-entrepreneur ». Ce régime unique constitue, depuis lors, le régime de droit commun applicable de plein droit pour tous les artisans, commerçants et professionnels indépendants affiliés à la caisse interprofessionnelle de prévoyance et d'assurance vieillesse. En contrepartie de cette affiliation de plein droit, il avait été prévu que le micro-entrepreneur puisse opter pour le paiement d'une cotisation minimale, ne s'appliquant pas à défaut, afin d'améliorer ses droits sociaux contributifs, notamment de retraite. L'article 15 de la loi n°2015-1702 du 21 décembre 2015 de financement de la sécurité sociale pour 2016 est revenu partiellement sur le principe de l'affiliation de plein droit pour ouvrir une option contraire, c'est-à-dire d'une faculté laissée au « micro-entrepreneur » de revenir vers le

---

[1063] Le slogan d'alors était : « créez votre entreprise, d'un seul clic ! ». La déclaration d'activité était alors depuis le portail internet www.lautoentrepreneur.fr

régime social de droit commun du travailleur indépendant. Ainsi, les entrepreneurs individuels soumis au régime fiscal de la micro-entreprise au 31 décembre 2015 ont conservé la faculté de demeurer dans le régime social de droit commun. En tout état de cause, la loi du 14 juin 2014 relative à l'artisanat, au commerce et aux très petites entreprises n'est pas revenue sur le principe de l'auto-liquidation des prélèvements obligatoires dont le règlement demeure simplifié.

§ 2 - Une raison maintenue : un règlement simplifié des prélèvements obligatoires

310. Ainsi, malgré l'abandon de la dispense d'immatriculation auprès des registres légaux, le cœur du dispositif de simplification de la création d'entreprise, en grande partie à l'origine du succès de ce régime, a été conservé avec, toutefois, quelques ajustements techniques destinés à en corriger les dérives. Le principe d'une comptabilité simplifiée, réduite à sa plus simple expression, a été maintenu. Le créateur d'une micro-entreprise doit simplement tenir un livre de recettes mentionnant chronologiquement l'origine et le montant des recettes encaissées et lorsque l'activité consiste en la vente de la marchandise un registre récapitulant le détail de leurs achats et leur mode de règlement[1064]. Il est dispensé d'établir des comptes annuels[1065]. Néanmoins, pour faciliter l'identification des flux financiers liés à l'activité, l'article L 133-6-8-4 du Code de la sécurité sociale, inséré par l'article 94 de la loi du 22 décembre 2014 de financement de la sécurité sociale pour 2015, impose au micro-entrepreneur d'ouvrir un compte bancaire dédié pour l'ensemble des transactions financières liées à son activité professionnelle[1066].

[1064] art. L 123-28 C.Com. ; art. D 123-205-1 C.com.

[1065] L'article 123-28 du Code de commerce dérogeant à cette obligation instituée par l'article L 123-12 du même Code.

[1066] L'article 39 du projet de loi relatif à la transparence à la lutte contre la corruption et à la modernisation de la vie économique envisageait la suppression de cette obligation pour les micro-entrepreneurs au motif qu'elle constituait une différence de traitement au regard de l'entrepreneur individuel difficilement justifiable. Dans une version adoptée de manière commune par l'Assemblée nationale et le Sénat, il semblerait que cette obligation soit maintenue avec la précision que l'ouverture du compte professionnel ait lieu au plus tard douze mois après la déclaration de la création de l'entreprise.

311. L'essentiel de la simplification consiste encore aujourd'hui en un règlement simplifié des prélèvements obligatoires lesquels sont directement calculés en fonction du chiffre d'affaires réalisé ou des recettes encaissées. Dans le régime de l'auto-entrepreneur désormais micro-entrepreneur, le calcul traditionnel des charges sociales, sur la base d'un forfait de début d'activité puis d'une régularisation ultérieure lorsque le revenu définitif est connu, a été abandonné au profit d'une liquidation immédiate des charges sociales calculées au plus près des recettes encaissées. Pour cela, le prélèvement libératoire de charges sociales est obtenu en appliquant sur le montant des recettes ou du chiffre d'affaires un taux forfaitaire[1067] dont l'importance varie en fonction de la nature de l'activité selon qu'elle soit à dominante commerciale et artisanale[1068] ou libérale[1069]. A l'aide de ce forfait social[1070], le créateur d'entreprise est ainsi en mesure de connaître en temps réel le montant de ses charges sociales calculées au fur et à mesure, et à due proportion, de l'encaissement des recettes. En cas de baisse de celles-ci, le montant est alors immédiatement ajusté. Et, le paiement effectué vaut solde de tout compte sans aucune régularisation ultérieure. En cas de cessation d'activité, le micro-entrepreneur est ainsi préservé de l'apparition d'une créance sociale alors qu'il n'encaisse plus aucune recette. Cela étant, le législateur a été amené à corriger certaines imperfections. En réponse aux critiques adressées à ce régime et pour supprimer les effets d'aubaine résultant

---

[1067] art. L 133-6-8 C.S.S.

[1068] art. D 131-6-1 C.S.S.

[1069] art. D 131-6-2 C.S.S.

[1070] Le forfait social couvre l'intégralité des cotisations sociales obligatoires du travailleur indépendant, qu'elles soient d'allocations familiales, de maladie-maternité, d'incapacité de travail (excepté pour les professions libérales), d'invalidité, de décès, de vieillesse au régime de retraite de base au titre de la retraite complémentaire obligatoire ainsi que les contributions sociales généralisées et de remboursement de la dette sociale. Il intègre également une contribution forfaitaire au titre de la formation professionnelle continue. Les auto-entrepreneurs étaient, à l'origine, dispensés du versement de la contribution à la formation professionnelle continue par une exonération prévue à l'article L 6331-49 du Code du travail issu de la loi n°2009-1437 du 24 nov. 2009 relative à l'orientation et à la formation professionnelle tout au long de la vie. L'article 25 de loi du 18 juin 2014 relative à l'artisanat, au commerce et aux très petites entreprises a abrogé ce texte et a modifié l'article L 6331-48 du Code du travail pour soumettre le micro-entrepreneur à cette contribution en conservant une logique de taux forfaitaire appliqué sur le chiffre d'affaires ou les recettes encaissées.

de la faiblesse des taux forfaitaires, l'article 11 de la loi n°2012-1404 du 17 décembre 2012 de financement de la sécurité sociale pour 2013 a modifié l'article L 133-6-8 du Code de la sécurité sociale pour retenir, à compter du 1er janvier 2013, un principe d'équivalence des taux applicables au micro-entrepreneur par rapport à ceux auxquels sont soumis les travailleurs indépendants. A la suite de ce texte, les taux forfaitaires de cotisations et contributions sociales ont été successivement retouchés par différents décrets[1071], modifiant ceux visés aux articles D 131-6-1 et D 131-6-2 du Code de la sécurité sociale.

312. Le prélèvement libératoire de charges sociales peut se doubler, sur option du micro-entrepreneur, d'un versement libératoire d'impôt sur le revenu[1072]. Cette faculté suppose toutefois de ne pas excéder un plafond de ressources fixé par le Code général des impôts[1073]. Ce forfait fiscal est, dans son principe, identique au forfait social : un paiement de l'impôt au plus juste par la suppression du décalage annuel entre la perception du revenu et le règlement de l'impôt. L'auto-entrepreneur s'acquitte en même temps que le forfait social d'un forfait d'impôt sur le revenu calculé sur la base d'un taux variant selon la nature de l'activité exercée[1074]. Ce forfait fiscal combiné au forfait social permet au micro-entrepreneur de s'acquitter, en un tout, de l'ensemble des prélèvements obligatoires immédiatement après la réalisation de la recette. Le micro-entrepreneur est ainsi assuré de

---

[1071] Il s'agit des décrets n°2012-1551 du 28 décembre 2012 relatif aux cotisations et contributions de sécurité sociale des travailleurs indépendants non agricoles, n°2013-1290 du 27 décembre 2013 et n°2014-1531 du 17 décembre 2014 modifiant les taux des cotisations d'assurance vieillesse de divers régimes de sécurité sociale et des cotisations d'allocations familiales, et en dernier lieu par un décret n°2015-1856 du 30 décembre 2015 relatif aux cotisations et contributions de sécurité sociale des travailleurs indépendants.

[1072] Sur les précisions apportées par l'administration fiscale au sujet du versement libératoire d'impôt sur le revenu : Bulletin Officiel 5 G-3-09 n°40 du 9 avril 2009

[1073] L'option peut être exercée pour une année N lorsque le montant du revenu fiscal de référence du foyer fiscal perçu lors de l'année N-2 est inférieur ou égal à la limite supérieure de la troisième tranche du barème de l'impôt sur le revenu de l'année N-1. Cette limite est majorée respectivement de 50 % ou 25 % par demie part ou quart de part supplémentaire. art. 151-0 C.G.I.

[1074] Le versement libératoire est liquidé par application sur le chiffre d'affaires ou les recettes déclarées de l'un des taux suivants : 1% pour les entreprises de vente ou de fourniture de logement ; 1,7 % pour les entreprises de prestations de services, 2,2% pour les entreprises non commerciales. Art. 151-0 C.G.I.

connaître ainsi en temps réel le montant exact de ses revenus. De plus, il est préservé du risque financier de défaut d'anticipation d'une créance de régularisation, les prélèvements obligatoires étant immédiatement liquidés et payés.

313. Sans altérer le principe de ce règlement accéléré des prélèvements obligatoires, des ajustements techniques ont également été apportés aux modalités de déclaration des recettes et chiffre d'affaires pour remédier à certaines dérives. Lors de la création de son activité, le micro-entrepreneur peut choisir de déclarer et de payer ses cotisations soit trimestriellement soit mensuellement. Celui-ci adresse, en fonction de la périodicité retenue, avec la déclaration du chiffre d'affaire réalisé le règlement du montant des cotisations qu'il a pu déterminer lui-même en appliquant au chiffre d'affaires déclaré le taux forfaitaire de cotisations. A l'origine, si aucun chiffre d'affaire n'était réalisé, l'auto-entrepreneur n'était pas tenu de transmettre une déclaration et son chiffre d'affaires était présumé nul[1075]. Cette présomption d'absence de revenus n'était sans doute pas étrangère au succès rencontré par ce régime, dès son entrée en vigueur. La logique suivie, qui était celle préconisée par le rapport « Hurel », était que l'auto-entrepreneur ne devait rien si rien n'était encaissé[1076]. Toutefois, face aux risques de dissimulation de revenus, l'article L 133-6-8-1 du Code de la sécurité sociale, inséré par l'article 117 de la loi n°2010-594 du 20 décembre 2010 de financement de la sécurité sociale pour 2011 a rendu obligatoire, chaque mois ou chaque trimestre, la déclaration de chiffre d'affaires ou des recettes encaissées, même lorsque ceux-ci sont nuls, en soumettant l'auto-entrepreneur à la sanction pécuniaire des pénalités prévues par le Code de la sécurité sociale. De plus, ce texte a également limité à deux ans, contre trois auparavant, la durée d'application du régime en cas de revenus ou de chiffre d'affaires nuls. Les contraintes inhérentes aux modalités déclaratives ont encore été renforcées par l'article 26 de la loi 18 juin 2014 relative à l'artisanat, au commerce et aux très petites entreprises qui a inséré, à l'article L 133-6-7-2 du Code de la sécurité sociale, une obligation de déclaration par voie dématérialisée lorsque le micro-entrepreneur réalise un chiffre d'affaires excédant un seuil fixé par décret.

[1075] art. R 133-30-2 C.S.S.

[1076] d'où le slogan originel : « pas de chiffre d'affaires = pas de charges »

314. En outre, dans le but d'inciter les demandeurs d'emploi et les titulaires de minima sociaux à rebondir par la création d'une micro-entreprise, le législateur a étendu le dispositif existant de l'aide à la création ou la reprise d'entreprise[1077] à l'auto-entrepreneur[1078]. Cette aide prend la forme d'une exonération temporaire et partielle de cotisations, applicable jusqu'à la troisième année d'activité si le créateur ou le repreneur demeure éligible au régime fiscal de la micro-entreprise[1079]. Pour l'auto-entrepreneur, désormais micro-entrepreneur, l'exonération a pris la forme d'un abattement dégressif sur les taux forfaitaires de cotisations, pour atteindre progressivement, au terme de la troisième année d'exercice, les cotisations à taux plein[1080]. Ainsi, le demandeur d'emploi qui crée ou reprend une micro-entreprise ne subit que progressivement les charges sociales. Les premières liquidités obtenues peuvent, de la sorte, être immédiatement réinvesties pour favoriser le démarrage de l'activité. Cette aide indirecte, sous la forme d'une exonération partielle et temporaire, peut se doubler d'une aide directe par un soutien matériel et financier dans la mise en place du projet d'entreprise. Cette aide, ou dispositif de nouvel accompagnement au créateur ou repreneur d'entreprise[1081], combine accompagnement par des personnes spécialisées et soutien financier par une avance sans intérêt pouvant aller jusqu'à dix mille euros sur une durée maximale de cinq ans.

[1077] aide plus communément dénommée sous son acronyme ACCRE

[1078] art. L 161-1-3 C.S.S issu de la l'article 24 de la loi n° 2009-431 du 20 avril 2009 portant loi de finances rectificative pour 2009 complété du décret n°2009-484 du 20 avril 2009 fixant les conditions d'application de l'exonération de cotisations de sécurité sociale prévu par l'article L 161-1-1 du Code de la sécurité sociale aux travailleurs indépendants relevant de l'article L 133-6-8

[1079] art. L 161-1-1 C.S.S

[1080] L'auto-entrepreneur éligible à l'ACCRE bénéficie d'un abattement dégressif sur les taux forfaitaires de cotisations de droit commun : 25 % du taux de droit commun jusqu'au à la fin du 3ième trimestre suivant, 50 % du taux de droit commun pour les quatre trimestres suivants et 75 % du taux de droit commun pour les quatre derniers trimestres (soit un taux forfaitaire de cotisations de 3 %, 6% et 9% pour les activités de ventes et 5,4 %, 10,7% et 16 % pour les activités de vente) art. D 131-6-3 C.S.S.

[1081] Plus connu sous son acronyme dit NACRE, ce dispositif est régi par la circulaire DGEFP n°2008-20 du 4 décembre 2008 relative à la mise en œuvre de la réforme des aides d'Etat à la création et la reprise d'entreprise par les demandeurs d'emploi et les bénéficiaires des minima sociaux – disponible sur le site internet de l'Agence pour la création d'entreprise www.apce.com , rubrique « dispositif global NACRE »

315. Sous couvert de ce régime simplifié et des aides accordées aux demandeurs d'emploi et titulaires des minima sociaux, le législateur entend stimuler la création de « start-up » car le micro-entrepreneur n'est pas destiné à le demeurer toute sa vie. Aussi, le législateur a organisé une sortie de ce régime, par le haut, lorsque le chiffre d'affaires atteint les seuils fixés par le Code général des impôts soumettant le micro-entrepreneur à la taxe à la valeur ajoutée. Antérieurement, cette sortie du régime s'effectuait progressivement. L'article L 133-6-8 du Code de la sécurité sociale prévoyait que le régime simplifié restait applicable au cours des deux premières années suivant le dépassement des seuils de la micro-entreprise. Pendant cette période transitoire, si le chiffre d'affaires réalisé restait inférieur à des seuils intermédiaires fixés par la réglementation fiscale[1082], l'auto-entrepreneur conservait le forfait social ainsi que le versement libératoire fiscal. A l'issue de cette période, l'auto-entrepreneur cessait totalement de relever du régime micro-entrepreneur et devenait un entrepreneur individuel soumis à l'obligation d'immatriculation. Pendant cette période, si le chiffre d'affaires ou les recettes s'avéraient supérieurs au second seuil retenu par la réglementation fiscale, l'auto-entrepreneur perdait rétroactivement au 1er janvier de l'année le bénéfice du versement libératoire d'impôt sur le revenu mais continuait de bénéficier du régime micro-social simplifié jusqu'au 31 décembre de l'année considérée[1083]. Pour créer un régime unique de la micro-entreprise, l'article 24 de la loi du 18 juin 2014 relative à l'artisanat, au commerce et aux très petites entreprises a aligné la date de la perte du régime micro-social simplifié sur celle du régime micro-fiscal. Depuis le 1er janvier 2016, l'article L 133-6-8 du Code de la sécurité sociale précise ainsi, en son paragraphe III, que le régime simplifié cesse de s'appliquer à la date à laquelle le travailleur indépendant cesse de bénéficier du régime micro-fiscal. Autrement dit, pendant la période transitoire, le micro-entrepreneur conserve l'entier bénéfice du régime dès lors que le chiffre d'affaires réalisé ou les recettes encaissées par le micro-entrepreneur n'excèdent pas les seuils intermédiaires autorisés par la réglementation fiscale. L'article

---

[1082] Pour 2016, les seuils ont été fixés à 90.300 euros pour les activités commerciales et de 34.100 euros pour les activités de prestations de service. art. 293 B C.G.I

[1083] art L 133-6-8 in fine C.S.S dans sa rédaction antérieure à celle issue de l'article 24 de la loi du 18 juin 2014 relative à l'artisanat, au commerce et aux très petites entreprises

24 de la loi du 18 juin 2014 relative à l'artisanat, au commerce et aux très petites entreprises a également retouché dans une logique d'alignement des régimes fiscaux et sociaux le Code général des impôts. Ainsi, en cas de dépassement du chiffre d'affaires autorisé, le changement de régime d'imposition n'intervient plus rétroactivement mais prend effet au 1er janvier de l'année qui suit celle du franchissement du seuil. Mais, ces ajustements techniques n'ont pas altéré l'économie générale du dispositif qui demeure incitatif à la création d'une micro-entreprise.

316. Il subsiste l'hypothèse opposée d'une activité qui ne parviendrait pas à se développer. Dans ce cas, le législateur a prévu une sortie de plein droit du dispositif, par le bas, pour le micro-entrepreneur déclarant un chiffre d'affaire nul ou une absence de recettes pendant une période de vingt quatre mois civils ou de huit trimestres consécutifs[1084]. Dans une telle situation, le régime simplifié de la micro-entreprise cesse de s'appliquer de plein droit et le micro-entrepreneur est radié à l'initiative des organismes sociaux avec une faculté d'opposition suivant une procédure contradictoire. Et si, pendant cette période, un passif est apparu auquel le micro-entrepreneur ne peut faire face ; ce denier est éligible à un effacement de ses dettes au terme de la procédure de rétablissement professionnel instituée par le livre VI du Code de commerce.

Conclusion du Chapitre 2

317. En 2014, l'INSEE dénombrait parmi les quelques cinq cent cinquante mille entreprises créées : cent soixante cinq mille sociétés, deux cent quatre vingt cinq mille auto-entrepreneurs et cent mille entrepreneurs individuels[1085]. Toutefois, nous ne disposons d'aucune donnée récente concernant l'entrepreneur individuel à responsabilité limitée, sans doute pour masquer le désaveu de ce dispositif qui n'apporte pas de protection supplémentaire par rapport à une forme d'exercice sociétaire. A fin 2015, le nombre d'auto-entrepreneurs

---

[1084] Cette durée initialement fixée à 12 mois avait été prolongée à 36 mois par la loi n°2009-1646 du 24 décembre 2009 de financement de la sécurité sociale pour 2010 avant d'être réduite à 24 mois par la loi n°2010-1594 du 20 décembre 2010 de financement de la sécurité sociale pour 2011 et dans un article L 133-6-8-1, disposition depuis transférée à l'article L 133-6-7-1 par l'effet des retouches apportées par la loi « Pinel » du 18 juin 2014.

[1085] données disponibles sur www.insee.fr , rubrique « publications »

serait stable à un niveau toujours soutenu, à un peu plus d'un million. Ce chiffre revèle que certains métiers se sont « ubérisés » en ce sens que d'anciens salariés sont devenus travailleurs indépendants sous l'influence des plateformes de mise en relation entre clients et professionnels[1086]. Dans un contexte économique morose, nombreux sont ceux, parmi les demandeurs d'emplois, à être tentés de créer ou recréer leur propre emploi. Pour beaucoup, il s'agit de continuer à exercer, sous cette forme indépendante, un ancien métier qui a pu être auparavant exercé sous une forme salariée. Aussi, ce succès apparent doit-il être relativisé : il masque une réalité très éloignée d'un véritable rebond. En multipliant artificiellement le nombre d'entreprises nouvelles, le régime de l'auto-entrepreneur renvoie une image de prime abord dynamique, mais faussée, de l'économie française. Beaucoup ne réalisent aucun chiffre d'affaires ou ont un revenu très faible[1087]. Dès 2009, l'observatoire de l'auto-entrepreneur indiquait que le revenu mensuel net moyen s'élevait à sept cent soixante quinze euros, montant confortable s'il s'agit d'un revenu complémentaire mais très faible lorsqu'il est le seul du foyer. Les données officielles n'évoquent jamais le revenu net mais uniquement le chiffre d'affaires puisqu'il s'agit de la seule donnée déclarée aux organismes publics. Et, à fin 2015, six cent dix neuf mille auto-entrepreneurs ont déclaré un chiffre d'affaires positif, soit 61,2 % des affiliés, avec un chiffre d'affaires trimestriel moyen de trois mille quatre cent vingt trois euros. Mais, selon Monsieur François HUREL, ces résultats ne reflétent pas la diversité des profils ; ce régime étant, pour certains, une source de revenu d'appoint. Toutefois, il semblerait que le tiers des affiliés approchent le plafond de revenus[1088].

1086 Selon les données rendues publiques par l'Agence centrale des organismes de sécurité sociale, les secteurs en forte croissance en 2015 serait celui du transport (+ 38,5 %) suivi par celui de l'immobilier (+17,6 %) : « Auto-entrepreneurs : après un fort engouement, le régime marque le pas » Les Echos, 22 juillet 2016.

1087 Selon les Echos, les auto-entrepreneurs seraient majoritaires parmi les affiliés au Régime social des indépendants avec des revenus très souvent inférieurs au SMIC conduisant à une paupérisation de ce régime : « L'irrésistible ascension des autoentrepreneurs chez les travailleurs indépendants », les Echos, 20 juin 2016.

1088 : « Auto-entrepreneurs : après un fort engouement, le régime marque le pas » : Les Echos, 22 juillet 2016

318. Dès 2010, un magazine économique s'interrogeait sur ce « miracle » de l'auto-entrepreneur[1089]. Et, Madame le Professeur Casaux Labrunée prophétisait, dès 2009[1090], que ce dispositif ne relancerait pas l'économie française mais traduirait de façon gigantesque « une nouvelle forme de précarité selon la règle du chacun pour soi ». Certes, il s'agit là d'un excellent moyen pour tester une idée dans des secteurs émergents, comme l'économie numérique. Mais ce dispositif comporte une importante faiblesse structurelle : l'absence de fonds propres de ces très petites entreprises dépourvues de tout capital. Aussi, les chances de dépasser les seuils de la micro-entreprise restent très limitées. Ce dispositif de simplification ne déroge pas à la loi économique universelle selon laquelle il n'y a pas de capitalisme sans capital. Faute de fonds propres, le micro-entrepreneur est nécessairement limité dans son développement et il lui est quasiment impossible d'espérer, par ce biais, revenir, un jour, à meilleure fortune.

319. Pour remédier aux carences structurelles de l'entrepreneur à responsabilité limitée et du micro-entrepreneur, le législateur aurait pu se saisir de l'opportunité donnée par la remise du rapport commandé par l'article 32 de la loi du 18 juin 2014 relative à l'artisanat, au commerce et aux très petites entreprises qui doit proposer un statut unique de l'entreprise individuelle regroupant les trois statuts de la société unipersonnelle à responsabilité limitée, de l'entrepreneur individuel à responsabilité limitée et de l'entrepreneur individuel. Remettant à plus tard cette mutation juridique profonde abandonnant la dichotomie classique entre personne morale et personne physique, le législateur semble se replier sur de nouveaux ajustements techniques au régime du micro-entrepreneur[1091].

[1089] « Auto-entrepreneurs : Arnaque ou miracle ? », Alternatives économiques, mai 2010

[1090] Lise CASAUX-LABRUNEE, La révolution de l'auto-entrepreneur, Semaine social Lamy, 9 nov. 2009, p. 9

[1091] L'article 37 du projet de loi relatif à la transparence à la lutte contre la corruption et à la modernisation de la vie économique prévoit ainsi de favoriser la croissance du micro-entrepreneur par un mécanisme fiscal complexe lissant les effets du franchissement du seuil de la micro-entreprise faisant perdre le bénéfice de la franchise de taxe à la valeur ajoutée.

Conclusion du Titre 1

320. Se montrant sensible à la solution de la « reprise interne », le législateur a élargi les possibilités de restructuration du capital des sociétés en difficulté afin d'augmenter le nombre d'entreprises viables sauvées. Il a autorisé l'entrée des créanciers au capital des sociétés en difficulté en consacrant la conversion de créances en capital et leur a reconnu la faculté, dans le régime des comités de créanciers, de présenter un projet de plan concurrent à celui soumis par le débiteur. Dans la procédure de redressement judiciaire, le tribunal peut également évincer les dirigeants ainsi que les associés ou actionnaires récalcitrants lorsque leur refus causerait un « trouble grave à l'économie nationale ou régionale » pour imposer une solution de « reprise interne ». Contre toute attente, cette solution est devenue possible dans la procédure de la liquidation judiciaire en raison de la survie de la société lorsque cette procédure a été clôturée par extinction du passif. De plus, pour inciter ceux qui ont échoué à retenter leur chance, le législateur a stimulé, par le droit, la création d'entreprises en adoptant des mesures de simplification et de limitation du risque patrimonial. Toutefois, si le dispositif de « l'auto-entrepreneur » a été plébiscité, il en va tout autrement de celui de l'entrepreneur individuel à responsabilité limitée. Mais, au delà du succès apparent du premier, il faut bien constater que les situations sont très éloignées d'un retour à meilleure fortune.

Titre 2 - La levée des entraves au rebond

321. Si, par ses recommandations, la Commission européenne a incité les Etats membres de l'Union à adopter, dans leurs législations nationales, une politique de la seconde chance en faveur des chefs d'entreprise défaillants, c'est uniquement dans le but de mieux distinguer les faillites frauduleuses de celles qui ne le sont pas[1092]. Aussi, pour la Commission, la promotion du rebond du chef d'entreprise ayant échoué ne doit pas se faire au détriment d'une nécessaire politique d'assainissement de la vie des affaires même si, comme a pu le noter Madame le Professeur Schiller, la « forte limitation des mesures de sanctions » constitue un « facteur de conciliation des objectifs d'assainissement et de rebond[1093] ». Ce

---

[1092] Dans sa communication du 5 octobre 2007, la Commission avait ainsi souligné : « Le nouveau départ après une faillite peut être juridiquement complexe. De nombreuses législations nationales sur la faillite réservent toujours le même traitement à tous que la faillite ait été frauduleuse ou involontaire, ou que la défaillance n'ait pas été due à une faute manifeste du propriétaire ou du dirigeant, c'est-à-dire honnête et correcte. De même, de nombreuses dispositions imposent des restrictions, des interdictions et des déchéances aux faillis sur la seule base de l'existence de procédures de faillite. Cette automaticité ne tient pas compte des risques inhérents à la réalité quotidienne de la vie des entreprises et qui se traduit par le postulat que le failli est mis à l'index et ne mérite plus la confiance de la société. Une modification radicale de l'esprit des législations en matière d'insolvabilité s'impose dans l'Union. » pour en tirer l'enseignement suivant : « Il est vital de créer le juste cadre qui, tout en protégeant dûment les intérêts de toutes les parties, reconnaît la possibilité d'échec et de redémarrage d'un entrepreneur. La législation sur la faillite devrait distinguer clairement entre le traitement juridique des faillites non frauduleuses et celui des faillites frauduleuses. » (Communication de la Commission au Conseil, au Parlement européen, au Comité économique et social européen et au Comité des régions, « Surmonter les stigmates de la faillite d'entreprises- Pour une politique de la deuxième chance : Mise en œuvre du partenariat de Lisbonne pour la croissance et l'emploi », Com. (2007)584 final - § 3.2 Le rôle de la législation en matière d'insolvabilité)

[1093] S.SCHILLER, Le rebond des entreprises dans la phase postérieure à l'effacement de leurs dettes, Dossier « L'effacement des dettes », Droit et patr. sept. 2009, p.81 et suivantes

rapprochement d'impératifs opposés s'est traduit dans un mouvement d'humanisation des sanctions ayant conduit à une nette amélioration du sort du chef d'entreprise fautif (Chapitre 1). Outre cet allégement des sanctions, l'objectif européen de promotion du rebond a rendu nécessaire la restauration de l'image du débiteur, au-delà de la seule purge de ses dettes. En effet, le débiteur ou le chef d'entreprise ayant échoué n'est pas totalement débarrassé du poids du passé tant que subsistent, dans la mémoire collective, les traces de ces difficultés. Cette mémoire collective, aujourd'hui entretenue de nombreux fichiers nominatifs, constitue toujours une entrave majeure au rebond puisqu'elle nuit à la réputation du chef d'entreprise et à l'accès au crédit. L'impératif européen de promotion du rebond a donc commandé la restauration de l'image dégradée du débiteur (Chapitre 2).

Chapitre 1 - L'amélioration du sort du chef d'entreprise fautif

322. Les mesures d'élimination sont destinées à assainir le monde des affaires en privant le chef d'entreprise incompétent ou malhonnête de toute faculté de rebondir afin de prévenir le renouvellement des dommages infligés au tissu économique. Aussi, il semble peu orthodoxe d'envisager une amélioration du sort du chef d'entreprise fautif. Pourtant, un tel mouvement existe bien en droit des faillites[1094]. Dans le Code de commerce de 1807, la faillite était principalement destinée à éliminer du monde des affaires le commerçant défaillant qui avait trahi la confiance de ses créanciers. Le fait de ne plus pouvoir payer ses dettes était alors considéré comme infamant. Outre les sanctions pénales de la banqueroute, le débiteur était déchu de ses droits civils, civiques et professionnels et sa réhabilitation était difficile à obtenir. La loi du 30 août 1947 relative à l'assainissement des professions commerciales avait repris cet héritage du Code de commerce en édictant une incapacité générale des faillis à exercer toute profession commerciale. Dénoncée comme contre-productive par le Doyen Houin, dans un écrit resté célèbre[1095], cette rigueur extrême s'est peu à peu adoucie au fil des réformes. La loi du 13 juillet 1967 a amorcé une rupture en distinguant le sort de l'homme de celui de l'entreprise, brisant le lien historique qui unissait jusqu'alors procédure collective et sanctions. Sous l'empire de cette loi, les effets patrimoniaux du règlement judiciaire et de la liquidation de biens étaient déconnectés de toute sanction du débiteur. Les sanctions étaient indépendantes de la procédure collective même si elles conservaient encore un caractère infamant. L'innovation de la loi de 1967 a été d'instituer, aux côtés de la procédure, une nouvelle sanction civile : la faillite personnelle. Son prononcé était tantôt obligatoire, tantôt facultatif en fonction de la gravité des fautes

[1094] C.MASCALA, L'amélioration de la situation du chef d'entreprise, Rev. proc. coll. 2005, p.370

[1095] Pour le Doyen Houin, « éliminer l'homme, c'est éliminer l'entreprise, même si elle peut être redressée et est économiquement utile » R.HOUIN, Permanence de l'entreprise à travers la faillite : Liber amicorum, baron Louis Frédéricq, 1965

commises. Le débiteur qui en était frappé se voyait interdire d'exercer la profession de commerçant. Cette sanction emportait également de plein droit toute une série d'interdictions et de déchéances de droits civiques, professionnels ou honorifiques telles que : la radiation de toutes les listes électorales impliquant l'interdiction de participer à toute élection ou d'exercer toute fonction publique élective ; certaines atteintes à l'honneur comme l'interdiction de porter des décorations ou d'exercer une charge publique d'officier ministériel. Ces privations en tous ordres marquaient le caractère infamant de cette sanction. Aux côtés de la faillite personnelle, était instituée une sanction non assortie de ces différentes privations : l'interdiction de gérer. La loi du 25 janvier 1985 a reconduit l'essentiel de ce dispositif d'élimination tout en l'étendant aux agriculteurs et aux artisans. Dans un souci d'humanisation, la loi de 1985 a assoupli les sanctions civiles et pénales. Elle a modifié un aspect important du régime de la faillite personnelle dont le prononcé ne s'imposait plus au juge mais était laissé à sa discrétion. La banqueroute était également simplifiée et unifiée. La distinction entre banqueroute simple et frauduleuse était abandonnée et l'incrimination réduite aux seuls cas les plus graves. Toutefois, la loi de 1985 avait reconduit les interdictions et déchéances automatiques attachées à la faillite personnelle sous l'empire de la loi de 1967. Cette dépénalisation du droit des procédures collectives s'inscrivait dans une volonté de « dédramatiser » les difficultés des entreprises après les crises pétrolières. Depuis ce texte, la liquidation judiciaire est d'ailleurs devenue une mesure de faveur au profit du débiteur de bonne foi, grâce à la décharge de ses dettes l'autorisant à prendre un nouveau départ. La loi du 26 juillet 2005 s'est inscrite dans la continuité de la loi de 1985 partant du même constat, qu'il ne fallait pas sanctionner une entreprise économiquement saine. Cet adoucissement des sanctions s'est poursuivi « avec humanité mais sans laxisme[1096] ». Ni l'ordonnance du 18 décembre 2008 ni celle du 12 mars 2014 ne sont revenues sur cette tendance. Mais l'idée de garantir une certaine morale des affaires n'a pas été abandonnée[1097]. Le législateur a retenu

[1096] F.VAUVILLE, Le nouveau titre des responsabilités et des sanctions, Rev. proc. coll. 2006, p.345 et suivantes

[1097] Rapp. HYEST p.437 qui évoque au travers de la loi du 26 juillet 2005 la volonté d'offrir « une réponse plus efficace aux comportements fautifs en l'adaptant à la gravité de la faute et en proposant un nouvel assouplissement du régime des sanctions tout en veillant à en renforcer l'effectivité. »

une approche indemnitaire pour frapper directement les dirigeants au portefeuille. L'épisode de l'obligation aux dettes sociales, créée par la loi du 26 juillet 2005 avant d'être abrogée par l'ordonnance du 18 décembre 2008, est particulièrement révélateur d'une logique qui n'est plus sanctionnatrice mais réparatrice[1098]. Toutefois, même sur le terrain indemnitaire, un recul des sanctions s'amorce puisque l'article 146 de la loi n°2016-1691 du 9 décembre 2016 relative à la transparence, à la lutte contre la corruption et à la modernisation de la vie économique, de renforcer la distinction du sort du dirigeant simplement maladroit de celui véritablement malhonnête en exemptant le dirigeant de droit ou de fait de toute responsabilité au titre d'une insuffisance d'actif en cas de simple négligence[1099].

323. Quoi qu'il en soit, les mesures d'élimination ont été assouplies et leurs effets limités dans le temps. Aussi, d'un constat partagé par l'ensemble des auteurs, il y a bien un net mouvement de « recul[1100] » ou de « reflux[1101] » des sanctions en droit des entreprises en difficulté[1102]. Cette tendance à l'allégement des mesures d'élimination est également perceptible en droit pénal. La loi de modernisation de l'économie du 4 août 2008 a mis fin aux incapacités commerciales, qui étaient des mesures d'interdictions et de déchéances s'appliquant de plein droit aux auteurs de certaines infractions économiques, en les

---

1098 Sur ces deux logiques : C.MASCALA, Le comportement fautif du chef d'entreprise : de la sanction à la réparation ?, R.L.D.A. Suppl. N°80, mars 2005, p.71

1099 Cette loi a complété le premier alinéa de l'article L 651-2 du Code de commerce par cette phrase : « Toutefois, en cas de simple négligence du dirigeant de droit ou de fait dans la gestion de la société, sa responsabilité au titre de l'insuffisance d'actif ne peut être engagée. »

1100 P. ROUSSEL-GALLE, Que reste t'il du caractère sanctionnateur des procédures ?, Actes du colloque « Que reste t'il des principes traditionnels des procédures collectives face au morcellement de la défaillance ? », rev. proc. coll. mai juin 2012, article 17 p.89

1101 C.MASCALA, Les sanctions en droit des entreprises en difficulté : Flux, reflux et incohérences, Dossier « La loi de sauvegarde à l'âge de raison », Dr. et patr. mars 2013, p. 80

1102 Pour le caractère « illusoire » du prétendu recul des sanctions qui, en réalité, sont toujours appliquées : C. SAINT-ALARY-HOUIN, Risques et responsabilités en droit des procédures collectives – Rapport de clôture, Actes du colloque organisé à Caen le 15 octobre 2010 « Loi de sauvegarde des entreprises. Risques et responsabilités en droit des procédures collectives », Rev. proc. coll. nov. déc. 2010, étude 14

transformant en des peines complémentaires facultatives prononcées par les juridictions pénales[1103]. Partant de là, les mesures d'élimination ont été, tout à la fois, cantonnées (section 1) et assouplies dans un mouvement d'humanisation des sanctions (section 2).

Section 1 - Le cantonnement des mesures d'élimination

324. Pour circonscrire le domaine d'application des sanctions, des restrictions ont été posées au prononcé d'une mesure d'élimination (§1). Par ailleurs, afin d'assurer une parfaite adéquation entre la mesure prononcée et le comportement sanctionné, des strictes conditions ont été posées lors de son prononcé (§2).

§ 1 - Les restrictions au prononcé d'une mesure d'élimination

325. Les restrictions au prononcé d'une mesure d'élimination sont nombreuses. Pour ne pas dissuader les dirigeants de solliciter une mesure de prévention ou l'ouverture d'une sauvegarde, l'application des sanctions a été cantonnée aux seules procédures de redressement et de liquidation judiciaires (A) avec le particularisme que les professionnels libéraux déjà soumis à des règles disciplinaires sont mis à l'écart (B). Par ailleurs, la loi de sauvegarde du 26 juillet 2005 a réduit leur durée en substituant à l'article L 653-11 du Code de commerce l'ancienne durée minimale - dite plancher - de cinq ans par une durée maximale – dite plafond - de quinze ans[1104](C). Enfin, le législateur a également instauré une prescription triennale qui peut être écourtée lors d'une procédure de liquidation judiciaire simplifiée (D).

[1103] art. 131-27 C.pén.

[1104] art. L 653-11 C.com.

A - Une application limitée aux procédures de redressement et de liquidation judiciaires

326. En premier lieu, l'article L 653-1 du Code de commerce limite l'application des sanctions de faillite personnelle et d'interdiction de gérer aux seules procédures de redressement et liquidation judiciaire. Il en est de même pour le débiteur ou ses dirigeants soumis à une procédure de sauvegarde, à l'une de ses variantes, ou aux mesures de prévention. Un amendement au projet de loi de sauvegarde a écarté ces différentes procédures du champ d'application des mesures d'élimination afin de les rendre plus attractives et éviter tout effet dissuasif auprès des dirigeants[1105]. Pour autant, le chef d'entreprise qui a eu recours aux mesures de prévention reste passible des sanctions civiles en cas d'échec de la conciliation et d'ouverture d'un redressement ou d'une liquidation judiciaires[1106]. En raison de la condition de bonne foi du débiteur dans la procédure de rétablissement professionnel, le débiteur soumis à celle-ci ne peut faire l'objet d'une sanction. Si l'enquête du juge commis révèle des faits passibles d'une mesure d'élimination, l'article L 645-9 du Code de commerce lui impose de requérir du tribunal l'ouverture de la procédure de liquidation judiciaire, demandée simultanément à celle de rétablissement professionnel, permettant le prononcé d'une interdiction. De même si, à l'occasion de la résolution d'un plan de sauvegarde et de l'ouverture consécutive d'un redressement ou d'une liquidation judiciaire[1107], il apparaît que l'échec de cette procédure est imputable aux fautes commises par le chef d'entreprise ; celui-ci peut être sanctionné. La solution est identique lors de l'ouverture d'une liquidation judiciaire consécutive à la résolution d'un plan de redressement[1108]. Dans l'un et l'autre cas, seuls les faits postérieurs à l'ouverture de la première procédure peuvent fonder les poursuites[1109].

[1105] Amendement n°201, Intervention Xavier de Roux, JOAN CR, 3° séance du 8 mars 2005, p.148 ; Rapp. J.-J. Hyest, n°335, p.465

[1106] C.DELATTRE, La prévention peut-elle être un alibi pour parer à toute sanction ? Rev. proc. coll. 2009 com. 144

[1107] art. L 626-27 C.com.

[1108] art. L 631-20-1 C.com.

[1109] P.M LE CORRE, op. cit., n°911.23

B - L'immunité des professionnels libéraux soumis à des règles disciplinaires

327. Dans les procédures de redressement et de liquidation judiciaires, l'article L 653-1 I du Code de commerce rend passible de faillite personnelle ou d'interdiction de gérer « toutes les personnes physiques exerçant une activité commerciale ou artisanale[1110], aux agriculteurs et à toute (...) personne (...) exerçant une activité professionnelle indépendante y compris une profession ainsi qu'aux dirigeants de droit ou de fait des personnes morales exerçant ces activités ». Malgré le visa des professionnels indépendants, le texte met, in fine, à l'écart l'application des sanctions « les personnes physiques et dirigeants d'une personne morale exerçant une activité professionnelle indépendante et à ce titre soumises à des règles disciplinaires ». Parmi ces professionnels, le législateur différencie ainsi le sort de ceux soumis à de règles disciplinaires, de ceux n'en ayant pas. Ces professionnels « indisciplinés[1111] » restent passibles des sanctions du droit des procédures collectives. Les exemples de professions réglementées non soumises à des règles disciplinaires et à l'autorité d'un ordre professionnel sont nombreux : agents immobiliers[1112], chauffeurs de taxis, détectives privés. Les autres échappent aux sanctions des procédures collectives pour relever exclusivement des sanctions ordinales définies par leurs statuts respectifs. Toutefois, le professionnel libéral soumis à des règles disciplinaires, qui a opté pour un statut de commerçant, n'échappe pas

---

[1110] L'ordonnance du 18 décembre 2008 avait étendu le périmètre des sanctions à l'auto-entrepreneur en substituant, dans ce texte, la référence à l'immatriculation au répertoire des métiers par le visa plus large de l'exercice d'une activité commerciale ou artisanale. Cette précision a perdu tout intérêt pratique, l'article 27 de la loi n°2014-626 du 18 juin 2014 ayant supprimé la dispense d'immatriculation de l'auto-entrepreneur.

[1111] Formule empruntée à Madame le Professeur Mascala : C.MASCALA, Le nouveau régime des sanctions, R.T.D.Com. 2006, p.213

[1112] Cette question abordée lors des débats parlementaires relatifs à la loi du 26 juillet 2005 a pu recevoir une réponse plus nuancée. L'exclusion semblerait curieusement concerner certaines professions indépendantes encadrées par un statut, sans pour autant qu'existe un ordre professionnel. L'exemple a été pris de l'agent commercial, dont le statut est régi par le Code de commerce. Rapp. Xavier de Roux, n°2095, p.422

aux sanctions des procédures collectives[1113]. Certes, il n'était pas illogique de confier aux ordres professionnels et instances disciplinaires la mission d'assurer la police économique au sein de leur profession[1114]. Les intentions du législateur étaient louables : « éviter d'empiéter sur les compétences de contrôle déontologique et disciplinaire des ordres et des autorités professionnelles, dont la sanction de comportements professionnels fautifs constitue une des missions principales[1115] ». Cela étant, si les ordres professionnels ont la légitimité nécessaire pour apprécier les manquements à la discipline ou à la déontologie de leur profession ; leur compétence pour connaître des conséquences de fautes de gestion commises par l'un de leurs pairs est plus discutable, notamment lorsque les règles de l'art concerné ne s'en préoccupent pas[1116]. Madame le Professeur Pérochon fustige donc ce « bouclier disciplinaire[1117] » dans lequel elle voit un « privilège des notables indélicats[1118] », constitutif d'une rupture d'égalité devant la loi. De plus, les professionnels libéraux étant à l'écart des sanctions, ceux-ci échappent également à la reprise des poursuites individuelles après clôture de la liquidation judiciaire pour insuffisance d'actif. Profondément inique, cette exception manque également de cohérence. Les professionnels libéraux restent curieusement passibles devant le juge pénal d'une faillite personnelle à titre de peine complémentaire de la banqueroute. En effet, les articles L 654-1 et L 654-6 du Code de commerce ne prévoient pas la même exception que celle de l'article L 653-1. Cette incohérence des textes est totalement illogique puisque les faits justifiant une faillite

---

1113 Des juges du fond ont néanmoins fait application des sanctions à l'encontre d'un pharmacien qui avait la qualité de commerçant immatriculé au registre du commerce. Paris, 23 sept. 2008 , D.2008, AJ. 2665 obs A.LIENHARD – Selon certains auteurs, cette solution devrait aussi valoir pour les médecins exploitant une clinique. En ce sens : A CERUTI-GAUTHIER, Application de la loi de sauvegarde des entreprises aux professionnels libéraux, JCP E 2008, 2436 n°10

1114 S.RETIF, L'extension des procédures collectives aux professions libérales, Rev. proc. coll. 2006, p.152 spéc. p.153

1115 Rapp. Xavier de Roux, n°2095, p.423

1116 En ce sens : C.MASCALA, Le périmètre des sanctions, Acte du colloque inaugural de l'Association des juristes de la défaillance économique, 10 sept. 2010, Toulouse, Rev. proc. coll. 01/2011, p.72 spéc. n°10 ;

1117 F.PEROCHON, op. cit. , n°1728

1118 F.PEROCHON, Le privilège des notables indélicats : un nouveau privilège ? : D.2005, point de vue p.116

personnelle sont généralement communs. Ceci fait naître le sentiment que la juridiction pénale peut prononcer la faillite personnelle précisément parce que la juridiction civile n'a pas pu le faire[1119]. Il aurait, sans doute, mieux valu laisser la compétence du tribunal de la procédure tout en associant l'ordre à la prise de décision, comme lors de l'ouverture[1120]. Les rédacteurs des ordonnances de 2014 ont manqué l'occasion de revenir sur ce « privilège » ou de mettre les solutions en cohérence. Curieusement, cette mesure de protection corporatiste laisse souvent le professionnel libéral libre de rebondir, dans l'activité exercée ou dans une autre, car la purge des dettes est rarement un motif d'interdiction disciplinaire[1121].

C - Le plafonnement de la durée des mesures à quinze ans

328. Pour accélérer la réhabilitation du « failli », la loi de sauvegarde du 26 juillet 2005 a limité dans le temps la durée des sanctions. Sous l'état du droit antérieur à cette loi, la mesure d'exclusion avait une durée illimitée. L'ancien article L 625-10 du Code de commerce prévoyait seulement un plancher de cinq ans mais aucun plafond. La jurisprudence excluait alors la perpétuité[1122], mais admettait des durées extrêmement longues[1123]. Ce système, très rigoureux, avait conduit une partie de la doctrine à exprimer des doutes quant à sa constitutionnalité[1124]. Depuis la loi de sauvegarde, l'article L 653-11

[1119] C.MASCALA, Le périmètre des sanctions, article précité

[1120] Avant d'ouvrir toute procédure concernant un professionnel libéral, l'article L 621-1 du Code de commerce prévoit que le tribunal doit entendre ou appeler l'ordre professionnel.

[1121] Les règles déontologiques n'envisagent rarement le défaut de paiement de ses dettes comme une faute disciplinaire, raison permettant à Madame le Professeur Pérochon de souligner qu'il serait « intéressant de connaître les statistiques des ordres en matière de sanctions ainsi que la typologie des fautes sanctionnées. » : op. cit. n°1728

[1122] Com. 9 janv. 1996, Bull. Civ. IV n°9 ; Bull. Joly 1996, 530, note J.Vallansan ; Com. 23 nov. 1999, Act. proc. coll. 2000/1 n°17

[1123] pour le prononcé d'une durée de 30 ans à l'égard d'une personne âgée de 32 ans : Com. 20 juin 1995, RJDA 1995, n°1048 – pour le prononcé d'une durée de 50 ans : Douai, 2ème ch., 3 avr. 2001, rev. proc. coll. 2001 p.276 n°11 obs. A.Barret

[1124] Même si l'on a pu douter de constitutionnalité de l'absence de plafond de durée (en ce sens B.BOULOC, obs. sous Crim. 6 août 1996, R.T.D.Com. 1997, p.160), celle-ci avait été jugée compatible avec le principe de légalité des délits et des peines

du Code de commerce plafonne la durée des sanctions professionnelles à quinze ans. Le plancher légal de cinq ans a également été supprimé pour inciter les tribunaux à prononcer une sanction[1125]. Le législateur a ainsi créé « une gradation complète, capable d'opérer une distinction claire entre l'entrepreneur malchanceux, écarté des affaires pour une durée courte et l'entrepreneur malhonnête qui pourra difficilement reprendre la responsabilité d'une entreprise s'il est failli pour quinze ans.[1126] » Cette réduction de la durée des sanctions n'est pas nécessairement moins rigoureuse même si elle a incontestablement amélioré le sort du chef d'entreprise « failli ». Elle a également permis au tribunal d'adapter la durée de la sanction en fonction de la gravité du comportement[1127]. Jusqu'à la loi du 26 juillet 2005, il n'était pas rare de rencontrer des faillites personnelles prononcées pour trente ou cinquante ans. Eradiqué à vie du monde des affaires, l'entrepreneur était alors privé de toute faculté de rebond sauf à ce qu'il contribue suffisamment au paiement du passif pour être réhabilité. Cette rigueur extrême reposait sur une logique de protection de la vie des affaires et de mise à l'écart des dirigeants nocifs. Elle comportait un effet contreproductif puisqu'il incitait le chef d'entreprise sanctionné à se réinstaller, au mépris de la mesure d'exclusion, sous couvert d'une direction de fait. Tout en les humanisant, ce plafonnement de la durée des sanctions a contribué au renforcement de leur efficacité. L'instauration, par la loi de sauvegarde du 26 juillet 2005, d'un délai de prescription s'inscrit également dans cette logique d'humanisation des sanctions.

---

au motif que la faillite personnelle et l'interdiction de gérer ne sont que des mesures d'assainissement et n'ont pas la nature d'une sanction pénale : Amiens, 13 mars 2003, BICC 2003 n°1417

[1125] rapp. A.N. Xavier de Roux, n°2095, p.440

[1126] ibid.

[1127] Le tribunal n'étant plus tenu, depuis la loi du 26 juillet 2005, par une durée plancher ; il est libre de prononcer une durée inférieure à 5 ans pour des faits qui, avant cette loi, n'auraient pas fait l'objet de poursuites.

D - Une prescription triennale écourtée par l'accélération de la procédure de liquidation judiciaire simplifiée

329. L'article L 653-1 paragraphe II du Code de commerce précise, depuis la loi de sauvegarde, que les actions tendant au prononcé des sanctions professionnelles se prescrivent par trois ans à compter du jugement qui prononce l'ouverture d'un redressement ou d'une liquidation judiciaire[1128]. Sous l'empire de l'ancien article L 625-4 de ce même Code, une faillite personnelle ou une interdiction de gérer pouvait être prononcée à tout moment de l'une de ces procédures et tant que celle-ci était en cours. Cette règle était extrêmement rigoureuse puisque le chef d'entreprise pouvait être sanctionné plusieurs années après l'ouverture de la procédure. La clôture de cette dernière était alors la seule limite temporelle au prononcé d'une sanction[1129]. La jurisprudence avait même admis qu'une sanction puisse être prononcée après la clôture, tant que la décision n'avait pas acquis force de chose jugée[1130] ; quoiqu'une juridiction du fond n'ait pas hésité à écarter cette solution au motif qu'elle était contraire à la garantie d'un délai raisonnable attaché au droit à un procès équitable[1131]. Quoi qu'il en soit, pour atténuer cette rigueur de l'état antérieur du droit, la loi du 26 juillet 2005 a introduit à l'actuel article L 653-1 du Code de commerce un délai de prescription. A l'origine, l'article 150 du projet de loi de sauvegarde avait prévu d'instaurer une prescription quinquennale. Au cours de l'examen du texte, un amendement parlementaire l'a réduit à trois ans pour l'aligner sur la

---

[1128] L'article 99 de la loi n°2016-1547 du 18 novembre 2016 portant modernisation de la justice du XXIème siècle a, en son paragraphe V, complété le II de l'article L 653-1 pour préciser que la prescription de l'action entreprise à l'encontre du dirigeant social ne s'étant pas acquitté de sa condamnation pour insuffisance d'actif ne court qu'à compter du jour où la décision retenant sa responsabilité acquiert force de chose jugée.

[1129] P.M LE CORRE, op. cit., n°911.35

[1130] Com. 22 oct. 1996 Bull. civ. IV n°250 ; D.1997 som. p.79 obs. A.Honorat ; JCP E 1997, I, 623, n°12 obs. P.Pétel - Com. 12 oct.1999, Act.proc. coll. 1999/19, n°260 – Aix en provence, 8ème Ch., 24 mai 2006 RG n°04-20368 ; rev. proc. coll. 2007/2 p.94 n°21 obs. O.Barret

[1131] La Cour d'appel de Caen avait ainsi admis que le droit au procès équitable puisse s'opposer au prononcé d'une mesure d'interdiction de gérer 11 ans après l'ouverture de la procédure : Caen, 1ière Ch., 7 fév. 2002, RD Banc. et fin. 2002/4 n°147 ; Act. proc. coll. 2007/19 n°226 note J.Vallansan

prescription de la responsabilité pour insuffisance d'actif et de la banqueroute[1132]. Ce délai de prescription a contribué à l'amélioration du sort du chef d'entreprise ayant échoué, en instaurant un droit à l'oubli des fautes commises. Toutefois, cette amélioration n'a concerné que les situations postérieures à la loi de sauvegarde. Faute de visa aux articles 190 et 191 de la loi du 26 juillet 2005, ce délai de prescription n'a pas été rendu applicable aux procédures en cours lors de l'entrée en vigueur de cette loi. Cette solution, annoncée par le service de documentation de la Cour de cassation[1133], a été confirmée par la Chambre commerciale dans un arrêt du 16 octobre 2007[1134]. La disparité de traitement en résultant a suscité deux questions prioritaires de constitutionnalité, critiquant les dispositions transitoires de la loi de sauvegarde au regard des principes de rétroactivité in mitius, d'égalité devant la loi et de la liberté d'entreprendre. La Cour de cassation les a écartées et considérées non sérieuses au motif que le caractère non répressif des sanctions professionnelles excluait toute application immédiate au titre de la loi pénale plus douce et que les dispositions critiquées n'introduisaient aucune distinction injustifiée au regard des principes et droits fondamentaux[1135].

330. Passées ces questions de droit transitoire, les organes de la procédure sont, depuis la loi de sauvegarde, contraints de fixer le chef d'entreprise sur ses possibilités de rebond, après la procédure, dans les trois ans de son ouverture[1136]. Bien que le texte ne l'indique pas expressément, l'action tendant au prononcé d'une sanction ne peut plus être intentée après la clôture de la procédure, laissant l'entrepreneur libre de rebondir. Certes, le texte ne précise plus que la sanction peut être prononcée « à toute époque de la procédure ». La clôture de celle-ci ne devrait donc plus être un obstacle au prononcé d'une sanction. Toutefois, l'article L 653-1 du Code de commerce indique que la procédure de redressement ou de liquidation judiciaire

---

1132 Amendement n°201, Xavier de Roux, JOAN CR 3ème séance du 8 mars 2005 p.148

1133 question / réponse n°8 relative à la loi de sauvegarde – disponible sur le site www.courdecassation.fr

1134 Com. 16 oct. 2007, Bull. civ. IV n°219 ; D.2007 AJ 2666, obs. Lienhard JCP 2007 II 10212 note J.P. Legros ; Rev. sociétés 2008 p.174 note P.Roussel Galle

1135 Com. 16 fév. 2011, QPC n°10-25.035, n°310 FS-D, QPC n°10-40.066, n°311 FS-D, Rev. proc. coll 2011, n°102, 63, note A. Martin-Serf

1136 C.DELATTRE, Prescription de l'action en faillite personnelle, Rev. proc. coll. 2008 p.48 spéc. n°8

doit être ouverte ce qui signifie que l'action ne peut plus être intentée après la clôture de la liquidation judiciaire ou l'adoption du plan de redressement[1137]. Mais si l'action est engagée en cours de procédure, rien ne s'oppose à ce que la sanction soit prononcée après la clôture, un mandataire pouvant être désigné pour poursuivre cette instance jusqu'à son terme[1138]. Sur ce point, les solutions antérieures à la loi de sauvegarde ont été reconduites. En revanche, si la procédure est clôturée avant qu'une action ne soit envisagée, le chef d'entreprise est assuré de ne plus pouvoir être inquiété, ce qui le laisse libre de rebondir, et ce même si les fautes commises ne sont pas encore couvertes par la prescription. En effet, l'obstacle à l'engagement des poursuites est alors procédural. La clôture met fin aux missions des organes de la procédure et rend impossible l'exercice de l'action. Monsieur le Professeur Le Corre rappelle d'ailleurs la nécessité pour le tribunal de se prononcer sur la base d'un rapport du juge commissaire[1139]. Or, sa mission ayant pris fin avec la clôture de la procédure, l'action ne peut plus prospérer. Ceci n'est pas sans conséquence lors d'une liquidation judiciaire. En accélérant la procédure de liquidation judiciaire simplifiée, l'ordonnance du 12 mars 2014 a contribué, dans les faits, à réduire le délai pendant lequel le chef d'entreprise est passible d'une sanction, de trois à un an. En effet, l'article L 644-5 du Code prévoit que la liquidation est clôturée au plus tard dans le délai d'un an suivant son ouverture. La durée abrégée de cette procédure permet au chef d'entreprise d'être absout plus rapidement de toute sanction alors même que le délai de prescription n'est pas encore expiré. En pratique, il n'est pas à exclure que, dans cette brève durée impartie à la procédure, le liquidateur et le ministère public omettent, l'un et l'autre, de solliciter le prononcé d'une sanction. Sous cet aspect, l'accélération de la liquidation judiciaire simplifiée mise en place par l'ordonnance du 12 mars 2014 a favorisé l'oubli du chef d'entreprise fautif, marquant là un recul des sanctions. Ce recul était déjà perceptible en raison des strictes conditions posées pour le prononcé d'une mesure d'élimination.

[1137] F.PEROCHON, op. cit., n°1730

[1138] art. L 643-9 al.3 C.com. ; P.M. LE CORRE, op. cit., n°911.35

[1139] art. R 662-12 C.com. ; P.M. LE CORRE, ibid.

§ 2 - Les strictes conditions du prononcé d'une mesure d'élimination

331. Pour qu'une mesure d'élimination puisse être prononcée, le comportement du chef d'entreprise doit « regrouper un ensemble d'éléments, des comportements qui vont avoir pour conséquence de porter atteinte aux droits des créanciers, aux droits des salariés de façon importante et de faire basculer le dirigeant vers le volet répressif. Ces fautes peuvent être les suivantes : l'importance du passif, ses causes, l'ancienneté de la cessation des paiements par rapport à la date d'ouverture de la procédure, les fautes de gestion significatives mais aussi la capacité de réaction du dirigeant pour prendre la bonne décision afin de mettre un terme à une situation obérée.[1140] » Les articles L 653-3 à 653-6 du Code de commerce font ainsi encourir la faillite personnelle lorsque le chef d'entreprise a commis certains actes réputés fautifs. L'article L 653-8 de ce même Code en étend l'application à l'interdiction de gérer lequel retient, en outre, des cas spécifiques à cette mesure d'élimination. La jurisprudence définit, de façon constante, la faillite personnelle comme une mesure d'intérêt public n'étant ni par sa nature, ni par son but une sanction pénale[1141]. Pour autant, la jurisprudence a toujours retenu une lecture stricte des textes en se montrant hostile à une extension, par assimilation, des différents cas retenus par la loi. Une faillite personnelle ou une interdiction de gérer ne peut donc être prononcée, au simple constat d'une faute de gestion, même si tous les cas légaux sont constitutifs d'une telle faute[1142]. Partant de là, le prononcé de ces mesures est soumis à un strict principe de légalité (A). En outre, la jurisprudence requiert la recherche d'une parfaite

---

[1140] C. DELATTRE, Le dirigeant fautif, Actes du colloque organisé à Caen le 15 octobre 2010 « Loi de sauvegarde des entreprises. Risques et responsabilités en droit des procédures collectives », Rev. proc. coll. 2010, p.85

[1141] Sur le refus de la Cour de cassation de faire une application immédiate des dispositions plus douces de la loi de sauvegarde, au titre de la rétroactivité in mitius, s'agissant d'une mesure d'intérêt public et non d'une sanction pénale : Com. 16 oct. 2007, pourvoi n°06-10.805, Bull.civ. IV n°219. Ainsi, les nouvelles règles de prescription, plus douces, « ne sont pas applicables au prononcé, par une juridiction non répressive, d'une mesure d'intérêt public, telle la faillite personnelle, à l'occasion d'une procédure ouverte antérieurement au 1er janvier 2006. »

[1142] Com, 13 mai 2003, R.T.D.Com. 2004, p.607 n°11 obs. C.Mascala - Paris, 3ème Ch. Sect.A, 5 fév. 2008, Dr.soc. 2008, n°205, obs. Legros

adéquation entre la gravité des actes et comportements reprochés et la durée de l'interdiction d'exercer en soumettant le prononcé d'une faillite personnelle ou d'une interdiction de gérer à un principe de proportionnalité (B). Ces strictes conditions au prononcé d'une mesure d'élimination sont autant de garanties légales en faveur du rebond du chef d'entreprise qui, au contraire, a échoué de bonne foi. Pour le percevoir, il faut examiner les différentes situations dans lesquelles une mesure d'élimination est susceptible d'être prononcée.

A - Des mesures soumises à un principe de légalité

332. Le législateur énumère, aux articles L 653-3 à L 653-8 du Code de commerce, les différents comportements faisant encourir au débiteur ou à son dirigeant les sanctions de faillite personnelle ou d'interdiction de gérer. Aux cas communs à ces deux sanctions (1), l'article L 653-8 de ce Code ajoute des cas spécifiques à l'interdiction de gérer (2).

1 - Les cas communs à la faillite personnelle et à l'interdiction de gérer

333. Les textes distinguent les comportements propres au débiteur, personne physique, (a) de ceux propres au dirigeant social (b). Ils envisagent encore une série de comportements communs à l'un et à l'autre (c). Enfin, l'article L 654-6 du Code de commerce prévoit plus spécifiquement la faculté pour la juridiction pénale de prononcer la faillite personnelle ou l'interdiction de gérer à titre de peine complémentaire de la banqueroute (d).

a - Les comportements propres au débiteur, personne physique

334. L'article L 653-3 du Code de commerce retient, tout d'abord, une série de comportements propres aux personnes physiques. Le paragraphe I de ce texte fait encourir la faillite personnelle au débiteur, personne physique, qui a abusivement poursuivi une exploitation déficitaire ne pouvant conduire qu'à la cessation des paiements. Le législateur espère ainsi obtenir des déclarations de cessation des paiements plus précoces permettant une limitation du passif et un paiement plus important des créanciers[1143]. De même, il fait encourir au débiteur, personne physique, la faillite personnelle en cas de dissimulation de tout ou partie de l'actif ou d'augmentation frauduleuse du passif. Il s'agit là de sanctionner le débiteur qui a tenté de soustraire des actifs aux effets de la procédure[1144] ou a contracté de nouvelles dettes en fraude aux droits des créanciers. Ces cas, proches de l'organisation frauduleuse d'insolvabilité, sont également passibles de banqueroute[1145]. L'ordonnance du 9 décembre 2010 a complété ce texte d'un paragraphe II pour transposer à l'entrepreneur à responsabilité limitée les trois premiers cas prévus par l'article L 653-4 du Code à l'égard du dirigeant d'une personne morale. L'entrepreneur à responsabilité limitée est donc traité, en cas d'abus ou de détournement du patrimoine affecté, comme le dirigeant d'une personne morale.

b - Les comportements propres au dirigeant d'une personne morale

335. L'article L 653-4 du Code de commerce retient, ensuite, une série de comportements propres aux dirigeants de droit ou de fait d'une personne morale. Ce sont les manquements qui fondaient, autrefois, l'obligation aux dettes sociales, sanction patrimoniale issue de la suppression, par la loi du 26 juillet 2005, de l'extension de la procédure à titre de sanction aux dirigeants et abrogée par l'ordonnance du 18 décembre 2008. Il s'agit de sanctionner l'abus de la personnalité morale. Encourt ainsi la faillite personnelle le dirigeant, de droit ou de fait, qui a disposé des biens de la personne morale comme des siens propres ; ou celui qui, sous le couvert de la personne morale masquant ses agissements, a réalisé des actes de commerce dans un intérêt personnel[1146]. La première hypothèse est celle du détournement, par le dirigeant, à des fins personnelles, des

[1143] P.M LE CORRE, op. cit., n°912.11

[1144] Pour une hypothèse, avant l'ordonnance du 12 mars 2014, de dissimulation d'un actif successoral acquis en cours de procédure : Com. 3 déc. 2003, pourvoi n°98-18.940

[1145] art. L 654-2 2°) et 3°) C.com.

[1146] ce qui suppose que le dirigeant ait personnellement réalisé des actes de commerce : P.M Le Corre, op. cit. n°912.22

moyens et ressources de la société[1147] ; la deuxième, celle de l'utilisation de la personne morale par le dirigeant pour dissimuler sa propre activité[1148]. Autrement, le troisièmement de ce texte sanctionne le dirigeant qui a « fait des biens ou du crédit de la personne morale un usage contraire à l'intérêt de celle-ci à des fins personnelles ou pour favoriser une autre personne morale ou entreprise dans laquelle il était intéressé directement ou indirectement ». Dans cette hypothèse, proche de l'infraction pénale d'abus de bien social, le dirigeant fait sciemment prévaloir ses propres intérêts sur ceux de la personne morale. En dernier lieu, les quatrièmement et cinquièmement de l'article L 653-4 du Code transpose à l'identique, dans le texte propre aux dirigeants de droit ou de fait, les faits déjà retenus à l'égard du débiteur, personne physique par le paragraphe I de l'article L 653-3 du Code : la poursuite abusive d'une exploitation déficitaire et le détournement ou la dissimulation de tout ou partie de l'actif ou l'augmentation frauduleuse du passif[1149].

c - Les comportements communs au dirigeant d'une personne morale et au débiteur, personne physique

336. Outre ces comportements propres à chacun, l'article L 653-5 du Code de commerce retient une série de faits applicables à tous qu'il s'agisse d'un débiteur, personne physique, ou du dirigeant de droit ou de fait d'une personne morale. Est ainsi passible de faillite personnelle le débiteur ou son dirigeant qui a « exercé une activité commerciale, artisanale ou agricole ou une fonction de direction ou d'administration d'une personne morale contrairement à une interdiction prévue par la loi ». Il s'agit de la violation de l'interdiction de gérer prononcée lors

[1147] concernant le dirigeant d'une société de location de véhicules ayant conservé l'un d'eux à son usage exclusif privant la société du véhicule et des loyers : Com. 8 nov. 2011, pourvoi n°10-18.849

[1148] C.SAINT ALARY HOUIN, n°1149

[1149] Il y a ainsi augmentation frauduleuse du passif dans le fait, pour un dirigeant, de soustraire volontairement sa société à l'impôt en France, engendrant un redressement fiscal, un accroissement des charges de la société et son état de cessation des paiements : Com. 29 avr. 2014, Bull. civ. IV n°75, D.2014 Pan. 1572 obs. C.Mascala ; Rev. soc. 2014, 404, obs. P. Roussel-Galle

d'une précédente procédure[1150]. Celle-ci est également encourue lorsque la personne a « dans l'intention d'éviter ou de retarder l'ouverture de la procédure de redressement judiciaire ou de liquidation judiciaire, fait des achats en vue d'une revente au-dessous du cours ou employé des moyens ruineux pour se procurer des fonds ». La commission de ces faits est également punissable pénalement, au titre de la banqueroute[1151]. Le troisièmement de l'article L 653-2 du Code de commerce fait encore encourir la faillite personnelle à celui qui a « souscrit, pour le compte d'autrui, sans contrepartie, des engagements jugés trop importants au moment de leur conclusion, eu égard à la situation de l'entreprise ou de la personne morale ». Les faits visés sont ceux qui ont conduit l'entreprise à la ruine et floué les créanciers : il en est ainsi lorsque le dirigeant a conclu, au profit d'un proche, un contrat de travail fictif, sans réelle prestation de travail, alors que la société dirigée ne pouvait plus supporter une telle charge au moment de la conclusion de ce contrat[1152]. Mais encore, en vertu du quatrièmement du même texte, encourt la faillite personnelle celui qui a « payé ou fait payer, après cessation des paiements et en connaissance de cause de celle-ci, un créancier au préjudice des autres créanciers ». Il en est ainsi en cas de paiement du seul créancier assignant par le débiteur, au mépris de l'interdiction du paiement des dettes antérieures, pour soutenir sa demande de réformation du jugement d'ouverture. Le cinquièmement de l'article L 653-5 du Code de commerce, inséré par la loi du 26 juillet 2005, fait encourir la faillite personnelle à celui qui a fait obstacle au bon déroulement de la procédure, en s'abstenant volontairement de coopérer avec les organes ». Les agissements visés sont ici postérieurs à l'ouverture de la procédure[1153]. Cette innovation de la loi du 26 juillet 2005 avait pour but d'inciter le débiteur ou son dirigeant à coopérer avec les organes de la procédure. Même si certains ont douté de l'utilité de cet ajout[1154], il a permis d'appréhender le comportement de ceux

[1150] Rouen, Ch. civ et com., 15 sept. 2011, RG n°10/01152, JCP E 2012, n°1247 obs. C.Delattre

[1151] art. L 654-2 1°) C.com.

[1152] Com. 28 sept. 2004, pourvoi n°02-12.071

[1153] F.PEROCHON, op. cit., n°1736

[1154] Monsieur Professeur LE CORRE souligne ainsi : « Même si l'idée est louable, il y a peu de chance qu'elle aboutisse à des résultats sensiblement différents de ceux constatés auparavant (...). En effet, si l'on raisonne sur le cas du liquidateur mécontent de la coopération du débiteur, il peut, en l'état de la législation antérieure

s'abstenant de remettre leur comptabilité ou la liste des créanciers[1155]. Dans le dernier état de sa jurisprudence[1156], la Cour de cassation fait une lecture stricte du texte en considérant qu'il n'exige pas la démonstration d'une intention d'entraver le déroulement de la procédure. Une collaboration « sans faille[1157] » est donc attendue du débiteur ou de son représentant légal lequel doit apporter son entier concours. Aussi, le chef d'entreprise qui ne défère pas aux convocations du tribunal ou s'abstient de remettre les documents demandés par le mandataire s'expose assurément à cette sanction[1158].

à la loi du 26 juillet 2005 solliciter à son encontre une faillite personnelle pour déclaration tardive de l'état de cessation des paiements. Il peut aussi demander l'application de la mesure pour absence de comptabilité, dans la mesure où l'absence de communication de la comptabilité au liquidateur qui en fait la demande justifie la mesure (...) Ainsi, l'arsenal existant était suffisant pour qui veut obtenir la condamnation de l'intéressé non coopératif à la faillite personnelle. La nouveauté introduite dans la loi du 26 juillet 2005 semblait ainsi relever plus d'un dogme – celui d'inciter le débiteur et le dirigeant à se montrer coopératif – que d'une véritable utilité pragmatique. » P.M LE CORRE, n°912.19

[1155] Ces faits n'étaient pas passibles de sanctions sous l'état du droit antérieur à la loi du 26 juillet 2005 : Com. 27 fév. 2007, pourvoi n°05-21795, R.L.D.A. 2007, p.25 n°929 ; JCP E 2007 n°2401 p.39 note C.Delattre

[1156] Com. 16 sept. 2014, pourvoi n°13-10514, LEDEN nov. 2014 p.6 obs. Favario

[1157] C.DELATTRE, Le comportement du dirigeant en termes de coopération est un critère important dans le prononcé d'une sanction, Rev.proc.coll. mars-juin 2010, p.35, spéc. n°14 : « Le dirigeant se doit de coopérer sans faille avec les organes de la procédure pour leur permettre de remplir le mandat judiciaire qui leur a été confié par le tribunal. Le fait de ne pas obtenir, rapidement, les éléments demandés, peut avoir des conséquences très importantes tant en matière de procédure de licenciement, de recouvrement de créance, de préservation des actifs. Le dirigeant doit faire preuve d'une loyauté à l'égard des organes de la procédure. (...) L'ouverture d'une procédure ne saurait décharger le dirigeant de ses obligations et de ses devoirs. On voit trop souvent des procédures dans lesquelles il n'y a plus personne pour renseigner les organes de la procédure ou alors le dirigeant « rend les clés » de l'entreprise au liquidateur lequel doit se débrouiller seul et aller « à la pêche » aux informations. »

[1158] Pour la condamnation d'un dirigeant de société, résidant au Luxembourg, qui n'ayant pas déféré aux convocations, avait seulement fait parvenir au mandataire judiciaire un questionnaire qui lui avait été envoyé en indiquant que les difficultés de la société provenait d'un litige fiscal en donnant ordres , sans remettre ni la comptabilité ni la liste des créanciers : Aix-en-Provence, 8° Ch., 2 fév. 2012, RG n°2012/76, JCP E 2012, 1618, note C.Delattre. Pour un dirigeant condamné pour n'avoir pu être localisé par le ministère public pendant les deux années suivant sa déclaration de cessation des paiements en prétextant un changement d'adresse et des problèmes de santé : Aix-en-Provence, 8° Ch., 15 nov. 2012, RG n°12/00465, Rev.

Cela étant, il est parfois tenu compte des difficultés personnelles du chef d'entreprise pouvant excuser son attitude[1159]. En revanche, le sixièmement du texte est sans concession au regard du respect des obligations comptables en faisant encourir la faillite personnelle à celui qui a fait disparaître des documents comptables, n'a pas tenu de comptabilité malgré une obligation légale, ou a tenu une comptabilité fictive, manifestement incomplète ou irrégulière. Tout comme le recours aux moyens ruineux, ces faits sont également punissables au titre de la banqueroute[1160]. L'ordonnance du 12 mars 2014 a ajouté, en tout dernier lieu, le fait de déclarer sciemment une créance supposée pour tenir compte du risque d'admission au passif d'une créance fictive résultant de la modification apportée au régime de déclaration des créances. En effet, l'article L 622-24 du Code de commerce, modifié par l'ordonnance du 12 mars 2014, généralise le système institué dans la sauvegarde financière accélérée de la déclaration de créance réputée effectuée pour le compte du créancier dès lors que le débiteur a porté une créance à la connaissance du mandataire.

337. Par ailleurs, l'article L 653-6 du Code de commerce sanctionne de faillite personnelle le dirigeant ou l'entrepreneur à responsabilité limitée qui n'a pas acquitté les dettes mises à sa charge au titre d'une action en responsabilité insuffisance d'actif[1161]. Il s'agit de les inciter

---

proc. coll. mai 2013, comm. 88, note A.Martin-Serf. Pour un entrepreneur n'ayant pas déféré à l'injonction qui lui avait été faite de prendre contact avec le liquidateur et de lui présenter les documents nécessaires à sa mission : Riom, Ch.Com., 12 déc. 2012, RG n°11/02526, Rev. proc. coll. mai 2013, comm. 88, note A.Martin-Serf

[1159] Pour la condamnation d'un pharmacien à une interdiction de gérer pour cinq ans en raison de l'absence de coopération avec les organes de la procédure et défaut de déclaration de cessation des paiements dans le délai de 45 jours réformée en appel en raison des multiples agressions dont le dirigeant avait été victime, des actes de vandalisme dirigés contre son officine ainsi que de l'incendie de cette dernière : Paris, 3ème sect. A, 23 sept. 2008, RG n°07/21713

[1160] art. L 654-2 4°) C.com.

[1161] Un oubli des rédacteurs de l'ordonnance du 18 décembre 2008 avait conduit une partie de la doctrine à douter du maintien de ce cas de faillite personnelle (Ph. ROUSSEL GALLE, Le dirigeant de société et le nouveau droit des entreprises en difficulté issu de la réforme du 18 décembre 2008, Rev. sociétés 2/2009 p.249 ; A.MARTIN-SERF, Réforme des procédures collectives : sanctions civiles, rev. proc. coll. 2009 p.99). En effet, au lendemain de celle-ci, l'article L 653-6 continuait de faire allusion aux dettes de la personne morale mises à la charge de son dirigeant malgré l'abrogation de l'obligation aux dettes sociales. Simple « bug de l'ordonnance de 2008 » (F.PEROCHON, op. cit., n°1720), l'ordonnance du 9

à exécuter leur contribution au paiement du passif en les privant de la faculté de rebondir après la procédure. Tout comme pour la condamnation à l'insuffisance d'actif, le dirigeant désargenté ne peut se retrancher derrière son insolvabilité pour échapper à la faillite personnelle[1162].

d - Une peine complémentaire de la banqueroute

338. Enfin, l'article L 654-6 du Code de commerce permet de prononcer une faillite personnelle ou une interdiction de gérer à titre de peine complémentaire de la banqueroute. Ce texte reconduit la faculté qui était reconnue à la juridiction répressive, antérieurement à la loi du 26 juillet 2005, par l'ancien article L 626-6. Il convient de rappeler que, faute de réserves à l'article L 654-1 ou de renvoi opéré au paragraphe I de l'article L 653-1, un professionnel libéral reconnu coupable de banqueroute demeure passible d'une faillite personnelle. Dans sa version originelle, l'article L 654-6 ne comportait aucune précision quant à la durée des mesures pouvant être prononcées. La loi de sauvegarde semblait s'être référée aux dispositions de l'article 131-27 du Code pénal qui prévoyait alors une interdiction soit définitive soit temporaire pour une durée ne pouvant excéder cinq ans[1163]. Dans un souci de cohérence des sanctions appliquées par les juridictions, la Chambre criminelle, par trois arrêts du 8 novembre 2006[1164], avait considéré que la durée de la faillite personnelle ne pouvait être supérieure à quinze ans lorsque la juridiction répressive prononce cette sanction à titre de peine complémentaire d'une banqueroute. A la suite des ces arrêts, le rapport annuel de la Cour de cassation pour 2007 recommanda au législateur d'harmoniser la durée des sanctions. L'ordonnance du 18 décembre 2008 a répondu à cette attente en insérant dans l'article L 654-6 un renvoi aux « conditions prévues au

---

décembre 2010 a mis fin à toute incertitude en substituant à cette formule celle de « dettes mises à la charge en application de l'article L 651-2 ».

[1162] Grenoble, Ch. Com., 19 sept. 2013, RG n°12/02331, JCP E 2014, 1070, note C.Delattre

[1163] Rapp. Xavier de Roux, n°2095, p.448

[1164] Crim. 8 nov. 2006, Bull. crim. n°280 ; D.2007, AJ p.10 obs. Lienhard ; D.2007 Pan. 1630 obs. C.Mascala, Dr. Pénal 2007 n°9 obs. J-H Robert ; JCP E 2007 1450 n°17 obs. P.Pétel ; Rev. proc. coll. 2007, 36 obs. Roussel Galle et 157 obs. C.Mascala ; Rép.Def. 2007, 880 obs. D.Gibirila ; R.T.D.com. 2007 p.466 obs. B.Bouloc

premier alinéa de l'article L 653-11 ». L'ordonnance du 18 décembre 2008 a également posé les bases d'un régime de coordination des sanctions prononcées par les juridictions civiles et pénales. Sous l'état antérieur à la loi du 26 juillet 2005, en cas de cumul de sanctions, seule la décision de la juridiction répressive trouvait à s'appliquer. Depuis cette loi, l'article L 654-6 du Code interdit à la juridiction répressive de prononcer une faillite personnelle ou une interdiction de gérer dès lors qu'une juridiction civile ou commerciale a déjà statué par une décision définitive. La chambre criminelle de la Cour de cassation a été conduite à écarter, dans un arrêt du 31 octobre 2007[1165], cette interdiction lorsque la sanction prononcée par la juridiction pénale se fonde sur des faits différents de ceux à l'origine de la sanction prononcée par la juridiction civile. L'ordonnance du 18 décembre 2008 a immédiatement consacré cette solution en précisant que la faillite personnelle ou l'interdiction de gérer ne peut être prononcée par la juridiction pénale si la juridiction civile a déjà prononcé une telle mesure par une décision définitive « prise à l'occasion des mêmes faits ». Ainsi, une faillite personnelle peut être, tour à tour, prononcée par une juridiction civile puis répressive dès lors qu'elle est fondée sur des faits distincts. Toutefois la loi demeure silencieuse à propos de la durée à retenir lorsque la faillite personnelle est prononcée, tour à tour, par des juridictions différentes. Dès le lendemain de l'ordonnance de 2008, cette question a divisé la doctrine. Selon Madame le Professeur Mascala[1166], la sanction pénale doit prévaloir en vertu de l'autorité du criminel sur le civil, ce qui était la solution posée par l'ancien article L 626-6 du Code. Monsieur le Professeur Roussel Galle considère, pour sa part, que seule la durée la plus longue doit être retenue[1167]. Cette thèse s'appuie sur le principe pénaliste de non cumul des peines et d'application de la peine la plus

---

[1165] Crim, 31 oct. 2007, Bull. crim. n°263, D.2007 A.J. p.3074 obs. Lienhard et pan. 1579 obs. Mascala, rev. sociétés 2008, 165 note H. Matsopoulou ; R.T.D.Com. 2008 p.434 note B.Bouloc ;

[1166] C.MASCALA, Les sanctions pénales dans l'ordonnance du 18 décembre 2008, rev. proc. coll. 2009 p.105 spéc. n°7 ; C.MASCALA, Le périmètre des sanctions, Rev.proc. coll. jan. fév. 2011, p.72, spéc. n°23 ; C.MASCALA, Les sanctions en droit des entreprises en difficulté : flux, reflux et incohérences, Dossier « La loi de sauvegarde à l'âge de raison », Dr. et patr. mars 2013, p.80

[1167] P.ROUSSEL GALLE, Le dirigeant de société et le « nouveau » droit des entreprises en difficulté issu de la réforme du 18 décembre 2008, Rev. sociétés n°2/2009 ; p. 249 et suivantes spéc. n°51

forte en cas de concours d'infractions[1168]. Une difficulté d'articulation se pose à l'identique lorsque la juridiction pénale entend prononcer une faillite personnelle alors qu'une juridiction civile a déjà prononcé une interdiction de gérer. Là encore, la doctrine reste divisée sur la solution à apporter. Madame le Professeur Mascala, rejointe par d'autres auteurs[1169], admet cette possibilité en considérant que la règle de non cumul ne joue pas[1170]. D'autres contestent cette lecture des textes qui conduirait, selon eux, à une contrariété de décisions[1171]. C'est pourquoi, le législateur avait été invité à réformer l'article L 654-6 du Code de commerce[1172], occasion manquée lors de l'ordonnance du 12 mars 2014 qui a finalement abouti à une censure de ce texte. En effet, le cumul des mesures de faillite personnelle et d'interdiction de gérer, prononcées tant à titre de sanction que de peine complémentaire par les juridictions civile ou commerciale et pénale, a donné lieu à deux questions prioritaires de constitutionnalité, toutes transmises par la Cour de cassation au Conseil constitutionnel[1173]. Et, l'une d'elles a abouti à la censure de l'article L 654-6 du Code de commerce[1174]. Cette dernière ne clarifie toutefois ni la sanction, ni la durée à retenir dans une telle hypothèse. Néanmoins, les décisions rendues par le Conseil constitutionnel en matière de cumul des sanctions pénale et fiscale[1175] laissent à penser que la thèse du Professeur Roussel-Galle, selon laquelle il conviendrait de retenir la durée de banissement la plus élevée, serait la plus justifiée. Une confirmation de cette solution en jurisprudence serait néanmoins nécessaire.

1168 art. 132-3 et 132-4 C.P

1169 C.ROBACZEWSKI, La non réforme des sanctions pénales, Gaz. Pal. 9-10 sept. 2005, p.48

1170 C.MASCALA, Le périmètre des sanctions, précité

1171 H.MATSOPOULOU, Réflexions sur la faillite personnelle et l'interdiction de gérer, D.2007, Ch. p. 104, spéc note 15 ; P.M LE CORRE, n°911.31

1172 J.LASSERRE CAPDEVILLE, De la nécessité de réformer l'article L 654-6 du Code de commerce, L.P.A 10 déc. 2010, n°246, p.3

1173 Com. 28 juin 2016, T n°16-40.208, Gaz. Pal. 18 oct. 2016, p.70 note C. Robaczewski ; Crim. 28 juin 2016, T. n°16.90.010

1174 Cons. Constit., décision n°2016-573 QPC, 29 sept. 2016, J.O.R.F. 1er oct. 2016

1175 Cons. Constit., décision n°2016-546 QPC, 24 juin 2016, J.O.R.F. 30 juin 2016

2 - Les cas spécifiques à l'interdiction de gérer

339. Outre les situations dans lesquelles la faillite personnelle est déjà encourue ; l'article 653-8 du Code de commerce rend également passible d'interdiction de gérer certains comportements. Est visé, en premier lieu, l'entrepreneur individuel ou le dirigeant qui, de mauvaise foi, n'a pas remis aux mandataires les renseignements qu'il est tenu de communiquer en application de l'article L 622-6 dans le mois suivant le jugement d'ouverture ou encore celui qui a sciemment manqué à l'obligation d'information prévue par le second alinéa de l'article L 622-22. L'obligation de renseignement mise à la charge du débiteur est ici sanctionnée par une mesure d'interdiction de gérer. Il s'agit de la remise au mandataire de la liste des créanciers, du montant de leurs dettes, des principaux contrats en cours ainsi que celle des biens susceptibles d'être revendiqués par un tiers[1176]. L'ordonnance du 12 mars 2014 a complété ce texte pour inclure l'obligation du débiteur, partie à une instance en cours, d'informer le créancier poursuivant de l'ouverture d'une procédure collective[1177]. L'application de ce texte étant subordonnée à la mauvaise foi du débiteur, il appartient au mandataire de rapporter la preuve que l'omission de communiquer ces différentes informations est intentionnelle et qu'elle ne résulte pas d'une simple négligence du débiteur. La doctrine s'interroge si ce cas ne fait pas double emploi avec l'absence de coopération avec les organes de la procédure déjà sanctionnée par le cinquièmement de l'article L 653-5 et s'il ne serait pas plus simple de l'utiliser pour prononcer, non une faillite personnelle, mais une interdiction[1178]. Enfin, selon le troisième alinéa de l'article L 653-8, peut être frappée d'interdiction de gérer « toute personne qui a omis sciemment de demander l'ouverture d'un redressement ou d'une liquidation judiciaire dans le délai de quarante cinq jours à compter de la cessation des paiements, sans avoir, par ailleurs, demandé l'ouverture d'une procédure de conciliation ».

[1176] Reprenant les dispositions de l'ancien article L 625-8 alinéa 2, résultant de la loi du 10 juin 1994, la loi du 26 juillet 2005 avait porté le délai imparti au débiteur, pour remettre ces informations au mandataire, de huit jours à un mois.

[1177] Curieusement, à la différence de l'article L 622-6 du Code, l'article L 622-22 impartit au débiteur un délai de huit jours à compter du jugement d'ouverture, et non d'un mois, pour aviser le créancier poursuivant.

[1178] F.PEROCHON, op.cit. n°1751 ; P.M. LE CORRE, n°913.13

Depuis la loi du 26 juillet 2005, le défaut de déclaration de cessation des paiements n'est plus sanctionné que par une interdiction de gérer, en lieu et place d'une faillite personnelle[1179]. Cependant, pour démarquer plus clairement le sort du chef d'entreprise malchanceux de celui malhonnête, la loi n°2015-990 pour la croissance, l'activité et l'égalité des chances économiques du 6 août 2015 a ajouté dans la définition de ce cas d'interdiction de gérer l'adverbe « sciemment », impliquant la démonstration d'une intention de poursuivre une activité déficitaire. Ainsi, le législateur distingue davantage le sort du chef d'entreprise simplement malchanceux de celui véritablement malhonnête. Répondant aux préoccupations de la pratique[1180], cette adjonction apporte une base légale à la distinction, faite jusqu'alors, parmi les situations d'échec. « Le dirigeant dont l'entreprise est confrontée à une procédure collective n'est pas une cible à abattre ». Le revers de fortune de « celui qui n'a pas su anticiper un impayé qui va le contraindre à cesser son activité » ou de celui qui « ne s'en sort plus », « étouffé par la concurrence » et « les effets de la crise qui a asséché sa trésorerie », ne justifie pas une mise à l'écart de la vie des affaires. Celui qui a échoué de bonne foi ne peut qu'être autorisé à rebondir librement[1181]. En mettant ainsi clairement à l'écart de l'interdiction de gérer le chef d'entreprise simplement malchanceux, le législateur favorise ainsi le rebond du chef d'entreprise qui a échoué de bonne foi. Il est vrai que « la réponse ne saurait être la même selon qu'il s'agit d'un dirigeant malhonnête, spécialiste de la procédure collective et qui considère le dépôt de bilan comme un banal acte de gestion lui permettant de retrouver une virginité financière ou d'un

---

[1179] C'est par un amendement, adopté lors du vote de la loi de sauvegarde des entreprises, que la Commission des affaires économiques du Sénat a substitué l'interdiction de gérer à la faillite personnelle. Il a ainsi été noté en prélude à l'adoption de cet amendement : « la sanction, par la faillite personnelle, de cette négligence apparaît excessive. Les conséquences patrimoniales de la faillite personnelle sont effet très lourdes pour les débiteurs lorsqu'ils exercent sous la forme individuelle. Une sanction du défaut de cette obligation est indispensable mais l'interdiction de gérer semble plus adaptée à ce qui peut n'être souvent qu'un défaut de vigilance. » Avis n°337 de Christian Gaudin, Doc. Sénat au nom de la commission des affaires économiques, p.93

[1180] C. DELATTRE, Le dirigeant fautif, Actes du colloque organisé à Caen le 15 octobre 2010 « Loi de sauvegarde des entreprises. Risques et responsabilités en droit des procédures collectives », Rev. proc. coll. nov. déc. 2010, p.85

[1181] En sens, S.SCHILLER, art. précit., Dr. et pat. sept. 2009, p.81 et suivantes, spéc. p.8

dirigeant incompétent lequel peut néanmoins, aussi, faire des dégâts considérables sur le tissu économique nécessitant une sanction. » En appliquant aux mesures d'élimination un principe de proportionnalité, la jurisprudence a contribué à mieux distinguer le sort du chef d'entreprise simplement maladroit de celui véritablement malhonnête ; du simple « danger économique » et du véritable « patron-voyou ».

B - Des mesures assujetties à un principe de proportionnalité

340. Si la Chambre commerciale de la Cour de cassation laisse à l'appréciation souveraine des juges du fond l'opportunité du prononcé d'une sanction ; celle-ci soumet, depuis un important arrêt du 1er décembre 2009[1182], la sanction retenue à un principe de proportionnalité aux fautes commises. Dans cette espèce, un agriculteur avait été condamné à une faillite personnelle d'une durée de dix ans. En première instance, le tribunal avait retenu trois fautes : absence de comptabilité, poursuite abusive d'une exploitation déficitaire et défaut de déclaration de cessation des paiements. En cause d'appel, deux fautes ont été seulement retenues mais la durée de la sanction était demeurée inchangée. Les hauts magistrats ont censuré cette décision au visa du principe de proportionnalité en considérant que si plusieurs faits sont retenus, chacun d'entre eux doit être légalement justifié. Autrement dit, si l'un d'entre eux s'avère inexact, la durée de la sanction doit nécessairement être réduite. Cet arrêt a mis fin à la stratégie « du spectre large » qui, auparavant, consistait à reprocher au chef d'entreprise toute une série de fautes diverses et variées pour convaincre le tribunal de la nécessité de prononcer une sanction[1183]. Ce principe permet également de tenir compte des

---

[1182] Com., 1er déc. 2009, pourvoi n°08-17.187, D. 2010 AJ 7 obs. A.Lienhard ; JCP 2010, 55, note Ph. Roussel Galle ; Rev. proc. coll. 2010, n°3, com. n°119 A.Martin Serf ; Droit et pat. n°196, oct. 2010, p.91 obs. C.Saint Alary Houin et M-H Monsérié Bon,

[1183] « Prononcer une sanction, conséquence d'une mauvaise gestion, est un acte grave pour l'avenir du chef d'entreprise et cela ne doit pas être pris à la légère par celui qui est à l'origine de la demande de sanction et ceux qui vont la prononcer » souligne Monsieur Delattre. Le tribunal « est un filtre nécessaire à l'encontre de ceux qui veulent sanctionner coûte que coûte sans tenir compte de l'aléa économique, des efforts entrepris ainsi que de la nature et de la gravité des fautes relevées. Cependant, il ne doit pas être un organe qui aurait pour objectif d'absoudre

difficultés rencontrées par le débiteur pouvant expliquer son comportement. Ainsi, la sanction prononcée en première instance peut être atténuée en cause d'appel en substituant une interdiction de gérer à une faillite personnelle[1184]. Mais inversement, la sanction ne peut être aggravée en transformant l'interdiction de gérer, prononcée en première instance, en une faillite personnelle[1185]. La Chambre commerciale a rapidement étendu son application à l'action en responsabilité pour insuffisance d'actif, dès un second arrêt du 15 décembre 2009[1186]. Depuis, la Chambre commerciale a confirmé, par une série d'arrêts rendus au printemps 2011[1187], cette application du principe de proportionnalité de telle sorte qu'il est devenu « l'instrument de mesure indispensable des sanctions prononcées en matière de procédures collectives[1188] ». Cette exigence de proportionnalité de la durée d'élimination aux fautes commises oblige le juge économique à un délicat travail de motivation laquelle doit être adaptée, au cas par cas, en fonction des faits établis, de la personnalité du chef d'entreprise, de son degré de « dangerosité » et du risque de « récidive », dans une logique semblable à celle imposée au juge

---

toutes les fautes au prétexte que chef d'entreprise est un métier exposé, risqué et difficile », conclut-il : C.DELATTRE, Le dirigeant fautif, Actes du colloque « Loi de sauvegarde des entreprises. Risques et responsabilités en droit des procédures collectives », Rev. proc. coll. 2011 p.85 spéc. n°7

[1184] Pour un défaut de déclaration de cessation des paiements motivé par un souci de maintenir des emplois : Paris, 3° ch. B, 18 oct. 2007, RG n°06-22806 ; pour un dirigeant ayant tenté de sauver son entreprise par des apports en compte-courant sans commettre aucune faute pénale : Nîmes, 2° ch. B, 9 déc. 2004, rev. proc. coll. 2006, p. 88 n°29, obs. O.Barret

[1185] Com. 6 mai 1997, pourvoi n°95-11.697, Rev. proc. coll. 1998, p.314, n°9 obs. Bach. Cette solution s'inscrit depuis dans la droite ligne du principe jurisprudentiel de proportionnalité posé par les arrêts des 1er et 15 décembre 2009.

[1186] Com., 15 déc. 2009, pourvoi n°08-21.906, Bull. civ. IV n°166 ; D.2010 AJ 10, obs. A.Lienhard ; JCP E 2010 1164, note Delmotte et Ph. Roussel Galle ; Act. Proc. coll. 2010 n°31 obs. J.Vallansan ; LPA 18 fév. 2010 note G.Téboul ; Com. 30 mars 2010 ; D.2010 Act. 1071

[1187] Com. 1er fév. 2011, pourvoi n°09-72.695, Dr. soc. 2011, comm. 159, obs. J.-P. Legros ; Com. 15 fév. 2011, pourvoi n°09-70946, Gaz. Pal. Ed. spéc. Dr. ent. diff. 1er-2 avr. 2011 p. 47 note Montéran ; Com. 8 mars 2011, pourvoi n°09-67062, Rev. proc. coll. 2012, n°103, note A.Martin-Serf ; Com. 3 mai 2011, pourvoi n°10-13546,

[1188] C.MASCALA et R.SALOMON, Regards sur les évolutions récentes des sanctions, dossier « Personne physique et procédures collectives », Rev. proc. coll. janv. fév. 2013, étude 11, p.89

répressif par le principe d'individualisation de la peine requis par l'article 132-24 du Code pénal.

341. Même si celle-ci se conçoit, cette exigence d'une particulière motivation constitue, à n'en pas douter, un frein au prononcé d'une mesure d'élimination par les juridictions consulaires et peut engendrer un sentiment d'impunité par l'abandon des aspects les plus sanctionnateurs du droit des procédures collectives. Cette surenchère de garanties légales aboutit, en effet, à multiplier les restrictions dans le prononcé des sanctions. Pour autant, il ne s'agit pas là d'une intention formelle du législateur mais plutôt d'un effet induit par les contraintes légales posées. Certains chefs d'entreprise indélicats sont parfois autorisés, de facto, à rebondir faute d'avoir été inquiétés sans que cela soit le fruit de la volonté expresse du législateur. Ceci observé, ce cantonnement des mesures d'élimination trouve un prolongement dans leur assouplissement, en réponse aux recommandations de la Commission européenne.

Section 2 - L'assouplissement des mesures d'élimination

342. Dans une logique d'humanisation de la faillite personnelle et de l'interdiction de gérer, le législateur a retiré de la faillite personnelle ses aspects les plus infamants pour ne conserver que l'interdiction de réinstallation et a élargi les possibilités de réhabilitation de la personne frappée d'une interdiction de gérer (§1). De même, en réponse à la demande européenne d'abandon des déchéances automatiques, le législateur a substitué aux incapacités commerciales, qui frappaient de plein droit les auteurs de certaines infractions, une peine d'interdiction d'exercer le commerce expressément prononcée par le juge (§2).

§ 1 - L'humanisation de la faillite personnelle et de l'interdiction de gérer

343. Tout en maintenant la dualité des sanctions civiles de faillite personnelle et d'interdiction de gérer, le législateur a tenté d'humaniser les effets d'une mesure d'élimination. Ceci est propice à une individualisation de la sanction lors de son application concrète (A). En outre, la réhabilitation de la personne frappée d'une interdiction de gérer a été favorisée par l'élargissement des possibilités de relèvement (B).

A - Une dualité propice à l'individualisation de la sanction prononcée

344. La faillite personnelle et l'interdiction de gérer excluent, l'une et l'autre, « l'indésirable » de la vie des affaires en le privant de la faculté de rebondir soit directement, soit par personne morale interposée. Malgré d'importantes similitudes, faillite personnelle et interdiction de gérer se distinguent par leurs effets. L'interdiction d'exercer résultant d'une faillite personnelle est générale et absolue (1) tandis que celle émanant d'une interdiction de gérer peut être modulée (2), les activités interdites pouvant être ciblées. Cette gradation des effets permet une meilleure individualisation de la mesure d'exclusion. Le chef d'entreprise indélicat peut ainsi être écarté de certaines activités tout en étant autorisé à en reprendre d'autres où le risque est moindre de le voir infliger à nouveau des dégâts au tissu économique. Mais, dans un cas comme dans l'autre, il ne peut y avoir de protection efficace de la vie des affaires que si le chef d'entreprise encourt une sanction, plus grave encore, en cas de violation de l'interdiction. Toutefois, la seule menace d'une sanction pénale était insuffisante et la création d'un fichier national des interdits de gérer a contribué au renforcement de l'efficacité des mesures d'élimination (3).

1 - La faillite personnelle, une mesure d'exclusion générale et absolue

345. Selon l'article L 653-2 du Code de commerce, « la faillite personnelle emporte interdiction de diriger, gérer, administrer ou contrôler, directement ou indirectement, toute entreprise commerciale ou artisanale, toute exploitation agricole ou toute entreprise ayant une activité indépendante ainsi que toute personne morale ayant pour objet l'une quelconque de ces activités. » La personne frappée de faillite personnelle est totalement éradiquée de la vie des affaires. Il lui est strictement interdit de concourir à la moindre entreprise ou d'exercer une quelconque activité économique, y compris une profession indépendante. De même, il lui est interdit de participer à la gestion d'une association sportive, culturelle ou cultuelle ou encore d'un syndicat[1189]. Pour autant, la faillite personnelle a perdu la majeure

[1189] P.M LE CORRE, n°912.41

partie de son caractère infamant. Rompant avec une longue tradition juridique, l'article 133 de la loi du 26 juillet 2005 a mis fin aux diverses interdictions et déchéances, notamment des droits civiques, qui lui étaient jusqu'alors associées[1190]. Concernant l'incapacité d'exercer une fonction publique élective, le Conseil constitutionnel avait considéré, dans une décision du 15 mars 1999[1191], que son automatisme était contraire au principe de prononcé des peines, conduisant à la suppression de l'article 194 de la loi du 25 janvier 1985 lors de la codification à droit constant opérée par l'ordonnance du 18 septembre 2000. Tout en supprimant les interdictions et déchéances qui s'appliquaient de plein droit lors d'une faillite personnelle, la loi de sauvegarde du 26 juillet 2005 a maintenu une possibilité de prononcer une incapacité d'exercer une fonction publique élective. L'article L 653-10 du Code de commerce, issu de cette loi, autorise donc au juge à assortir la faillite personnelle d'une incapacité d'exercer une fonction publique élective pour la durée de la faillite personnelle sans pouvoir excéder cinq ans. Il s'agit là du dernier vestige du caractère infamant de la faillite personnelle. Toutefois, cette sanction complémentaire a rarement vocation à s'appliquer, hormis dans les quelques hypothèses de sociétés d'économie mixte dirigée par une personne assumant un mandat électif[1192]. A la différence de l'interdiction de gérer, la faillite personnelle expose le débiteur, personne physique, à un effet patrimonial puisque les créanciers antérieurs peuvent être autorisés à reprendre les poursuites individuelles après la clôture pour insuffisance d'actif[1193]. A ces effets propres à la faillite personnelle, l'article L 653-9 du Code ajoute, en commun avec l'interdiction de gérer, la privation du dirigeant sanctionné de l'exercice des droits de

---

[1190] anc. art. L 625-2 al. 2 C.Com.

[1191] Cons. Constit. 15 mars 1999, JCP E 1999, 1537, n°19 obs. P.Pétel, D.2000 som. p.116 obs Roujou de Boubée

[1192] En ce sens, le témoignage apporté Me François LEGRAND, table ronde « quelle place pour les sanctions civiles et pénales en droit des procédures collectives ? », rev. proc. coll. août sept. 2009, étude n°2, spéc. p.64

[1193] art. L 643-11 III C.com. Il est rappelé que cet effet patrimonial concerne exclusivement le débiteur, personne physique, et non le dirigeant social.

vote lors des assemblées générales[1194], mesure pouvant le cas échéant aller jusqu'à la cession forcée des droits sociaux.

2 - L'interdiction de gérer, une mesure d'exclusion « modulable »

346. Selon l'article L 653-8 du Code de commerce, l'interdiction de gérer prive le débiteur ou son dirigeant de la faculté « de diriger, gérer, administrer ou contrôler, directement ou indirectement, soit toute entreprise commerciale ou artisanale, toute exploitation agricole et toute personne morale, soit une ou plusieurs de celles-ci[1195] ». A la différence de la faillite personnelle, les activités indépendantes demeurent à l'écart de l'interdiction sauf si elles sont exercées sous une forme sociale. La reprise d'une activité libérale ou artistique n'est donc pas prohibée. Cette situation est curieuse car, même à cette occasion, des dommages peuvent être infligés au tissu économique. Selon Madame le Professeur Pérochon, il s'agirait d'un oubli de la loi du 26 juillet 2005, sans rapport avec l'immunité accordé aux professionnels « disciplinés », et non corrigé par l'ordonnance du 18 décembre 2008[1196]. En revanche, l'interdiction s'étend aux activités entreprises sous le statut de l'auto-entrepreneur[1197]. L'interdiction de gérer est également « modulable » et peut être cantonnée à certaines activités laissant le chef d'entreprise libre de rebondir dans celles où il n'est pas susceptible d'infliger à nouveau des dégâts au tissu économique. Toutefois, en l'absence de précision de la décision prononçant l'interdiction, la jurisprudence considère que l'interdiction vaut pour l'ensemble des activités[1198]. Par ailleurs, depuis la loi du 26 juillet 2005, pour inciter les tribunaux à prononcer cette sanction, l'interdiction de gérer ne permet plus aux créanciers antérieurs de reprendre les poursuites individuelles après la clôture pour insuffisance d'actif.

[1194] Dans ce cas, les droits sont alors exercés par un mandataire ad'hoc désigné par le tribunal.

[1195] art. L 653-2, L 653-8 C.com.

[1196] F.PEROCHON, ouvrage précité, n°1757

[1197] Paris, pôle 5, 8° ch., 7 sept. 2010, RG n°10/00299, Dr. soc. 2011, n°118 note Legros ; Rép. min. n°107-21, J.O.A.N. 20 sept. 2011 p.10061, D.2011 p.2274 obs. X.Delpech, Rev. proc. coll. 2012 n°105 p.57 obs. A.Martin-Serf

[1198] Com. 11 fév. 2014, pourvoi n°12-21.069, JCP E 2014, 1299, note C.Delattre

3 - Le renforcement de l'efficacité des sanctions

347. La principale difficulté posée par les mesures d'élimination est de garantir leur exécution effective. En faisant encourir la faillite personnelle à celui qui conduirait de nouveau une entreprise à la cessation des paiements au mépris d'une interdiction de gérer, le premièrement de l'article L 653-5 du Code de commerce n'apparaît pas très dissuasif. La principale garantie d'exécution ressort de l'infraction de violation d'une interdiction de gérer prévue par l'article L 654-15 du même Code laquelle est réprimée d'une peine de deux ans d'emprisonnement et de trois cent soixante quinze mille euros d'amende. Mais la simple « peur du gendarme » n'est pas toujours suffisante[1199]. Même si, dans la grande majorité des cas, le « banni » se résigne à rechercher un travail salarié, certains « irréductibles » sont rapidement retrouvés dans le circuit économique. Le procédé utilisé consiste le plus souvent à dissimuler la reprise d'une activité interdite sous couvert d'un prête-nom, généralement choisi dans l'entourage familial. La raison en est simple : les chefs d'entreprise sont habitués à être des décideurs économiques et l'idée de repartir dans un statut de subordonné leur apparaît insupportable. Ces dirigeants exclus de la vie des affaires préfèrent parfois entrer dans l'illégalité, quitte à s'exposer à des sanctions plus graves encore. Il est certes important que ce comportement reçoive une réponse pénale appropriée afin de ne pas laisser se développer un sentiment d'impunité auprès des autres dirigeants[1200]. Mais ces situations marginales ne nécessitent pas un renforcement de la répression[1201]. Le fichier national des interdits de gérer, prévu par les articles L 128-1 à L 128-5 du Code de commerce, permet, depuis le 1er janvier 2016, de détecter de manière plus précoce ces délinquants économiques et renforcer l'efficacité des mesures d'élimination. Nous reviendrons sur les modalités de fonctionnement de ce fichier précisées par un décret n°2015-194 du 19 février 2015.

[1199] Quelle place pour les sanctions civiles et pénales en droit des procédures collectives ? Table ronde animée par Monsieur le Professeur Michel MENJUNCQ autour de Me François LEGRAND, Me Olivier BOURRU, Mr Christophe DELATTRE, rev. proc. coll. août-sept. 2009, Etude 2, p.61

[1200] Pour un florilège de décisions afférentes à la reprise d'une direction de fait au mépris d'une faillite personnelle : C.DELATTRE, La faillite personnelle et l'interdiction de gérer ne doivent pas être considérées comme des sanctions vaines, Rev. proc. coll. sept. oct. 2009, étude n°27, p. 29

[1201] Me François LEGRAND, table ronde précitée

D'ores et déjà, les multiples précautions entourant l'inscription, la radiation et la consultation des données de ce fichier rendent peu probable un sort identique au registre italien des faillis[1202]. Cet outil permet ainsi de renforcer la protection du monde des affaires à l'égard des individus les plus « nuisibles ». Cette efficacité accrue des mesures d'élimination n'a pas été réalisée au détriment d'un légitime droit au pardon du chef d'entreprise indélicat qui s'est amendé et peut, de ce fait, demander à réincorporer le monde des affaires par le biais d'un relèvement.

B - L'élargissement du relèvement

348. Dans la droite ligne du mouvement d'humanisation des sanctions, les conditions de relèvement ont été élargies même si cette faculté varie selon que la mesure d'exclusion a été prononcée par une juridiction civile (1) ou par une juridiction pénale, à titre de peine complémentaire de la banqueroute (2).

1 - Le relèvement par les juridictions civiles

349. Le relèvement est régi, devant les juridictions civiles, par les dispositions de l'article L 653-11 du Code de commerce. Aux termes de l'alinéa premier de ce texte, les mesures d'élimination cessent de plein droit à l'échéance du terme fixé par la juridiction, et ce sans jugement. Autrement, toute personne exclue des affaires peut, de manière anticipée, être relevée de l'interdiction sous certaines conditions. Tout d'abord, le paiement des créanciers marqué par un jugement de clôture pour extinction du passif rétablit de plein droit le débiteur, ou son dirigeant, y compris après l'exécution d'une condamnation prononcée au titre d'une insuffisance d'actif. Les déchéances, interdictions et incapacité d'exercer une fonction publique élective cessent de plein droit. Pour Madame le Professeur Saint Alary Houin, cette incitation au paiement des créanciers est « surprenante car la faillite personnelle sanctionne des fautes commises à l'endroit des créanciers certes, mais aussi à l'égard des

---

[1202] CEDH, 24 mai 2006, F.Moretti c/ Italie, Pernici c/ Italie, Rev. soc. 2007 p.157 note H.MATSOPOULOU - Dans ces deux affaires, la Cour conclut à la violation par la loi italienne des faillites du droit au respect de la vie privée en raison d'une inscription automatique au registre des faillis

entreprises ; voire de l'intérêt public. Or le fait de payer les créanciers ne répare pas de telles fautes.[1203] » En permettant au débiteur de se racheter une bonne conduite, le législateur fait prévaloir l'intérêt des créanciers sur celui de la protection du tissu économique. Mais le caractère très exceptionnel de ce mode de clôture en limite l'application à quelques cas marginaux et symboliques. Cette logique a été reconduite à l'alinéa trois de l'article 653-11 du Code lequel autorise le relèvement, en tout ou partie, des interdictions et déchéances frappant une personne ayant apporté une contribution suffisante au paiement du passif. Faute de précisions données par le texte, la Cour de cassation a abandonné l'appréciation de ce critère au pouvoir souverain des juges du fond[1204], conduisant à un certain aléa judiciaire[1205]. Néanmoins, certaines tendances peuvent être dégagées des décisions des juridictions du fond. La contribution apportée au paiement du passif est appréciée, non sur une base quantitative, mais qualitative en fonction de l'origine du passif et des efforts entrepris pour l'apurer. La contribution au paiement du passif doit être significative[1206] et effective au jour de l'examen de la demande. Elle ne peut consister en une vague promesse de versement d'une somme consignée sur un compte bancaire[1207], ni dans l'abandon d'un solde de compte courant d'associé composé en salaires, primes et congés payés non réglés[1208], ni encore dans un dégrèvement accordé par l'administration fiscale ayant minoré le passif[1209]. De plus, la contribution attendue est, en général, indépendante de celle qui a déjà été mise à la charge de l'intéressé au titre d'une insuffisance d'actif. Les juges analysent cette condamnation comme une réparation pécuniaire du préjudice subi par les créanciers, distincte de la

---

[1203] C.SAINT ALARY HOUIN, op. cit., n°1464

[1204] Com. 3 nov. 1992, Bull.civ. IV n°344 ; Com. 25 janv. 1994 n°89-20.006 ; Com. 29 mai 2000, n°98-19.364 ; Com., 24 mai 2005, R.J.D.A. 2005, n°1373, Dr. soc. 2006 n°20 note Legros

[1205] C.SAINT ALARY HOUIN, ibid.

[1206] Com. 3 nov. 1992 Bull. civ. IV n°344 (à propos de versements mensuels de 250 francs insuffisants pour un passif supérieur à 200.000 francs) ; T.Com Paris 20 mai 1999 rev. proc. coll. 2000 68 obs. Bach (à propos d'une contribution de 15.000 francs jugée insuffisante pour une insuffisance d'actif de 2,5 millions de francs)

[1207] Versailles, 11 sept. 1997, D.A 1997, 1329

[1208] Colmar, 1ère Ch., 11 mars 2003 : juris-data n°2003-22136

[1209] Dijon, 1ère Ch., 24 nov. 1998, Rev. proc. coll. 2000, 33, n°4 obs. Bach – contra : T.com. Dunkerque, 29 juil. 2008, n°2008/001843

contribution requise pour obtenir un relèvement[1210]. En dehors de certaines décisions[1211], l'exécution d'une condamnation à une insuffisance d'actif est le plus souvent jugée insuffisante pour ouvrir droit à un relèvement. Une contribution supplémentaire est donc généralement requise du candidat. Là encore, il est regrettable que le texte néglige l'objectif de police économique assigné aux mesures d'élimination. Il aurait été préférable d'aller au delà d'une logique de satisfaction des créanciers en s'assurant que le candidat apporte, en sus de la contribution attendue au paiement du passif, des garanties sérieuses d'un comportement vertueux. « Payer de façon satisfaisante : c'est bien ! Prendre conscience, en sus, de l'éthique indispensable dont doit être habité chaque entrepreneur dirigeant ; c'est mieux ! En tout cas, cela semble être les conditions sine qua non à remplir avant toute procédure de relèvement.[1212] » Cette exigence aurait pu être obtenue simplement en créant une articulation, demandée par certains praticiens[1213], entre les alinéas trois et quatre du texte.

350. Précisément, ce dernier alinéa de l'article L 653-11 du Code permet à une personne, frappée d'une interdiction de gérer, d'être relevée si elle présente toutes les garanties démontrant sa capacité à diriger ou contrôler l'une des entreprises visées dans l'interdiction. Cet assouplissement du relèvement issu de la loi de sauvegarde du 26 juillet 2005 avait déjà été rendu applicable aux procédures en cours lors de l'entrée en vigueur de la loi de sauvegarde[1214]. La loi de modernisation de l'économie en a étendu l'application aux personnes

---

[1210] Douai, 15 févr. 2001, BICC 2001 n°962 ; Versailles, 26 juin 2003, RJDA 2003, n°1105

[1211] Douai, 2° ch., 19 avr. 2012, JCP E 2012, n°1634 note C.Delattre

[1212] note C.Delattre sous : Douai 16 sept 2008 RJDA 2009 n°461 ; JCP E 2008 2474

[1213] Monsieur Delattre souligne ainsi : « il ne serait pas inintéressant que cette disposition soit également prévue dans le cas du requérant qui a contribué suffisamment et qui a été frappé d'une mesure de faillite personnelle. En effet, on peut imaginer le cas qui n'est pas d'école, d'un dirigeant qui a pu obtenir une solution d'entraide familiale et/ou amicale suffisante pour entrer dans les critères jurisprudentiels de la notion de contribution suffisante. Le rétablissement dans ses droits lui permet ensuite de reprendre la direction d'une entreprise mais, pour autant, faute de formation en gestion et d'avoir à en justifier, ne risque-t-il pas de retomber dans les mêmes travers qui l'ont amené à être sanctionné ? »

[1214] art. 191. 7°) de la loi du 26 juillet 2005. Pour une application de cette disposition : Com. 12 juil. 2011, Bull.civ. IV n°117, D.2011 Act.1966 obs. A.Lienhard, Rev. soc. 2011 p.525 obs. Ph. Roussel-Galle ; Rev. proc. coll. 2011 n°204 obs. A.Martin-Serf

frappées d'une interdiction de gérer prononcée sous l'empire d'une procédure antérieure à la loi de sauvegarde[1215]. Et, dans la droite ligne de la distinction du sort du chef d'entreprise maladroit de celui malhonnête, la faillite personnelle est ici laissée à l'écart. Par cette voie, seul le maladroit peut espérer un retour rapide aux affaires. Pour cela, il lui suffit de justifier d'avoir suivi des formations pour acquérir les connnaissances lui ayant fait défaut. L'article R 653-4 du Code de commerce admet que les garanties puissent consister dans le suivi d'une formation professionnelle appropriée, notamment dans le domaine de la gestion et de la comptabilité[1216]. La jurisprudence requiert que les formations aient été suivies postérieurement au prononcé de l'interdiction[1217]. Il apparaît logique que la mission du juge soit d'apprécier les capacités futures de gestion de la personne sollicitant son relèvement[1218], exercice parfois qualifié d'« hasardeux » par certains auteurs. En tout état de cause, l'assouplissement des conditions du relèvement est incontestablement en faveur du rebond du chef d'entreprise ; même si peu le sollicite en pratique[1219]. Le traumatisme suscité par le passage en procédure explique cette hésitation à revenir vers la juridiction. Mais, la « peur du gendarme » ne suffit pas toujours à dissuader certains d'entrer dans l'illégalité même s'ils exposent à des sanctions plus graves encore. Ceci souligné, les conditions d'obtention d'un relèvement sont plus strictes lorsque l'interdiction de gérer a été prononcée par une juridiction pénale à titre de peine complémentaire de la banqueroute.

1215 loi n°2008-776 du 4 août 2008 art. 77 II

1216 Du reste, des formations sont dispensées dans ces domaines par les chambres consulaires.

1217 Grenoble, Ch. Com., 6 janv. 2011, RG n°10/2747, Dr. soc. 2011, n°178 note J.P Legros ; rev. proc. coll. 2012 n°104 note A. Martin-Serf

1218 C.DELATTRE, La procédure de réhabilitation des articles L 653-11 et R 653-4 du Code de commerce, rev. proc. coll. juil août 2011, étude 19, p.16

1219 F.LEGRAND, O.BOURRU, C.DELATTRE, Table ronde animée par Monsieur Michel MENJUNCQ : Quelle place pour les sanctions civiles et pénales en droit des procédures collectives ? Rev. proc. coll.09/2009 n°2 p.61

2 - Le relèvement des interdictions prononcées à titre de peine complémentaire de la banqueroute

351. Lorsque la faillite personnelle a été prononcée par une juridiction répressive, comme peine complémentaire d'une banqueroute, le relèvement s'opère exclusivement selon les modalités prévues par l'article 702-1 du Code de procédure pénale. La recevabilité de la demande est soumise à un délai d'au moins six mois depuis le prononcé de la sanction puis entre chaque demande successive. Ainsi, le « banni » ne peut présenter une demande de relèvement moins de six mois après le prononcé d'une mesure et, en cas de refus, un nouveau délai de six mois devra être observé. Pour le reste, le relèvement répond devant les juridictions répressives aux mêmes conditions que devant les juridictions civiles. Là encore, le dirigeant doit justifier d'une contribution suffisante au paiement du passif. La situation est différente si le juge pénal a prononcé, en lieu et place d'une faillite personnelle, la peine complémentaire d'interdiction d'exercer le commerce[1220]. Dans ce cas, la juridiction pénale apprécie souverainement l'opportunité d'un relèvement. Toutefois, elle doit motiver sa décision au regard de la situation du demandeur au jour de la requête en répondant aux différents arguments invoqués[1221]. Ce régime n'est toutefois pas plus sévère car les effets de cette peine complémentaire sont plus limités que ceux produits par l'interdiction d'exercer le commerce qui, elle, peut être définitive.

§ 2 - La substitution de la peine d'interdiction d'exercer le commerce aux incapacités commerciales

352. L'article 70 de la loi n°2008-776 du 4 août 2008 de modernisation de l'économie a transformé l'ancienne incapacité d'exercer le commerce, mesure de déchéance prévue par le Code de commerce en une peine complémentaire régie par le Code pénal. Opérant à la manière d'une faillite personnelle, cette incapacité d'exercer une profession commerciale ou industrielle frappait autrefois de manière automatique ceux qui s'étaient rendus coupables de certaines infractions économiques ou entachant la morale des

---

[1220] art. L 654-5 2° C.com.

[1221] Crim. 28 fév. 2001, Bull. Crim., n°55 ; Crim. 15 oct. 2003, Bull. Crim. n°194

affaires. L'ancien article L 128-1 du Code de commerce interdisait ainsi à toute personne définitivement condamnée, pour des crimes ou certains délits, à une peine d'emprisonnement d'au moins trois mois, non assortie d'un sursis[1222], l'exercice de toute profession commerciale ou industrielle ou la direction de toute société commerciale pendant dix ans[1223]. Ce texte, issu d'une ordonnance du 6 mai 2005, était déjà plus favorable que ceux antérieurs issus d'un décret-loi du 8 août 1935 relatif aux interdictions de gérer les sociétés commerciales et d'une loi du 30 août 1947 relative à l'assainissement des professions commerciales[1224] puisqu'il limitait à dix ans la durée de cette déchéance. Néanmoins, celle-ci était entachée d'une forte suspicion d'incompatibilité avec certains droits fondamentaux. Aucune question prioritaire de constitutionnalité ne pouvait à cette époque être posée. Cela étant elle semblait contraire à l'interprétation retenue par le Conseil constitutionnel du principe de nécessité des peines[1225]. Et la Cour européenne des droits de l'homme avait exprimé les plus expresses réserves à son égard[1226] conduisant à une position extrêmement nuancée de l'Assemblée plénière de la Cour de cassation, dans un arrêt du 22 novembre 2002[1227]. La loi du 4 août 2008 a donc achevé la « modernisation » entreprise par l'ordonnance du 6 mai 2005 en abrogeant cette peine accessoire pour la transformer en une peine complémentaire ou alternative prononcée par le juge pénal. Le projet de loi prévoyait, à l'origine, que cette question serait traitée par voie d'ordonnance. L'Assemblée nationale avait accordé l'habilitation au gouvernement avant que le Sénat ne revienne sur

---

1222 Une condamnation assortie d'un sursis n'emportait pas, sous l'empire de ce texte, d'interdiction d'exercer une profession commerciale ou industrielle.

1223 Sur ce régime : B.BOULOC, Les incapacités en matière commerciale après l'ordonnance du 6 mai 2005, R.J.Com. 2006, p.9

1224 Sur ce régime : G.RIPERT, L'assainissement des professions commerciales et industrielles : D.1947, Chron p.141 ; M.PALMADE, La loi du 30 août 1947, JCP 1947, I, n°669

1225 Cons. Constit., 15 mars 1999, D.2000, som. 116, obs. G. Roujou de Boubée et som. 199, obs. J-C Car ; A.J.D.A. 1999, 379 et 324 obs. J-E Schoetti

1226 CEDH, 23 sept. 1998, Malige c/ France, D.1999 som. 154 obs. B. de Lamy ; som. 267 obs. J-F Renucci ; R.S.C. 1999, p.112, obs. J-P Delmas Saint Hilaire ; 145 obs. F.Massias

1227 Ass. Plen. 22 nov. 2002, BICC 1er fév. 2003 avis Fréchède et rapp. Challe ; JCP 2003 II 10042 note W.Jeandidier ; R.S.C 2003 obs. B.Bouloc

celle-ci, préférant légiférer par lui-même[1228]. L'essentiel de cette réforme a consisté à rendre facultative une peine qui était jusqu'alors accessoire, c'est-à-dire automatique. Depuis, l'interdiction d'exercer une profession commerciale ou industrielle est expressément prononcée par le juge pénal et ne s'applique plus de manière occulte. En outre, le régime de cette peine a été entièrement refondu pour en permettre une meilleure individualisation. L'article 131-27 du Code pénal a été complété, en son alinéa deux, d'une option offerte au juge entre une interdiction définitive et une interdiction temporaire dont la durée a été portée à quinze ans pour l'aligner sur celle de la faillite civile[1229]. Sous l'empire de l'ancien article L 128-1 du Code de commerce, le juge pénal ne pouvait moduler la durée de l'interdiction qui était de plein droit fixé à dix ans. L'article 131-27 du Code pénal permet, depuis, d'adapter la durée de la peine en fonction de la gravité du comportement sanctionné et de la dangerosité du délinquant économique. Ceci a été à la fois un facteur d'adoucissement et de renforcement de la sanction. Si le délinquant présente des gages sérieux de réinsertion, la durée retenue peut être brève et les chances de rebond favorisées. Mais si celui-ci présente un risque sérieux de récidive, l'interdiction peut être définitive mais ne le met à l'écart que des seules activités commerciales ou industrielles. En effet, l'interdiction n'affecte que l'exercice d'une profession commerciale ou industrielle, sous quelque forme que ce soit, et ne concerne pas les activités agricoles, artisanales et indépendantes qui peuvent être librement exercées.

353. Il convient de soigneusement distinguer cette peine complémentaire de celle prévue par l'alinéa premier de l'article 131-27 du Code pénal où l'interdiction est limitée à l'exercice d'une unique activité professionnelle ou sociale déterminée par le juge. Cette

---

[1228] en soulignant au passage que ces incapacités constituaient « une entrave disproportionnée à la liberté d'entreprendre, notamment lorsqu'est envisagée la reprise d'une activité ayant un autre objet que celle au cours de laquelle la condamnation est intervenue » : Rapp. Sénat n°413 de M. L.Bétaille, Mme E.Lamure et Ph. Marini fait au nom de la commission spéciale déposé le 24 juin 2008

[1229] S'inspirant de celle retenue par l'ancien article L 128-1 du Code de commerce, la loi de modernisation de l'économie avait initialement fixée la durée maximale de l'interdiction temporaire à dix ans. Critiquée pour son absence d'harmonisation avec celle de la faillite personnelle, l'article 2 de la loi du 6 décembre 2013 relative à la lutte contre la fraude fiscale et la grande délinquance économique et financière l'a porté à quinze ans.

interdiction spéciale est donc de bien moindre portée que l'interdiction générale de toute activité commerciale ou industrielle. La jurisprudence la définit d'ailleurs non comme une sanction pénale mais comme « une mesure de sûreté ayant pour objet de prévenir tout risque de récidive[1230] ». A l'instar de l'interdiction générale d'exercer le commerce, l'interdiction spéciale peut être soit définitive soit temporaire. Cependant, lorsqu'elle est prononcée à temps, celle-ci ne peut alors excéder cinq ans. Il est regrettable que le législateur ait laissé subsister dans le même texte ces deux peines complémentaires différentes ce qui, par un manque de lisibilité, est propice à une certaine confusion et nuit à l'efficacité de la réponse pénale[1231].

354. Outre la peine complémentaire d'interdiction d'exercer le commerce, l'article 131-6 du Code pénal a été complété, d'un quinzièmement, reprenant cette interdiction à titre de peine alternative à l'emprisonnement lorsque celui-ci est encouru. A l'instar de la première forme d'interdiction, cette seconde peut être prononcée de manière définitive ou temporaire, sans toutefois pouvoir excéder cinq ans. De prime abord, il peut paraître surprenant qu'une peine alternative puisse avoir, lorsqu'elle est temporaire, une durée plus courte que si elle avait été prononcée à titre de peine complémentaire. En vérité, il n'est peut être pas illogique d'autoriser l'auteur d'une infraction à reprendre plus rapidement une activité lorsque le juge pénal n'estime pas opportun de prononcer, à la fois, une peine principale et une peine complémentaire. Même si le juge doit choisir entre l'emprisonnement ou l'élimination, il n'est pas certain que cela soit un facteur de récidive tant l'interdiction d'exercer le commerce est une sanction bien plus efficace et protectrice de la société qu'une peine d'emprisonnement assortie d'un sursis[1232].

[1230] Crim. 3 sept. 2008, Dr. Pénal 2009, Chron.3 obs. Pelletier

[1231] Une difficulté d'identification de l'interdiction prononcée se pose parfois lorsque le dispositif de la décision pénale est insuffisamment précis, en illustration pour une activité artisanale exercée en société à responsabilité limitée : Crim. 6 mai 2009, pourvoi n°08-85.201, D.2009, Chron. C.Cass. 1719 obs. Degorce ; Bull. Joly nov. 2009 §204 note J.Lasserre-Capdeville

[1232] En ce sens : N.REDON, L'interdiction commerciale et industrielle ou la disparition des peines automatiques, Libre propos sur une création spontanée de la loi n°2008-776 du 4 août 2008, D. 2009 p.1226. Sur ce point, la loi de modernisation de l'économie n'a pas repris la condition relative au prononcé d'une peine d'emprisonnement de trois mois sans sursis.

355. Malgré la volonté affichée de transposer, à droit constant, l'interdiction d'exercer le commerce dans le Code pénal, certaines omissions de la loi de modernisation de l'économie ont abouti à des changements de solution. Ainsi, quelques infractions, autrefois couvertes par l'incapacité commerciale, n'ont pas été reprises. Conformément à l'article 131-10 du Code pénal, l'interdiction d'exercer une activité commerciale ou industrielle ne peut être prononcée à titre de peine complémentaire que si la loi le prévoit expressément. Or, certaines infractions ont été privées de cette peine complémentaire, le législateur ayant omis la mise à jour de certains renvois. Certes, les infractions économiques et financières ont, pour l'essentiel, conservé cette peine : l'abus de bien social[1233] ou la banqueroute[1234] ; l'infraction consumériste d'abus de faiblesse[1235] ; les infractions liées à la fraude fiscale ou sociale comme le travail dissimulé ; ou encore celles liées aux atteintes aux biens comme l'escroquerie[1236] ou l'abus de confiance[1237]. Cependant, certaines infractions ont été exclues sans qu'il y ait d'autre explication qu'un oubli du législateur[1238]. Il en est ainsi, par exemple, des trois délits voisins de l'escroquerie et de l'abus de confiance : la filouterie, l'organisation frauduleuse d'insolvabilité ainsi que le détournement de gage ou d'objet saisi[1239]. Pour ces derniers, le juge ne peut avoir recours qu'à la peine alternative de l'article 131-6 du Code pénal, ce qui suppose qu'il renonce à prononcer une peine d'emprisonnement. Aussi, l'image s'est imposée en doctrine d'un « droit incomplet »[1240], adopté dans la hâte sans véritable réflexion approfondie ayant conduit à l'omission de l'infraction de violation de l'interdiction d'exercer le

---

[1233] art. L 241-3, 242-6, 249-1 C.com.

[1234] art. L 654-5 2°) C.com.

[1235] art. L122-8 C.cons. Curieusement, l'interdiction générale d'exercer le commerce n'a été reprise au rang des peines complémentaires prévues pour l'infraction voisine d'abus frauduleux de l'état d'ignorance ou de faiblesse (art. 223-15-3 C.pén.).

[1236] art. 313-7 2° C. pén.

[1237] art. 314-10 2°) C. pén.

[1238] N.REDON, op. cit. ; C.MASCALA, Chronique Droit pénal des affaires, D.2009, p.1723 ; B.BOULOC, Le nouveau droit des incapacités commerciales, rev. soc. 2008 p.763,

[1239] Faute de renvoi par l'article 314-10 du Code pénal à ces différentes infractions prévues par les articles 313-5, 314-5, 314-6 et 314-7 du même Code.

[1240] Formule empruntée à Monsieur le Professeur Bouloc, art. précité, rev. soc. 2008 p.763, spéc. n°17,

commerce qui était, dans le même temps, abrogée[1241]. L'article 155 de la loi du 17 mai 2011 de simplification et d'amélioration de la qualité du droit a remédié à ce vide juridique en réintroduisant cette infraction qui a pris place à l'article 434-40-1 du Code pénal. Enfin, l'absence de dispositions transitoires était à déplorer ce qui a conduit la jurisprudence à devoir remédier aux difficultés d'application de la loi dans le temps qui se sont posées[1242]. A certains égards, la loi nouvelle apparaissait plus douce, la peine accessoire automatique étant devenue une peine complémentaire facultative. A d'autres égards, la loi apparaissait comme plus sévère car elle mettait fin à la durée unique de dix ans pour ouvrir une option au juge entre une interdiction définitive et une interdiction temporaire. Une application « distributive[1243] » des dispositions s'est alors imposée. Pour ses aspects aggravants, comme la possibilité de prononcer une interdiction définitive, l'interdiction ne s'est appliquée qu'aux faits commis postérieurement à la publication de la loi de modernisation de l'économie. En revanche, pour ses aspects plus modérés, comme l'abrogation de la peine accessoire automatique, le principe de rétroactivité in mitius a commandé une application immédiate de la loi nouvelle. Saisie de cette question, la Cour d'appel de Versailles, par une série d'arrêts du 18 décembre 2008[1244], a ainsi fait une application immédiate de la loi pénale plus douce, avec l'aval ultérieur de la Chambre criminelle de la Cour de cassation, par un arrêt du 16 décembre 2009[1245].

[1241] L'ancien article 128-5 du Code de commerce réprimait la violation de l'incapacité commerciale des peines prévues à l'article 313-1 du Code pénal pour l'escroquerie soit cinq ans d'emprisonnement et 375 000 euros d'amende.

[1242] L'ordonnance du 6 mai 2005, qui a précédé la loi de modernisation de l'économie, comprenait au contraire des dispositions transitoires.

[1243] N. REDON, op. cit.

[1244] Sur ces décisions : H.MATSOPOULOU, La portée de la peine accessoire d'interdiction commerciale résultant de condamnations antérieures à la loi du 4 août 2008, Droit pénal, mars 2009, Etude 6. La première espèce faisait suite à une ordonnance du juge commis à la surveillance du registre du commerce ayant prescrit une radiation enjoignant la personne frappée d'interdiction d'effectuer une inscription modificative. La seconde espèce concernait des poursuites pénales engagées pour violation de l'incapacité commerciale à l'encontre d'une personne sous le coup d'une interdiction à la suite de condamnations pénales définitives.

[1245] Crim. 16 déc. 2009, pourvoi n°09-80.545, Bull. crim. n°217, D.2010 AJ 147 obs. Delpech ; Rev. soc. 2010 p.51 note B.Bouloc ; A.J. pénal 2010 77 obs. J.Lasserre Capdeville

356. En somme, le régime de cette sanction pénale demeure subtil et complexe. Si la loi du 6 décembre 2013 relative à la lutte contre la fraude fiscale et la grande délinquance économique et financière a permis d'aligner la durée maximale de la peine d'interdiction temporaire d'exercer le commerce sur celle la faillite personnelle, ces sanctions ont néanmoins des portées très différentes : la faillite personnelle emporte une interdiction générale et absolue ; l'interdiction pénale se cantonne aux activités commerciales et industrielles et laisse à l'écart les activités agricoles, artisanales et indépendantes. Autrement dit, pour l'efficacité de la réponse pénale, le juge pénal doit être vigilant lorsqu'il prononce cette peine complémentaire qui ne permet pas de purger définitivement le tissu économique d'un individu nuisible et se limite aux seules activités comprises dans le champ légal de l'interdiction[1246].

[1246] Pour une décision censurant la condamnation à une « interdiction définitive de gérer » d'un dirigeant de fait reconnu coupable d'abus de biens sociaux et de blanchiment : Crim. 17 déc. 2014, pourvoi n°13-87.968, rev. soc. juin 2015, p. 387 obs. B.Bouloc

Conclusion du Chapitre 1

357. Par touches successives, le législateur a amélioré de façon continue le sort du chef d'entreprise en réduisant, réforme après réforme, le domaine des mesures d'élimination. Ce mouvement de recul va-t-il jusqu'à absoudre totalement le « patron-voyou » ou le « danger économique » ? Ce n'est ni souhaité, ni souhaitable. La Commission européenne, dans ses recommandations adressées aux Etats membres, ne l'évoque pas et ne remet pas en cause la nécessité de mettre à l'écart de la vie des affaires, même temporairement, l'auteur d'une faillite frauduleuse. La doctrine de la Commission pourrait d'ailleurs se résumer dans les propos suivants tenus par Monsieur Delattre : « Les gens sont libres d'entreprendre. Cependant, cette liberté n'est pas illimitée. Notre droit fixe un cadre juridique. Celui qui s'écarte des limites fixées doit s'attendre à répondre de ses actes. Tout abus significatif ne peut rester sans réponse adaptée. (....) La sanction demeure une nécessité dès lors que le monde économique idéal n'existe pas[1247]. » Toutefois, certains s'interrogent sur l'utilité à maintenir cette dualité de sanction, faillite personnelle et interdiction de gérer, au sein du droit des entreprises en difficulté[1248]. La faillite personnelle conserve, dans l'esprit collectif, une connotation infamante alors même qu'elle en a perdu l'essentiel des caractères. La loi gagnerait en lisibilité si la faillite personnelle, vestige des temps passés, était fusionnée avec l'interdiction de gérer, sanction modulable permettant au juge d'adapter la durée de la sanction en fonction du comportement. Ceci pourrait être l'un des enjeux d'une prochaine réforme du droit des entreprises en difficulté ; à moins que celle-ci n'intervienne à l'occasion d'une réforme pénale.

1247 C. DELATTRE, Le dirigeant fautif, Actes du colloque de Caen du 15 octobre 2010 « Loi de sauvegarde des entreprises. Risques et responsabilités en droit des procédures collectives », Référence précitée

1248 En ce sens, l'opinion exprimée par Me Olivier BOURRU, table ronde précitée, rev. proc. coll. août sept. 2009, spéc. p.65

Chapitre 2 - La restauration de l'image dégradée du débiteur

358. La réponse à l'objectif européen de promotion du rebond ne se limite pas à la seule purge des dettes. Des actions ont été engagées pour aider le chef d'entreprise défaillant à surmonter les stigmates causés par une procédure collective. Mais celles-ci demeurent extrêmement réduites. Une « charte du rebond[1249] » a ainsi été conclue entre l'Etat, l'association des Régions de France et quatre associations accompagnant les chefs d'entreprise ayant échoué[1250]. Mais celle-ci se cantonne à organiser en régions des conférences du rebond à destination des acteurs du monde de l'entreprise afin de faire évoluer les mentalités et changer le regard porté sur l'échec. Aucun accompagnement du chef d'entreprise n'a été prévu dans la phase postérieure à la purge des dettes et celui-ci reste généralement livré à lui-même. Tout au plus, certaines juridictions consulaires se sont inscrites dans le dispositif, expérimenté par le Tribunal de commerce de Saintes[1251], de détection et d'accompagnement psychologique des situations de souffrance morale. Toutefois, il n'est envisagé, pour l'heure, aucune consécration législative de cette expérimentation. Le législateur paraît davantage préoccupé par la restauration de l'image du débiteur renvoyée aux autres que par le regard que peut porter le

---

[1249] http://portaildurebond.com/la-charte/

[1250] Parmi les associations signataires : 60 000 rebonds, Re-créer, Second souffle ou encore SOS Entrepreneur

[1251] Un colloque intitulé "De la lexis à la praxis : souffrance morale, droit et pratiques professionnelles" a ainsi été organisé le 26 septembre 2015 par le Tribunal de commerce de Saintes réunissant praticiens et cliniciens autour du dispositif expérimental d'accompagnement et de soutien du chef d'entreprise en souffrance psychologique aiguë « APESA 17 ». Cette expérimentation a été le sujet de l'émission « Le monde en face » diffusé par la chaine France 5, le mardi 13 octobre 2015, dans un documentaire intitulé « Les petits patrons dans la tourmente ». Pour une présentation de ce dispositif : M. BINNIE, Du traitement des difficultés des entreprises à la prise en compte des difficultés propres au chef d'entreprise, actes du colloque « Le dirigeant de l'entreprise en difficulté » organisé par le Master 2 juriste d'affaires de l'université Paris-Descartes, le 24 mai 2016, Rev. proc. coll. juil-août 2016, art. 27, p. 64

chef d'entreprise sur son propre échec. La raison en est simple : l'aspiration européenne à une politique en faveur de la seconde chance a été rattrapée par l'émergence d'un droit européen à l'oubli, notamment dans le domaine numérique. Le droit à l'oubli renvoie, en principe, au mécanisme de la prescription. Mais il constitue aujourd'hui un prolongement du droit fondamental au respect de la vie privée qui gagne l'ensemble de la sphère juridique[1252]. D'ailleurs, celui-ci vient de réaliser son entrée en droit de la santé. L'article 190 de la loi n°2016-41 du 21 janvier 2016 portant modernisation de notre système de santé[1253] instaure, dans le Code de la santé publique, un droit « à l'oubli » au profit des personnes ayant souffert d'une pathologie cancéreuse afin d'améliorer leur accès à l'assurance crédit. Le droit de l'insolvabilité n'est pas à l'écart de ce mouvement. Un droit « à l'oubli » du débiteur semble émerger même si le législateur ne l'a pas encore clairement posé[1254] (Section 1). En effet, pour l'essentiel, ce droit résulte de dispositions réglementaires et les nécessités de la protection de l'ordre public économique imposent, souvent, de l'écarter. Il connaît donc d'importantes limites (Section 2).

Section 1 - L'émergence d'un droit « à l'oubli » du débiteur

359. Le droit à l'oubli trouve sa source dans le droit européen qui a reconnu à la personne physique un droit au déréférencement des données numériques le concernant (§1). Mais, avant cela, des dispositions avaient déjà admis, en droit interne, le retrait des mentions relatives à l'existence d'une procédure collective des registres et fichiers légaux (§2).

[1252] Concernant le droit à l'oubli télévisuel invoqué par un détenu : TA Melun, 5e Ch. 18 nov. 2014, n°13000980, Gaz. Pal. 11.12 fév. 2014 p.7

[1253] J.O.R.F 27 janv. 2016

[1254] C.Robacszewski, Le droit à l'oubli, Dr. et patr. déc. 2014, p.56 : actes du colloque « Réforme des procédures collectives : nouveau rebond pour le débiteur ? » organisé par le Centre René Demogue, Université de Lille II, le 23 mai 2014 ; J.M. Bruguière, Le droit à l'oubli numétique, un droit à oublier ; D. 2014, p.299

§ 1 - Les sources européennes du droit « à l'oubli »

360. Anticipant l'adoption par l'Union européenne d'un règlement général relatif à la protection des données[1255], la Cour de justice de l'Union européenne a en effet reconnu, dans un arrêt rendu en grande chambre le 13 mai 2014[1256], ce que beaucoup ont désigné comme un

---

[1255] Le règlement 2016/679 du Parlement européen et du Conseil du 27 avril 2016 relatif à la protection des personnes physiques à l'égard du traitement des données à caractère personnel et à la libre circulation de ces données (J.O.U.E 04/05/2016 – L 119/1) instaure en son article 17 un droit à l'effacement ou droit « à l'oubli » dans les termes suivantes :

« La personne concernée a le droit d'obtenir du responsable du traitement l'effacement, dans les meilleurs délais, de données à caractère personnel la concernant et le responsable du traitement a l'obligation d'effacer ces données à caractère personnel dans les meilleurs délais, lorsque l'un des motifs suivants s'applique :

a) les données à caractère personnel ne sont plus nécessaires au regard des finalités pour lesquelles elles ont été collectées ou traitées d'une autre manière ;

b) la personne concernée retire le consentement sur lequel est fondé le traitement, conformément à l'article 6, paragraphe 1, point a), ou à l'article 9, paragraphe 2, point a), et il n'existe pas d'autre fondement juridique au traitement;

c) la personne concernée s'oppose au traitement en vertu de l'article 21, paragraphe 1, et il n'existe pas de motif légitime impérieux pour le traitement, ou la personne concernée s'oppose au traitement en vertu de l'article 21, paragraphe 2;

d) les données à caractère personnel ont fait l'objet d'un traitement illicite;

e) les données à caractère personnel doivent être effacées pour respecter une obligation légale qui est prévue par le droit de l'Union ou par le droit de l'État membre auquel le responsable du traitement est soumis;

f) les données à caractère personnel ont été collectées dans le cadre de l'offre de services de la société de l'information visée à l'article 8, paragraphe 1. »

[1256] C.J.U.E, gr. ch., 13 mai 2014, aff. C-131-12, Google Spain SL et Google Inc c/ Agencia Espanola de Proteccion de Datos, Mario Costeja Gonzalez ; parmi les nombreux commentaires consacrés à cette décision : V.-L. Benabou et J. Rochfeld, in « Les moteurs de recherche, maîtres ou esclaves du droit à l'oubli numérique ? », « Acte I : Le moteur, facilitateur d'accès, agrégateur d'informations et responsable de traitement autonome », D. 2014 p. 1476 ; N. Martial-Braz et J. Rochfeld, « Acte II : Le droit à l'oubli numérique, l'éléphant et la vie privée », D. 2014 p. 1481 ; L. Marino, Un « droit à l'oubli » numérique consacré par la CJUE, JCP G 2014, 768 ; G. Bussueil, Arrêt Google : du droit à l'oubli de la neutralité du moteur de recherche, JCP E 2014, 1327 ; N.Mallet-Poujoul, « Droit à l'oubli numérique et

droit « à l'oubli » numérique. Les faits de l'espèce étaient semblables à ceux susceptibles de donner lieu à une procédure d'apurement du passif. En 2010, un ressortissant espagnol avait saisi son autorité nationale de protection des données d'une réclamation à l'encontre du journal « La Vanguardia » et du célèbre moteur de recherche « Google » aux fins de supprimer, lorsqu'une recherche était réalisée à partir de son nom, les liens renvoyant vers deux pages web du quotidien, datant de 1998, faisant état d'une vente aux enchères liée à une saisie pratiquée pour le recouvrement d'une dette de sécurité sociale, réglée depuis plusieurs années. La juridiction espagnole, Audiencia Nacional, a alors posé à la Cour de justice de l'Union européenne différentes questions préjudicielles concernant la directive 95/46/CE du 24 octobre 1995, applicable à l'espèce, relative à la protection des personnes physiques à l'égard du traitement des données à caractère personnel ainsi que les articles 7 et 8 de la Charte des droits fondamentaux de l'Union protégeant le droit au respect de la vie privée et aux données personnelles. En premier lieu, la Cour de justice européenne retient que l'exploitant d'un moteur de recherche est bien le responsable d'un traitement de données à caractère personnel, au sens de la directive, dès lors que la fonction d'un moteur de recherche est d'explorer de manière automatisée, constante et systématique internet à la recherche des informations qui y sont publiées. Puis, la Cour de justice européenne impose à l'exploitant, sur le fondement des articles 12 b) et 14, premier alinéa, a) de la directive qui instituent des droits de rectification et d'opposition, une obligation de supprimer « de la liste des résultats, affichée à la suite d'une recherche effectuée à partir du nom d'une personne, des liens vers des pages web, publiées par des tiers et contenant des informations relatives à cette personne. » Pour cela, la Cour énonce que « la constatation d'un tel droit ne présuppose pas que l'inclusion de l'information en question dans la liste des résultats cause un préjudice à la personne concernée » et que les droits garantis par la Charte « prévalent (…) non seulement sur l'intérêt économique de l'exploitant du moteur de recherche, mais également sur l'intérêt de ce (grand) public à accéder à la dite information lors d'une recherche portant sur le nom de cette personne ». Toutefois, la Cour assortit ce principe d'une exception lorsque, « pour des raisons particulières,

---

désindexation : la solution en trompe-l'œil de la CJUE, Légipresse sept. 2014, p. 467 ;

telles que le rôle joué par la dite personne dans la vie publique, (...) l'ingérence dans ses droits fondamentaux est justifiée par l'intérêt prépondérant dudit public à avoir (...) accès à l'information en question. » La Cour de justice européenne ne consacre pas, dans cet arrêt, véritablement un droit « à l'oubli » numérique, lequel suppose un effacement des données à la source, mais plutôt un droit « à la désindexation » ou « au déréférencement » des données. L'obligation faite à l'exploitant du moteur de recherche se limite à supprimer les liens renvoyant vers des informations relatives à une personne sans que l'éditeur de page web ne soit lui-même astreint de supprimer l'information du site source qui demeure accessible, dès lors que son contenu est licite. Indépendamment des répercussions de cette décision dans le droit de l'internet, il convient de s'interroger si un tel droit « à l'oubli » existe en faveur des anciens débiteurs, après la purge de leurs dettes, de telle sorte qu'ils puissent retrouver l'accès au crédit. Si quelques mesures ont bien été prises pour restaurer l'image du débiteur et favoriser son rebond après la purge de ses dettes, force est de constater que celles-ci ont souvent un champ d'application très limité.

§ 2 - Les sources internes du droit « à l'oubli »

361. En droit interne, les sources du droit « à l'oubli » sont essentiellement réglementaires et éparpillés dans différents Codes : Code de commerce, Code de la consommation, Code monétaire et financier, Code de procédure pénale. Ce droit « à l'oubli » prend la forme d'un droit à l'effacement des données concernant l'existence d'un plan de sauvegarde ou de redressement judiciaire dès lors que celui-ci est honoré (A) ou encore l'absence d'attribution d'une cotation à risque en raison d'une défaillance passée (B).

A - Le droit à l'oubli du débiteur honorant son plan de sauvegarde ou de redressement judiciaire

362. La mention, dans les registres de publicité légale, d'une procédure collective en cours est apparue comme un frein au rebond du débiteur dont l'image est alors dégradée. Aussi, un droit « à l'oubli[1257] » a été reconnu en faveur de celui qui honore les échéances d'un plan en cours par l'effacement des mentions relatives à la procédure dont il fait l'objet. C'est ainsi que l'article R 626-20 du Code de commerce, issu du décret du 12 février 2009 pris pour l'application de l'ordonnance du 18 décembre 2008, a permis au débiteur, dont le plan de sauvegarde est en cours depuis deux ans, de solliciter la radiation des registres ou répertoires des mentions inhérentes à cette procédure. Toutefois, continuent de figurer celles relatives aux mesures d'inaliénabilité ordonnées par le tribunal ainsi que les décisions prononçant la résolution du plan. Cette radiation était, dans un premier temps, subordonnée à une demande du débiteur et limitée à la procédure de sauvegarde. Un décret du 7 décembre 2011 a étendu ce dispositif au redressement judiciaire et l'a automatisé en organisant, à l'article R 123-135 du même Code, une radiation d'office du registre de commerce et des sociétés des mentions relatives à un plan en cours à l'expiration d'un délai de trois ans, lors d'une sauvegarde, ou de cinq ans lors d'un redressement. Le dispositif conserve une « prime à la sauvegarde[1258] » puisque la radiation d'office est alors plus précoce. Néanmoins, l'application de ce dernier texte reste limitée au seul registre du commerce et des sociétés car, à la différence de l'article R 626-20 du Code, celui-ci ne concerne pas les mentions portées au répertoire des métiers. Cela étant, un débiteur, personne physique, exerçant une activité artisanale pourrait utilement se fonder sur le renvoi réalisé par l'article 23 du décret n°98-247 du 2 avril 1998 aux règles applicables au registre du commerce pour requérir une radiation des mentions persistantes au répertoire des métiers. Il convient de noter que cette radiation peut avoir un caractère purement symbolique lorsque les partenaires du débiteur sont également créanciers et subissent déjà les effets du plan. Quoi qu'il en soit, cette suppression est bénéfique pour l'image du débiteur qui n'est plus marqué au « fer rouge » à l'instar de ce qui survient au dirigeant lors de l'attribution d'un indicateur significatif au fichier bancaire des entreprises.

[1257] Ph. Roussel Galle, « Droit à l'oubli… du moins du RCS… », Rev. soc. mars 2012, p.188 ; Tognaccioli, « Louable radiation des mentions du RCS en matière de sauvegarde ou de redressement judiciaire réussis : l'apport du décret n°2011-1836 du 7 décembre 2011 », Rev. proc. coll. juil. 2012, veille 23 p.2

[1258] P.M LE CORRE, op. cit., n°525.31

B - Le droit à l'oubli du dirigeant de la personne morale liquidée

363. L'article L 144-1 du Code monétaire et financier habilite la Banque de France à établir un fichier bancaire des entreprises destiné à recueillir des informations concernant la situation financière des entreprises et de leurs dirigeants[1259]. Ces renseignements peuvent être communiqués aux autres banques centrales ou aux institutions ayant une mission équivalente ainsi qu'aux établissements de crédit et aux sociétés de financement. Ce fichier est alimenté sur la base des informations publiées dans les journaux d'annonces légales, au registre du commerce et des sociétés ou des incidents de paiement déclarés par les établissements de crédit et les privilèges inscrits par les créanciers publics. Toutes ces informations, qui concernent aussi bien les sociétés que leurs dirigeants, sont analysées et croisées afin d'attribuer une cotation à l'entreprise en fonction de son niveau d'activité, de sa situation financière et de la régularité de ses paiements afin de mesurer sa capacité à honorer ses engagements à un horizon de trois ans[1260]. Un indicateur est également attribué au dirigeant, personne physique, représentant légal d'une personne morale ou entrepreneur individuel, reflétant ses défaillances antérieures[1261]. La personne n'ayant jamais rencontré de difficultés reçoit un indicateur neutre « 000 ». Un indicateur significatif, dont la cote est « 050 », est attribué à la personne physique qui, en tant qu'entrepreneur individuel ou dirigeant social, a mené deux entreprises à la liquidation judiciaire en moins de cinq ans, excepté s'il s'agit d'une extension de procédure. Celui-ci concerne également l'entrepreneur individuel qui a fait l'objet d'un redressement judiciaire ou d'une procédure de sauvegarde ayant abouti à l'adoption d'un plan. Enfin, un indicateur très significatif d'une valeur de « 060 » est donné à la personne physique qui, en tant qu'entrepreneur individuel ou dirigeant, a conduit trois entreprises à la liquidation judiciaire en moins de cinq ans ou qui a fait l'objet d'un redressement judiciaire

---

1259 T.BONNEAU, Droit bancaire, 11e éd., Coll. Domat droit privé, n°984 ; C. GAVALDA J.SOUFFLET, Droit bancaire, Coll. Manuel, Lexis Nexis, 9e éd. n°284

1260 Guide de référence de la cotation, Banque de France, FIBEN, mai 2014 : disponible sur www.fiben.fr

1261 Plaquette « L'indicateur dirigeant », Banque de France, FIBEN, disponible sur www.fiben.fr

sans qu'un plan soit adopté ou encore à l'encontre duquel a été prononcé une faillite personnelle ou une interdiction de gérer. Cet indicateur est également attribué à l'entrepreneur individuel qui a été l'objet d'une liquidation judiciaire. Cette notation du dirigeant demeure inscrite au fichier bancaire des entreprises pendant une durée de trois ans après l'adoption d'un plan de sauvegarde, cinq ans dans les autres cas et, pour la durée retenue par la juridiction, lorsqu'une faillite personnelle ou une interdiction de gérer est prononcée à l'encontre du dirigeant.

364. Cette mémoire des difficultés passées d'un chef d'entreprise constitue un obstacle considérable pour son rebond. Elle nuit à la réputation du dirigeant et le prive de l'accès au crédit pendant la durée de l'inscription[1262]. Aussi, le législateur s'est efforcé de limiter les effets néfastes produits par une inscription au fichier bancaire des entreprises. L'article 75 de la loi de modernisation de l'économie du 4 août 2008 a donc prévu, à l'article L 144-5 du Code monétaire et financier, qu'un décret limiterait la durée maximale de communication aux tiers des informations détenues par la Banque de France concernant la situation des dirigeants. L'article D 144-12 du Code monétaire et financier, créé par décret n°2009-198 du 18 février 2009[1263], et depuis retouché à diverses reprises[1264], a successivement limité la durée de publication des informations à quatre puis trois ans, avant de la porter à cinq ans. Pour favoriser le rebond des entrepreneurs après un premier échec, les pouvoirs publics avaient annoncé, le 29 avril 2013, à l'issue des assises de l'entrepreneuriat, la suppression pure et simple du fichier bancaire des entreprises de l'indicateur « 040 » spécifique aux dirigeants de sociétés ayant connu une seule liquidation judiciaire[1265]. Cette annonce s'est concrétisée dans un décret n°2013-799 du 2 septembre 2013, emportant radiation du fichier bancaire de quelques cents quarante quatre mille dirigeants

---

1262 S.SCHILLER, Le rebond des entreprises dans la phase postérieure à l'effacement de leurs dettes, in Dossier « L'effacement des dettes », Dr. et pat. sept. 2009, p.81

1263 PEYRAMAURE, La « cotation » des dirigeants d'entreprise par la Banque de France, L.P.A. 22 janv. 2010

1264 Un décret n°2012-405 du 23 mars 2012 avait abaissé sur la durée maximale de communication des informations relatives à la situation des dirigeants dont l'entreprise avait bénéficié d'une procédure de sauvegarde ou de redressement pour l'aligner sur celle prévue au registre du commerce et des sociétés.

1265 M. FILIOL DE RAIMOND, Le rebond pour tous ?, R.L.D.A juin 2013, p.3

de sociétés. Depuis, le dirigeant ayant connu une seule liquidation judiciaire conserve un indicateur neutre et bénéficie d'un droit « à l'oubli[1266] ». Paradoxalement, l'entrepreneur individuel, placé dans une situation identique, continue d'être stigmatisé par un indicateur très significatif de « 060 ». Pourtant, à première lecture, la phrase ajoutée au texte par le décret du 2 septembre 2013 laissait penser que, hors le cas d'une faillite personnelle ou d'une interdiction de gérer, « le prononcé d'une seule procédure de liquidation judiciaire au cours des cinq dernières années n'entraîne pas l'attribution d'un indicateur significatif (…) aux entrepreneurs individuels. » Or, il n'en est rien car le décret du 2 septembre 2013 a uniquement supprimé la cotation « 040 » spécifique aux dirigeants de société sans retoucher les conditions d'attributions des indicateurs significatifs de « 050 » et « 060 ». Est-ce là le fruit d'un oubli des pouvoirs publics ou d'une volonté délibérée ? Il est difficile de le savoir car la notice du décret ne comporte aucune précision à ce sujet. Quoi qu'il en soit, l'entrepreneur individuel continue d'être marqué au « fer rouge », après la purge de ses dettes, par l'attribution d'un indicateur significatif ce qui n'est guère favorable à son rebond. Il y a même double peine le concernant puisque le décret du 2 septembre 2013, tout en supprimant l'indicateur spécifique du dirigeant, a prolongé de deux ans la durée maximale de communication des informations dans les autres cas pour la porter de trois à cinq ans. En outre, l'indicateur, dont l'attribution est automatique, ne prend pas en considération le mérite des dirigeants. A titre exemple, l'entrepreneur individuel, qui a anticipé l'état de cessation des paiements et tente de surmonter ses difficultés à l'aide d'un plan de sauvegarde, voit ses perspectives de rebond amputées par un indicateur significatif de « 050 » alors que le dirigeant d'une personne morale qui a échoué conserve un indicateur neutre. Le dispositif est donc vivement critiqué en raison de « la rigidité de cet outil de notation » qui ne laisse place à aucune « modularité[1267] ». De plus, le dirigeant ne dispose d'aucun moyen juridique ni recours pour solliciter la radiation d'informations erronées ou injustifiées et les établissements bancaires n'ont pas le pouvoir de

---

[1266] H.BOURBOULOUX et C.FORT, Le droit à l'oubli tout relatif des dirigeants ayant connu une liquidation judiciaire, JCP E 2013 actu. 821

[1267] H.BOURBOULOUX et C.FORT, Le décret du 2 septembre 2013 : entre défichage partiel des entrepreneurs et « fichage de gueule », rev. proc. coll. nov. déc. 2013, étude 28, p.10

demander à la Banque de France la radiation des incidents de paiement signalés par le fichier bancaire des entreprises[1268]. Tout au plus, la diffusion d'informations inexactes pourrait donner lieu une action indemnitaire à l'encontre de la Banque de France, devant les juridictions de l'ordre administratif puisque l'article L 144-1 du Code monétaire et financier lui confie cette mission de service public de gestion du renseignement interbancaire[1269]. Mais seules de graves inexactitudes dans l'attribution d'une cotation à une entreprise sont susceptibles d'engager la responsabilité de la Banque de France si les informations diffusées altèrent l'appréciation portée par les établissements bancaires sur la situation des sociétés ainsi cotées à tort[1270]. Autrement le dirigeant, personne physique, qui se voit attribuer la cotation prévue en cas de procédure collective, ne peut invoquer une atteinte aux biens tirée de la diffusion de cette information dès lors qu'une telle cotation est une information objective, dépourvue de caractère contraignant pour les établissements bancaires qui en ont connaissance et qui n'est susceptible d'affecter que l'accès au crédit de l'entreprise dirigée[1271]. Le chef d'entreprise n'a donc pas de véritable recours en cas d'attribution d'un indicateur significatif. Tout au plus, la Commission nationale de l'informatique et des libertés en a restreint l'usage par une interdiction de s'y référer lors de l'examen d'une demande de crédit pour des besoins non professionnels. Mais, il est impossible d'en mesurer l'impact réel, celle-ci étant aisément contournable en motivant le refus de crédit pour une autre raison. Si la suppression de la cotation spécifique du dirigeant de société est un premier pas en faveur de la reconnaissance d'un droit « à l'oubli » du chef d'entreprise ayant échoué de bonne foi ; ce droit demeure incomplet puisque l'entrepreneur individuel, personne physique, reste à l'écart, et ce sans raison apparente. Aussi, le système gagnerait en lisibilité si le régime était unifié en supprimant cette distinction qui n'a guère de justification.

1268 Bordeaux, 14 sept. 2006, JCP E 2007, 1679 n°13 obs. Salgueiro

1269 Civ. 1e, 21 oct. 1997, Bull. civ. I n°28 ; D. affaires 1997 p. 1353 ; T.C. 16 janv. 1997, R.F.D.A. 1997, 823, concl. Arrighi de Casanova

1270 C.A.A. Bordeaux, 26 oct. 2010, A.J.D.A

1271 C.E., 20 mai 2011, A.J.D.A. 2011, p.1584

365. S'il y a bien, au-delà de la purge des dettes, l'ébauche d'un droit à l'oubli en faveur de celui ayant échoué de bonne foi ; celui-ci reste cantonné à certaines données publiées, et dans certains registres. Ce morcellement est largement imputable à la méthode normative employée qui repose sur une approche segmentée, et non globale, de la question abordée. Ce droit à l'oubli émergent est d'autant plus incomplet que les nécessités de la protection de l'ordre public économique conduisent, bien souvent, à le mettre à l'écart.

Section 2 - Les limites au droit « à l'oubli » du débiteur

366. En effet, dans bon nombre d'hypothèses, le législateur a jugé opportun de conserver une mémoire collective des difficultés rencontrées par un débiteur en raison d'impératifs soit de police économique (§1), soit de prévention du surendettement (§2).

§ 1 - Les impératifs de police économique

367. L'impératif de police économique commande d'organiser une mémoire collective des mesures d'élimination frappant les personnes et, dans un souci de cohérence des textes, de ceux qui ont fait l'objet d'une liquidation judiciaire. Cette mémoire collective est assurée par le casier judiciaire (A) et, depuis peu, par le fichier national des interdits de gérer (B).

A - La mention, au casier judiciaire de la personne physique, de la liquidation judiciaire et de la mesure d'élimination

368. En premier lieu, le casier judiciaire constitue la mémoire collective des liquidations judiciaires et mesures d'élimination prononcées à l'encontre de la personne physique. Aussi, l'article 768 du Code de procédure pénale précise, en son cinquièmement, que sont mentionnés au casier les jugements prononçant une liquidation judiciaire à l'égard d'une personne physique ainsi que ceux prononçant une faillite personnelle ou une interdiction de gérer. A sa suite, l'article 769 de ce même Code prévoit, en quatrième alinéa premièrement, le retrait de ces mentions à l'expiration d'un délai de cinq ans à compter du jour où le jugement est devenu définitif ou après le prononcé d'un jugement de clôture pour extinction du passif ou emportant réhabilitation. Si la sanction de faillite personnelle ou d'interdiction de gérer a été prononcée pour une durée supérieure à cinq ans, la condamnation demeure mentionnée au casier pour la durée retenue par la juridiction. Les mentions portées au casier judiciaire sont donc effacées de plein droit dès lors que la liquidation judiciaire ou la mesure d'élimination a cessé de produire ses effets, anticipant l'effacement automatique prévu par l'article R 70 du Code de procédure pénale lorsque la personne atteint l'âge de cent vingt ans[1272]. Il convient de souligner que l'article 50 du projet de loi de modernisation de la justice du XXIe siècle, dans sa version adoptée en première lecture au Sénat le 5 novembre 2015[1273], prévoyait de supprimer, en son paragraphe XIII, la mention de la liquidation au casier judiciaire pour favoriser l'oubli de l'entrepreneur individuel ayant échoué. Pourtant, cette mention n'est pas un simple vestige du caractère autrefois infamant de la liquidation judiciaire mais répond à un besoin de cohérence générale des textes. En effet, celle-ci est directement liée à l'exception de récidive du paragraphe III de l'article L 643-11 du Code de commerce. Sans cette mention au casier judiciaire, il aurait été impossible pour les juridictions consulaires d'avoir connaissance de l'existence d'une précédente liquidation clôturée pour insuffisance d'actif et d'apprécier d'une éventuelle récidive d'un débiteur, personne physique. Le salut est venu de l'Assemblée nationale laquelle est revenue sur cette suppression manquant de cohérence et qui aurait supposé une suppression corrélative de l'exception de récidive.

369. Pour permettre aux juridictions consulaires d'accéder à ces informations, l'article 776 du Code de procédure pénale, en son cinquièmement, leur permet d'obtenir un bulletin n°2 sur lequel figure, conformément à l'article 775 du même Code, la mention d'une liquidation judiciaire antérieure ainsi que le prononcé d'une mesure d'élimination. Passé le délai de cinq ans, la personne non fautive est assurée d'un « droit à l'oubli » par l'effacement des mentions portées à son casier. Il en est de même pour celle, fautive, qui a « purgé la

---

1272 S.GRUNVAL, Casier judiciaire et effacement des sanctions : quelle mémoire pour la justice pénale, Dossier « Effacement des condamnations : peut-on encore parler de droit à l'oubli ? », A.J. Pénal oct. 2007, p. 416

1273 Petite loi disponible sur le site du Sénat : http://www.senat.fr/petite-loi-ameli/2015-2016/122.html ; Sur cet amendement : L.C. HENRY, Droit des entreprises en difficulté : modifications législatives encore et toujours, Rev. soc. déc. 2015 p. 758

peine » d'interdiction de gérer ou de faillite personnelle. Cela étant, un relèvement peut être accordé avant l'expiration du délai retenu par la juridiction à la condition d'apporter une contribution suffisante au paiement du passif[1274].

B - Le fichier national des interdits de gérer

370. Plus récemment, l'article 71 de la loi n°2012-387 du 22 mars 2012 de simplification du droit[1275] a créé, aux articles L 128-1 à L 128-5 du Code de commerce, un fichier national des interdits de gérer dans le but de lutter contre les fraudes, favoriser l'exécution des mesures d'interdiction prononcées par les juridictions judiciaires et prévenir la commission des infractions de violation des ces interdictions. Ce fichier permettait ainsi de remédier aux difficultés d'identification des personnes se réinstallant au mépris d'une interdiction d'exercer. En effet, cette information n'était pas, jusqu'alors, directement accessible. Celle-ci n'est mentionnée au registre du commerce et sociétés que si la personne frappée d'interdiction est elle-même immatriculée laissant, de fait, les dirigeants sociaux à l'écart de cette forme de publicité. Et, l'annexe de l'article A 123-50 du Code de commerce ne requiert, parmi les documents à fournir lors d'une immatriculation, qu'une attestation sur l'honneur de l'absence de condamnation malgré l'inscription figurant au casier judiciaire. Certes, l'article R 123-51 du Code de commerce permet au juge commis à la surveillance du registre du commerce d'accéder aux informations y figurant par la voie d'un bulletin n°2. Mais force était de constater l'insuffisance de ce contrôle, dont le caractère trop aléatoire offrait une protection dérisoire aux acteurs du monde des affaires. Le fichier national des interdits de gérer permet désormais une détection plus précoce de ces délinquants économiques en recensant l'ensemble des personnes frappées de faillite personnelle ou d'interdiction d'exercer, à l'exclusion des sanctions disciplinaires, prononcées par les juridictions civile, commerciale ou pénale. Le fichier mentionne le jugement ou l'arrêt ayant prononcé la mesure. La tenue de ce fichier a été confiée au Conseil national des greffiers des tribunaux de commerce qui l'assure à ses frais et sous sa

---

[1274] art. 702-1, art. 775-1 C.P.P.

[1275] E. FLAICHER-MANEVAL et A. REYGROBELET, Loi de simplification du droit : aspects de droit commercial, R.L.D.A mai 2012, p.22 spéc n°18 et suivants

responsabilité, au titre d'une mission de service public dévolue par l'article L 741-2 du Code de commerce. S'agissant d'un traitement de données à caractère personnel, l'article L 128-1 du Code le soumet logiquement à la loi n°78-17 du 6 janvier 1978 relative à l'informatique, aux fichiers et aux libertés tout en précisant qu'il est mis en œuvre après accomplissement des formalités préalables prévues par le chapitre IV de cette loi. C'est la raison pour laquelle l'article L 128-5 du Code de commerce renvoie la définition des modalités d'application à un décret en Conseil d'Etat pris après avis de la Commission nationale de l'informatique et des libertés. Et afin d'éviter l'utilisation des données du fichier à d'autres fins que celles prévues par les textes, l'article L 128-4 du Code de commerce proscrit toute interconnexion entre le fichier des interdits de gérer avec un autre traitement de données à caractère personnel. Dans cette logique, l'article L 128-2 du Code de commerce restreint également les personnes habilitées à consulter le fichier en distinguant, parmi celles-ci, trois catégories : celles ayant un accès direct et permanent, celles ayant un accès direct et ponctuel et enfin celles n'ayant qu'un accès indirect et ponctuel. En raison de leur rôle central dans la tenue du fichier, les greffiers des tribunaux de commerce et des tribunaux civils disposent d'un accès direct et permanent. Ensuite, disposent d'un accès direct et ponctuel les magistrats et personnels des juridictions de l'ordre judiciaire, du ministère de la justice « pour les besoins de l'exercice de leurs missions » ainsi qu'aux représentants des administrations et organismes chargés de la lutte contre les fraudes dans des modalités définies par décret. L'article 23 de la loi n°2014-626 du 18 juin 2014 relative à l'artisanat, au commerce et aux très petites entreprises a ajouté un quatrièmement à l'article L 128-2 pour étendre l'accès direct aux chambres des métiers et de l'artisanat pour les besoins de leur mission de tenue du répertoire des métiers. Enfin, un accès indirect est ouvert au secrétaire du Comité interministériel de restructuration industrielle qui peut ainsi, par l'intermédiaire des services de la Chancellerie, s'assurer de l'honorabilité « d'une personne pressentie pour exercer des fonctions de direction, gestion, administration ou contrôle dans un dossier dont ce comité a été saisi ». Pour garantir le respect de ces règles, l'article L 128-3 du Code de commerce pose le principe selon lequel toute personne, ayant consulté les données du fichier, puisse être identifiée à l'aide d'un enregistrement comprenant l'identifiant du consultant ainsi que la date et l'heure de la consultation.

371. En raison des nombreuses contraintes techniques liées aux mesures de sécurité informatique entourant le fonctionnement du fichier, le décret d'application n'est intervenu que trois ans après le vote de la loi du 22 mars 2012. Un décret n°2015-194 du 19 février 2015[1276] a apporté les précisions attendues en les insérant aux articles R 128-1 à R 128-10 du Code de commerce. Conformément à l'article L 128-5 de ce Code, le projet de décret devait être soumis pour avis à la Commission nationale de l'informatique et des libertés. Dans une délibération du 22 janvier 2015 publiée avec le décret, celle-ci a considéré que les données traitées étaient « conformes aux dispositions législatives et adéquates, pertinentes et non excessives au regard des finalités poursuivies » tout en apportant quelques recommandations. Le fichier des interdits de gérer est entré en vigueur au 1er janvier 2016 et le traitement des données qu'il prévoit s'applique à l'ensemble des mesures d'interdiction en cours d'exécution à cette date. Ce décret modifie, en tout premier lieu, l'article R 123-95 du Code de commerce en le complétant d'un alinéa prévoyant, en cas d'immatriculation au registre du commerce et des sociétés, une vérification par le greffier de l'absence d'inscription au fichier de la personne requérante ou de son représentant légal, s'il s'agit d'une personne morale. Les autres dispositions du décret s'attachent à définir avec précision les modalités de fonctionnement du fichier : le mode d'alimentation du fichier, la durée de conservation des données, les destinataires des informations mentionnées au fichier ainsi que les modalités de la demande de communication au Conseil national des greffiers de tribunaux de commerce. L'article R 128-1 du Code de commerce prévoit que le Conseil national des greffiers des tribunaux de commerce peut confier, sous son autorité, à un opérateur technique la mise en œuvre et la gestion du fichier. Les articles R 128-2 et R 128-3 précisent que la décision doit être communiquée au greffe du tribunal dans le délai de trois jours suivant la date à laquelle la décision l'ayant prononcé n'est plus susceptible d'aucun recours suspensif d'exécution. Dans son avis du 22 janvier 2015, la Commission de l'informatique et des libertés insiste sur le nécessaire respect de ce délai de trois jours pour la transmission au greffe concerné des décisions d'interdiction de gérer, sous peine de rendre inefficace la mise en place d'un tel fichier. L'inscription doit donc être portée au fichier par le greffier chargé de la tenue du registre du

[1276] J.O 21 fév. ; R.L.D.A avr. 2015, act. 5527, obs. M. De Montaigne

commerce et des sociétés dès qu'il en est informé[1277]. Aux termes de l'article R 128-4 du Code, toute inscription comporte les informations relatives à l'identité de la personne frappée d'interdiction, la durée de la mesure ainsi que la juridiction l'ayant prononcé. Réciproquement, selon l'article R 128-5 du Code, le greffier procède d'office à la radiation de la mention inscrite au fichier lorsque l'interdiction d'exercer a épuisé ses effets en arrivant à son terme, ou si une juridiction a prononcé par une décision définitive un relèvement ; ou encore à la suite d'une amnistie. La radiation rend seulement les données inaccessibles aux destinataires lorsqu'une recherche est réalisée à partir du nom. Elles ne sont effacées du fichier qu'à l'issue d'un délai de vingt et un mois. La Commission de l'informatique et des libertés a considéré que cette durée de conservation en mode désactivé, pour les besoins de la vérification du bien fondé de la radiation et d'une éventuelle rectification en cas d'erreur, répondait à des objectifs bien déterminés et était donc conforme à la loi. Afin de restreindre le nombre de personnes susceptibles d'accéder aux données du fichier national des interdits de gérer, l'article R 128-6 du Code de commerce prévoit un système complexe de désignation individuelle et d'habilitation pour les représentants des administrations et organismes chargés de la lutte contre les fraudes ainsi que des personnels des chambres de métiers et de l'artisanat. Outre certains officiers de police judiciaire de la police nationale et de la gendarmerie, sont habilités les agents de la direction générale des finances publiques, de la direction générale des douanes, de TRACFIN, des organismes locaux et nationaux de sécurité sociale, de Pôle emploi ainsi que les directeurs de ces différents services. Selon l'article R 128-7 du Code de commerce, la demande de communication par l'une des personnes destinataires des informations enregistrées dans le fichier est adressée au Conseil national des greffiers des tribunaux de commerce. Cette demande comporte les noms de famille, nom d'usage, prénoms, date et lieu de naissance de l'intéressé. Ces échanges font l'objet d'une authentification électronique sécurisée. Conformément à l'article R 128-8 du Code de commerce, le Conseil national des greffiers de tribunaux de commerce conclut des conventions avec les différentes autorités habilitées à consulter le fichier précisant les exigences de sécurité nécessaires à

[1277] Le projet de décret avait, à l'origine, prévu un délai franc d'un jour ouvrable pour procéder à l'inscription qui n'a pas été repris dans sa version définitive.

l'authentification des destinataires, la traçabilité des accès et à une communication sécurisée des données[1278]. L'article R 128-9 du Code de commerce prévoit, en outre, que les consultations, modifications et interrogations sont enregistrées et conservées pendant une durée de trente mois. Enfin, l'article R 128-10 du Code de commerce précise que les droits d'accès et de rectification, en cas d'erreur ou d'homonymie, s'exercent auprès du Conseil national des greffiers de tribunaux de commerce[1279].

372. Le fichier des interdits de gérer renforce ainsi l'efficacité des mesures d'élimination en permettant une identification plus rapide des personnes ayant repris une activité au mépris d'une interdiction. Ce fichier poursuit un légitime objectif de police économique en permettant une identification plus rapide des délinquants économiques. L'objectif des fichiers prévus en droit de la consommation est quelque peu différent : ils visent à prévenir le renouvellement d'une situation de surendettement.

§ 2 - Les nécessités de la prévention du renouvellement du surendettement

373. Dans une logique de protection du consommateur et de prévention du surendettement, le Code de la consommation a instauré un fichier national des incidents de paiement (A) dont il avait été prévu, avant sa censure par le Conseil constitutionnel, qu'il soit doublé, dans un dessein de prévention, d'un registre national des crédits accordés aux particuliers (B).

1278 Dans son avis, la Commission nationale de l'informatique et des libertés recommande que soient prises des mesures juridiques et techniques pour prévenir des consultations abusives et éventuels détournements de finalité et de garantir des accès restreints aux seules données strictement nécessaires. Ainsi, il apparaît acquis que les données du fichier ne pourront être consultées à d'autres fins que la lutte contre les fraudes, comme par exemple la reprise des poursuites individuelles par un créancier public, après clôture pour insuffisance d'actif, à l'encontre d'un débiteur frappé de faillite personnelle.

1279 Dans sa délibération du 22 janvier 2015, la Commission nationale de l'informatique et des libertés rappelle que les décisions antérieures à l'entrée en vigueur du décret ne pourront être inscrites dans le fichier qu'à la condition que les personnes ayant fait l'objet des sanctions en soient préalablement informées. Pour les sanctions prononcées à compter de l'entrée en vigueur, les personnes concernées sont également informées du traitement de leurs données.

A - Le fichier national des incidents de paiement

374. Les articles L 751-1 et suivants du Code de la consommation instituent ainsi un fichier national, géré par la Banque de France, recensant les informations relatives aux incidents de paiement des crédits aux particuliers ainsi que les mesures de traitement du surendettement prises en faveur des particuliers. Cette inscription au fichier national des incidents de paiement est destinée à prévenir l'éventuelle rechute d'un débiteur ayant déjà bénéficié d'un effacement de ses dettes. Elle joue un rôle de protection aussi bien de l'emprunteur que du prêteur même si elle constitue un frein à l'accès au crédit pendant la durée de l'inscription[1280]. Cependant, pour « faciliter le rebond des personnes qui ont connu des difficultés d'endettement[1281]», la loi du 1er juillet 2010 portant réforme du crédit à la consommation a réduit de dix à cinq ans la durée maximale d'une inscription au fichier des incidents de paiement. L'article L 752-3 du Code de la consommation fait également varier la durée d'inscription en fonction des mesures de traitement du surendettement. Pour les personnes ayant bénéficié d'une procédure de rétablissement personnel, les informations relatives à cette dernière sont radiées à l'expiration d'un délai de cinq ans à compter de la date d'homologation de la clôture de la procédure. Pour les personnes ayant bénéficié d'un plan conventionnel ou des mesures de surendettement, l'inscription a une durée équivalente à celle du plan conventionnel ou des mesures qui s'y substituent sans pouvoir excéder la durée maximale légale. Toutefois, sans attendre cette échéance, un mécanisme de radiation anticipée a été mis en place. Dès lors que le plan conventionnel ou les mesures homologuées par le juge sont exécutées sans incident ; les informations qui y sont relatives sont radiées à l'expiration d'une période de cinq ans à compter de la date de la signature du plan ou de celle à laquelle les mesures ont acquis force exécutoire. Néanmoins, en cas de modification du plan résultant d'une évolution de la situation du débiteur, l'inscription est maintenue pendant la durée globale d'exécution du plan et des mesures sans

---

1280 Les établissements de crédit et les services financiers de la Poste ont accès aux informations contenues dans ce fichier et sont eux-mêmes tenus de déclarer les incidents de paiement rencontrés. Ainsi informés des difficultés antérieures du débiteur, les établissements de crédit peuvent refuser l'octroi d'un nouveau crédit.

1281 Exposé des motifs du projet de loi portant réforme du crédit à la consommation

pouvoir excéder sept ans. La durée d'inscription est donc fixée d'autorité, par la loi, sans que le juge puisse la moduler afin de l'adapter à chaque situation d'espèce, selon le profil et de la nature de l'endettement du débiteur[1282]. Une solution contraire serait pourtant envisageable au regard de l'objectif de réinsertion sociale du débiteur assigné au droit du surendettement.

B - La tentative de création d'un registre national des crédits aux particuliers

375. Cette mesure en faveur du rebond du débiteur surendetté, par l'instauration d'un droit à l'oubli, aurait pu être remise en cause par l'instauration d'un fichier préventif recensant l'ensemble des crédits accordés aux particuliers ainsi que les incidents de paiements y afférents. En effet, la loi n°2014-344 relative à la consommation du 17 mars 2014 projetait d'insérer, dans le Code de la consommation, diverses dispositions instaurant un « registre national des crédits aux particuliers » afin de systématiser les vérifications de solvabilité des emprunteurs. Dès l'examen du projet de loi, un auteur avait pointé le caractère inutile et dangereux de l'instauration d'un tel fichier « positif [1283]» encore qu'il a pu être démontré, à partir d'un examen des solutions retenues dans les autres Etats membres de l'Union européenne, que l'absence de fichier positif d'endettement était un handicap bien plus important qu'une réelle mesure de protection des libertés fondamentales du débiteur[1284]. Quoi qu'il en soit, ces dispositions n'ont pas survécu à l'examen de constitutionnalité de la loi[1285] ; le Conseil constitutionnel les ayant invalidé, dans sa décision

---

[1282] V.VIGNEAU, G-X.BOURIN, C.CARDINI, op.cit., n°650

[1283] H.CLARET, Le fichier positif : « serpent de mer » ou Léviathan ?, JCP E 2013, 695

[1284] D. KHAYAT C.FIORI KHAYAT, Prévention et fichier relatif à l'endettement, L.P.A 10 avr. 2003, p.30 : Actes du colloque « La prévention du surendettement », Faculté de droit de Reims, le 16 mai 2002

[1285] La Cour de justice de l'Union européenne a jugé la déchéance du droit aux intérêts conventionnels du prêteur imprudent prévue, à titre de sanction, par l'article L 311-48 du Code de la consommation conforme aux dispositions de la directive 2008/48/CE du 23 avril 2008 relative aux contrats de crédit aux consommateurs : C.J.U.E, 27 mars 2014, aff. C-565/12 D. 2014 act. p.821

du 13 mars 2014[1286], estimant que les garanties entourant les personnes habilitées à consulter ce fichier étaient insuffisantes et constituaient une atteinte disproportionnée au droit au respect de la vie privée au regard de l'objectif de prévention du surendettement. Ce « serpent de mer » pourrait donc resurgir à l'occasion d'une prochaine réforme du crédit à la consommation car l'instauration d'un fichier positif reste le moyen de lutte le plus efficace contre la « surconsommation[1287] ».

Conclusion du Chapitre 2

376. L'encouragement européen en faveur d'une politique de la seconde chance a fait émerger un droit à l'oubli des revers de fortune subis par le débiteur. L'utilisation des fichiers nominatifs, mémoire collective des difficultés passées, a été restreinte dans une logique de promotion du rebond. Mais, dans ce domaine, les règles manquent souvent de cohérence. Ce droit « à l'oubli » des erreurs passées reste encore ineffectif et en état de gestation et par le fait de réformes trop successives et ponctuelles. D'ailleurs, des évolutions sont encore annoncées dans cette thématique dont les pouvoirs publics se sont emparés mais sans véritablement mener de réflexion en profondeur. Il faut dire que celle-ci n'est pas aboutie au niveau européen. Les données susceptibles d'être collectées sont encore limitées aux seules procédures nationales, laissant à l'écart celles issues de procédures d'insolvabilité ouvertes dans un autre Etat-membre de l'Union européenne.

[1286] Cons. Constit., Décision DC n°2014-690 du 13 mars 2014, JORF du 18 mars 2014

[1287] H. CAUSSE, La lutte contre l'incitation à la « surconsommation », L.P.A 10 avr. 2003, p.43 : Actes du colloque « La prévention du surendettement », Faculté de droit de Reims, le 16 mai 2002

Conclusion du Titre 2

377. S'inscrivant dans un mouvement d'humanisation des sanctions, le législateur a nettement amélioré le sort du chef d'entreprise frappé d'une mesure d'exclusion. La durée des sanctions a été réduite, une prescription instaurée et leur prononcé soumis à un principe de proportionnalité. Les incapacités commerciales, qui accompagnaient autrefois certaines infractions pénales, ont également été abandonnées au profit de peines prononcées par le juge pénal. Et, le relèvement de la personne frappée d'une interdiction de gérer a également été assoupli. Cela étant, cet adoucissement du régime des sanctions personnelles ne s'est pas réalisé au détriment de la nécessaire mise à l'écart du monde des affaires des chefs d'entreprise indélicats. A cet égard, la constitution d'un fichier national des interdits de gérer devrait faciliter la détection des personnes en situation de violation d'une interdiction de gérer, même s'il n'est pas encore européen. Mais le maintien de sanctions distinctes apparaît être une source de complexité juridique. La faillite personnelle, vestige des temps passés, a perdu pour l'essentiel son caractère infamant. Une fusion de celle-ci avec l'interdiction de gérer simplifierait le régime des sanctions personnelles qui ressort inutilement complexe. Cette complexité, voire parfois l'incohérence du droit, ressort également des mesures censées restaurer l'image du débiteur. Mais, faute d'approche globale de cette question, le droit à l'oubli reste encore en état de gestation et n'est pas totalement abouti. Quoi qu'il en soit, l'amélioration du sort du chef d'entreprise « banni » combinée aux mesures de restauration de l'image du débiteur dessine un portait général clairement en faveur du rebond du débiteur, le tout sans laxisme excessif puisque le droit a conservé les protections nécessaires au maintien d'une moralité des affaires.

Conclusion de la Partie II

378. En définitive, la politique, souhaitée par la Commission européenne, en faveur de la seconde chance a conduit le législateur français à promouvoir le rebond au sein de son droit interne. Cette politique s'est traduite, sur le plan national, par une incitation des personnes ayant échoué à retenter leur chance. La réinstallation a été facilitée par des mesures de simplification de la création d'entreprise et de limitation du risque entrepreneurial, même si le dernier de ces dispositifs a rencontré peu de succès. La reprise interne d'une société en difficulté par un tiers s'engageant à exécuter le plan a également été facilitée. Des mesures ont, en outre, été prises pour lever les entraves au rebond. Le régime des mesures d'élimination a été humanisé et le sort du chef d'entreprise sanctionné en ressort amélioré. Des actions ont été menées pour restaurer l'image du débiteur. Un droit à l'effacement des données le concernant a émergé mais reste encore balbutiant. Toutefois, des actions manquent encore pour l'aider à « surmonter les stigmates » occasionnés par la procédure collective. Le dispositif d'accompagnement du dirigeant mis en place par le Tribunal de commerce de Saintes reste encore à l'état d'expérimentation. Pourtant, sa consécration législative permettrait de répondre parfaitement aux recommandations de la Commission européenne. Ce dispositif gagnerait donc à être généralisé à l'occasion d'une prochaine réforme du droit des entreprises en difficulté. Ceci étant, aucune mesure n'a encore été prise pour faciliter l'accès du chef d'entreprise, désireux de retenter sa chance, à de nouveaux financements. Ce défaut d'accompagnement du dirigeant, dans la phase postérieure à une procédure, fait regretter à Monsieur Yves Lelièvre, Président de la Conférence générale des juges consulaires, que le législateur ne soit pas encore passé d'une culture de l'échec à celle du rebond[1288].

[1288] Y. LELIEVRE, Comment passer de la culture de l'échec à celle du rebond ?, actes du colloque « Le dirigeant de l'entreprise en difficulté » organisé par le Master 2 juriste d'affaires de l'université Paris-Descartes, le 24 mai 2016, Rev. proc. coll. juil-août 2016, art. 26, p. 63

Conclusion générale

379. Au terme de cette quête de la pierre philosophale, les créanciers ne peuvent pas espérer transformer le bronze de la loi en or. La purge des dettes les prive de la faculté d'appréhender tous les nouveaux actifs du débiteur malgré la règle posée par l'article 2284 du Code civil. S'il survient, le retour à meilleure fortune du débiteur, personne physique, ne leur profite plus. Seuls les créanciers protégés des effets de la purge par le jeu des exceptions légales sont encore en mesure d'exiger un paiement forcé et peuvent en bénéficier. Dans les autres hypothèses, les créanciers ne peuvent qu'espérer, sans doute vainement, un paiement spontané. Le débiteur, personne physique, conserve donc le bénéfice de son retour à meilleure fortune. L'« oscillation du droit » décrite par Carbonnier est aujourd'hui clairement à son avantage. Les nombreuses mesures en faveur du rebond en témoignent.

380. Pour les personnes morales, une telle situation, pour autant qu'elle survienne, n'a pas d'incidence dans les rapports avec les créanciers. Dans la plupart des cas, elles disparaissent avec la clôture pour insuffisance d'actif et ne survivent, depuis l'ordonnance du 12 mars 2014, que dans l'hypothèse d'une clôture par extinction du passif où tous les créanciers ont, en principe, été payés. Mais dire cela ne retire en rien au sujet son aspect le plus polémique : faut-il se satisfaire ou, au contraire, fustiger la purge des dettes ? D'un côté, la purge des dettes est le sacrifice ultime des créanciers. D'un autre, elle est aussi un remède commode à des situations inextricables : cela évite un fastidieux travail de suivi du débiteur, précisément pour s'enquérir d'une hypothétique amélioration de sa situation. D'ailleurs, un maintien perpétuel des poursuites par les créanciers pourrait s'avérer contre-productif car le débiteur ne serait alors jamais incité à se rétablir. Au moins, la purge des dettes permet-elle aux créanciers de classer leurs dossiers et de ne plus en parler. Alors, faut-il l'abroger ou la maintenir ? Aucune de ces deux solutions n'est réellement satisfaisante mais il nous semble nécessaire d'opter pour le maintien. La purge des dettes joue aujourd'hui un rôle important dans la régulation de l'économie : laissons donc au débiteur de bonne foi le bénéfice de son retour à meilleure fortune. Pour autant, il nous semble nécessaire de clarifier cette longue liste d'exceptions qui ne cesse de s'allonger au fur et à mesure des interventions du législateur en réponse à une revendication catégorielle. Une récente loi de financement de la sécurité sociale a ainsi protégé les pénalités financières appliquées par les organismes de sécurité sociale en cas de fraude. L'impératif de lutte contre les fraudes est un objectif clair et compréhensible de tous. Mais, en matière de surendettement, que penser de la dérogation obtenue par les caisses de crédit municipal, anciens monts de piété, pour briser une jurisprudence défavorable leur imposant de restituer les objets gagés en cas de purge des dettes ? Ne faudrait-il pas revenir à une liste plus restreinte, se focalisant davantage sur le débiteur de mauvaise foi et le sort des garants ?

381. En tout état de cause que les créanciers soient, ou non, préservés des effets de la purge des dettes, le retour à meilleure fortune du débiteur a quelque chose de très illusoire. Il est rare de pouvoir constater une telle situation dans une période de récession économique persistante. Ce n'est le plus souvent qu'une utopie. Ce constat explique, pour l'essentiel, la résignation des créanciers qui ont cessé d'avoir recours à la clause de retour à meilleure fortune même si ce mécanisme juridique hérité des temps passés est aujourd'hui redécouvert par le droit aux entreprises en difficulté. Si, certes, la purge des dettes permet au débiteur de rebondir en remettant périodiquement les compteurs à zéro, ce n'est pour la grande majorité des cas qu'une fuite en avant. Les chances de réussite, après un nouveau départ, sont d'autant plus minces que l'entrepreneur ne dispose plus d'aucun capital de départ. Et, les formes d'exercice individuel ou sociétaire qui n'en requièrent pas n'ont que peu de chances de déboucher sur des situations de retour à meilleure fortune. Malgré ce constat final très mitigé, les données juridiques pourraient bien avoir été renouvelées à la suite de l'ordonnance n° 2016-131 du 10 février 2016 qui a consacré l'imprévision dans les rapports de droit privé. Revenant sur un principe jurisprudentiel posé depuis plus d'un siècle par le célèbre arrêt Canal de Capronne, le nouvel article 1195 du Code civil, issu de cette ordonnance, permet une renégociation ou une révision judiciaire du contrat lorsqu'un « changement de circonstances imprévisible lors de la conclusion du contrat rend l'exécution excessivement onéreuse pour une partie qui n'avait pas accepté d'en assumer le risque. » Ce texte offre un fondement textuel aux demandes de revalorisation de prix lorsque celui-ci est devenu trop faible en raison d'un renchérissement aussi significatif qu'inattendu des coûts de production, et ce même en l'absence d'une clause de sauvegarde. Il recèle donc une application potentielle pour tous ceux désireux d'une répartition plus équitable des richesses dans les rapports contractuels. Mais ce texte à caractère supplétif reste essentiellement aux mains des parties. L'avenir dira donc s'il favorise, ou non, l'émergence des situations de retour à meilleure fortune.

BIBLIOGRAPHIE

I. Ouvrages généraux

BENABENT Alain, Droit civil Les obligations, 14e édition, L.G.D.J., Domat droit privé, 2014

CARBONNIER Jean, Droit civil Les biens Les obligations, PUF,

TERRE François, SIMLER Philippe et LEQUETTE Yves, Droit civil Les obligations, 11e édition, Dalloz, Précis Droit privé, 2013.

II. Ouvrages spéciaux

ALFANDARI Elie et TOURETTE Florence, Action et aide sociales, 5e édition, Dalloz, Précis, 2011.

BONNEAU Thierry, Droit bancaire, 11e édition, Domat droit privé, L.G.D.J., 2015.

BORGETTO Michel et LAFORE Robert, Droit de l'aide et de l'action sociales, 9e édition, L.G.D.J., 2015 (Domat droit public).

CALAIS-AULOY Jean et TEMPLE Henri, Droit de la consommation, 9e édition, Dalloz, 2015 (Précis Droit privé).

COURET Alain, CHARVERIAT Anne, ZABALA Bruno et al., Groupe de sociétés, Mémento Pratique, Francis Lefebvre, 2015.

COZIAN Maurice, VIANDIER Alain et DEBOISSY Florence, Droit des sociétés, 28e édition, LexisNexis, Manuel, 2015.

DERRIDA Fernand, GODE Pierre et SORTAIS Jean-Pierre, Redressement et liquidation judiciaires des entreprises : Cinq années d'application de la loi du 25 janvier 1985, 3e édition, Dalloz, 1991.

GAVALDA Christian et STOUFFLET Jean, Droit bancaire, 9e édition, Manuel, LexisNexis, 2015.

GIBIRILA Deen, Droit des entreprises en difficulté, Defrénois, Lextenso Editions, 2009.

JACQUEMONT André et VABRES Régis, Droit des entreprises en difficulté, 9e édition, Manuel, LexisNexis, 2015.

LE-CANNU Paul, LUCHEUX Jean-Michel, PITRON Michel et al., Entreprises en difficulté : Prévention, redressement et liquidation judiciaires, G.L.N. Joly, Pratique des affaires, Paris, 1994.

LE-CORRE Pierre-Michel, Droit et pratique des procédures collectives, 8e édition, Dalloz Action, Dalloz, 2015.

LEVY Jean-Philippe et CASTALDO André, Histoire du droit civil, 2e édition, Précis, Dalloz, 2010.

PEROCHON Françoise, Entreprises en difficulté, 10e édition, Manuel, L.G.D.J., 2014.

SIMLER Philippe, Cautionnement Garanties autonomes Garanties indemnitaires, Traités, 5e édition, Lexis-Nexis,

SOINNE Bernard, Traité théorique et pratique des procédures collectives, 2e édition, Litec **SZRAMKIEWICZ Romuald et DESCAMPS Olivier**, Histoire du droit des affaires, 2e édition, L.G.D.J., Lextenso Editions.

TERRE François (sous la direction de), EIRL L'entrepreneur individuel à responsabilité limitée, Droit 360°, Lexis-Nexis, 2010.

VIGNEAU Vincent, BOURIN Guillaume-Xavier et CARDINI Cyril, Droit du surendettement des particuliers, 2e édition, Droit et professionnels, LexisNexis, 2012.

III. Thèses

COUTURIER Gael, Droit des sociétés et droit des entreprises en difficulté, Bibliothèque de droit des entreprises en difficulté, Tome 2, L.G.D.J., 2013.

GJIDIRA-DECAIX Sophie, L'endettement et le droit privé, Bibliothèque de droit privé, Tome 316, L.G.D.J., 1999.

RIZZO Fabrice, Le traitement juridique de l'endettement, Presse Universitaire Aix-Marseille, 1996.

SYLVESTRE-THOUVENIN Sylvain, Le coup d'accordéon ou les vicissitudes du capital, Thèse Paris I, 2002

CHABAS Cécile, L'inexécution licite du contrat, Bibliothèque de droit privé, Tome 380, L.G.D.J.,

IV. Articles et Chroniques

ALBIGES Christophe, « Rapport introductif », in: « La procédure de rétablissement personnel : premières applications », Actes du colloque organisé le 10 juin 2005 à la Faculté de droit de Montpellier, Contrats concurrence consommation, octobre 2005, p. 7.

ALFANDARI Elie, « recours contre les bénéficiaires revenus à meilleure fortune. Notion de retour à meilleure fortune. Distinction avec le recours en répétition de l'indu », Revue de droit sanitaire et social, 1980, p. 248.

BARBIERI Jean-François, « EIRL, un statut opportun pour l'entrepreneur et ses partenaires ? Réflexions liminaires », in: dossier « EIRL, nouveaux regards », Bulletin Joly Sociétés, 2011 (mars), étude 104, p. 227.

BINNIE Marc, Du traitement des difficultés des entreprises à la prise en compte des difficultés propres au chef d'entreprise, actes du colloque « Le dirigeant de l'entreprise en difficulté » organisé par le Master 2 juriste d'affaires de l'Université Paris-Descartes, le 24 mai 2016, Revue des procédures collectives, juillet-août 2016, étude 27, p. 64

BAYLE Marcel,

- « De l'intérêt du règlement amiable », Revue trimestrielle de droit commercial, 1988, p. 2.
- note sous arrêt de la Cour d'Appel de Limoges du 15 mars 1990 relatif au défaut de déclaration des créances et à la situation de la caution en cas de forclusion du créancier : Revue juridique du Centre-Ouest 1991, pages 458 à 461.

BENABOU Valérie-Laure et ROCHFELD Judith, « Acte I : Le moteur, facilitateur d'accès, agrégateur d'informations et responsable de traitement autonome », in: « Les moteurs de recherche, maîtres ou esclaves du droit à l'oubli numérique ? », Recueil Dalloz, 2014, p. 1476.

BERTHELOT Geoffroy, :

- « Les aménagements de la liquidation judiciaire issus de l'ordonnance du 12 mars 2014 », in: 2014 : un nouveau souffle pour les procédures collectives, Revue des procédures collectives mars avril 2014, étude 21, p. 58.

- « EIRL : attention à la reprise des poursuites après la clôture pour insuffisance d'actif ! », in: EIRL et droit des entreprises en difficulté : l'épreuve de vérité, Revue des procédures collectives, mars avril 2011, étude 32, p. 109.

BLANC Gérard, « EIRL : nullités de la période suspecte », in: EIRL et droit des entreprises en difficulté : l'épreuve de vérité, Revue des procédures collectives, mars avril 2011, article 29, p. 104.

BOIZARD Martine, « La réduction de capital à zéro », Revue des sociétés, 1999, p. 735.

BONIN Vincent, « La récupération des prestations sociales en question », Revue de droit sanitaire et social, décembre 2005, p. 993.

BORLOO Jean-Louis, « Une seconde chance pour les ménages surendettés », Actualité Juridique Famille, 2003, p. 328.

BOULOC Bernard :

- « Le nouveau droit des incapacités commerciales », Revue des sociétés, 2008, p. 763.
- « Les incapacités en matière commerciale après l'ordonnance du 6 mai 2005 », Revue de jurisprudence commerciale, 2006, p. 9.

BOURASSIN Manuella, « Sûretés et surendettement des particuliers », Les Petites Affiches, 10 octobre 2012, p. 4.

BOURBOULOUX Hélène et FORT Charlotte, « Le décret du 2 septembre 2013 : entre défichage partiel des entrepreneurs et "fichage de gueule" », Revue des procédures collectives novembre décembre 2013, étude 28, p. 10.

BROCARD Emmanuel, « La cession des droits sociaux », Revue des sociétés, avril.2015, p. 217.

BRUGUIERE Jean-Michel, « Un "droit à" l'oubli numérique, un droit à oublier », Recueil Dalloz, 2014, p. 299.

BURGELA Guillemette et MORELLI Nicolas, « Le debt for equity swap », La Semaine Juridique éd. Générale 2010, 1016, p. 1922.

CAGNOLI Pierre et SALHI Karim, « La répartition des procédures de surendettement et des procédures collectives d'entreprises », Revue des procédures collectives juillet 2009, étude 17, p. 16.

CAMPANA Marie-Jeanne, « L'effacement des dettes », in: « Est-il légitime de traiter distinctement les particuliers surendettés et les entreprises en difficulté ? », Colloque organisé le 2 février 2002 par le Centre de droit civil des affaires et du contentieux économique, Université de Paris X Nanterre, Gazette du Palais, 26-27 février 2003, p. 44.

CANET Patrick, « Le rétablissement professionnel : le point de vue du praticien », in: 2014 : un nouveau souffle pour les procédures collectives, Revue des procédures collectives, mars avril 2014, étude 23, p. 65.

CAUSSE Hervé, « La lutte contre l'incitation à la "surconsommation" », in: La prévention du surendettement, Actes du colloque organisé le 16 mai 2002 par la Faculté de droit de Reims, Les petites affiches, 10 avril 2003, p. 43.

CERATI-GAUTHIER Adeline :

- « La promotion de la "reprise interne" dans l'ordonnance n°2014-326 du 12 mars 2014 », La Semaine Juridique éd. Entreprises, 2014, p. 1435.
- « Reconstitution du capital social et abus de minorité », Revue Lamy Droit des affaires juin 2007, 980, p. 14.

CLARET Hélène, « Le fichier positif: "serpent de mer" ou Léviathan ? », La Semaine Juridique éd. Entreprises 2013, 695.

CLERC Françoise et DONIER Virginie, « La récupération par les départements des aides versées aux personnes âgées », Actualité Juridique Droit Administratif, 2013, p. 278.

COCHET Dorothée, « Le coup d'accordéon ou les affres de l'infinitésimal », Revue de jurisprudence commerciale, 2004, p. 135.

COHEN Daniel, « La validité du coup d'accordéon », Recueil Dalloz, 2003, p. 410.

COURAULT Fabrice, « La suppression de deux recours en récupération de l'aide sociale améliore les droits des personnes handicapées », Revue juridique personnes et famille, mai.2002, p. 24.

COURET Alain et DE SENTENAC Georges-André, « Les clauses de retour à meilleure fortune », Droit et patrimoine, octobre 1993, p. 43.

COUTURIER Gael, « Les créanciers et la sauvegarde financière de l'entreprise en difficulté », Bulletin Joly sociétés juillet août 2009, p. 683.

DAMMANN Reinhard et PODEUR Gilles :

- « Le rééquilibrage des pouvoirs au profit des créanciers résultant de l'ordonnance du 12 mars 2014 », Recueil Dalloz, 2014, p. 752.
- « La conversion de créances en capital dans les entreprises en difficultés », Bulletin Joly sociétés, décembre 2009, p. 1129

DELATTRE Christophe :

- « La procédure de réhabilitation des articles L 643-11 et R 653-4 du Code de commerce », Revue des procédures collectives juillet-août 2011, article 19, p. 16.
- « Le comportement du dirigeant en termes de coopération est un critère important dans le prononcé d'une sanction », Revue des procédures collectives mai juin 2010, étude 15, p. 35.
- « Le dirigeant fautif », in: Loi de sauvegarde des entreprises. Risques et responsabilités en droit des procédures collectives, Actes du colloque organisé à Caen le 15 octobre 2010, Revue des procédures collectives, novembre décembre 2010, étude 8, p. 85.
- « La faillite personnelle et l'interdiction de gérer ne doivent pas être considérées comme des sanctions vaines », Revue des procédures collectives, octobre 2009, étude 27, p. 29.
- « Prescription de l'action en faillite personnelle », Revue des procédures collectives janvier février 2008, étude 8, p. 48.

DELATTRE Christophe, LEGRAND François et BOURU Olivier, « Quelle place pour les sanctions civiles et pénales en droit des procédures collectives ? », in: Table ronde animée par Monsieur le Professeur Michel MENJUNCQ, Revue des procédures collectives, septembre octobre 2009, p. 61.

DEMEYRE Dominique, « Caractère collectif de la procédure et entrepreneur individuel à responsabilité limitée », in: « Que reste t'il des principes traditionnels des procédures collectives face au morcellement du traitement de la défaillance ? » , Actes du colloque organisé le 25 novembre 2011 à Paris Ouest Nanterre La Défense, Revue des procédures collectives mai juin 2012, article 19, p. 96.

DIDIER Paul, « La réduction de capital à zéro », in: Mélanges AEDBF, 1997, p. 71.

DOUAOUI-CHAMSEDDINE Malika :

- « Les actions en responsabilité pour insuffisance d'actif et en extension s'appliqueront-elles à l'EIRL ? », Revue Lamy Droit des affaires, novembre 2010, p. 43.
- « L'adaptation du droit du surendettement à l'EIRL », Revue de droit bancaire et financier janvier février 2011, étude 4, p. 29.

DUMONT-LEFRAND Marie-Pierre :

- « La situation personnelle du débiteur en procédure collective », in: Ordonnance du 12 mars 2014 : une nouvelle métamorphose du droit des faillites, Droit et patrimoine, décembre 2014, p. 65.
- « Les plans : quelle place pour les actionnaires ? », in: 2014 : un nouveau souffle pour les procédures collectives, Revue des procédures collectives, mars avril 2014, article 20, p. 55.

ETIENNE-MARTIN E et SOUDANI, « Abandon de compte courant d'associé et clause de retour à meilleure fortune », Revue des procédures collectives, octobre 2012, p. 12, étude 33.

FAUCHON Anne, « L'opération-accordéon », in: Liber amicorum Philippe Merle, Dalloz, 2013, p. 253.

FRAIMOUT Jean-Jacques, « Des plans plus attractifs pour les créanciers ? », in: 2014 : un nouveau souffle pour les procédures collectives, Revue des procédures collectives, mars avril 2014, article 19.

GAU-CABEE Caroline, « Enchainé, affranchi, protégé, triomphant; Endettement des particuliers et contrat sur fond de crise : étude diachronique », Revue trimestrielle de droit civil, 2012, p. 33.

GEBHARDT Hélène, « La procédure de rétablissement personnel ? le point de vue du juge de l'exécution », in: La procédure de rétablissement personnel : premières applications, Actes du colloque organisé le 10 juin 2005 à la Faculté de droit de Montpellier, Contrats, concurrence consommation, octobre 2005, p. 20.

GIBIRILA Deen :

- « L'entreprise individuelle à responsabilité limitée après les textes de décembre 2010 », in: dossier « EIRL, nouveaux regards », Bulletin Joly Sociétés, mars 2011, étude 105, p. 234.
- « Le refus d'un actionnaire minoritaire de voter une augmentation de capital », Revue Lamy Droit des affaires juin 2007, 979, p. 10.
- « Le sort des droits sociaux des dirigeants d'entreprises en difficulté », Journal des sociétés n°98 mai 2012, p.45

GJIDIRA-DECAIX Sophie, « Le nouveau visage des procédures de surendettement des particuliers, Présentation de la loi du 1er juillet 2010 portant réforme du crédit à la consommation », Revue des procédures collectives juilllet août 2010, étude 20.

GOBIN Alain, « Propos sur la réversibilité juridique », La Semaine juridique éd. Notariale 1995, I, p. 1119.

GRELON Bernard, « La loi de sauvegarde revisitée par la loi n°2010-1249 dite de "régulation bancaire et financière" en date du 22 octobre 2010 », Revue des sociétés, janvier 2011, p. 7.

GRUNVAL Sylvie, « Casier judiciaire et effacement des sanctions : quelle mémoire pour la justice pénale », in: « Effacement des condamnations : peut-on encore parler de droit à l'oubli ? », Actualité juridique Pénal, octobre 2007, p. 416.

GUTMANN Daniel, « Nature civile et effets fiscaux de la clause de retour à meilleure fortune », Revue de droit des contrats, 2005, p. 851.

HENRY Laurence-Caroline, « EIRL : quid des biens communs et des biens indivis affectés ? », in: « EIRL et droit des entreprises en difficulté : l'épreuve de vérité », Revue des procédures collectives, mars avril 2011, article 23, p. 93.

HENRY Laurence-Caroline et ANDRE Marc, « La nouvelle procédure de rétablissement », in: « Un nouveau droit des entreprises en difficulté, plus efficace et plus équilibré », Actes du colloque organisé le 1er juillet 2014 par le Centre de Droit des Affaires et de Gestion de l'Université Paris Descartes, Revue des procédures collectives, juillet août 2014, article 31, p. 54.

HUGON Christine, « L'approche théorique de la procédure de rétablissement personnel », in: La procédure de rétablissement personnel : premières applications, Actes du colloque organisé le 10 juin 2005 à la Faculté de droit de Montpellier, Contrats concurrence consommation, octobre 2005, p. 13.

JACOMET Thierry et BEJINARIU Aurélia, « La clause de retour à meilleure fortune », Bulletin Joly sociétés, mai 1996, p. 365.

JEANTIN Michel, « La réforme du droit des sociétés par la loi du 4 janvier 1978 », Recueil Dalloz 1978, Chronique, p. 173.

KAUFFMANN Richard, « De l'utilité et des effets d'une clause potestative : la clause de retour à meilleure fortune dans les abandons de créances amiables et concordataires », Recueil Dalloz, 1982, p. 132.

KENDERIAN Fabien, « La contribution aux pertes sociales », Revue des sociétés, 2002, p. 617.

KHAYAT Danielle et FIORI-KHAYAT Coralie, « Prévention et fichier relatif à l'endettement », in: La prévention du surendettement, Actes du colloque organisé le 16 mai 2002 par la Faculté de droit de Reims, Les petites affiches, 10 avril 2003, p. 30.

LASSERRE-CAPDEVILLE Jérôme :

- « EIRL : adaptation des sanctions », in: EIRL et droit des entreprises en difficulté : l'épreuve de vérité, Revue des procédures collectives, mars avril 2011, article 17, p. 91.
- « De la nécessité de réformer l'article L 654-6 du Code de commerce », Les Petites Affiches, 12 octobre 2010, p. 3.

LAUVERGNAT Ludovic, « L'entrepreneur individuel et ses créanciers : existe-t-il un droit de ne pas être saisi ? », La Semaine Juridique éd. Générale, 2013, 791, p. 1366.

LEBEL Christine, « L'ordonnance n°2014-326 du 12 mars 2014 et les plans de sauvegarde et de redressement », Gazette du Palais, 8 avril.2014, p. 19.

LEBLOND Nicolas :

- « L'expérience du surendettement des particuliers », in: Réforme du droit des entreprises en difficulté : nouveau rebond pour le débiteur ?, Actes du colloque organisé par le Centre René Demogue, Université de Lille II, le 23 mai 2014, Droit et patrimoine, décembre 2014, p. 71.
- « Précisions sur les recours de la caution après une liquidation judiciaire clôturée pour insuffisance d'actif, et peut-être un peu plus… », Revue des procédures collectives octobre 2009, étude 26, p. 24.

LE-CORRE Pierre-Michel :

- « La loi Macron et le droit des entreprises en difficulté », Gazette du Palais, 18 octobre 2015, p. 7.
- « Premiers regards sur l'ordonnance du 12 mars 2014 réformant le droit des entreprises en difficulté », Receuil Dalloz, 2014, p. 733.

LEDAN Soazig, « Analyse comparative de la procédure de surendettement des particuliers et celle relative à la sauvegarde des entreprises », Contrats, concurrence, consommation, juin-juillet 2006, p. 5.

LEGEAIS Dominique, « Le gage des créanciers dans l'EIRL », Répertoire Defrénois 2011, article 39215, p. 560.

LEGRAND Véronique, « L'avènement des multiples patrimoines de l'EIRL : les avantages de la schizophrénie ou le risque de paranoïa », Les Petites Affiches, 02 février 2013, p. 12.

LEGROS Jean-Pierre, « Le domaine d'application de l'article 1844-7 7° du Code civil », in: Mélanges Daniel TRICOT, Dalloz, 2011, p. 507.

LELIEVRE Yves, « Comment passer de la culture de l'échec à celle du rebond ? », Actes du colloque « Le dirigeant de l'entreprise en difficulté » organisé par le Master 2 juriste d'affaires de l'université Paris-Descartes, le 24 mai 2016, Rev. proc. coll. juil-août 2016, art. 26, p. 63

LEVY Michel, « L'aide sociale et la protection du patrimoine de la personne handicapée », Revue juridique personnes et famille, avril mai 2003, p. 6.

LUCAS François-Xavier :

- « L'ordonnance du 12 mars 2014 et le droit des sociétés », Bulletin Joly sociétés, juin 2014, p. 403.

- « Interrogations sur la qualité de commerçant de l'associé en nom, in Procédures collectives et droit des affaires », in: Mélanges Adrienne Honorat, Procédures collectives et droit des affaires, édition Frison-roche, 2000, p. 281.

- « La subordination des créances à l'épreuve des procédures collectives », Revue des procédures collectives 2013, étude 13, p. 73.

- « Pour en finir avec la peine de mort infligée aux sociétés », Bulletin Joly sociétés mai 2008, éditorial, p. 371.

- « Le devoir de l'actionnaire d'une société en difficulté : les dispositifs légaux », in « Les devoirs de l'actionnaire dans les entreprises en difficulté », Actes du colloque organisé les 8 et 9 avril 2016 à Deauville par l'Association Droit et Commerce, Gaz. Pal. 6 juin 2016, p.50

MACORIG-VENIER Francine :

- « Le rétablissement professionnel », in: « Ordonnance du 12 mars 2014 : une nouvelle métamorphose du droit des faillites », Droit et patrimoine, juillet-août 2014, p. 54.

- « EIRL : les créanciers de l'EIRL en difficulté », in: « EIRL et droit des entreprises en difficulté : l'épreuve de vérité », Revue des procédures collectives, mars avril 2011, article 20, p. 87.

- « Observations sur l'EIRL et les sûretés », in: dossier « EIRL, nouveaux regards », Bulletin Joly Sociétés, mars 2011

- « L'effacement des dettes dans le droit du surendettement », in: L'effacement des dettes, Droit et patrimoine, septembre 2009, p. 54.

- « Le devenir du chef d'entreprise ; Le poids du passé : le poids du passif impayé après la clôture de la procédure », Revue des procédures collectives, juin 2003, p. 186.

MACORIG-VENIER Francine et VALLANSAN Jocelyne, « Les améliorations de la procédure liquidative et des cessions », in: « Un nouveau droit des entreprises en difficulté, plus efficace et plus équilibré », Colloque organisé le 1er juillet 2014 à l'Université Paris Descartes par le Centre de Droit des Affaires et de Gestion, Revue des procédures collectives, juillet-août 2014, article 32, p. 58.

MARINO Laure, « Un « droit à l'oubli » numérique consacré par la CJUE », La Semaine Juridique éd. Générale, 2014, 768, p. 1300.

MARTIAL-BRAZ Nathalie et ROCHFELD Judith, « Acte II : Le droit à l'oubli numérique, l'éléphant et la vie privée », in: « Les moteurs de recherche, maîtres ou esclaves du droit à l'oubli numérique ? », Recueil Dalloz, 2014, p. 1481.

MARTIN-SERF Arlette :

- « EIRL : attention aux actions en responsabilité pour insuffisance d'actif ! », in: EIRL et droit des entreprises en difficulté : l'épreuve de vérité, Revue des procédures collectives, mars avril 2011, étude 31, p. 108.
- « Réforme des procédures collectives - sanctions civiles », in: « Réforme des procédures collectives : ordonnance n°2008-1345 du 18 décembre 2008 », Revue des procédures collectives, janvier février 2009, étude 14, p. 99.

MASCALA Corinne :

- « Les sanctions en droit des entreprises en difficulté : Flux, reflux et incohérences », in: « La loi de sauvegarde à l'âge de raison », Droit et patrimoine, mars 2013, p. 80.
- « Le périmètre des sanctions », in: « Le périmètre du droit de la défaillance économique », Actes du colloque inaugural de l'Association des Juristes de la défaillance économique organisé le 10 septembre 2010 à Toulouse, Revue des procédures collectives, janvier février 2011, étude 5, p. 72.
- « Le nouveau régime des sanctions », Revue trimestrielle de droit commercial, 2006, p. 213.
- « Le devenir du chef d'entreprise : les perspectives d'avenir », Revue des procédures collectives, juin 2003, p. 193.

MASCALA Corinne et SALOMON Renaud, « Regards sur les évolutions récentes des sanctions », in: Personne physique et procédures collectives, Séminaire de l'Association des juristes de la défaillance économique organisé à Toulouse le 12 octobre 2012, Revue des procédures collectives, janvier février 2013, article 11, p. 89.

MATSOPOULOU Haritini :

- « La portée de la peine accessoire d'interdiction commerciale résultant de condamnations antérieures à la loi du 4 août 2008 », Droit pénal, mars 2009, étude 6.
- « Réflexions sur la faillite personnelle et l'interdiction de gérer », Recueil Dalloz, 2007, Chronique, p. 104.

MERCIER Jean-Luc et KOPF François, « Le devoir de favoriser le redressement de l'entreprise : les mécanismes conventionnels », in « Les devoirs de l'actionnaire dans les entreprises en difficulté », Actes du colloque organisé les 8 et 9 avril 2016 à Deauville par l'Association Droit et Commerce, Gaz. Pal. 6 juin 2016, p.47

MESTRE Jacques et DUREUIL Bernard, « La «purge» des dettes par l'article 169 de la loi du 25 janvier 1985 », Revue des procédures collectives, 1989, p. 389.

MONSERIE-BON Marie-Hélène :

- « Les retouches apportées au "droit des sociétés en difficulté" », in: « Ordonnance du 12 mars 2014 : une nouvelle métamorphose du droit des faillites », Droit et patrimoine, juillet-août 2014, p. 69.
- « L'entrepreneur individuel à responsabilité limitée et le droit des entreprises en difficulté », in: dossier « EIRL, nouveaux regards », Bulletin Joly Sociétés, mars 2011, étude 108, p. 270.
- « L'effacement des dettes dans le droit des entreprises en difficulté », in: L'effacement des dettes, Droit et patrimoine, septembre 2009, p. 64.

MORTIER Renaud, « La réalisation d'un coup d'accordéon », La Semaine Juridique éd. Entreprises 2011, 1365.

MULLER Etienne, « Le contentieux de la récupération de l'aide sociale des départements », Actualité Juridique Droit Administratif, 2013, p. 282.

NEF-NAF Nicolas, « Rebond du débiteur : un dialogue avec l'Europe », in: « Réforme du droit des entreprises en difficulté : nouveau rebond pour le débiteur ? », Actes du colloque organisé par le Centre René Demogue, Université de Lille II, le 23 mai 2014, Droit et patrimoine, 2014 (décembre), p. 61.

PAISANT Gilles :

- « L'extension de la notion de surendettement par la loi du 4 août 2008 », Revue trimestrielle de droit commercial, 2008, p. 875.
- « La réforme de la procédure de traitement du surendettement par la loi du 1er août 2003 sur la ville et la rénovation urbaine », Revue trimestrielle de droit commercial, 2003, p. 671.

PELLIER Jean-Denis, « La poursuite de la construction d'un régime des sûretés pour autrui : A propos de la modification de l'article L 643-11 du code de commerce », Recueil Dalloz, 2014, p. 1054.

PEROCHON Françoise :

- « EIRL, un patrimoine peut en garantir un autre, la validité des sûretés constituées au titre d'un patrimoine de l'EIRL en garantie des dettes de l'autre patrimoine », in: EIRL et droit des entreprises en difficulté : l'épreuve de vérité, Revue des procédures collectives, mars avril 2011, étude 25, p. 98.
- « Le privilège des notables indélicats : un nouveau privilège ? », Recueil Dalloz, 2005, p. 116.
- « Fraude du débiteur et poursuite du créancier forclos », in: Mélanges Adrienne Honorat, Procédures collectives et droit des affaires, édition Frison-roche, 2000, p. 162.

PETEL Philippe :

- « Entreprises en difficulté : réalisme, ouverture et mouvement perpétuel », Gazette du Palais, 30 août 2015, p. 55.

- « La procédure de rétablissement personnel et les procédures collectives du Code de commerce », in: « La procédure de rétablissement personnel : premières applications », Actes du colloque organisé le 10 juin 2005 à la Faculté de droit de Montpellier, Contrats concurrence consommation, octobre 2005, p. 29.

- « Entreprises en difficulté : encore une réforme », La Semaine Juridique éd. Entreprises 2014, 1223.

- « Les dispositions relatives aux entreprises en difficulté de la loi de modernisation de la justice du XXI siècle », La Semaine Juridique éd. Générale 2016, 1341

PICOD Yves, « Bonne foi et droit de la consommation », in: Mélanges Daniel TRICOT, Dalloz, 2011, p. 121.

PIEDELIEVRE Stéphane :

- « Le droit à l'effacement des dettes », Répertoire Defrénois 2004, article 37852.

- Les nouvelles règles relatives au surendettement des particuliers », La Semaine Juridique éd. Entreprises 2010, 1676.

- « L'entreprise individuelle à responsabilité limitée », Répertoire Defrénois 2011, article 39134, p. 1417.

- « Droit du surendettement dans la loi de modernisation de la justice du XXI siècle », La Semaine Juridique éd. Générale 2016, 1329

PIETRANSCOTA Alain et VERMEILLE Sophie, « Le droit des procédures collectives confronté à l'analyse économique du droit : perspective d'avenir ? », Revue de jurisprudence commerciale, mars 2010, p. 104.

PLAYOUST Olivier, « Contribution à la moralisation du droit des procédures collectives : la clause de retour à meilleure fortune », Revue des procédures collectives, 1994, p. 349.

POTENTIER Philippe, « La récupération de l'aide sociale », Répertoire Defrénois 2006, article 38392, p. 773.

PRIEUR Jean, « La création de l'EIRL », in: L'EIRL : la nouvelle donne pour l'entrepreneur, Actes du colloque organisé le 26 novembre 2010 à l'Université de Perpignan par le Centre de la concurrence, Droit et patrimoine, avril 2011, p. 51.

PUTMAN Emmanuel, « Retour sur le droit de ne pas payer ses dettes », Revue de droit prospectif, 1994, p. 109.

RAKOTOVAHINY Marie, « Plaidoyer pour un retour de la clause de retour à meilleure fortune dans les procédures collectives », Revue Lamy Droit des affaires, avril.2014, p. 92.

RAYMOND Guy, « Quatrième étape pour le surendettement : le rétablissement personnel », Contrats concurrence consommation 2003, chronique n°9.

REDON Nicolas, « L'interdiction commerciale et industrielle ou la disparition des peines automatiques, Libre propos sur une création spontanée de la loi n°2008-776 du 4 août 2008 », Receuil Dalloz, 2009, p. 1226.

REGNAUT-MOUTIER Corinne, « EIRL: adaptation de la règle "faillite sur faillite ne vaut" », in: EIRL et droit des entreprises en difficulté : l'épreuve de vérité, Revue des procédures collectives, 2011, étude 18, p. 82.

REGNAUT-MOUTIER Corinne et VALLANSAN Jocelyne, « Le périmètre d'application des procédures collectives : la répartition entre la procédure commerciale et la procédure consumériste », in: Le périmètre du droit de la défaillance économique, Actes du colloque inaugural de l'Association des Juristes de la défaillance économique organisé le 10 septembre 2010 à Toulouse, Revue des procédures collectives, janvier février 2011, étude 2, p. 55.

REIGNE Philippe, « Le patrimoine affecté de l'entrepreneur individuel à responsabilité limitée », Répertoire Defrénois 2011, article 39214, p. 558.

REILLE Florence, « Une nouvelle procédure qui n'en est pas une : le rétablissement professionnel », in: 2014 : un nouveau souffle pour les procédures collectives, Revue des procédures collectives, 2014 (mars avril), article 22, p. 61.

RETIF Samuel, « L'extension des procédures collectives aux professions libérales », Revue des procédures collectives, juin.2006, p. 152.

REVET Thierry, « Rapport introductif », in: L'EIRL : la nouvelle donne pour l'entrepreneur, Actes du colloque organisé le 26 novembre 2010 à l'Université de Perpignan par le Centre de la concurrence, Droit et patrimoine, avril 2011, p. 44.

REYGROBELLET Arnaud et FLAICHER-MANEVAL Elisabeth, « Loi de simplification du droit : aspects de droit commercial », Revue Lamy Droit des affaires, mai 2012, p. 22.

RIPERT Georges :

- « L'assainissement des professions commerciales et industrielles », Recueil Dalloz, 1947, Chronique, p. 141.
- « Le droit de ne pas payer ses dettes », Dalloz Hebdomadaire (Chronique), 1936, p. 57.

ROBACZEWSKI Corinne :

- « Le droit à l'oubli », in: « Réforme du droit des entreprises en difficulté : nouveau rebond pour le débiteur ? », Actes du colloque organisé par le Centre René Demogue, Université de Lille II, le 23 mai 2014, Droit et patrimoine, décembre 2014, p. 56.
- « La non-réforme des sanctions pénales », Gazette du Palais, 09 septembre 2005, p. 48.

ROUSSEL-GALLE Philippe :

- « La réforme du droit des entreprises en difficulté par l'ordonnance du 12 mars 2014 : Des outils plus performants, une meilleure sécurité juridique et des équilibres renouvelés », Revue des sociétés, juin.2014, p. 351.
- « Le rétablissement professionnel : de l'effacement des dettes au rebond », Gazette du Palais, avril.2014, p. 32.
- « Droit à l'oubli… du moins du RCS… », Revue des sociétés, 03.2012, p. 188.
- « Que reste t'il du caractère sanctionnateur des procédures ? », in: Que reste t'il des principes traditionnels des procédures collectives face au morcellement du traitement de la défaillance ?, Actes du colloque organisé le 25 novembre 2011 à Paris Ouest Nanterre La Défense,

Revue des procédures collectives, mai juin 2012, article 17, p. 89.

- « Le dirigeant de société et le nouveau droit des entreprises en difficulté issu de la réforme du 18 décembre 2008 », Revue des sociétés, février 2009, p. 249.

ROUSSEL-GALLE Philippe et PEROCHON Françoise, « Controverse amicale sur la non reprise des poursuites après clôture de la liquidation judiciaire pour extinction du passif », in: Mélanges Daniel TRICOT, Dalloz, 2011, p. 559.

SAINT-ALARY-HOUIN Corinne :

- « EIRL et procédures collectives », in: L'EIRL : la nouvelle donne pour l'entrepreneur, Actes du colloque organisé le 26 novembre 2010 à l'Université de Perpignan par le Centre de la concurrence, Droit et patrimoine, avril 2011, p. 63.

- « Risques et responsabilités en droit des procédures collectives – Rapport de clôture », Actes du colloque organisé à Caen le 15 octobre 2010, Rev. proc. coll. novembre décembre 2010, étude 14

- « Le rebond du débiteur en liquidation : vrai ou faux départ ? », in: Mélanges Daniel TRICOT, Dalloz, 2011, p. 579.

SAINTOURENS Bernard, « EIRL : adaptation des conditions d'ouverture des procédures collectives », in: EIRL et droit des entreprises en difficulté : l'épreuve de vérité, Revue des procédures collectives, mars avril 2011, article 17, p. 80.

SCHILLER Sophie :

- « L'EIRL et les créanciers », in: L'EIRL : la nouvelle donne pour l'entrepreneur, Actes du colloque organisé le 26 novembre 2010 à l'Université de Perpignan par le Centre de la concurrence, Droit et patrimoine, avril 2011, p. 56.

- « Le rebond des entreprises dans la phase postérieure à l'effacement de leurs dettes », in: « L'effacement des dettes », Droit et patrimoine, septembre 2009, p. 81.

- « L'effacement des dettes permet-il un nouveau départ ? Comparaison franco-américaine », Revue internationale de droit comparé, mars 2004, p. 655.

SCHMIDT Dominique, « De l'intérêt commun des associés », La Semaine Juridique éd. Entreprises (1994), I, 404.

SCHOLASTIQUE Etienne, « Titre exécutoire et procédures collectives », Droit et procédures, janvier 2005, p. 7.

SEVELY-FOURNIE Catherine, « La créance du fonds de garantie doit-elle céder devant l'impératif de redressement du débiteur surendetté ? », Recueil Dalloz, 2015, p. 1283.

SOINNE Bernard, « Surendettement et faillite : unité ou dualité de régime », Revue des procédures collectives, 01.1998.

STEPHANIA Thierry, « la procédure de rétablissement sans liquidation judiciaire en droit des entreprises en difficulté », La Semaine Juridique éd. Entreprises 2014, 1345.

TAISNE Jean-Jacques, « Le paiement des créances éteintes », in: « Réforme du droit des entreprises en difficulté : nouveau rebond pour le débiteur ? », Actes du colloque organisé par le Centre René Demogue, Université de Lille II, le 23 mai 2014, Droit et patrimoine, décembre 2014, p. 51.

TEBOUL Georges :

- « La dépossession des actionnaires comme mode de traitement des difficultés des entresprises », La Semaine Juridique éd. Entreprises 2009, 2171.
- « Le volet "entreprises en difficulté" du projet de loi Macron », Gazette du Palais, 11.03.2015, p. 4.

THERY Philippe, « L'accès au crédit de l'EIRL : garantir et exécuter », Répertoire Defrénois 2011, article 39216, p. 569.

TROCKELS Friedrich, « Endettement des particuliers et libération des dettes résiduelles dans la loi sur l'insolvabilité (Insolvenzordnung) », Revue des procédures collectives, juin.1999, p. 91.

VALLANSAN Jocelyne, « L'EIRL en difficulté, Les principes de l'ordonnance du 9 décembre 2010 portant adaptation du droit des entreprises en difficulté et des procédures de traitement des situations de surendettement à l'EIRL », Revue des procédures collectives janvier février 2011, étude 2, p. 10.

VALLENS Jean-Luc, « L'effacement des dettes du débiteur en liquidation judiciaire », Les Petites Affiches, 19.09.1997, p. 4.

VAUVILLE Frédéric :

- « L'entrepreneur individuel après l'ordonnance du 12 mars 2014 », in: Réforme du droit des entreprises en difficulté : nouveau rebond pour le débiteur ?, Actes du colloque organisé par le Centre René Demogue, Université de Lille II, le 23 mai 2014, Droit et patrimoine, décembre 2014, p. 46.
- « Les praticiens du droit face à la réforme du surendettement », Droit et patrimoine, mai 2004, p. 38.
- « Le nouveau Titre V "Des responsabilités et des sanctions" », Revue des procédures collectives, décembre 2006, p. 345.
- « Commentaire de la loi du 15 juin 2010 relative à l'entrepreneur individuel à responsabilité », Répertoire Defrénois 2010, article 39144, p. 1649.
- « La procédure collective de l'entrepreneur individuel à responsabilité limitée », Répertoire Defrénois 2011, article 39191, p. 137.
- « Regard notarial sur la réforme des procédures collectives : à propos de l'ordonnance du 12 mars 2014 portant réforme de la prévention des difficultés des entreprises et des procédures collectives », Répertoire Defrénois 15⍰30 juillet 2014, article 116u3, p. 745.

VERMEILLE Sophie :

- « Le volet droit des faillites de la loi « Macron » : une intention louable au départ, mais un résultat dangereux à l'arrivée », Recueil Dalloz, 2015, p. 382.
- « Peut-on prêter pour posséder ("loan to own") en droit français ? », La Semaine Juridique éd. Entreprises 2009, 1709.

VINCKEL François, « Le droit au remboursement du compte courant d'associé à l'aune du droit des entreprises en difficulté », Revue des procédures collectives janvier février 2011, étude 4, p. 20.

VOINOT Denis :

- « Les modifications intéressant la liquidation judiciaire issues de l'ordonnance du 12 mars 2014 », Gazette du Palais, 06 avril 2014, p. 23.

- Les petits professionnels », in Mélanges en l'honneur de la Professeure Dekeuwer-Défossez, Liber amicorum, Montchestien, 2013, p.565

- « L'avenir de la société en liquidation judiciaire », in: Réforme du droit des entreprises en difficulté : nouveau rebond pour le débiteur ?, Actes du colloque organisé par le Centre René Demogue, Université de Lille II, le 23 mai 2014, Droit et patrimoine, décembre 2014, p. 66.

V. Jurisprudence

• Com., 18 octobre 1961, La Semaine Juridique, 1962, II, 12438, note Gavalda.

• Com centr aid soc, 14 décembre 1965, Revue de droit sanitaire et social 1965, p.55, note Georgel.

• Com centr aid soc, 21 juin 1966, Revue de droit sanitaire et social, 1966, p.342, note Georgel.

• Com, 18 avril 1969, pourvoi n°66-13.721, Bull. civ. IV n°126, Revue des sociétés, 1970, 95, note F. Derrida.

• Civ 1e, 4 avril 1991, Bull. civ. I n°123, 124 et 126, La Semaine Juridique éd générale, 1991, II, 21702, concl. Flip, note Y. Picod.

• Civ1e, 31 mars 1992, Bull. civ. I n°107, Contrat concurrence consommation, 1992 n°123, obs. G. Raymond.

• Civ 1e, 31 mars 1992, Bull. civ. I n°100, Revue trimestrielle de droit commercial, 1992, p.675, note G. Paisant.

• Com, 9 mars 1993, La Semaine juridique ed Entreprise, 1993, II, 448, note A. Viandier.

• Com, 16 novembre 1993, Bull. civ. IV n°145, Dalloz, 1994, p. 157, note F.Derrida.

• Civ 1e, 9 février 1994, Bull civ I n°59.

• Com, 17 mai 1994, Revue des sociétés, 1994, p. 485, obs. Dana�Demaret.

•Civ 1e, 13 novembre 1996, Bull. civ. I n°401, Dalloz, 1997, jurisprudence p. 141, note T. Moussa.

•Com, 3 juin 1997, Bull. civ. IV n°173, Dalloz, 1998, p. 348, note Kenfack.

•Civ 1e, 3 mars 1998, Bull.civ. I n°82, La Semaine juridique éd générale, II, 101117, note S. Piedelièvre.

•CEDH, 23 septembre 1998, Dalloz, 1999, som. 267, obs. J.F. Renucci.

•Com, 26 octobre 1999, La Semaine Juridique éd entreprise, 2000, II, 1660, note P.M. Le Corre.

•Com, 26 octobre 1999, pourvoi n°97-12.640, Bull. civ. IV n°196, Répertoire Defrénois, 2000, 997, obs. D. Gibirila.

•Com centr aid soc, 28 avril 2000, Revue de droit sanitaire et social, 2001, p. 813, obs. P.Ligneau.

•Com, 10 octobre 2000, La Semaine Juridique éd Entreprise, 2001, p. 85, note A. Viandier.

•Com centr aid soc, 5 décembre 2000, Revue de droit sanitaire et social, 2001, p. 546, obs. P.Ligneau.

•Com, 15 mai 2001, La Semaine juridique éd Entreprise, 2002, 75, n°2, note J.P. Legros.

•Com, 17 juillet 2001, Bull. civ. IV n°152, La Semaine Juridique éd entreprise, 2002, 121, n°7, obs. P. Pétel.

•Com, 18 juin 2002, Bull. civ. IV n°108, La Semaine juridique éd Entreprise, 2002, 1556, note A. Viandier.

•Ass Plen, 22 novembre 2002, BICC 01/02/2003, La Semaine Juridique éd générale, 2003, II, 10042, note W. Jeandidier.

•Com, 13 mai 2003, Revue trimestrielle de droit commercial, 2004, p.607 n°11, obs. C. Mascala.

•Com, 11 février 2004, pourvoi n°01-00.430, Répertoire Defrénois, 2004, 38066, p. 1654, note D. Gibirila.

•Civ2e, 8 avril 2004, Bull. civ. II n°190, Revue trimestrielle de droit commercial, 2004, p.820, obs. G. Paisant.

•CE, 1 octobre 2004, Lebon T.584, Revue de droit sanitaire et social, 2005, p. 160, note F. Tourette.

• CE, 11 octobre 2004, requête n°250153, Revue des contrats, 07/2005, p.851, note D.Gutmann.

• Com, 12 octobre 2004, Revue de jurisprudence commerciale, 2005, p.65, note J.P. Sortais.

• Com, 12 octobre 2004, Dalloz Affaires, 2004, p. 2791, obs. A. Lienhard.

• CE, 11 avril 2005, Actualité Juridique Droit administratif, 2005, p. 2082, note H. Rihal.

• Com, 12 juillet 2005, pourvoi n°03.14-045, Revue des sociétés, 2006, 162, obs. F.X. Lucas.

• Civ 2e, 20 octobre 2005, Bull. civ. I n°270, Dalloz, 2006 p. 870, note G. Henaff.

• Com, 4 mai 2006, pourvoi n°04-10.115, Répertoire Defrénois, 2006, 38507, p.1904, note D. Gibirila.

• Crim, 8 novembre 2006, Répertoire Defrénois, 2007, 880, obs. D. Gibirila.

• Crim, 8 novembre 2006, Bull. crim. n°280, Répertoire Defrénois, obs. D. Gibirila.

• Civ 2e, 14 décembre 2006, Bull. Civ. II n°355, RTDCom, 2007, p.245, note G. Paisant.

• Civ 2e, 21 décembre 2006, Cont conc cons, 2007, com. n°83, note G. Raymond.

• Civ 2e, 21 décembre 2006, pourvoi n°05-20.980, Bull. civ. II n°374, Revue trimestrielle de droit commercial, 2007, p.615, obs. G. Paisant.

• Civ 2e, 17 janvier 2007, pourvoi n°04.30797, La Semaine juridique éd Entreprise, 2007, 2119, note P. Pétel.

• CEDH, 8 mars 2007, Bulletin Joly Sociétés, 2007, p. 820, note F.X Lucas.

• Com, 20 mars 2007, Bull. civ. IV n°97, La Semaine Juridique éd Entreprise, 2007, 1755, note A. Viandier.

• Com, 16 octobre 2007, Bull. civ. IV n°219, Revue des sociétés, 2008, p.174, note P. Roussel⍰Galle.

• Crim, 31 octobre 2007, Revue trimestrielle de droit commercial, 2008, p.434, note B. Bouloc.

• Com, 13 novembre 2007, pourvoi n°06-14.372, Répertoire Defrénois, 2008, 1226, obs. D. Gibirila.

• Com, 22 janvier 2008, Bull. civ. IV n°11, Répertoire Defrénois, 2008, 1241.

• Com, 1 juillet 2008, La Semaine Juridique éd Entreprise, 2009, 1145, note Th. Léobon.

• Civ 2e, 3 juillet 2008, Revue trimestrielle de droit commercial, 2008, p.635, obs. G. Paisant.

• Com, 8 juillet 2008, pourvoi n°05-20.497, Répertoire Defrénois, 2009, p.363, obs. D. Gibirila.

• Civ 2e, 19 mars 2009, pourvoi n°07-20.315, Dalloz, 2009, A.J. 945.

• Com, 12 mai 2009, Bull. civ. IV n°67, Répertoire Defrénois, 2009, 39078, p. 481, note D. Gibirila.

• Civ 2e, 14 mai 2009, Bull. civ. II, n°126, Revue des procédures collectives, 2010, n°40, obs. S.Gjidara-Decaix.

• Com, 1 décembre 2009, pourvoi n°08-17.187, La Semaine Juridique éd Entreprise, 2010, p.55, note Ph. Roussel-Galle.

• Com, 15 décembre 2009, pourvoi n°08-21.906, La Semaine Juridique éd Entreprise, 2010, 1164, note Ph. Roussel-Galle.

• Crim, 16 décembre 2009, pourvoi n°09-80.545, Revue des sociétés, 2010, p.51, note B.Bouloc.

• Com, 9 février 2010, pourvoi n°09-10.800, Revue des sociétés, 2010, p. 194, obs. Ph. Roussel-Galle.

• Civ 2e, 10 novembre 2010, pourvoi n°09-67.134, Bull. civ. II n°186.

• Com, 1 février 2011, pourvoi n°09-72.695, Droit des sociétés, 2011, comm. 159, obs. J.P. Legros.

• Com, 15 février 2011, pourvoi n°09-70946, Gazette du Palais, 1eavril 2011, note T. Montéran.

• Com, 16 février 2011, QPC n°10-25.035, arrêt n°310 FS-D ; QPC n°10-40.066, arrêt n°311 FS-D, Revue des procédures collectives, 2011, n°63, note A. Martin-Serf.

• Com, 8 mars 2011, pourvoi n°09-67062, Revue des procédures collectives, 2012, n°103, note A. Martin-Serf.

• Civ 2e, 31 mars 2011, Bull. civ. II n°80, Revue des procédures collectives, 2011, n°127, obs. S.Gjidara⍰Decaix.

• CEDH, 22 septembre 2011, Revue des sociétés, 2011, p.728, note P. Roussel⍰Galle.

• Civ 2e, 12 avril 2012, pourvoi n°11-10-228, La Semaine juridique éd Entreprise, 2012, 1338, note A.Cerati⍰Gauthier.

• Civ 2e, 12 avril 2012, pourvoi n°11-10.228, La Semaine Juridique éd Entreprise, 2012 n°1338, note A. Cerati⍰Gauthier.

• Com, 10 juillet 2012, Bull. civ. IV n°158, Bulletin Joly Sociétés, 2012, p. 810, note F.X Lucas.

• Com, 26 mai 2013, pourvoi n°12-15.305, Revue des sociétés, 2013, p. 521, obs. P. Roussel⍰Galle.

• Com, 2 juillet 2013, pourvoi n°12-18.902, Bull. civ. IV n°113, Revue des procédures collectives, janv. fév. 2014, com. n°6, note P. Cagnoli.

• Civ 2e, 5 décembre 2013, pourvoi n°11-28.092, La Semaine Juridique éd Entreprise, 2014, 1021, note A.Cerati⍰Gauthier.

• Civ 2e, 19 décembre 2013, arrêt n°1955, T n°13-40.065, Revue des procédures collectives, 2014, n°46, note S.Gjidara⍰Decaix.

• Com, 11 février 2014, pourvoi n°12-21.069, La Semaine Juridique éd entreprise, 2014, 1299, note C. Delattre.

• Civ 2e, 27 février 2014, pourvoi n°13-10.891, Revue des procédures collectives, 2014, n°112, note S.Gjidara⍰Decaix.

• Cons Constit, 13 mars 2014, décision DC n°2014-690, JORF, 18/03/2014.

• Com, 18 mars 2014, Bull. civ. IV n°55, Bulletin Joly Sociétés, 2014, p.410, note J.F. Barbieri.

• CJUE, 13 mai 2014, aff. C-131-12, La Semaine juridique éd générale, 2014, n°768, p. 1300, note L. Marino.

• Com, 16 décembre 2014, pourvoi n°13.19402, Gazette du Palais, 5 mai 2015, p.13, note D. Voinot.

• Crim, 17 décembre 2014, pourvoi n°13-87.968, Revue des sociétés, juin 2015, p. 387, obs. B. Bouloc.

•Com, 13 janvier 2015, pourvoi n°13-12590, Répertoire Defrénois, 30 mars 2016, 12250, p.284, obs. F. Vauvillé.

•Civ 2e, 25 juin 2015, pourvoi n°14-17.733.

•Com, 7 juillet 2015, n°14-29.630, Revue des sociétés, septembre 2015, note L.C.. Henry.

•Cons Constit, 5 août 2015, déc. n°2015-715, JORF 7 août 2015.

•Cons Constit, 7 octobre 2015, Q.P.C n°2015-486, Bulletin Joly Sociétés, déc. 2015, p.658, note F.Melin.

•Com, 26 janvier 2016, pourvoi n°14-14742, Bulletin Joly Sociétés, mai 2016, p. 287, note J.□P. Dom.

•Civ 2e, 18 février 2016, pourvoi n°15-10876.

•Civ 2e, 18 février 2016, pourvoi n°14-17.782, Gazette du Palais 12 avr. 2016, note S. Piedelièvre

•Crim., 6 avr. 2016, pourvoi n°15-81.272, Dalloz 2016 p. 1409 note N. Balat et F. Safi

•Civ. 2e, 12 mai 2016, pourvoi n°15-13.742, Cont. conc. consom. 2016, comm. n°179 note S. Bernheim-Desvaux

•Com. 28 juin 2016, pourvoi n°14-21.810, Gazette du Palais 18 oct. 2016, note E. Le Corre-Broly

•Com. 28 juin 2016, T n°16-40.208, Gazette du Palais 18 oct. 2016, p.70 note C. Robaczewski

•Avis, 8 juillet 2016, demande n°16-70.005

•Cons. Constit., décision n°2016-573 QPC, 29 sept. 2016, J.O.R.F. 1er oct. 2016

VI. Circulaires, Communications et recommandations

Instruction relative à l'application du règlement n°1407/2013 de la Commission européenne du 18 décembre 2013 relatif à l'application des articles 107 et 108 T.F.U.E aux aides de minimis, Commissariat général à l'égalité des territoires, 14.09.2015. En ligne: http://circulaires.legifrance.gouv.fr.

Circulaire JUSC1409452C du 5 mai 2014 de présentation des dispositions des lois n°2014-344 du 17 mars 2014 relative à la consommation et n°2014-366 du 24 mars 2014 pour l'accès au logement et un urbanisme rénové, relatives au traitement des situations de surendettement, B.O. min. just., 16.05.2014.

Recommandation 2014/135/UE relative à une nouvelle approche en matière de défaillances et d'insolvabilité des entreprises, J.O.U.E 14 mars 2014, L74/65, 12.03.2014. En ligne: http://eur-lex.europa.eu/.

Communication de la Commission au Parlement européen, au Conseil et au Comité économique et social, Nouvelle approche européenne en matière de défaillances et d'insolvabilité des entreprises, Com(2012) 742 final, 12.12.2012. En ligne: http://eur-lex.europa.eu/.

Circulaire du 19 décembre 2011 relative au traitement des situations de surendettement, BOMJL n°2011-12, 30.12.2011. En ligne: http://www.textes.justice.gouv.fr/bulletin-officiel-10085.

Communication de la Commission au Parlement européen, au Conseil et au Comité économique et social, Un « Small Business Act » pour l'Europe – « Think Small First» : Priorité aux PME », Com(2008) 394 final, 25.06.2008.

Communication de la Commission au Conseil, au Parlement européen, au Comité économique et social européen et au Comité des régions, Surmonter les stigmates de la faillite d'entreprise – Pour une politique de la deuxième chance, Mise en œuvre du partenariat de Lisbonne pour la croissance et l'emploi », COM(2007) 584, 05.10.2007. En ligne: http://eur-lex.europa.eu/.

Circulaire 2014/43700 FI du 22 juillet 2014 relative à la procédure de traitement des situations de surendettement des particuliers. En ligne: http://www.textes.justice.gouv.fr/bulletin-officiel-10085.

VII. Sites internet

Portail de l'Agence France entrepreneur (ex-Agence Pour la Création d'Entreprise) : www.afecreation.fr

Portail de l'autoentrepreneur : http://www.lautoentrepreneur.fr

Portail du fichier bancaire des entreprises, www.fiben.fr.

Portail du rebond, http://portaildurebond.com.

Portail européen de diffusion du droit, http://eur-lex.europa.eu/.

Portail français de diffusion du droit, www.legifrance.gouv.fr.

INDEX

Les numéros renvoient aux pages.

M

N

O

P

R

S

T

V

Table des matières

Questions juridiques aux éditions L'Harmattan

Dernières parutions

LES OBJECTIFS DE LA RÉGULATION ÉCONOMIQUE ET FINANCIÈRE
Sous la direction de Gabriel Eckert et Jean-Philippe Kovar
Les buts de la régulation économique et financière impriment profondément le droit de la régulation mais semblent avoir considérablement évolué depuis une trentaine d'années. Ainsi l'objectif traditionnel de la construction de marchés concurrentiels, dans des secteurs anciennement sous monopole ou très fortement réglementés, est complété par de nouveaux objectifs extraconcurrentiels. La diversité des buts assignés aux régulateurs oblige les autorités de régulation à opérer une conciliation des objectifs au risque de dénaturer leur office.
(Coll. Logiques Juridiques, 28.50 euros, 276 p.)
ISBN : 978-2-343-11504-7, ISBN EBOOK : 978-2-14-003398-8

LA RESPONSABILITÉ CIVILE DES ENSEIGNANTS EN CAS D'ACCIDENT SCOLAIRE
Brusorio Aillaud Marjorie
Le régime de responsabilité civile des enseignants en cas d'accident scolaire fut envisagé dans le Code civil dès 1804 puis modifié en 1899 et 1937. La loi est actuellement inadaptée et critiquée à la fois par les victimes et les enseignants, mais les tentatives de la jurisprudence pour la réformer se révèlent insuffisantes. Il faut rechercher un autre fondement pour engager la responsabilité civile de l'enseignant ou un autre débiteur que ce dernier, afin que les victimes d'accidents scolaires obtiennent facilement réparation.
(Coll. Logiques Juridiques, 55.00 euros, 750 p.)
ISBN : 978-2-343-11346-3, ISBN EBOOK : 978-2-14-003367-4

SPORT ET DROIT EUROPÉEN
Miège Colin
Le droit européen a eu une influence déterminante sur le sport, à mesure que celui-ci devenait une activité économique à part entière. Lorsque le sport a été intégré dans les compétences de l'Union par le traité de Lisbonne en 2007, les organisations sportives avaient déjà subi de plein fouet l'impact du droit européen avec notamment l'arrêt Bosman de 1995. Voici un panorama complet des règlements ou décisions de justice qui ont eu un impact sur le sport depuis les débuts de la construction européenne.
(Coll. Le Droit aujourd'hui, 34.00 euros, 328 p.)
ISBN : 978-2-343-11822-2, ISBN EBOOK : 978-2-14-003468-8

LES INNOVATIONS CRIMINOLOGIQUES
Sous la direction de Erwan Dieu
Ce livre s'attelle à circonscrire la théorie et la pratique des modèles d'évaluation et d'accompagnement des auteurs et victimes d'infractions via des présentations d'outils d'exercices et de programmes. Les populations visées sont variées : problèmes d'addiction, de violence,

d'infraction sexuelle ou conjugale, etc. Au sein des différents chapitres, des présentations de méthodes concrètes explicitent les modèles qui aujourd'hui démontrent des effets pertinents.
(Coll. Logiques des pénalités contemporaines, 39 euros, 406 p.)
ISBN : 978-2-343-11337-1, ISBN EBOOK : 978-2-14-003517-3

70 ANS DE JUSTICE PÉNALE DES MINEURS
Entre spécialisation et despécialisation
Beddiar Nadia
L'année 2015 marque la célébration des 70 ans de l'ordonnance du 2 février 1945 relative à l'enfance délinquante. Par ce texte, la France a institué, après bien d'autres pays, une justice et un traitement pénal des mineurs véritablement spécifiques. Cet anniversaire offre l'occasion de revenir sur le passé, d'aborder le présent et de se projeter dans l'avenir de cette justice qui se veut singulière. Cet ouvrage permettra au lecteur d'apprécier la richesse des débats et les enjeux fondamentaux de ce sujet pour notre société.
(Coll. Colloques et rencontres, 20.50 euros, 196 p.)
ISBN : 978-2-343-11815-4, ISBN EBOOK : 978-2-14-003530-2

LA JURISPRUDENCE ET LA DOCTRINE
Barraud Boris
La jurisprudence est l'un des phénomènes juridiques les plus problématiques, comme source du droit réel mais non officielle. Ce livre retrace son parcours dans l'histoire de la pensée juridique, longtemps dominée par le légicentrisme. Il s'intéresse également à la difficile identification doctrinale des jugements, arrêts et décisions à portée jurisprudentielle. Il s'attache enfin à la jurisprudentialisation du droit, qui constitue l'une des données les plus remarquables du droit contemporain, ainsi qu'aux critiques que la doctrine adresse à un droit trop abandonné au « gouvernement des juges ».
(Coll. Le Droit aujourd'hui, 29.00 euros, 290 p.)
ISBN : 978-2-343-11552-8, ISBN EBOOK : 978-2-14-003187-8

MESURER LE PLURALISME JURIDIQUE
Une expérience
Barraud Boris
Cet ouvrage propose une approche et une analyse scientifiques et statistiques du pluralisme juridique. Défini en tant que coexistence de sources étatiques et non étatiques de règles de droit, le pluralisme juridique appelle à la fois une réponse théorique et empirique. Ce livre procède à une enquête de terrain et pose les jalons de ce travail scientifique visant à évaluer l'effectivité du pluralisme juridique en n'ayant d'égards que pour les seuls faits normatifs.
(Coll. Le Droit aujourd'hui, 32.00 euros, 308 p.)
ISBN : 978-2-343-11264-0, ISBN EBOOK : 978-2-14-003156-4

ANNALES DE LA FACULTÉ DE DROIT ET SCIENCE POLITIQUE DE NICE
Année 2016
Strickler Yves
Comme les éditions précédentes, ces annales de l'année 2016 parcourent des domaines très variés passant par l'histoire (affaire Calas), l'actualité (laïcité, statut du Ministère public, relations amoureuses au travail, lanceur d'alertes etc.) sans négliger les questions de principe (la liberté académique).
(Coll. Droit privé et sciences criminelles, 36.00 euros, 354 p.)
ISBN : 978-2-343-11519-1, ISBN EBOOK : 978-2-14-003271-4

L'EXPERTISE SOUS LE REGARD DE LA PSYCHANALYSE
« Faux-Pas » ou la question des mères
Villa-Portenseigne Arlette
C'est toujours un enrichissement personnel et professionnel pour un-e psychologue que d'être nommé-e par la justice pour éclaircir les zones d'ombre qui obscurcissent la vérité. De pratique hospitalière en expertises judiciaires, la psychanalyse a fait voyager l'auteure de cet ouvrage

dans tout ce qu'il y a d'intime dans l'être humain. Au-delà des crimes dont la chronique se fait régulièrement l'écho, ce livre émerge d'une réflexion sur la pratique. Croisant les démarches des juges, des soignants et des travailleurs sociaux, il témoigne des ressources de la clinique face aux itinéraires complexes des individus confrontés à la loi.
(Coll. Psycho-Logiques, 17.50 euros, 164 p.)
ISBN : 978-2-343-11083-7, ISBN EBOOK : 978-2-14-003119-9

LE DROIT DU BIEN-ÊTRE ANIMAL DANS LE MONDE
Évolution et universalisation
Brels Sabine
En ce début de XXIe siècle, les consciences s'éveillent de plus en plus à la protection des animaux. La société reconnaît aujourd'hui la sensibilité de ces êtres vivants et le droit à la protection de leur bien-être contre les souffrances évitables qui leur sont infligées. Un tournant s'opère et modifie profondément notre rapport aux animaux dans la société comme dans le droit. Cet ouvrage fait état de la protection juridique du bien-être animal à l'échelle mondiale et de la possibilité d'établir une protection universelle à l'ONU.
(Coll. Le Droit aujourd'hui, 42.00 euros, 500 p.)
ISBN : 978-2-343-10666-3, ISBN EBOOK : 978-2-14-003201-1

MÉLANGES EN L'HONNEUR DU DOYEN ROGER BERNARDINI
Parcours pénal
Les « mélanges » sont un recueil d'articles rédigés par ses amis en hommage à un maître. Le doyen Roger Bernardini a été un grand serviteur de l'Université et fait partie de ces professeurs qui marquent les esprits. Ses amis ont choisi, pour intitulé de ses mélanges « Parcours pénal », champ qu'il n'a jamais cessé d'arpenter, d'explorer, d'approfondir et de rénover.
(Coll. Droit privé et sciences criminelles, 32.50 euros, 315 p.)
ISBN : 978-2-343-10962-6, ISBN EBOOK : 978-2-14-002983-7

OHADA
Traité de fiscalité des entreprises (première édition)
Amboulou Hygin Didace
La politique fiscale est souvent reconnue comme le domaine par excellence où chaque État exerce sa souveraineté économique en fonction de ses réalités, ses objectifs et ses potentialités. Mais pour réussir l'intégration économique de l'espace OHADA, encourager les investissements, assainir l'environnement des affaires et atténuer la pression fiscale sur les entreprises, les États doivent harmoniser, unifier ou coordonner leurs politiques fiscales. C'est l'objet de ce traité.
(Coll. Études africaines, 29.00 euros, 278 p.)
ISBN : 978-2-343-10523-9, ISBN EBOOK : 978-2-14-003211-0

OHADA
Code des investissements et des activités économiques (première édition)
Amboulou Hygin Didace
Pour mieux accompagner les opérateurs économiques de toutes origines et promouvoir ainsi les investissements, les États membres de l'OHADA disposent chacun d'une législation et d'une réglementation qui régissent l'ensemble des activités économiques, celles des petites et moyennes entreprises et celles des petites et moyennes industries. En attendant l'harmonisation de ces différentes législations, les voici présentées pour chaque État concerné.
(Coll. Études africaines, 42.00 euros, 464 p.)
ISBN : 978-2-343-10520-8, ISBN EBOOK : 978-2-14-003208-0

OHADA
Traité de droit des transports de marchandises par route et des opérations de dédouanement (première édition)
Amboulou Hygin Didace
Pour mieux comprendre la place qu'occupe le droit des transports dans la politique d'intégration économique des États membres de l'OHADA, ce livre analyse en profondeur les dispositions

de l'Acte uniforme du 22 mars 2003 et celles de la Convention de Genève dite «CMR» du 19 mai 1956 encore applicable, ces deux législations étant complémentaires et relatives au contrat de transport de marchandises par route. Grâce à une actualité juridique récente et sélectionnée, ce livre s'impose comme un outil de travail de référence, avec un apport remarquable sur la procédure de dédouanement.
(Coll. Études africaines, 31.00 euros, 306 p.)
ISBN : 978-2-343-10524-6, ISBN EBOOK : 978-2-14-003213-4

OHADA
La construction du marché commun africain et la problématique de l'harmonisation des traités régionaux
Amboulou Hygin Didace
Comment vaincre les résistances et les réticences des États et construire un marché commun en Afrique ? Comment supprimer les barrières douanières et fondre en une seule toutes les unions économiques sectorielles ? Comment harmoniser les traités régionaux (UEMOA, CEEAC, CEMAC, CEDEAO) ? La construction du marché commun africain exige une politique de solidarité entre les États membres et leurs ressortissants, en suscitant une forte adhésion aux valeurs d'intégration, de démocratie et de citoyenneté. Ce livre traite les questions qui peuvent accélérer l'assimilation du droit OHADA et faciliter la construction de l'Union africaine.
(Coll. Études africaines, 23.50 euros, 222 p.)
ISBN : 978-2-343-10521-5, ISBN EBOOK : 978-2-14-003207-3

OHADA
La problématique du conflit de normes et de compétences dans la situation de coexistence des juridictions communautaires
Amboulou Hygin Didace
Depuis l'entrée en vigueur du traité en 1993, l'OHADA dispose d'une Cour commune de justice et d'arbitrage. Toutefois, dans ce même espace économique, se juxtaposent, entres autres, la Cour de justice de la CEMAC, la Cour de justice de l'UEMOA et la Cour de justice de la CEDEAO, celle de la CEAAC n'étant pas encore fonctionnelle. Comment gérer leur cohabitation et quelle solution apporter à la question du conflit de normes et de compétences ? C'est l'objet de ce livre.
(Coll. Études africaines, 28.00 euros, 272 p.)
ISBN : 978-2-343-10522-2, ISBN EBOOK : 978-2-14-003210-3

LE JURIDIQUE
Cahiers de l'IREA n°9 - 2017
Au sommaire de ce numéro : Situation du travail domestique au Cameroun : indicateurs de vulnérabilité et violations des droits (Alain Roger Boulla Meva'a, Adonis Toukoo et Célestin Pierre Mboua) ; Migrations, à la fois problème et solution pour l'Europe - quelles mesures prendre en Afrique pour mettre fin aux migrations massives ? (Claude Garrier) ; Les transformations du principe d'équilibre budgétaire : la problématique (Pierre Belebenie) ; De la suspension de l'exercice des droits politiques pour la consolidation des droits de l'homme : respect ou violation de la charte africaine de la démocratie, des élections et de la gouvernance - l'expérience du Burkina-Faso est-elle extrapolable en RD Congo ? (Dieudonné Kalindye Byanjira)...
(Coll. Cahiers de l'IREA, 22.50 euros, 224 p.)
ISBN : 978-2-343-11607-5, ISBN EBOOK : 978-2-14-003247-9

DÉLINQUANCE SÉRIELLE ET POLICE JUDICIAIRE
Impini Jean-François
Sérialité de la délinquance, information judiciaire, analyse criminelle sérielle désignent des notions familières mais peu étudiées par les sciences criminelles. Postulant l'idée assez commune d'une délinquance largement réitérante, l'ouvrage tente de dérouler le fil logique que pourrait suivre l'investigation policière pour exploiter de façon systématique ce caractère sériel des infractions.
(Coll. Sécurité et société, 37.50 euros, 372 p.)
ISBN : 978-2-343-11147-6, ISBN EBOOK : 978-2-14-002864-9

L'HARMATTAN ITALIA
Via Degli Artisti 15; 10124 Torino
harmattan.italia@gmail.com

L'HARMATTAN HONGRIE
Könyvesbolt ; Kossuth L. u. 14-16
1053 Budapest

L'HARMATTAN KINSHASA
185, avenue Nyangwe
Commune de Lingwala
Kinshasa, R.D. Congo
(00243) 998697603 ou (00243) 999229662

L'HARMATTAN CONGO
67, av. E. P. Lumumba
Bât. – Congo Pharmacie (Bib. Nat.)
BP2874 Brazzaville
harmattan.congo@yahoo.fr

L'HARMATTAN GUINÉE
Almamya Rue KA 028, en face
du restaurant Le Cèdre
OKB agency BP 3470 Conakry
(00224) 657 20 85 08 / 664 28 91 96
harmattanguinee@yahoo.fr

L'HARMATTAN MALI
Rue 73, Porte 536, Niamakoro,
Cité Unicef, Bamako
Tél. 00 (223) 20205724 / +(223) 76378082
poudiougopaul@yahoo.fr
pp.harmattan@gmail.com

L'HARMATTAN CAMEROUN
TSINGA/FECAFOOT
BP 11486 Yaoundé
699198028/675441949
harmattancam@yahoo.com

L'HARMATTAN CÔTE D'IVOIRE
Résidence Karl / cité des arts
Abidjan-Cocody 03 BP 1588 Abidjan 03
(00225) 05 77 87 31
etien_nda@yahoo.fr

L'HARMATTAN BURKINA
Penou Achille Some
Ouagadougou
(+226) 70 26 88 27

L'HARMATTAN SÉNÉGAL
10 VDN en face Mermoz, après le pont de Fann
BP 45034 Dakar Fann
33 825 98 58 / 33 860 9858
senharmattan@gmail.com / senlibraire@gmail.com
www.harmattansenegal.com

www.ingramcontent.com/pod-product-compliance
Lightning Source LLC
LaVergne TN
LVHW021148061026
849535LV00002B/392